DAXUE YUWEN

【第二版】

大学语文

姜恩庆　张朝丽　孔庆庆　主编

厦门大学出版社 XIAMEN UNIVERSITY PRESS
国家一级出版社
全国百佳图书出版单位

图书在版编目(CIP)数据

大学语文/姜恩庆，张朝丽，孔庆庆主编.—2 版.—厦门：厦门大学出版社，2020.6
ISBN 978-7-5615-4792-2

Ⅰ.①大… Ⅱ.①姜… ②张… ③孔… Ⅲ.①大学语文课—教材 Ⅳ.①H19

中国版本图书馆 CIP 数据核字(2020)第 097812 号

出 版 人 郑文礼
责任编辑 高 健

出版发行 厦门大学出版社
社 址 厦门市软件园二期望海路 39 号
邮政编码 361008
总 机 0592-2181111 0592-2181406(传真)
营销中心 0592-2184458 0592-2181365
网 址 http://www.xmupress.com
邮 箱 xmup@xmupress.com
印 刷 厦门市明亮彩印有限公司

开本 787 mm×1 092 mm 1/16
印张 22.75
字数 526 千字
版次 2020 年 6 月第 2 版
印次 2020 年 6 月第 1 次印刷
定价 56.00 元

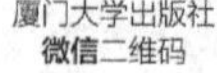

厦门大学出版社
微信二维码

厦门大学出版社
微博二维码

目 录

第一篇 经典诗词

《生民》是一首充满神话色彩的民族史诗，叙述了始祖后稷从出生到创业的过程。描绘了后稷耕种、收获、祭祀等活动场面，体现了他对农业生产的贡献。

第一节

生　民

厥初[①]生民，时维[②]姜嫄[③]。生民如何？克[④]禋[⑤]克祀，以弗[⑥]无子。履帝武敏[⑦]歆，攸介[⑧]攸止。载震载夙[⑨]，载生载育，时维后稷。

诞弥厥月[⑩]，先生如达[⑪]。不坼不副[⑫]，无菑[⑬]无害。以赫厥灵[⑭]，上帝不宁。不康[⑮]禋祀，居然生子。

诞寘[⑯]之隘巷，牛羊腓[⑰]字之。诞寘之平林，会伐平林。诞寘之寒冰，鸟覆翼之。鸟乃去矣，后稷呱矣。实覃实訏[⑱]，厥声载路。

诞实匍匐，克岐克嶷[⑲]，以就口食。蓺之荏菽[⑳]，荏菽旆旆[㉑]。禾役穟穟[㉒]，麻麦幪幪[㉓]，瓜瓞唪唪[㉔]。

诞后稷之穑，有相之道。茀[㉕]厥丰草，种之黄茂。实方实苞，实种实褎[㉖]，实发实秀。实坚实好，实颖实栗。即有邰[㉗]家室。

诞降嘉种，维秬维秠[㉘]，维穈维芑[㉙]。恒[㉚]之秬秠，是获是亩；恒之穈芑，是任是负。以归肇祀。

诞我祀如何？或舂或揄[㉛]，或簸或蹂。释之叟叟，烝之浮浮。载谋载惟，取萧祭脂。取羝以軷[㉜]，载燔载烈[㉝]。以兴嗣岁。

卬盛于豆[㉞]，于豆于登[㉟]；其香始升。上帝居歆[㊱]，胡臭亶时[㊲]。后稷肇祀，庶无罪悔，以迄于今。

（选自《诗经注析·大雅》，程俊英、蒋见元著，中华书局1991年版）

注释

①厥初：当初。

②时:这。维:是。

③姜嫄(yuán):传说中远古帝王高辛氏(帝喾)之妃,周始祖后稷之母。

④克:能够。

⑤禋(yīn):古代祭祀上帝的礼仪。

⑥弗:"祓(fú)"的借字。祛去灾难的祭祀。

⑦武:足迹。敏:脚拇指。"武敏"就是足迹的脚拇指。

⑧攸:语助词。介:休息。

⑨载:加强语气的助词。震:怀孕。夙:严肃。

⑩诞:发语词,有叹美的意思。弥:满。弥厥月:意思是满了怀孕应有的月数。

⑪先生:初生,第一次分娩。达:通"羍",初生的小羊。这句是说头生子很顺利地出生。

⑫副(pì):破裂。

⑬菑(zāi):"灾"的异体字。

⑭赫:显。这句是说因上述的情况而显得灵异。

⑮康:安。

⑯寘(zhì):即"置",搁。

⑰腓(féi):隐蔽。

⑱实:与"寔"同,作"是"解。覃(tán):长。訏(xū):大。

⑲岐:知意。嶷:古音"逆",认识。克岐克嶷:能有所识别。

⑳蓺(yì):种植。荏(rěn)菽:大豆。

㉑旆旆(pèi):茂盛的样子。

㉒穟穟(suì):禾穗饱满下垂的样子。

㉓幪幪(méng):茂盛覆地。

㉔瓞(dié):小瓜。唪唪(běng):《说文》引作"菶菶(běng)",多果实貌。以上五句是说后稷知道游戏时候就爱好种植,所种瓜谷无不良好。

㉕茀(fú):除草。

㉖褎(yòu):禾苗渐渐长高。

㉗邰(tái):地名,又作"斄",音同。邰故城在今陕西省武功县西南。这句是说后稷到邰地定居。相传后稷在虞舜时代辅佐禹有功,始封于邰。

㉘秬(jù):黑黍。秠(pī):一种黑黍。

㉙穈(mén):一种谷物,又名赤粱粟。芑(qǐ):一种白苗高粱。

㉚恒(gèng):通"亘(gèn)",遍;满。

㉛揄(yóu):将舂好的米从臼中舀出。

㉜羝(dī):公羊。軷(bá):剥羊皮。一说祭道路之神。这句是说取公羊为牲以用軷祭。

㉝燔(fán):烧烤。烈:把肉串起来烤。

㉞卬(áng):我。豆:盛肉食器,木制。

㉟登:瓦制盛汤碗。

㊱居:语助词。歆:享受。

㊲胡:大。臭(xiù):香气。亶:确实。时:得其时,好,善。这句是说:"为什么那馨香之气这样地真正得其时呢?"这是赞美的话。

导读

《生民》选自《诗经·大雅》，主要讲述了周王朝的始祖后稷的事迹，是一篇周部族起源和发展的长篇叙事诗，从不同的侧面，反映了殷周时期的历史图景，《毛诗序》说："《生民》，尊祖也。后稷生于姜嫄，文武之功起于后稷，故推以配天焉。"

全诗主要包括姜嫄履帝迹受孕、后稷出生后被弃、后稷发展农业生产以及祭祀天神等内容。共分八章，每章或十句或八句，按十字句章与八字句章前后交替的方式构成全篇，除首尾两章外，各章皆以"诞"字领起，格式严谨。第一章写姜嫄踩着高辛氏的脚趾印而受孕，昭示着后稷的不凡，具有浓厚的神话色彩。履帝迹生子的神话，实际上是只知有母而不知有父的母系社会的折射。第二、三章写后稷出生之后三次被母亲遗弃，但是三次都获救，因此名"弃"。以此来说明一个民族始祖的神圣性，是担负神圣使命的英雄。第四至六章写后稷发展农业生产，种植各种粮食作物，大获丰收，表现出了他在农业方面卓越不凡的才能。周人将自己的始祖与发明农业联系在一起，可见农业在周人社会和经济生活中的地位。最后两章写后稷祭祀开创了祭祀仪式供奉天神，以求上天永远赐福，保佑他的后世子孙。反映了人们敬天祭祖的宗教观念。

《生民》作为一首民族史诗，在中国文化史上有着重要的地位。诗歌歌颂了农业之神后稷，以及他在农业文明方面所做出的贡献，用极富想象力的语言，赋予了周族祖先神异的色彩。诗歌运用赋的手法，铺叙先祖事迹，纪实性强，叙事生动，具有很强的艺术魅力。

感悟讨论

1. 简单概述后稷的成长经历。
2. 后稷为周部族做出了哪些贡献？
3. 结合《诗经》中其他史诗，谈谈你对我国史诗特点的认识。

平行阅读

溱　洧

《诗经·郑风》

溱与洧，方涣涣兮。
士与女，方秉蕳兮。
女曰："观乎？"
士曰："既且，且往观乎？"
洧之外，洵訏且乐。

维士与女，伊其相谑，
赠之以勺药。

溱与洧，浏其清矣，
士与女，殷其盈兮。
女曰："观乎？"
士曰："既且，且往观乎？"
洧之外，洵訏且乐。
维士与女，伊其将谑，
赠之以勺药。

淇奥

《诗经·卫风》

瞻彼淇奥，绿竹猗猗。有匪君子，如切如磋，如琢如磨。瑟兮僩兮，赫兮咺兮。有匪君子，终不可谖兮。

瞻彼淇奥，绿竹青青。有匪君子，充耳琇莹，会弁如星。瑟兮僩兮，赫兮咺兮。有匪君子，终不可谖兮。

瞻彼淇奥，绿竹如箦。有匪君子，如金如锡，如圭如璧。宽兮绰兮，猗重较兮。善戏谑兮，不为虐兮。

（选自《诗经注析》，程俊英、蒋见元著，中华书局1991年版）

《橘颂》堪称中国诗歌史上的第一首咏物言志诗，以拟人化的手法塑造了橘树的艺术形象，是诗人的青春励志和品格的写照，宋人刘辰翁尊屈原为千古“咏物之祖”。

第二节

橘　颂

◎屈　原

后皇嘉树，橘徕服兮[2]。受命不迁，生南国兮[3]。深固难徙，更壹志[4]兮。绿叶素荣，纷其可喜兮[5]。曾枝剡棘，圆果抟兮[6]。青黄杂糅，文章烂兮[7]。精色内白，类任道兮[8]。纷缊宜修，姱而不丑兮[9]。嗟尔[10]幼志，有以异兮。独立不迁，岂不可喜兮？深固难徙，廓[11]其无求兮。苏世独立，横而不流兮[12]。闭心自慎[13]，终不失过兮。秉德无私，参天地兮[14]。愿岁并谢，与长友兮[15]。淑离不淫，梗其有理兮[16]。年岁虽少，可师长兮。行比伯夷，置以为像兮[17]。

（选自《屈原集校注》，金开诚、高路明、董洪利校注，中华书局 1981 年版）

注释

①《橘颂》：选自《九章》第八篇。

②后皇：天地。嘉：美，善。徕：同来。服：习惯，适应。

③受命：禀受天命。迁：迁徙。不迁，指橘树不能移植。传说橘树生于淮南则为橘，生于淮北就变为枳。

④壹志：志向专一。

⑤素荣：白花。纷：茂盛。

⑥曾枝：一层层的枝条。剡(yǎn)：尖锐。棘：刺。抟(tuán)：圆，楚方言。

⑦糅：混杂。文章：文采。

⑧精：鲜明。类：似。

⑨纷缊：义同氤氲，指橘的香味。宜修：修饰很自然得体。姱(kuā)：美好。

⑩尔：你，指橘树。

⑪廓：廓落，指心胸阔人。

⑫苏：醒。横：横渡，垂直于流水方向而渡。

⑬闭心：密闭其心。自慎：自我谨慎。

⑭参：配，合。

⑮岁：年岁。谢：去。

⑯淑离：善良美丽。梗：正直。理：文理。

⑰伯夷：孤竹国君之子，纣王之臣，固守臣道，反对周武王伐纣，与弟叔齐逃到首阳山，不食周粟而死，古人认为他是贤人义士。事见《史记·伯夷列传》。置：植。像：榜样。

作者简介

屈原（前340—前278），名平，字原，又名正则，字灵均，丹阳（今湖北秭归）人，出身楚国贵族，杰出的政治家和爱国诗人。明于治乱，娴于辞令，早年深受楚怀王的宠信，位为左徒、三闾大夫，后来遭到诬陷而去职。屈原虽忠事楚怀王，却屡遭排挤，怀王死后又因楚襄王听信谗言而被流放，由于对楚国政治失望，最终投汨罗江而死，以身殉了自己的政治理想。屈原是伟大的浪漫主义诗人，创立了“楚辞”这种文体，也开创了“香草美人”的传统。代表作品有《离骚》《九歌》《天问》等，《史记》有传。

导读

《橘颂》是屈原作品《九章》中之一首，为他早年创作，通过赞颂橘树灿烂夺目的外表、坚定不移的品质和纯洁无私的情操，表达了诗人扎根故土、忠贞不渝的爱国情感和特立独行、怀德自守的人生理想。屈原开创了借物咏人咏志的文学传统，被后人称为千古咏物诗之始祖。

这是一首咏物诗，赞颂橘树之美，“颂”是一种诗体，取义于《诗经》“风、雅、颂”之“颂”。作品可分为两部分，前半部分缘情咏物，以描写为主，重在描述橘树俊逸动人的外美；后半部分缘物抒情，以抒情为主，从对橘树外美的描绘，转入对它内在精神的热情讴歌，诗人赞美橘树“独立不迁”“廓其无求”“横而不流”“闭心自慎”“淑离不淫”“梗有其理”的美好品质。前后两部分各有侧重，而又互相勾连，融为一体。诗人用拟人的手法塑造了橘树的美好形象，巧妙地抓住橘树的生态和习性，运用类比联想，将它与人的精神、品格联系起来，给予热烈的赞美。借物抒志，以物写人，物我相通，橘树的形象是诗人用以激励自己坚守节操的榜样。

作品采用四言形式，简朴而有节奏感，将诗人对橘树象征精神的追捧和青春励志的进取宣泄得淋漓尽致，激情澎湃。

感悟讨论

1. 这是一首咏物言志诗，读后谈谈你的体会。

2. 诗人赞美橘树“独立不迁”“廓其无求”“横而不流”“闭心自慎”“淑离不淫”“梗有其理”的美好品质，可不可以理解为青春励志宣言？为什么？

3. 阅读《渔父》，体会屈原和渔父的性格不同，在执着与旷达之间，你更倾向哪一种？为什么？

平行阅读

渔　父

屈　原

屈原既放，游于江潭，行吟泽畔，颜色憔悴，形容枯槁。渔父见而问之曰："子非三闾大夫与？何故至于斯？"屈原曰："举世皆浊我独清，众人皆醉我独醒，是以见放。"渔父曰："圣人不凝滞于物，而能与世推移。世人皆浊，何不淈其泥而扬其波？众人皆醉，何不餔其糟而歠其醨？何故深思高举，自令放为？"屈原曰："吾闻之，新沐者必弹冠，新浴者必振衣。安能以身之察察，受物之汶汶者乎？宁赴湘流，葬于江鱼之腹中，安能以皓皓之白，而蒙世俗之尘埃乎？"

渔父莞尔而笑，鼓枻而去，乃歌曰："沧浪之水清兮，可以濯吾缨；沧浪之水浊兮，可以濯吾足。"遂去，不复与言。

汉乐府继承了《诗经》以来的现实主义传统，具有浓郁的生活气息，长于叙事，五言为主，间以杂言，标志着叙事诗进入了一个更趋成熟的新阶段。

第三节

饮马长城窟行①

◎《乐府诗集》

青青河畔草，绵绵思远道②。
远道不可思③，宿昔梦见之④。
梦见在我傍，忽觉在他乡⑤。
他乡各异县，展转不相见⑥。
枯桑知天风，海水知天寒⑦。
入门各自媚⑧，谁肯相为言⑨。
客从远方来，遗我双鲤鱼⑩。
呼儿烹鲤鱼⑪，中有尺素书⑫。
长跪读素书⑬，书中竟何如？
上言加餐食，下言长相忆。

（选自《乐府诗集》，郭茂倩编，中华书局1979版）

注释

①饮马长城窟行：曲名。相传古长城边有水窟，可供饮马，征人路此伤悲，曲名由此而来。

②绵绵：绵延不绝。

③不可思：相思也无用。无奈之反语。

④宿昔：同“夙夕”，言多次。

⑤忽觉：忽然惊醒。

⑥展转：同“辗转”，翻来覆去。

⑦枯桑两句：枯桑虽然没有叶，仍然感到风吹，海水虽然不结冰，仍然感到天冷。喻夫妇久别，自知孤苦。

⑧媚：爱。

⑨谁肯句：谁能告诉我一点消息呢？

⑩遗（wèi）：送。双鲤鱼：指藏书信的函。刻成鲤鱼形的两块木板，一底一盖，把书信夹在里面。一说鲤鱼腹中藏有书信。

⑪烹鲤鱼：喻开函取信。

⑫尺素：素是生绢，古人用绢写信，长不过尺，故称尺素。

⑬长跪：伸直了腰跪着。

❊ 作者简介

乐府原指音乐机关。自秦代以来设立专门官署配置乐曲、训练乐工和采集民歌，汉武帝时扩充为大规模的专署，其主要任务是采集民间歌辞予以配乐，以及将文人歌功颂德之诗制谱，以供祭祀和朝会宴饮时演奏使用。后代将乐府所唱的诗歌，直接称作"乐府"，于是乐府便由机关的名称变为带有音乐性质的诗体名称，"汉乐府"即指汉代的乐府诗。汉乐府继承了《诗经》以来的现实主义传统，其优秀作品真实、广泛、深刻地反映了当时的社会现实，具有浓郁的生活气息。叙事性是汉乐府的基本艺术特色，作品通过人物的语言、行动塑造出个性鲜明的形象，语言朴素而富于感情。汉乐府打破了《诗经》四言格式，采用杂言和五言，长短参差，整散不拘，是一种具有口语化特色的新诗体，对中国古典诗歌的发展影响重大。

导读

这首诗是汉乐府怀人诗中的力作。全诗以思妇思念出门在外久无音讯的亲人的情感为主脉，写了思妇的种种意想，"天籁自鸣，直抒己志，如风行水上，自然成文，言有尽而意无穷"（清刘毓崧《古遥谚序》），把思念远方亲人的情感抒发得淋漓尽致。

全诗二十句，可分为三层。第一层写思妇日思夜想的悲伤。"青青河畔草，绵绵思远道"以沿河的青草连绵不断作为起兴，引出对远在他乡的丈夫的思念。终日思念，梦里相见，一觉醒来发现丈夫原来还是在外乡漂泊，不能相见。第二层写寒门独居的痛苦和不平。"枯桑知天风，海水知天寒"也是比兴，枯桑虽然没有叶，仍然感到风吹，海水虽然不结冰，仍然感到天冷，远方归来的游子纵然同我陌生，也该想到我的凄凉，可是他们各自走进自己的家门，只顾怜爱自己的亲人，谁肯向我报告丈夫的一点信息呢？诗人运用悲与欢、忧与乐的反衬，把思情更加强烈地表现出来。第三层写接到丈夫书信的情况。接到书信应该是一件喜事，但书信的内容却带来更大的悲痛，"上言加餐食，下言长相忆"。丈夫回家遥遥无期，思妇陷入了更深的思念之中，孤苦的日子还将继续。最后两句留给读者无限的想象空间，一个柔情百转、肝肠寸断的思妇形象跃然纸上。

这首诗充分显示了民歌的特点，也彰显了五言诗初起阶段的活力。不拘守任何框框，分节和用韵无拘无束，不借助任何雕饰，不用典故，一任真情的自然流露，语言清新活泼，以情驭文，文以情表，于朴素的语言中抒写了一片浓浓的相思之情。

感悟思考

1. 为什么说这首诗体现出特有的民歌风格？
2. 阅读《上邪》和《东门行》，体味汉乐府的艺术特色。
3. 结合《诗经》中的作品，谈谈现实主义诗歌的特色。

平行阅读

上　邪

上邪！我欲与君相知，长命无绝衰。
山无陵，江水为竭，
冬雷震震，夏雨雪，
天地合，乃敢与君绝！

东门行

出东门，不顾归；来入门，怅欲悲。
盎中无斗米储，还视架上无悬衣。
拔剑东门去，舍中儿母牵衣啼。
他家但愿富贵，贱妾与君共餔糜。
上用仓浪天故，下当用此黄口儿。今非，
咄！行！吾去为迟！白发时下难久居。

（选自《乐府诗集》，郭茂倩编，中华书局1979年版）

诗人将诗情和画意相结合，营造了纯美空明的诗歌意境，写出了千古传诵的名句："年年岁岁花相似，岁岁年年人不同。"深藏着诗人对芳华易逝的悼惜之情。

第四节

白头吟[①]

◎ 刘希夷

洛阳城东桃李花，飞来飞去落谁家。
洛阳女儿惜颜色，行逢[②]落花长叹息。
今年花落颜色改，明年花开复谁在？
已见松柏摧为薪[③]，更闻桑田变成海[④]。
古人无复洛城东，今人还对落花风。
年年岁岁花相似，岁岁年年人不同。
寄言全盛红颜子，须怜半死白头翁。
此翁白头真可怜，伊昔红颜美少年。
公子王孙芳树下，清歌妙舞落花前。
光禄[⑤]池台文锦绣，将军[⑥]楼阁画神仙。
一朝卧病无人识，三春行乐在谁边？
宛转蛾眉[⑦]能几时？须臾白发乱如丝。
但看旧来歌舞地，唯有黄昏鸟雀悲。

（选自《全唐诗卷二十》，中华书局 1960 年版）

注释

①这首诗的题目不同选本各有不同。《唐音》《唐诗归》《唐诗品汇》等作"代悲白头翁"；《全唐诗》《文苑英华》《乐府诗集》《韵语阳秋》作"白头吟"；尤袤《全唐诗话》作"白头翁咏"。

②行逢：一作"坐见"。

③松柏摧为薪：松柏被砍伐作柴薪。《古诗十九首》："古墓犁为田，松柏摧为薪。"

④桑田变成海：东晋葛洪《神仙传》："麻姑谓王方平曰：'接待以来，已见东海三为桑田。'"

⑤光禄：光禄勋。《后汉书·马援列传》记载，马援之子马防，在汉章帝时拜光禄勋，生活很奢侈。

⑥将军：指东汉贵戚梁冀，曾任大将军。《后汉书·梁统列传》记载：梁冀大兴土木，兴建豪宅，拓建

林苑。

⑦宛转蛾眉：漂亮的眼眉轻轻扬起。宛转，指轻而柔的起落。蛾眉，细而长的眉毛。此处代指青春年华。

❀ 作者简介

刘希夷（约651—约680），字延之（一作庭芝），汝州（今河南省汝州市）人。高宗上元二年（675）进士。他相貌俊美，喜欢说笑、喝酒，擅弹琵琶。据《大唐新语》《唐才子传》等书记载，宋之问因酷爱他的《代悲白头翁》，求而不得，使人将其杀害，但后人疑其非实。刘希夷以擅长射策文辞而闻名于当时，其诗五言、七言皆有，以歌行见长，多为从军及闺情诗，辞意柔婉华丽。刘希夷原有诗集十卷，已散佚。《全唐诗》存诗一卷。《代悲白头翁》为其代表作。

导读

《白头吟》选自《全唐诗》，本为乐府旧题，郭茂倩《乐府诗集》归入“相和歌辞”。诗歌以落花起兴，通过“红颜子”和“白头翁”的对比，抒发了对人生无常、青春易逝的感叹。

诗歌从暮春时节的洛阳桃李花写起，曾经娇艳的桃花、李花纷纷飘落，不知飘向何方，由此联想到青春年华的转瞬即逝。由此起兴，引出洛阳女儿看到满天飞花而感受到的美好春光的短暂，进而引发对红颜易老、生命有限的伤感，揭示出人生易逝、宇宙永恒的客观规律。人生的有限性与自然的无限性之间，形成了鲜明的对照。诗歌的后半部分写白头老翁的经历，老翁曾经也是“红颜美少年”，与王孙公子在芳树下轻歌曼舞，尽享富贵荣华，而今却“卧病无人识”。而往日的繁华地，也只剩下了“黄昏鸟雀悲”。通过对比，写出了世事无常以及人生的沧海桑田之感，在轮回变化之中，蕴藏着对生命短促的悼惜。

诗歌汲取乐府诗的叙事间发议论、古诗的以叙事方式抒情的手法，巧妙运用各种对比，发挥对偶、用典的长处，营造了形象鲜明而韵味无穷的意境，令人回味不尽，带有一种清丽婉转的风格。诗人把红颜女子和白头老翁的具体命运加以典型化，构思独创，抒情宛转，语言优美，音韵和谐，抒发了对美的短暂和生命有限的感慨，增强了诗歌的艺术感染力和哲理性。“年年岁岁花相似，岁岁年年人不同”是精警的名句，强调了时光流逝的无情事实和听天由命的无奈情绪，比喻精当，语言精粹，令人警醒。

感悟讨论

1.“松柏摧为薪”与“桑田变成海”典故的运用，体现了诗人什么样的情感？

2.诗歌蕴涵了什么样的哲理？

平行阅读

春江花月夜

张若虚

春江潮水连海平，海上明月共潮生。
滟滟随波千万里，何处春江无月明。
江流宛转绕芳甸，月照花林皆似霰。
空里流霜不觉飞，汀上白沙看不见。
江天一色无纤尘，皎皎空中孤月轮。
江畔何人初见月？江月何年初照人？
人生代代无穷已，江月年年只相似。
不知江月待何人，但见长江送流水。
白云一片去悠悠，青枫浦上不胜愁。
谁家今夜扁舟子？何处相思明月楼？
可怜楼上月徘徊，应照离人妆镜台。
玉户帘中卷不去，捣衣砧上拂还来。
此时相望不相闻，愿逐月华流照君。
鸿雁长飞光不度，鱼龙潜跃水成文。
昨夜闲潭梦落花，可怜春半不还家。
江水流春去欲尽，江潭落月复西斜。
斜月沉沉藏海雾，碣石潇湘无限路。
不知乘月几人归，落月摇情满江树。

（选自《唐诗选》，中国社科院文学研究所编，人民文学出版社 1981 年版）

夕阳西下、夜幕将临之际，面对一幅恬然自乐的田家晚归图，令人油然而生羡慕之情。

第五节

渭川田家①

◎王　维

斜光照墟落②，穷巷牛羊归③。
野老念牧童，倚杖候荆扉。
雉雊麦苗秀④，蚕眠桑叶稀。
田夫荷锄至⑤，相见语依依。
即此羡闲逸，怅然吟式微⑥。

（选自《唐诗选》，中国社科院文学研究所编，人民文学出版社1981年版）

注释

①渭川：即渭水。源于甘肃鸟鼠山，经陕西，流入黄河。
②墟落：村庄。
③穷巷：深巷。
④雉雊（zhìgòu）：野鸡鸣叫。
⑤荷（hè）：肩负。
⑥式微：《诗经》篇名，其中有“式微，式微，胡不归”之句，表归隐之意。

❀ 作者简介

王维（701—761），字摩诘，祖籍山西祁县，盛唐时期的著名诗人，官至尚书右丞，又称“王右丞”，崇信佛教，号称“诗佛”。晚年居于蓝田辋川别墅。王维诗书画都很有名，多才多艺，音乐也很精通。其创作受禅宗影响很大。擅画人物、丛竹、山水。今存诗400余首，其中最能代表其创作特色的是描绘山水田园等自然风景及歌咏隐居生活的诗篇。王维描绘自然风景的高度成就，使他在盛唐诗坛独树一帜，与孟浩然并称“王孟”，成为山水田园诗派的代表人物。他继承和发展了谢灵运开创的山水诗传统，对陶渊明田园诗的清新自然也有所吸取，使山水田园诗的成就达到了一个高峰，因而在中国诗歌史上占有重要的位置。

导读

本诗描绘了一幅恬然自乐的田家晚归图，虽都是平常事物，却诗中有画，诗意盎然，表现出高超的写景技巧。全诗以白描手法，写出了人与物皆有所归的景象。映衬出诗人的心情，抒发了诗人渴望有所归，羡慕平静悠闲的田园生活的心情，流露出诗人在官场的孤苦和郁闷。

自开元二十五年（737）宰相张九龄被排挤出朝廷之后，王维深感政治上失去依傍，进退两难。在这种心绪下他来到原野，看到一派田园晚归的风光：夕阳西下，牛羊归来；老人拄杖倚门，等候牧童；野鸡鸣叫，麦苗吐穗，蚕眠桑叶；农夫们荷锄归来，亲切地攀谈。诗人看到人皆有所归，唯独自己尚彷徨中路，怎能不既羡慕又惆怅？于是感慨："即此羡闲逸，怅然吟式微。"其实，农夫们并不闲逸，但诗人觉得和自己担惊受怕的官场生活相比，农夫们安然得多，自在得多，故有闲逸之感。诗人借吟《式微》抒发自己急欲归隐田园的心情，不仅在意境上与首句"斜阳照墟落"相照映，而且在内容上也落在"归"字上，使写景与抒情契合无间，浑然一体，画龙点睛式地揭示了主题。

诗中写了那么多的"归"，旨在以人皆有所归，反衬自己独无所归；以人皆归得及时、亲切、惬意，反衬自己归隐太迟以及自己混迹官场的孤单、苦闷。归隐之情是本诗的重心和灵魂。全诗不事雕绘，纯用白描，自然清新，诗意盎然。

感悟讨论

1. 分析这首诗所用的意象及其相应的思想感情，体味王维"诗中有画"，情景交融的写作手法。

2. 中国诗人普遍怀有归隐情结，不仅根基于功成身退的人生理想，而且往往以仕途失意为媒介，产生一种身心相离的倦客心理。结合《渭川田家》谈谈你是怎样理解这种归隐情结的。

平行阅读

辋川闲居赠裴秀才迪

王　维

寒山转苍翠，秋水日潺湲。
倚杖柴门外，临风听暮蝉。
渡头余落日，墟里上孤烟。
复值接舆醉，狂歌五柳前。

（选自《唐诗选》，中国社科院文学研究所编，人民文学出版社1981年版）

“红旗半卷出辕门”,“将军金甲夜不脱”,“三军大呼阴山动”,“不破楼兰终不还”——建功立业的英雄气概,不畏艰险的豪迈情怀构筑了盛唐边塞诗雄浑的精神世界。

第六节

燕歌行　并序

◎高　适

开元二十六年,客有从御史大夫张公出塞而还者,作《燕歌行》以示,适感征戍之事,因而和之①。

汉家烟尘在东北②,汉将辞家破残贼③。
男儿本自重横行④,天子非常赐颜色⑤。
摐金伐鼓下榆关⑥,旌旆逶迤碣石间⑦。
校尉羽书飞瀚海⑧,单于猎火照狼山⑨。
山川萧条极边土⑩,胡骑凭陵杂风雨⑪。
战士军前半死生⑫,美人帐下犹歌舞⑬!
大漠穷秋塞草腓⑭,孤城落日斗兵稀⑮。
身当恩遇恒轻敌⑯,力尽关山未解围⑰。
铁衣远戍辛勤久⑱,玉箸应啼别离后⑲。
少妇城南欲断肠⑳,征人蓟北空回首㉑。
边风飘飖那可度㉒,绝域苍茫更何有㉓!
杀气三时作阵云㉔,寒声一夜传刁斗㉕。
相看白刃血纷纷㉖,死节从来岂顾勋㉗?
君不见沙场征战苦㉘,至今犹忆李将军㉙!

(选自《唐诗选》,中国社科院文学研究所编,人民文学出版社1981年版)

注释

①序中所说“御史大夫张公”,指河北节度副大使张守珪。开元二十三年(735)以与契丹作战有功,拜辅国大将军兼御史大夫。后因恃功骄纵,隐瞒交战败绩被贬。“燕歌行”本是乐府古题,多写思妇怀念征人,高适扩大了表现范围,多方面地描写了唐代的征战生活。

②汉家句:汉家,借指唐朝。烟尘,战争。

③残贼:凶残的敌人。

④横行：驰骋疆场，为国效命。

⑤非常赐颜色：厚加礼遇。

⑥摐(chuāng)金伐鼓：敲锣击鼓，指行军。榆关：指山海关。

⑦旌旆：军中旗帜。逶迤：蜿蜒绵长。碣石：山名，在今河北昌黎。

⑧校尉：武官，仅次于将军。羽书：即“羽檄”，插有羽毛的文书，以示军情紧急。瀚海：沙漠。

⑨单于：古代匈奴称其王为单于。猎火：指战火。狼山：位于内蒙古乌拉特后旗，这里泛指与敌军交战的地方。

⑩极：到达尽头。

⑪胡骑：敌人的军马。凭陵：逼压，威逼。杂风雨：风雨交加，形容胡骑来势凶猛。

⑫半死生：死生各半。谓戍边战士出生入死，英勇奋战。

⑬帐下：军中将帅的营帐中。

⑭穷秋：深秋。腓：变黄，枯萎。

⑮斗兵稀：兵器击打的声音稀少，暗示唐军伤亡惨重。

⑯恒：常常。

⑰关山：指边境险要处。未解围：未能解除敌人对孤城的围困。

⑱铁衣：铠甲，借指戍边战士。

⑲玉箸：白色的筷子，喻指思妇的眼泪。

⑳城南：长安城南，泛指思妇的住处。

㉑蓟北：今天津以北一带。

㉒飘飖：动荡不安。度：度日。

㉓绝域：极偏僻的地方。

㉔三时：指早、午、晚，即一整天。

㉕刁斗：古代军中值夜巡逻时敲击的铜器，也可用来做饭。

㉖白刃：雪亮的战刀。

㉗死节：为国捐躯。勋：功劳。

㉘沙场：战场。

㉙李将军：即汉代名将李广。李广十分爱护士兵，《史记·李将军列传》载：“广之将兵，乏绝之处，见水，士卒不尽饮，广不近水；士卒不尽食，广不尝食。宽缓不苛，士以此爱乐为用。”高适《塞上》：“惟昔李将军，按节出此都。总戎扫大漠，一战擒单于。常怀感激心，愿效纵横谟。倚剑欲谁语，关河空郁纡。”

❀ 作者简介

高适(700—765)，字达夫，沧州(今河北景县)人，居住在宋中(今河南商丘一带)。盛唐时期“边塞诗派”代表诗人。少孤贫，爱交游，性格落拓，有游侠之风，以建功立业自期。唐玄宗天宝八年(749)，经举荐，中“有道科”，授封丘县尉，因不能忍受“拜迎长官心欲碎，鞭挞黎庶令人悲”的痛苦，弃官而去。安史之乱后，高适反对唐玄宗分封诸王，对肃宗李亨的王位巩固有利，因而得到李亨赏识，官职累升，最后官至散骑常侍。《全唐诗》按语说，“开元以来，诗人至达者，唯适而已”。高适前半生潦倒，其诗嗟叹自身境遇的较多，对民生疾苦也有所反映。他的边塞诗数量不多，但却较为深刻地反映了社会现实，“雄浑悲壮”是高适边塞诗的突出特点。以诗体而论，尤以七言古诗最为擅长，高适的歌行长篇，波澜浩瀚，声情顿挫，感情深挚，风格雄放，语言端直，笔力浑厚。有《高常侍集》。

导读

这首诗的缘起与讽刺河北节度副大使张守珪有关，但通观整篇诗作，思想内涵不仅局限于此，而是概括了唐开元年间戍边将士生活的各个方面，其主旨是“感征戍之事”，既有对军中苦乐悬殊的揭露，也有对将帅无能、不恤士卒的抨击，有对戍边士兵以身许国、奋勇杀敌的歌颂，也有对长期浴血奋战的士兵及家人的深切同情。全景式、多角度地反映了边塞战争和戍边生活，为边塞诗派代表作。

全诗以非常浓缩的笔墨，写了一个战役的全过程，可分为四个部分：第一部分写奉命出师；第二部分写战斗失利；第三部分写戍边士兵和思妇两地相思；第四部分怀念汉将李广，表明了复杂的心情。其中既有对战争的宏观展示，又有对战争以及戍边生活的具体描写，景物映衬、氛围渲染、议论点旨相交融，手法多样，富于变化。全诗气势磅礴，笔力矫健，浑化无迹。运用了大量的对偶句式，读来抑扬顿挫，气氛悲壮而淋漓，主旨表达深刻而含蓄。“山川萧条极边土，胡骑凭陵杂风雨”，“大漠穷秋塞草腓，孤城落日斗兵稀”，暗示和渲染战斗的惨烈；“少妇城南欲断肠，征人蓟北空回首”描写了士兵和思妇复杂变化的内心活动，凄恻动人；“战士军前半死生，美人帐下犹歌舞”更是对比鲜明，凝练警策，诗人只是叙述事实，并未褒贬，但旨意显露，耐人深思，成为与杜工部“朱门酒肉臭，路有冻死骨”有异曲同工之妙的千古名句。

这是一首七言歌行体，开头四句押入声韵，后面平仄相间，音韵富于变化，使用了六个韵脚，与情感的跌宕起伏共同律动，流转自然，气势奔放。

感悟讨论

1. 诗前小序说这首诗为“感征戍之事”而作，表达了作者哪些感慨？
2. 诗中运用了大量的对偶句式，找出来并分析其作用。
3. 《燕歌行》韵脚富于变化，分析本诗用韵的特点。
4. 阅读《走马川行奉送出师西征》，体会边塞诗的风格和特点。

平行阅读

走马川行奉送出师西征

岑　参

君不见走马川，雪海边，平沙莽莽黄入天。

轮台九月风夜吼，一川碎石大如斗，随风满地石乱走。

匈奴草黄马正肥，金山西见烟尘飞，汉家大将西出师。

将军金甲夜不脱，半夜军行戈相拨，风头如刀面如割。
马毛带雪汗气蒸，五花连钱旋作冰，幕中草檄砚水凝。
虏骑闻之应胆慑，料知短兵不敢接，车师西门伫献捷。

（选自《唐诗选》，中国社科院文学研究所编，人民文学出版社 1981 年版）

“昔年有狂客，号尔谪仙人。笔落惊风雨，诗成泣鬼神。”这是杜甫《寄李十二白二十韵》的前四句，贺知章惊李白“谪仙人”世人熟知，而“落笔惊风雨，诗成泣鬼神”两句则公认为最能表现这位浪漫主义大诗人的狂放不羁和摇惊风雨的旷世才华。

第七节

江上吟

◎李　白

木兰之枻沙棠舟[①]，玉箫金管坐两头[②]。
美酒樽中置千斛[③]，载妓随波任去留。
仙人有待乘黄鹤[④]，海客无心随白鸥[⑤]。
屈平词赋悬日月[⑥]，楚王台榭空山丘[⑦]。
兴酣落笔摇五岳[⑧]，诗成笑傲凌沧洲[⑨]。
功名富贵若长在，汉水亦应西北流[⑩]。

（选自《唐诗选》，中国社科院文学研究所编，人民文学出版社 1981 年版）

注释

①木兰：俗称紫玉兰，名贵乔木。枻(yì)：船桨。沙棠：木名。据《山海经》，沙棠出昆仑山，人吃了它的果实“入水不溺”。这里形容舟的名贵，并非实指。

②玉箫金管句：船两头坐着吹奏金箫玉管的歌妓。

③樽：酒器。斛(hú)：古量器，十斗为一斛。

④乘黄鹤：崔颢《黄鹤楼》有诗句：“昔人已乘黄鹤去，此地空余黄鹤楼。”传说仙人子安乘黄鹤过此，故名。此句言欲成仙有待黄鹤来。

⑤海客：居海滨之人。无心：无机诈之心。据《列子·黄帝篇》载，有人住在海边，与鸥鸟相亲相习，他的父亲知道了，要他捉一只鸥鸟回去，他再去海边，海鸥便不再接近他了。

⑥屈平：即楚国诗人屈原(约前 340—约前 278)，名平，字原。著名的浪漫主义诗人。

⑦楚王台榭：楚灵王(？—前 529)，穷奢极欲，筑章华台，楚庄王(？—前 591)，筑有钓台，两座台榭均以豪华驰名。

⑧五岳：指东岳泰山，西岳华山，南岳衡山，北岳恒山，中岳嵩山。

⑨沧州：指江海之涯。

⑩汉水：发源于陕西宁羌，东流至襄阳，折而南流。

❀ 作者简介

李白(701—762)，字太白，号青莲居士。祖籍陇西成纪(今甘肃天水)，先世于隋末流徙西域，李白即生于中亚碎叶城(今巴尔喀什湖南面的楚河流域，唐时属安西都户府管辖)，幼时随父迁居绵州昌隆(今四川江油)青莲乡。唐代最伟大的诗人之一。李白25岁离川远游，遍游大江南北。初到长安，贺知章惊他为“谪仙人”。天宝元年(742)，被召至长安，供奉翰林。文章风采，颇为唐玄宗赏识。后因不能见容于权贵，在京仅三年，就弃官而去，仍然继续他飘荡四方的游历生活。安史之乱发生的第二年，他感愤时艰，参加了永王李璘的幕府。后永王与肃宗发生了争夺帝位的争斗，兵败之后，李白受牵累，流放夜郎(今贵州境内)，途中遇赦。晚年漂泊东南一带，卒于当涂县令李阳冰处。李白的诗歌充满浪漫主义色彩，诗风旷达潇洒，感情慷慨豪迈，想象奇特丰富，词采瑰玮绚丽，格调飘逸自然。对光明的向往与对黑暗的抨击在李白诗歌中构成鲜明的对比，表现出李白率直、傲岸的性格。李白是继屈原之后我国最为杰出的浪漫主义诗人，诗作以古体和绝句见长，与杜甫齐名，世称“李杜”。有《李太白集》。

导读

这是一首即景抒怀之作。以江上泛游起兴，表现了诗人对功名富贵的蔑视和对自由美好世界的推崇，显露出傲岸放达的胸襟和超凡脱俗的志趣。

开头四句，虽是江上之游的即景，但并非如实的记叙，而是经过夸饰的、理想化的具体描写，展现出华丽的色彩，有一种超世绝尘的氛围，描绘了一个超越纷浊现实、自由而美好的世界。中间四句两联，两两对比。“仙人有待”两句承上，结合当地的神话传说和历史典故，写诗人飘然欲去求仙和摆脱功名富贵羁绊的出世心情，是对江上泛舟行乐的肯定和赞扬。“黄鹤”“白鸥”两个意象，是诗人此际徜徉逍遥心境的外化。“屈平词赋”两句启下，表达对理想的人生境界的追求。屈原的词赋如日月高悬，辉耀千古，而楚王豪华的楼台亭阁却早已荡然无存，只剩下一片荒丘，一个“空”字，表明了诗人对待荣华富贵的态度。结尾四句，紧接“屈平”一联从正反两方面延续和深化。“兴酣”二句承屈平辞赋说，同时也回应开头的江上泛舟，潇洒豪壮，“摇五岳”，是笔力的雄健豪迈；“凌沧洲”是胸襟的傲然高旷。最后“功名富贵若长在，汉水亦应西北流”，承楚王台榭说，同时也把“笑傲”进一步具体化，从反面用一个根本不可能的事情来假设，强化了对功名富贵的蔑视与否定，显出不可抗拒的气势。

全诗十二句，形象鲜明，意象瑰丽，感情激扬，气势豪放，结构绵密，对仗精整，章法错落，匠心独具。

感悟讨论

1. 这首诗表达了诗人怎样的人生志趣？
2. 为何说这首诗生动地体现了李白抒情诗的艺术个性？
3. 阅读《宣州谢朓楼饯别校书叔云》，分析作品的艺术特点。

平行阅读

宣州谢朓楼饯别校书叔云

李　白

弃我去者，昨日之日不可留；
乱我心者，今日之日多烦忧。
长风万里送秋雁，对此可以酣高楼。
蓬莱文章建安骨，中间小谢又清发。
俱怀逸兴壮思飞，欲上青天览明月。
抽刀断水水更流，举杯销愁愁更愁。
人生在世不称意，明朝散发弄扁舟。

（选自《唐诗选》，中国社科院文学研究所编，人民文学出版社 1981 年版）

"感时花溅泪，恨别鸟惊心"，"朱门酒肉臭，路有冻死骨"，"安得广厦千万间，大庇天下寒士俱欢颜，风雨不动安如山"。——杜甫的诗歌把中国现实主义的诗歌创作带到了顶峰。

第八节

秋兴(其一)

◎杜　甫

玉露凋伤枫树林[①]，巫山巫峡气萧森[②]。
江间波浪兼天涌[③]，塞上风云接地阴。
丛菊两开他日泪，孤舟一系故园心[④]。
寒衣处处催刀尺，白帝城高急暮砧[⑤]。

（选自《唐诗选》，中国社会科学院文学研究所编，人民文学出版社1981年版）

注释

①玉露：白露。
②巫山：在今天四川巫山县东。萧森：萧瑟阴森。
③江间：指巫峡。
④丛菊两句：两开，在夔州第二次看到菊花开。他日，今人作将来讲，唐人兼作过去解，李商隐《樱桃花下》"他日未开今日谢"句可证。一系，紧系，永系。故园心，回家的希望。
⑤催刀尺：赶制冬衣。急暮砧：黄昏捣衣声很紧促。

作者简介

杜甫(712—770)，字子美，晚年号少陵野老。祖籍襄阳，出生于巩县(今属河南)。早年南游吴越，北游齐赵，因科场失利，未能考中进士。后入长安，过了十年困顿的生活，终于当上看管兵器的小官。安史之乱爆发，为叛军所俘，脱险后赴灵武见唐肃宗，被任命为左拾遗，又被贬为华州司功参军。后来弃官西行，客居秦州，又到四川定居成都草堂。严武任成都府尹时，授杜甫检校工部员外郎的官职。一年后严武去世，杜甫移居夔州。后来出三峡，漂泊在湖北、湖南一带，死于舟中。杜甫历经盛衰离乱，饱受艰难困苦，写出了许多反映现实、忧国忧民的诗篇，诗作被称为"诗史"。他集诗歌艺术之大成，是继往开来的伟大诗人。

导读

《秋兴》是杜甫晚年为避战乱而寄居四川时的代表作品，一共八首，是一个整体。大历元年(766年)作于夔州,时年诗人54岁。《秋兴》八首每篇都是可以独立的七言律诗,前后蝉联,相互呼应,脉络贯通,组织严密,是一组完美的组诗。八首诗作,第一首统领后面七首,以“秋”作为主脉,写暮年漂泊,面对阴森萧瑟的秋景而引发国家兴衰、身世蹉跎的喟叹,构就了凄清哀怨与沉雄博丽交织的至臻意境。

《秋兴》其一写面对秋景而感伤羁旅,是整个组诗的序曲。首联开门见山叙写眼前景物,秋天草木摇落,白露为霜,巫山巫峡则点明了诗人所在,“凋伤”“萧森”两个形容词给诗歌笼罩着凋敝、衰败的意境,气氛阴沉,定下了全诗情感基调。颔联以对偶句展开晚秋的悲壮景象。“江间”承“巫峡”,“塞上”接“巫山”,波浪在地而兼天涌,风云在天而接地阴,可见整个天地之间风云波浪此起彼伏,极言阴晦萧森之状。万里长江滚滚而来,波涛汹涌,天翻地覆,是眼前的实景;“塞上风云”既写景物也寓时事。当时吐蕃入侵,边关吃紧,处处战云密布,虚实兼有,形象地表达了那种动荡不安的时局和诗人前途未卜的处境,把峡谷深秋、个人身世、国家沦丧融汇表现出来,哀感深沉,意境博大。颈联由继续描写景物转入直接抒情,即由秋天景物触动羁旅情思。与上二句交叉承接。尾联在时序推移中叙写秋声。傍晚时分西风凛冽,意味冬日即将来临,人们在加紧赶制寒衣,急促的槌捣衣服的声音更增加了凄凉悲伤的意境。诗人用阴沉萧瑟、动荡不安的景物环境衬托诗人焦虑抑郁、伤国伤时的心情,表现了“身在夔州,心系长安”的主题。

诗词格律精工,词彩华茂,沉郁顿挫,悲壮凄凉,意境深宏,典型地体现了杜工部格律诗特有风格,具有很高的艺术成就。

感悟讨论

1. 结合杜甫的生平经历,体会本诗所抒发的家国之痛与身世之悲。
2. 选择一首你喜欢的《秋兴》,试作一点评。

平行阅读

秋兴八首(其七)

杜 甫

(二)

夔府孤城落日斜,每依南斗望京华。听猿实下三声泪,奉使虚随八月槎。

画省香炉违伏枕,山楼粉堞隐悲笳。请看石上藤萝月,已映洲前芦荻花。

(三)

千家山郭静朝晖,日日江楼坐翠微。信宿渔人还泛泛,清秋燕子故飞飞。

匡衡抗疏功名薄,刘向传经心事违。同学少年多不贱,五陵裘马自轻肥。

（四）

闻道长安似弈棋，百年世事不胜悲。王侯第宅皆新主，文武衣冠异昔时。
直北关山金鼓震，征西车马羽书驰。鱼龙寂寞秋江冷，故国平居有所思。

（五）

蓬莱宫阙对南山，承露金茎霄汉间。西望瑶池降王母，东来紫气满函关。
云移雉尾开宫扇，日绕龙鳞识圣颜。一卧沧江惊岁晚，几回青琐点朝班。

（六）

瞿塘峡口曲江头，万里风烟接素秋。花萼夹城通御气，芙蓉小苑入边愁。
珠帘绣柱围黄鹄，锦缆牙樯起白鸥。回首可怜歌舞地，秦中自古帝王州。

（七）

昆明池水汉时功，武帝旌旗在眼中。织女机丝虚夜月，石鲸鳞甲动秋风。
波漂菰米沉云黑，露冷莲房坠粉红。关塞极天惟鸟道，江湖满地一渔翁。

（八）

昆吾御宿自逶迤，紫阁峰阴入渼陂。香稻啄余鹦鹉粒，碧梧栖老凤凰枝。
佳人拾翠春相问，仙侣同舟晚更移。彩笔昔曾干气象，白头吟望苦低垂。

（选自《杜甫诗选注》，萧涤非选注，人民文学出版社1979年版）

古代长篇叙事诗之绝唱，文字哀婉动人，情致缠绵细腻，节奏急缓有致，音律婀娜流畅，令人百读不厌。

第九节

长恨歌

◎ 白居易

汉皇重色思倾国[1]，御宇多年求不得[2]。
杨家有女初长成[3]，养在深闺人未识。
天生丽质难自弃[4]，一朝选在君王侧。
回眸一笑百媚生，六宫粉黛无颜色[5]。
春寒赐浴华清池[6]，温泉水滑洗凝脂。
侍儿扶起娇无力，始是新承恩泽时[7]。
云鬓花颜金步摇[8]，芙蓉帐暖度春宵[9]。
春宵苦短日高起，从此君王不早朝。
承欢侍宴无闲暇，春从春游夜专夜[10]。
后宫佳丽三千人，三千宠爱在一身。
金屋妆成娇侍夜[11]，玉楼宴罢醉和春。
姊妹弟兄皆列土[12]，可怜光彩生门户。
遂令天下父母心，不重生男重生女。
骊宫高处入青云[13]，仙乐风飘处处闻。
缓歌慢舞凝丝竹[14]，尽日君王看不足。

渔阳鼙鼓动地来[15]，惊破霓裳羽衣曲[16]。
九重城阙烟尘生[17]，千乘万骑西南行[18]。
翠华摇摇行复止[19]，西出都门百余里[20]。
六军不发无奈何[21]，宛转蛾眉马前死[22]。
花钿委地无人收[23]，翠翘金雀玉搔头[24]。
君王掩面救不得，回看血泪相和流。
黄埃散漫风萧索[25]，云栈萦纡登剑阁[26]。
峨眉山下少人行[27]，旌旗无光日色薄。
蜀江水碧蜀山青，圣主朝朝暮暮情[28]。
行宫见月伤心色[29]，夜雨闻铃肠断声[30]。

天旋日转回龙驭[31]，到此踌躇不能去[32]。
马嵬坡下泥土中，不见玉颜空死处[33]。

君臣相顾尽沾衣[34]，东望都门信马归[35]。
归来池苑皆依旧，太液芙蓉未央柳[36]。
芙蓉如面柳如眉，对此如何不泪垂？
春风桃李花开夜，秋雨梧桐叶落时。
西宫南内多秋草[37]，落叶满阶红不扫。
梨园弟子白发新[38]，椒房阿监青娥老[39]。
夕殿萤飞思悄然[40]，孤灯挑尽未成眠[41]。
迟迟钟鼓初长夜[42]，耿耿星河欲曙天[43]。
鸳鸯瓦冷霜华重[44]，翡翠衾寒谁与共[45]？
悠悠生死别经年[46]，魂魄不曾来入梦[47]。

临邛道士鸿都客[48]，能以精诚致魂魄[49]。
为感君王展转思[50]，遂教方士殷勤觅[51]。
排空驭气奔如电[52]，升天入地求之遍。
上穷碧落下黄泉[53]，两处茫茫皆不见。
忽闻海上有仙山，山在虚无缥缈间。
楼阁玲珑五云起[54]，其中绰约多仙子[55]。
中有一人字太真[56]，雪肤花貌参差是。
金阙西厢叩玉扃[57]，转教小玉报双成[58]。
闻道汉家天子使[59]，九华帐里梦魂惊[60]。
揽衣推枕起徘徊，珠箔银屏逦迤开[61]。
云鬓半偏新睡觉[62]，花冠不整下堂来。
风吹仙袂飘飖举[63]，犹似霓裳羽衣舞。
玉容寂寞泪阑干[64]，梨花一枝春带雨。

含情凝睇谢君王[65]，一别音容两渺茫。
昭阳殿里恩爱绝[66]，蓬莱宫中日月长[67]。
回头下望人寰处[68]，不见长安见尘雾。
唯将旧物表深情，钿合金钗寄将去[69]。
钗留一股合一扇[70]，钗擘黄金合分钿[71]。
但教心似金钿坚，天上人间会相见。
临别殷勤重寄词，词中有誓两心知[72]。
七月七日长生殿[73]，夜半无人私语时。

在天愿作比翼鸟[74]，在地愿为连理枝[75]。
天长地久有时尽，此恨绵绵无绝期[76]。

（选自《唐诗选》，中国社科院文学研究所编，人民文学出版社1981年版）

注释

①汉皇：本指汉武帝刘彻，这里借指唐玄宗。倾国：指美女。《汉书·外戚传》载李延年歌："北方有佳人，绝世而独立。一顾倾人城，再顾倾人国。宁不知倾城与倾国，佳人难再得。"后人以"倾城""倾国"形容绝色女子。

②御宇：统治全国。

③杨家有女句：杨贵妃是蜀州司户杨玄琰的女儿，幼时寄养在叔父杨玄珪家中，小名玉环。唐玄宗开元二十三年(735)册封为寿王(玄宗的儿子李瑁)妃。开元二十八年(740)唐玄宗将她度为女道士，道号太真。天宝四年(745)召她入宫，册为贵妃。

④难自弃：意为难以长久埋没在民间。弃：舍弃。

⑤六宫：后妃居住的地方。粉黛：本指妇女化妆品，这里用作妇女的代称。无颜色：黯然失色。

⑥华清池：开元十一年建温泉宫于骊山，天宝六年改名华清宫，温泉池改名"华清池"。

⑦承恩泽：指得到皇帝的恩宠。

⑧云鬓：如云的鬓发。金步摇：古代妇女的一种金首饰，用金丝制成花枝形状，缀以珠玉，走动时自然摆动，所以叫"步摇"。

⑨芙蓉帐：绣有并蒂莲花的帐幔。

⑩夜专夜：指每夜都得到皇帝的宠爱。

⑪金屋：装饰华丽的房屋。《汉武故事》载，汉武帝刘彻年幼时，他的姑母长公主问他，长大以后愿不愿意娶她的女儿阿娇为妻，汉武帝回答："若得娇，当以金屋贮之。"后世以"金屋"指男人宠爱的女子居住的地方。

⑫列土：即"裂土"，分封到了土地。杨玉环得宠后，她的大姐封韩国夫人，三姐封虢国夫人，八姐封秦国夫人。叔伯兄弟杨铦为鸿胪卿，杨锜为侍御史，杨钊为司空，赐名国忠，天宝十一年(752)为右丞相。

⑬骊宫：即华清宫。因建在骊山上，故名。

⑭缓歌慢舞：轻歌曼舞。慢，同"曼"。凝丝竹：管弦乐奏出徐缓的音乐。丝：弦乐。竹：管乐。

⑮渔阳鼙鼓：指天宝十四年(755)十一月，安禄山从渔阳起兵叛唐。诗中暗用东汉彭宠据渔阳起兵反汉的典故。鼙(pí)鼓：战鼓。

⑯霓裳羽衣曲：唐代著名舞曲。据传是唐玄宗根据西凉节度使杨敬述所献乐曲加工润色而成。

⑰九重城阙：指皇帝居住的地方。烟尘：弥漫的战云。

⑱西南行：天宝十五年(756)六月，安禄山破潼关，玄宗与杨玉环向西南蜀中逃避。

⑲翠华：皇家仪仗中饰有翠鸟羽毛的旗子。

⑳百余里：指马嵬坡。在今陕西兴平，也叫马嵬驿。

㉑六军：皇帝的护卫军。周朝制度，天子有六军。不发：不再前进。指将军陈玄礼带领的军队发生哗变。

㉒宛转句：指陈玄礼的部下要求处死杨国忠和杨玉环，唐玄宗无奈，只得杀死杨国忠，赐杨玉环自尽。宛转：缠绵悱恻的样子。蛾眉：美女的代称，这里指杨玉环。

㉓花钿：镶嵌珠宝的花状金首饰。委地：掉在地上。

㉔翠翘：形如翠鸟尾羽的首饰。金雀：雀形的金钗。玉搔头：玉簪。

㉕埃：土。

㉖云栈：高入云霄的栈道。萦纡：蜿蜒曲折。剑阁：即剑门关，在今四川剑阁县。

㉗峨眉山：在今四川境内。唐玄宗并未经过峨眉山，这里泛指蜀中高山。

㉘圣主：指唐玄宗。

㉙行宫：指皇帝出行时的住处。

㉚夜雨句：据《明皇杂录·补遗》："明皇既幸蜀，西南行，初入斜谷，霖雨涉旬，于栈道雨中闻铃音，与山相应。上既悼念贵妃，采其声为《雨淋铃曲》以寄恨焉。"

㉛天旋日转：指局势有所好转，不久收复了长安。回龙驭：指玄宗起驾由蜀中回长安。

㉜踌躇：徘徊不前的样子。

㉝不见句：唐肃宗至德二年(757)，唐玄宗由蜀中回长安，经马嵬坡派人以礼改葬杨玉环，掘土，发现香囊犹在，不胜悲戚。

㉞沾衣：泪湿衣襟。

㉟信马：听任马随意往前行。

㊱太液：汉代宫廷中的池名。未央：汉代的宫殿。此处借指唐朝的池苑和宫廷。

㊲西宫南内：指太极宫和兴庆宫。唐玄宗从四川回长安已让位给肃宗李亨，李亨不让玄宗再过问国事，把他从兴庆宫迁到西边的太极宫。皇宫称大内，兴庆宫在南，故称南内。

㊳梨园弟子：唐玄宗亲自调教的乐工声伎。《雍录》："开元二年，置教坊于蓬莱宫，上自教法曲，谓之'梨园弟子'。至天宝中，即东宫置宜春北苑，命宫女数百人为梨园弟子，即是。'梨园'者，按乐之地；而预教者，名为'弟子'耳。"

㊴椒房：后妃居住的宫殿。以花椒和泥涂壁，取其香暖多子，故名。阿监：宫廷中的近侍，唐代六七品女官名。青娥，指年轻貌美的女子。

㊵思悄然：忧伤愁闷的样子。

㊶孤灯挑尽：灯草将挑尽，意谓夜已深。唐代宫廷中燃蜡烛不点灯，此处形容唐玄宗晚年生活凄苦。

㊷迟迟：异常迟缓。初长夜：指秋夜。秋天夜开始变长。

㊸耿耿：明亮。星河：银河。欲曙天：天快要亮的时候。

㊹鸳鸯瓦：屋瓦一俯一仰扣合在一起叫"鸳鸯瓦"。霜华：即霜花。重：指霜厚。

㊺翡翠衾：绣着翡翠鸟的被子。

㊻经年：经年累月。形容经历很长的时间。

㊼魂魄：指杨贵妃的亡魂。

㊽临邛：今四川省邛崃市。鸿都：洛阳北宫门名，借指长安。鸿都客：客居长安。

㊾致魂魄：招来杨玉环的亡魂。

㊿展转：即辗转，反复思念。

51方士：有法术之人。

52排空驭气：即腾云驾雾。

53穷：找遍的意思。碧落：指天上。道家认为，东方第一层天有霞云布满，故称碧落。黄泉，指地下。

54五云：五色祥云。

55绰约：风姿美好的样子。

56太真：即杨玉环。

57金阙：金碧辉煌的宫殿。叩：敲。玉扃(jiōng)：玉作的门。

(58)小玉：传说吴王夫差之女。双成：传说西王母的侍女，姓董。此处借小玉、双成指杨贵妃在仙境的侍婢。

(59)天子使：皇帝的使者。

(60)九华帐：图案华美的彩帐。据传是西王母所有之物。九华：图案名。

(61)珠箔（bó）：珠帘。银屏：银制的屏风。逦迤（lǐyǐ）：接连不断。

(62)新睡觉：刚睡醒。

(63)袂（mèi）：衣袖。

(64)阑干：流泪貌。

(65)凝睇：凝视。

(66)昭阳殿：汉宫殿名，在未央宫，赵飞燕居住过的地方。这里代指杨贵妃生前居处。

(67)蓬莱宫：传说中的海上仙山。这里指杨玉环仙境居住的宫殿。

(68)人寰：人间。

(69)钿合：镶嵌金花的首饰盒。合，同"盒"。寄将去：托请捎去。

(70)钗留句：金钗由两股组成，捎去一股，留下一股；盒由底盖合成，捎去一半，留下一半。

(71)擘（bò）：分开。合分钿：钿盒上的金花分为两半。

(72)两心：指唐玄宗和杨玉环。

(73)长生殿：宫殿名，在华清宫中。《唐会要》卷三十载："华清宫，天宝元年十月，造长生殿，名为集灵台，以祀神。"

(74)比翼鸟：《尔雅·释地》载，南方有比翼鸟焉，不比不飞，其名谓之鹣鹣。

(75)连理枝：两树根不同，而树干连在一起。

(76)恨：遗憾。

❀ 作者简介

白居易（772—846），字乐天，号香山居士，原籍太原，后迁居下邽（今陕西渭南），唐代杰出诗人。贞元十六年（800），及进士第，结识元稹，遂成莫逆之交，一起倡导"新乐府运动"，被后人并称为"元白"。白居易32岁步入仕途，被授校书郎。元和三年（808）拜左拾遗，任拾遗期间，恪尽职守，屡陈时政，为当政者所恶，贬江州司马，移忠州刺史。后又出任杭州、苏州刺史，官终刑部尚书。白居易主张"文章合为时而著，歌诗合为事而作"。他生活的年代是安史之乱后唐朝走向衰微的时期，错综复杂的社会现实，在白居易的诗中得到了较全面地反映。他写下了许多政治讽喻诗，揭露当时社会病态的症结所在，批判黑暗的社会现实；也写下了著名的叙事长篇《长恨歌》《琵琶行》，白居易的长篇叙事诗，情节曲折离奇、自具首尾，描写刻画细致传神，人物形象塑造完整而丰满，个性鲜明。白诗语言畅晓平易，音韵流畅，和谐优美，这种意到笔随的自然风格，凝聚着诗人的独到匠心。"香山诗语平易，疑若信手而成者，间观遗稿，则窜定甚多。"（宋周必大《省斋文稿》）。有《白氏长庆集》。

导读

唐宪宗元和元年（806）冬天，当时任盩厔（今陕西周至）县尉的白居易，与友人陈鸿、王质夫到马嵬驿附近的游仙寺游览，谈及李隆基和杨玉环的爱情故事极为感慨。王质夫希望白居易将此写成诗歌，传之后世，于是，白居易写下了这首著名的长篇叙事诗。全诗以“长恨”为脉，生动地描绘了唐玄宗李隆基和杨玉环缠绵悱恻的爱情故事及悲剧结局，歌咏爱的长恨。诗人对李、杨爱情故事的描写，虽依据一定的历史事实和民间传说，但创作中已经融入了诗人的思想感情和艺术想象，全诗洋溢着具有传奇色彩的浪漫气息和浓郁的抒情氛围。

全诗分四部分。先写李隆基和杨玉环的爱情，突出杨玉环之美和唐玄宗对她的迷恋，对因贪恋女色而贻误国事有所讥讽；次写安史之乱爆发，杨玉环被赐死，悲剧铸成，李隆基悲伤不已；再写做了太上皇的李隆基对杨玉环刻骨铭心的无望思念；最后写身在仙境的杨玉环对李隆基忠贞不渝的爱情。全诗由乐而悲，由悲而思，由思而恨，天人永隔之长恨构成全诗的感情脉络。本诗情节曲折生动，这既归于李、杨故事本身的离奇，也源自诗人精心的构撰。杨玉环身死，悲剧已经完成，作者却别开境界，用展示人物思想感情来开拓和推动情节发展，波澜起伏，一咏三叹。诗中塑造的两个人物形象丰满传神，既有外在的描写和侧面的映衬，也有心理活动的揭示和刻画。写唐玄宗，突出了他早年荒淫误国和后来对杨玉环的笃诚思念；写杨玉环，则侧重描写了她当年的娇媚恃宠和在仙境对李隆基忠贞不渝的爱情，笔触细腻，刻画入微。

本诗采用了多种表现手法，既有叙事，也有写景和抒情，三者有机结合。叙事有致，张弛自如；写景融情，意境优美；抒情深挚，缠绵悱恻。此外，还运用排比、对偶、顶针等多种修辞手法，使诗作极富歌唱性，语言流畅和谐，声韵和美。近人王文濡评价《长恨歌》：“文字之哀艳动人，气度之从容不迫，声调之婀娜有致，令人百读不厌。”（《唐诗评注读本》卷二）

感悟讨论

1. 全诗以“长恨”为脉，讲述了一个缠绵悱恻的爱情故事，你如何看待这首叙事诗的主题？

2. 诗中运用了哪些表现手法？有什么作用？

3. 文学作品源于生活，高于生活，分析诗中李隆基和杨玉环两个艺术形象。

平行阅读

秦中吟（第9首）

白居易

秦城岁云暮，大雪满皇州。
雪中退朝者，朱紫尽公侯。
贵有风雪兴，富无饥寒忧。

所营唯第宅，所务在追游。
朱门车马客，红烛歌舞楼。
欢酣促密坐，醉暖脱重裘。
秋官为主人，廷尉居上头。
日中为乐饮，夜半不能休。
岂知阌乡狱，中有冻死囚。

（选自《唐诗选》，中国社科院文学研究所编，人民文学出版社 1981 年版）

自古以来，登高必赋，诗人将登临的人生感悟，浓缩在诗文之中，无限深意流于言外。

第十节

安定城楼

◎ 李商隐

迢递高城百尺楼①，绿杨枝外尽汀洲②。
贾生年少虚垂涕③，王粲春来更远游④。
永忆江湖归白发，欲回天地入扁舟⑤。
不知腐鼠成滋味，猜意鹓雏竟未休⑥。

（选自《唐诗选》，中国社科院文学研究所编，人民文学出版社 1981 年版）

注释

①迢递：高楼绵延的样子。

②汀：水中或水边的平地。洲：水中的陆地。

③贾生：汉代贾谊，因忧国忧民直言不讳，屡遭忌害。

④王粲：东汉末人，有名作《登楼赋》，抒发壮志未酬的苦闷。

⑤欲回句：引范蠡功成身退，泛游五湖的典故。

⑥不知两句：出自《庄子·秋水》："惠子相梁，庄子往见之。或谓惠子曰：'庄子来，欲代子相。'于是惠子恐，搜于国中，三日三夜。庄子往见之，曰：'南方有鸟，其名为鹓鸰，子知之乎？夫鹓鸰，发于南海而飞于北海，非梧桐不止，非练实不食，非醴泉不饮。于是鸱得腐鼠，鹓鸰过之，仰而视之曰：吓！今子欲以子之梁国而吓我邪？'"

作者简介

李商隐（约 813—约 858），字义山，号玉溪生，又号樊南生，怀州河内（今河南沁阳）人，晚唐著名诗人。唐文宗开成二年（837）进士，历任秘书郎、东川节度使判官等。早年李商隐因文才而深得牛党要员令狐楚的赏识，后因李党的王茂元爱其才而将女儿嫁给他，他因此而遭到牛党的排斥。此后，李商隐便在牛李两党争斗的夹缝中求生存，郁郁不得志，潦倒终身。李商隐诗作题材广泛，各体皆工，成就斐然，将晚唐诗歌创作推向了又一高峰。李商隐一生仕途坎坷，心中抱负无法得到实现，通过诗歌来排遣心中的郁闷，《安定城楼》《春日寄怀》《乐游原》是这类诗的代表作，承袭了杜工部诗"沉郁顿挫"的风格。李商隐还创作了包括大多数无题诗在内的吟咏内心感情的作品，意境深邃，令人回味。李诗广纳前人所长，擅用比兴、象征、典故等手法，诗作辞藻华美，对仗精工，兴寄深微，声情俱美。有《李义山诗集》和《樊南文集》。

导读

这首诗是李商隐的登临抒怀之作。当时作者在博学宏词科试复审时落选，不是因为才学不够，而是因为党派之争。于是怀着苦闷的心情登上了安定城楼，极目远眺，感慨万千，诗中抒发了他的凌云壮志和功成身退的志趣，也表达了对谗佞小人的痛斥和嘲笑。

首联写尽登楼所见的春景，景致虽好，却抹不去诗人内心的失落和哀愁；颔联引用了贾谊和王粲的典故，暗以古人喻自己，通过"虚垂涕""更远游"极写自己仕途失意的苦闷之情；颈联引用了范蠡辅佐勾践建立功业后退隐的典故，表达了自己的向往和意欲效仿之情，其实也是在仕途无望之时无可奈何的自我排遣；尾联引用了《庄子·秋水》的典故，以"鹓雏"自况，用鹓雏不屑腐鼠之味表达了对那些恶意中伤者的斥责和蔑视。

本诗既表达了政治上的锐意进取之意，也显示了诗人淡泊明志的情怀，虽写仕途失意和忧愤，却不阴郁低沉，用典贴切精当，语言明朗自然，韵味深厚，深受后代文人的推崇。

感悟讨论

1. 李商隐善于用典，历来有"盐溶于水"的评价。本诗用了哪四个典故，表现了什么样的思想感情？

2."永忆江湖归白发，欲回天地入扁舟"一联历来为世人推崇，谈谈你的看法。

平行阅读

无题二首

李商隐

昨夜星辰昨夜风，画楼西畔桂堂东。身无彩凤双飞翼，心有灵犀一点通。
隔座送钩春酒暖，分曹射覆蜡灯红。嗟余听鼓应官去，走马兰台类转蓬。

万里风波一叶舟，忆归初罢更夷犹。碧江地没元相引，黄鹤沙边亦少留。
益德冤魂终报主，阿童高义镇横秋。人生岂得长无谓，怀古思乡共白头。

（选自《唐诗选》，中国社科院文学研究所编，人民文学出版社1981年版）

王国维《人间词话》高度评价李煜的词作，“词至李后主而眼界始大，感慨遂深，遂变伶工之词而为士大夫之词”。

第十一节

破阵子[①]

◎李　煜

四十年来家国[②]，三千里地山河。凤阁龙楼连霄汉[③]，玉树琼枝作烟萝[④]。几曾识干戈[⑤]？一旦归为臣虏，沈腰潘鬓消磨[⑥]。最是仓皇辞庙日，教坊犹奏别离歌[⑦]，垂泪对宫娥。

（选自《唐宋词简释》，唐圭璋选释，上海古籍出版社 1981 年版）

注释

①破阵子：词牌名，双调，六十二字，上下阕各五句，皆为三平韵。

②四十年：南唐于 937 年建立政权，定都江宁，975 年南唐后主李煜降宋，南唐灭亡。自立国至李煜作此词，为三十八年。此处四十年为约数。

③凤阁：帝王居所。霄汉：天河。

④玉树琼枝：玉树，美好的树。萝：指蔓生植物。烟萝：枝叶茂盛，远望一片朦胧，如烟如雾。

⑤干戈：古代的两种武器，此处指代战争。

⑥沈腰潘鬓：沈指沈约，沈约（441—513 年），南朝史学家、文学家，笃志好学，博通群籍，擅长诗文，暮年身体消瘦，《南史·沈约传》：“言已老病，百日数旬，革带常应移孔。”后人用沈腰指瘦削的腰。潘指潘岳，潘岳即潘安（247—300 年），西晋著名文学家、政治家，有古代第一美男之称，三十二岁开始白头，后人以潘鬓指代鬓发斑白。

⑦教坊：管理宫廷音乐的官署。

作者简介

李煜（937—978），字重光，号钟隐，徐州（今江苏）人，五代南唐元宗李璟六子，建隆二年（961 年）继位，南唐第三任国君，世称李后主。李煜在位十五年，政事不修，纵情享乐。开宝八年（975 年）宋兵下金陵，李煜肉袒出降，被俘至汴京，后被宋太宗赵光义毒死。李煜富有艺术才华，精书法、善绘画、通音律，诗和文均有一定造诣，尤以词的成就最高，降宋之前所写的词，主要反映宫廷生活和男女情爱，题材较窄，风格清新柔靡，降宋后，伤感、悔恨、想挣扎而又无能为力的内心苦闷成了李煜词的主旋律，此时期的作品成就远远超过前期，名作《虞美人》《浪淘沙》《乌夜啼》《相见欢》等，皆成于此时。此时期的词作大多哀婉凄绝，主要抒写了词人凭栏远眺、梦里重归的情景，表达了对往事的无限留恋和伤感悔恨之情。李煜在中国词史上占有重要的地位，他善于运用白描手法，以洗练的语言、高度概括的形式，表达真切而深沉的感情，扩大了词的表现领域，对后世影响重大。南宋人辑他和李璟的词为《南唐二主词》。

导读

这是一首李煜后期怀念故国、抚今追昔的作品。975 年，李煜奉表投降，南唐灭亡，从贵为一国之君到沦为阶下囚，巨大的反差深深触动词人的内心，痛定思痛，深深的伤悲难以摆脱，对故国往昔的怀念依恋蕴含了作者不堪承受的痛悔之情。

这首词的上阕写故国南唐逝去的繁华旧梦，唐烈祖李昪于公元 937 年立国，作为分裂时期十个割据政权中最为强大的南唐，经济繁荣，物产丰富，国土广阔，人口众多，帝王居住的楼阁更是高耸霄汉，宫廷内花团锦簇，一派太平盛世气象。这写实的几句，饱含了词人对故国的复杂情感，有掩饰不住的自豪，有溢于言表的留恋，有难以抑制的伤感，更多的是不堪回首的痛悔自责之情。下阕从沦为阶下囚如今变得憔悴不堪下笔，回忆当年辞别宗庙的情景，狼狈匆忙之中，听到教坊里演奏别离的乐曲，更添伤悲，不禁对后宫嫔妃痛哭流涕。“沈腰”暗喻自己像沈约一样，腰带常常需要移孔，而“潘鬓”则暗喻词人自己像潘岳一样，人刚中年，便已鬓发染霜。连用两个典故，描写外貌的变化，映射出的是词人内心极度的凄楚伤悲，也对李煜当时的生活做了真实写照。词人满鬓白发，年未老体先衰，生命行将消逝的悲伤不觉袭上心头，难以承受，几无控制，哀痛至极。

全词描写气象万千，善写典型场面，情景融汇，不事雕琢，用典精当。词人借回忆以怀旧，借怀旧以发怨，借发怨以显痛苦，结构精妙，意象生动，抒发了独特的人生感受，显示了词人高超的艺术表现才能。

感悟讨论

1. 本词描写南唐昔日繁华，回忆往昔，抒写了词人怎样的情感？

2. 阅读下面的《玉楼春》《乌夜啼》《虞美人》，试比较三首词在内容上和艺术表现手法上的异同。

平行阅读

玉楼春

李　煜

晚妆初了明肌雪，春殿嫔娥鱼贯列。凤箫吹断水云间，重按《霓裳》歌遍彻。

临风谁更飘香屑？醉拍阑干情未切。归时休放烛花红，待踏马蹄清夜月。

乌夜啼

李　煜

昨夜风兼雨，帘帏飒飒秋声。烛残漏断频欹枕。起坐不能平。
世事漫随流水，算来一梦浮生。醉乡路稳宜频到，此外不堪行。

虞美人

李　煜

风回小院庭芜绿，柳眼春相续。凭阑半日独无言，依旧竹声新月似当年。
笙歌未散尊罍在，池面冰初解。烛明香暗画楼深，满鬓清霜残雪思难任。

（选自《唐宋词简释》，唐圭璋选释，上海古籍出版社 1981 年版）

宋玉《九辩》首以"悲哉,秋之为气也"发端,开创了古典诗歌的悲秋传统。柳永将"悲秋"意象用于词体,把词自《花间集》以来的"春女善怀"主题带向了"秋士易感"的题材,扩展了词境。

第十二节

戚氏·晚秋天①

◎柳　永

晚秋天,一霎微雨洒庭轩②。槛菊萧疏,井梧零乱,惹残烟。凄然,望江关③,飞云黯淡夕阳闲。当时宋玉悲感④,向此临水与登山。远道迢递,行人凄楚,倦听陇水潺湲⑤。正蝉吟败叶,蛩响衰草⑥,相应喧喧。

孤馆度日如年,风露渐变,悄悄至更阑⑦。长天净,绛河清浅⑧,皓月婵娟。思绵绵,夜永对景⑨,那堪屈指暗想从前。未名未禄,绮陌红楼,往往经岁迁延⑩。

帝里风光好⑪,当年少日,暮宴朝欢。况有狂朋怪侣,遇当歌对酒竞留连⑫。别来迅景如梭⑬,旧游似梦,烟水程何限⑭?念名利,憔悴长萦绊⑮,追往事、空惨愁颜。漏箭移⑯,稍觉轻寒。渐呜咽,画角数声残⑰。对闲窗畔,停灯向晓,抱影无眠。

(选自《宋词三百首笺注》,唐圭璋笺注,上海古籍出版社1979年版)

注释

①戚氏:词牌名,为柳永所创,长调慢词,全词三叠,计212字,分三阕。上阕九平韵,一仄韵;中阕六平韵,三仄韵;下阕六平韵,二仄韵,同部参错互叶。为北宋长调慢词之最,亦堪称柳词压轴之作。

②一霎:一阵。

③江关:荆门、虎牙二山(在今湖北省宜昌市)夹江对峙,古称江关,战国时为楚地。

④宋玉:战国时期屈原的学生,作《九辩》,曾以悲秋起兴,抒孤身逆旅之寂寞,发生不逢时之感慨。

⑤陇水:陇头流水。北朝乐府有《陇头歌辞》,曰:"陇头流水,流离山下。念吾一身,飘然旷野。"潺湲:水流貌。

⑥蛩:蟋蟀。

⑦更阑:五更将近,天快要亮了。犹言夜深。

⑧绛河:银河。天空称为绛霄,因此银河称为绛河。

⑨夜永:夜长。

⑩经岁:经年,以年为期。迁延:羁留。

⑪帝里:京城。

⑫竞：竞相。

⑬迅景：岁月，光阴易逝，故称。

⑭程：即路程。

⑮萦绊：犹言纠缠。

⑯漏箭：古时以漏壶滴水计时，漏箭移即光阴动。

⑰画角：古时军用管乐器，多用于晨昏报时或报警，因表面有彩绘，故称画角。

作者简介

柳永(约987—约1053)，字耆卿，崇安(今福建武夷山)人。北宋词人，婉约派最具代表性的人物之一。原名三变，排行第七，又称柳七。北宋仁宗朝进士，官至屯田员外郎，故世称柳屯田。他自称“奉旨填词柳三变”，以毕生精力作词，并以“白衣卿相”自许。柳永由于仕途坎坷、生活潦倒，他由追求功名转而厌倦官场，沉溺于旖旎繁华的都市生活，在“倚红偎翠”“浅斟低唱”中寻找寄托。柳永是北宋一大词家，在词史上有重要地位。他扩大了词境，佳作极多，他不仅开拓了词的题材内容，而且写作了大量的慢词，发展了铺叙手法，促进了词的通俗化、口语化，在词史上产生了较大的影响。

导读

柳永一生仕途坎坷，生活潦倒，只做过相当县令的小官，年过五旬还被外放荆南。在外放荆南期间，创作了长调慢词《戚氏》，这首词被南宋文学家王灼誉为“离骚寂寞千载后，戚氏凄凉一曲终”(《碧鸡漫志》)，把这首词和屈原的《离骚》相提并论，认为此词声情并茂、凄怨感人，堪称一曲旷世凄凉之歌，亦有人把这首词视为柳永慢词的压卷之作。

这首词共分为三阕，上阕写夕阳西下的光景，中阕写入夜时分，下阕写深夜到拂晓，从一个羁旅独行者的视角，写这三段时间内的所见、所思和所感，将羁旅情愁、身世之感挥写得淋漓尽致，入木三分。上阕开头描写微雨过后的薄暮景色，用“晚秋天”一句点明时令，通过描写驿馆内之衰残景色，构成了全词的凄凉基调。接着描写远望所见之景色，“飞云黯淡夕阳闲”，面对秋天的黄昏，词人不禁想起了开创悲秋文学传统的宋玉，逢秋而悲，今古相同，浓浓的衰秋哀情流露字里行间。中阕时间上紧承上阕，由傍晚而入深夜，先写景后抒情，“孤馆度日如年”，次叠一开词人就吐露此时的凄然感受，接着词人回忆往事，对自己一生徘徊于仕途与红颜之间的人生表现出一种怨悔，引发出对命运的质问和慨叹。下阕追忆狂放不羁的少年生活，与前片衔接细密，逝去的日子如云烟，“念利名，憔悴长萦绊”是这一痛苦的根源，他一生内心深处不曾放弃对名利的追逐，因此憔悴不堪也是命中注定的，“追往事，空惨愁颜”，至此，词人才蓦然惊觉“漏箭移”了，时间已是接近拂晓。柳永由今忆昔又由昔论今，写得一波三折，于深惋之中显酣畅淋漓。

《戚氏》一词说是词人一生的总括也不为过，全词由近及远、由远至近挥洒自如；抚今忆昔、由昔感今一气呵成；由傍晚到深夜、由深夜至黎明一丝不乱；由眼前望江关、由孤馆怀帝京自然流转。描情叙景、铺叙怀旧、旷古达今，通篇音律谐协，句法活泼，平仄韵位错落有致，内容形式俱佳。

感悟讨论

1. 你同意本词是柳永人生心路历程总结的说法吗？为什么？

2.“悲秋”是一种支撑了世代文人风骨的文学传统，包含相思、漂泊、怀远、感旧、不遇、失意、伤逝等种种人生的哀与愁。对生命本身的自觉，构成古典诗词深远而厚重的感染力。找出柳永所写的悲秋词作，试写一篇诗词中悲秋传统的文章。

平行阅读

少年游

柳　永

长安古道马迟迟，高柳乱蝉嘶。夕阳岛外，秋风原上，目断四天垂。

归云一去无踪迹，何处是前期？狎兴生疏，酒徒萧索，不似去年时。

鹤冲天

柳　永

黄金榜上，偶失龙头望。明代暂遗贤，如何向？未遂风云便，争不恣狂荡？何须论得丧。才子词人，自是白衣卿相。

烟花巷陌，依约丹青屏障。幸有意中人，堪寻访。且恁偎红倚翠，风流事，平生畅。青春都一饷。忍把浮名，换了浅斟低唱！

（选自《唐宋词鉴赏辞典》（唐·五代·北宋），唐圭璋、缪钺、叶嘉莹等撰，人民文学出版社1981年版）

昔盛而今衰，物是而人非。元宵夜的升平景象，在词人心上却映照出一种不堪承受的悲凉与辛酸。

第十三节

永遇乐·元宵

◎ 李清照

落日熔金[①]，暮云合璧[②]，人在何处？染柳烟浓，吹梅笛怨[③]，春意知几许？元宵佳节，融和天气，次第岂无风雨[④]？来相召，香车宝马，谢他酒朋诗侣。

中州盛日[⑤]，闺门多暇，记得偏重三五[⑥]。铺翠冠儿，捻金雪柳，簇带争济楚[⑦]。如今憔悴，风鬟霜鬓，怕见夜间出去。不如向，帘儿底下，听人笑语。

（选自《唐宋词选》，中国社科院文学研究所编，人民文学出版社1981年版）

注释

①熔金：熔化的黄金。比喻落日。

②合璧：像璧玉一样合成一块。

③吹梅笛怨：指笛子吹出乐曲《梅花落》幽怨的声音。

④次第：接着，转眼。

⑤中州：指北宋汴京。

⑥重(zhòng)：看重。三五：阴历十五日，指元宵节。

⑦铺翠冠儿：饰有翠鸟羽毛的女式帽子。捻(niǎn)金雪柳：雪柳，中国刺绣喜用的花样，妇女常在衣裙或腰带上用金线绣上雪柳。簇带：宋时口语，戴满插满之意。济楚：宋时口语，指女子整齐美丽。

❀ 作者简介

李清照(1084—1155)，济南章丘人，号易安居士。宋代女词人，婉约派代表。生于书香门第，在家庭熏陶下小小年纪便文采出众。对诗词散文书画音乐无不通晓，以词的成就最高。词清新委婉，感情真挚，具一家风貌，被后人称为“易安体”，且以北宋、南宋生活变化呈现不同特点。前期反映闺中生活感情、自然风光、别思离愁，清丽明快。后来因为丈夫去世，再加亡国伤痛，诗词变为凄凉悲痛，抒发怀乡悼亡情感，也寄托强烈的亡国之思。李词有两大特点：一是以其女性身份和特殊经历写词，塑造了前所未有的个性鲜明的女性形象，从而扩大了传统婉约词的情感深度和思想内涵；二是善于从书面语言和日常口语里提炼出生动晓畅的语言，善于运用白描和铺叙手法，构成浑然一体的境界。

导读

这首词通过南渡前后过元宵节两种情景的对比，抒写离乱之后，愁苦寂寞的情怀。上阕从眼前景物抒写心境。下阕从今昔对比中抒发国破家亡的感慨，表达沉痛悲苦的心情。全词情景交融，跌宕有致。由今而昔，又由昔而今，形成今昔盛衰的鲜明对比。感情深沉、真挚。语言于朴素中见清新，平淡中见工致。

李清照是一个热爱生活的人，她的作品中曾经写到早年生活中欢乐的一面，如《点绛唇》写她少女时代荡秋千为戏，《如梦令》"常记溪亭日暮"写她泛舟流连忘返，等等，从中可以看到一个开朗活泼的女性。但是转眼夫死之悲、亡国之痛接踵而至，她的心情起了巨大的变化，以至"试灯无意思，踏雪没心情"(《临江仙》)。纵"双溪春尚好"(《武陵春》)，也不愿去泛舟；虽是元宵佳节，又值"融和天气"，也无心去观灯。那些"酒朋诗侣"驾着"香车宝马""来相召"，被她婉言谢绝；而她躲到"帘儿底下"听到的仍然是游人的笑语。在平淡的词句后面，既有用当年汴京繁华来反衬的今昔盛衰之感，又有用当前游人笑语来对比的人我苦乐之别，而在这种反衬对比之中，渗透着作者深沉的故国之思，赋予了这首词以深刻的社会意义。南宋末年词人刘辰翁读了这首词，"为之涕下"，并按照它的调子填了一首具有强烈爱国情调的词，足见这首词的感人之深。

感悟讨论

1. 分析词中所用的对比手法，体会其对抒发盛衰之感的作用。

2. 宋代张端义说，李清照"晚年赋元宵《永遇乐》词……皆以寻常语度入音律。炼句精巧则易，平淡入调者难"。结合作品分析李词这一语言特点。

平行阅读

凤凰台上忆吹箫

李清照

香冷金猊，被翻红浪，起来慵自梳头。任宝奁尘满，日上帘钩。生怕离怀别苦，多少事，欲说还休。新来瘦，非干病酒，不是悲秋。

休休。这回去也，千万遍阳关，也则难留。念武陵人远，烟锁秦楼。唯有楼前流水，应念我、终日凝眸。凝眸处，从今又添，一段新愁。

(选自《唐宋词选》，中国社科院文学研究所编，人民文学出版社 1981 年版)

南宋文学家刘辰翁在《辛稼轩词序》中这样评价苏东坡的词作："词至东坡，倾荡磊落，如诗，如文，如天地奇观。"

第十四节

八声甘州·寄参廖子①

◎苏　轼

有情风万里卷潮来，无情送潮归。问钱塘江上，西兴浦口②，几度斜晖？不用思量今古，俯仰昔人非。谁似东坡老，白首忘机③。

记取西湖西畔，正春山好处，空翠烟霏④。算诗人相得⑤，如我与君稀⑥。约他年，东还海道，愿谢公雅志莫相违⑦。西州路，不应回首，为我沾衣⑧。

（选自《唐宋词选》，中国社科院文学研究所，人民文学出版社 1981 年版）

注释

①参寥子：即僧人道潜，字参寥，浙江于潜人。精通佛典，工诗，苏轼与之交厚。

②西兴：即西陵，在钱塘江南，今杭州市对岸。浦：水滨。

③忘机：忘却心机，与世无争。李白《下终南山斛斯山人宿置酒》："我醉君复乐，陶然共忘机。"

④烟霏：云烟弥散。

⑤相得：相投合。

⑥稀：少。

⑦"约他年"三句：以东晋谢安的故事喻归隐之志。《晋书·谢安传》："安虽受朝寄，然东山之志始末不渝，每形于言色。"东山之志：回东山隐居的想法。

⑧"西州路"三句：《晋书·谢安传》载，"羊昙者，太山人，知名士也，为安所爱重。安薨后，辍乐弥年，行不由西州路。"此处是说自己要实现谢公之志，但要活着回来，绝不要参寥像羊昙那样痛哭于西州路。西州：即西州城，东晋时所筑，故址在今江苏南京。

作者简介

苏轼（1037—1101），字子瞻，号东坡居士，眉州（今四川眉山）人。北宋文学家、书画家。父苏洵、弟苏辙都是著名文学家，世称"三苏"。宋仁宗嘉祐二年（1057）进士。宋神宗熙宁年间，因与王安石意见不合，自请外放，历任杭州通判，密州、徐州、湖州知州。元丰二年（1079），因被诬作诗"谤讪朝廷"，遭弹劾，被捕入狱，史称"乌台诗案"。后贬为黄州团练副使。宋哲宗时累迁中书舍人、翰林学士,出知杭州、颍州。后又以"为文讥斥朝廷"罪名远谪广东、海南。苏轼一生宦海沉浮,历经坎坷,思想上常有出世与入世的矛盾,但每失意时,能达观自解,始终保持进取、欲有所为的精神。苏轼在文艺创作的各方面都有突出的成就。散文自然畅达、随物赋形,为"唐宋八大家"之一;诗作大都抒写仕途坎坷的感慨,也有反映民生疾苦、揭露现实黑暗之作,豪迈清新,尤长于比喻,与黄庭坚并称"苏黄";词开豪放一派,突破了晚唐以来艳词的窠臼,扩大了词的题材,丰富了词的意境,冲破了诗庄词媚的界限,与辛弃疾并称"苏辛"。刘辰翁在《辛稼轩词序》说:"词至东坡,倾荡磊落,如诗,如文,如天地奇观。"有《苏东坡集》《东坡乐府》。

导读

此词作于元祐六年(1091),苏轼由杭州太守被召为翰林学士承旨,离杭时写下这首赠别词,表达了词人与友人参寥相契如一的志趣和亲密无间、荣辱不渝的感情。

上阕写景、议论、抒情相结合。"有情风万里卷潮来,无情送潮归。"起句超逸旷远,气势不凡,以钱塘江喻人世的聚散离合,充分表现了词人的逸怀浩气,同时又以天地万物的无情反衬人之有情。接着以"问"字领起下文,"钱塘江上,西兴浦口,几度斜辉?"词人发出了感喟:落日残照中的钱塘潮见证了多少次世间聚散离合!"斜晖"一则承前面的"潮归",同时也是古典诗词中与离情结合的独特意象。"不用思量今古,俯仰昔人非",今古变迁,不去思量了,低头抬头之间,往事已成过眼云烟,词人纵阅古今之变,表明心迹:"谁似东坡老,白首忘机。"表现了诗人超脱旷达、淡泊宁静的心境。下阕追忆往事,借用典故表明心迹。"记取西湖西畔,正春山好处,空翠烟霏。算诗人相得,如我与君稀。"将旧日漫游的地点、季节、景色以及二人相知相得的珍贵友谊一一写出,意境清新,情谊深挚。最后六句则借用谢安、羊昙的故事安慰老友,表明志向。《晋书·谢安传》载,谢安起初在会稽东山隐居,朝廷请他出山做宰相,后被贬。谢安要从海路回会稽东山继续隐居,但他是病中被人抬着从西州路过的。谢安死后,羊昙无比哀痛。此后路过西州门都要绕道而行。词人借用这个典故一方面表达了对和自己情感笃厚的参廖的安慰,另一方面也表达了超然物外的退隐江湖之心,抒发了真挚的情感,表达了高逸的情怀。

全词气势恢宏,笔力雄健,清朗疏宕,境界高逸,情深义重。

感悟讨论

1. 这首词表达了词人怎样的思想感情?采用了哪些表现手法?

2. 结合苏词体会豪放派词风和特点。

平行阅读

卜算子·黄州定惠院寓居作

苏　轼

缺月挂疏桐，漏断人初静。谁见幽人独往来，缥缈孤鸿影。
惊起却回头，有恨无人省。拣尽寒枝不肯栖，寂寞沙洲冷。

（选自《唐宋词选》，中国社科院文学研究所编，人民文学出版社1981年版）

肝肠似火，悲歌慷慨，沉郁中见豪壮，读稼轩词感受天地浩然之气。

第十五节

水龙吟·登建康赏心亭[1]

◎ 辛弃疾

楚天千里清秋[2]，水随天去秋无际。遥岑远目[3]，献愁供恨，玉簪螺髻[4]。落日楼头，断鸿声里[5]，江南游子。把吴钩看了[6]，栏杆拍遍，无人会，登临意。

休说鲈鱼堪脍，尽西风，季鹰归未[7]？求田问舍，怕应羞见，刘郎才气[8]。可惜流年，忧愁风雨，树犹如此[9]！倩何人唤取，红巾翠袖，揾英雄泪[10]！

（选自《唐宋词简释》，唐圭璋选释，上海古籍出版社1981年版）

注释

①建康：今江苏南京。赏心亭，在建康下水门城上，临秦淮，尽观赏之盛。

②楚天：指长江中下游一带。

③遥岑远目：即“远目遥岑”的倒装。岑，小而高的山。目，用作动词，眺望。

④玉簪螺髻：玉簪，女子头上的碧玉发簪。螺髻，梳成螺形的发髻。比喻美丽的群山。

⑤断鸿：离群的孤雁。

⑥吴钩：吴地所造的钩形刀。

⑦休说三句：刘义庆《世说新语·识鉴》载，西晋张翰（字季鹰）在洛阳做官，见秋风起，想起家乡的美味鲈鱼羹，便弃官归隐。脍，将肉切细。这里辛弃疾反其意用之，表示绝不学张翰弃官归隐。

⑧求田问舍三句：刘郎，指三国时刘备。《三国志·陈登传》载，三国时许汜去看望陈登，陈登对他很冷淡，独自睡在大床上，叫他睡下床。许汜去询问刘备，刘备说：天下大乱，你忘怀国事，求田问舍，陈登当然瞧不起你。如果是我，我将睡在百尺高楼，叫你睡在地下，岂止相差上下床呢？辛弃疾用这个典故表示绝不学许汜只知求田问舍。

⑨可惜流年三句：《世说新语·言语》载，东晋桓温北征时，见过去栽下的树已经长得很高大，叹曰：“木犹如此，人何以堪！”慨叹时光流逝，世事变迁。

⑩倩：请。红巾翠袖：穿红戴绿的歌女。揾：擦拭。

作者简介

辛弃疾（1140—1207），原字坦夫，改字幼安，号稼轩，历城（今山东济南）人，豪放派代表词人，风格沉郁豪放，悲壮慷慨。出生时，中原已为金兵所占，早年参加抗金义军，不久归南宋，一生力主抗金。曾上《美芹十论》与《九议》，陈战守之策，显示其卓越的军事才能与爱国热忱。但提出的抗金建议，均未被采纳，并遭到打击，曾长期落职闲居于江西上饶、铅山一带。晚年再度起用，不久病卒。辛弃疾存词数量之多为宋代词人之冠，现存600多首，题材广泛，风格多样，意境深远，善于用典。辛弃疾把爱国抱负和满腔忧愤倾注到词的创作当中，形成雄奇豪壮、苍凉沉郁的风格，是继苏轼之后，豪放派又一代表词人，“东坡胸次广，稼轩力如虎”（陈毅《吾读》）。有词集《稼轩长短句》。

导读

辛弃疾是一位力主抗金的民族志士，但长期不得重用，赋闲在家。他登临建康赏心亭，远眺被金兵占领的江山，思绪万千，词中表露了报国无门、年华虚掷的忧伤，抒发了关心国事、渴望收复失地的强烈爱国情怀。

词分上下两阕，情感深沉浓郁。上阕开头以秋意无限的滚滚长江作为背景，境界阔大，寓情于景，江山虽美，却沦陷在金人手下。词人如离群的孤雁，游子漂泊，看吴钩，拍栏杆，词人写外在的动作以表胸中无人能理解的满腔愤懑。下阕连用三个历史典故抒怀言志，用张翰弃官归隐的故事，表明自己一心以国事为重，耻于归隐；用刘备鄙视许汜求田问舍、追逐个人私利的故事，言表自己绝不谋求个人私利，一切以国家、民族大义为重；用桓温慨叹时光流逝的故事，表明自己年华虚度、壮志未酬的忧伤。用典贴切达意，体现了稼轩词“以文为词”的特点。这是稼轩早期词中最负盛名的一篇，艺术上也渐趋成熟境界，豪而不放，壮中见悲，在阔大苍凉的背景上，一个孤寂的爱国者一咏三叹、悲歌慷慨的形象呼之欲出。

全词格调高昂，苍凉沉郁。拟人、比喻修辞手法的运用，更增添了词的形象性，使词作具有极强的艺术感染力。

感悟讨论

1. 本词表达辛弃疾怎样的思想感情？
2. 如何理解辛稼轩“以文为词”的创作特色？
3. 找出词中比喻句、拟人句和具有象征意象的句子，体会其作用。
4. 阅读两篇《贺新郎》，体会辛词的特点。

平行阅读

贺新郎

辛弃疾

把酒长亭说。看渊明，风流酷似，卧龙诸葛。何处飞来林间鹊，蹙踏松梢残雪。要破帽、多添华发。剩水残山无态度，被疏梅、料理成风月。两三雁，也萧瑟。

佳人重约还轻别。怅清江、天寒不渡，水深冰合。路断车轮生四角，此地行人销骨。问谁使、君来愁绝？铸就而今相思错，料当初、费尽人间铁。长夜笛，莫吹裂。

贺新郎·同父见和，再用前韵

辛弃疾

老大那堪说。似而今、元龙臭味，孟公瓜葛。我病君来高歌饮，惊散楼头飞雪。笑富贵、千钧如发。硬语盘空谁来听，记当时，只有西窗月。重进酒，换鸣瑟。

事无两样人心别。问渠侬：神州毕竟，几番离合。汗血盐车无人顾，千里空收骏骨。正目断、关河路绝。我最怜君中宵舞，道"男儿到死心如铁"。看试手，补天裂。

（选自《唐宋词选》，中国社科院文学研究所编，人民文学出版社1981年版）

王国维语："纳兰容若以自然之眼观物，以自然之舌言情。此由初入中原，未染汉人风气，故能真切如此。北宋以来，一人而已。"

第十六节

木兰花[①] · 拟古决绝词柬友

◎ 纳兰性德

人生若只如初见，何事秋风悲画扇[②]。等闲变却故人心，却道故人心易变[③]。骊山语罢清宵半[④]，泪雨零铃终不怨[⑤]。何如薄幸锦衣郎，比翼连枝当日愿[⑥]。

（选自《纳兰词笺注》，纳兰性德著，张草纫笺注，上海古籍出版社 2003 年版）

注释

①木兰花：词牌，双调 56 字，上、下阕各三仄声韵。

②何事秋风悲画扇：此用汉代班婕妤被弃典故。班婕妤为汉成帝妃，被赵飞燕谗害，退居冷宫，有诗《怨歌行》："新裂齐纨素，皎洁如霜雪。裁为合欢扇，团团似明月。出入君怀袖，动摇微风发。常恐秋节至，凉飚夺炎热。弃捐箧笥中，恩情中道绝。"以秋扇为喻，写被弃之怨情。

③等闲两句：谓故人轻易变心，反说人心本来就是易变的，不足为奇。

④骊山：唐玄宗李隆基与杨玉环曾于七月七日夜，在骊山华清宫长生殿里盟誓，陈鸿《长恨歌传》："时夜殆半，休侍卫于东西厢，独侍上。上凭肩而立，因仰天感牛女事，密相誓心，愿世世为夫妇。"白居易《长恨歌》："在天愿作比翼鸟，在地愿作连理枝。"

⑤泪雨句：安史乱起，唐玄宗入蜀躲避战乱，为保皇位于马嵬坡将杨玉环赐死，途中闻雨声、铃声而悲，遂作《雨霖铃》曲以寄哀思。

⑥锦衣郎：指唐玄宗。

❀ 作者简介

纳兰性德(1655—1685)，原名成德，字容若，号楞伽山人，出身满洲贵族，隶属正黄旗，大学士明珠长子，清初杰出词人。自幼聪敏，读书过目不忘，善为诗，好填词，童年已句出惊人。17 岁入太学，康熙十五年(1676)进士，授乾清门三等侍卫，后循迁至一等，多次随康熙皇帝出巡，到过京畿、塞外、关东、江南。他是一个胸怀抱负的青年，能文能武，希望有机会施展才能，做一番于国于民有利的事业，"竟须将，银河亲挽，普天一洗。麟阁才教留粉本，大笑拂衣归矣"。然而，现实生活中却在皇帝身边，鞍前马后度过了九年的侍卫生涯。纳兰性德生性恬淡，对功名利禄看得十分淡薄，向往隐居生活。他的词独具一格，或凄婉动人，或磊落奔放，有评价认为直追南唐后主李煜。现存词三百多首，纳兰性德生前编辑成集，名为《侧帽集》。后来好友顾贞观校订重刊，更名《饮水词》。

导读

这是一首拟古之作，古辞《白头吟》："闻君有两意，故来相决绝。""决绝意谓决裂，指男女情变，断绝关系。唐元稹曾用乐府歌行体，模拟一女子的口吻，作《古决绝词》。容若此作题为'拟古决绝词柬友'，也以女子的声口出之。其意是用男女间的爱情为喻，说明交友之道也应该始终如一，生死不渝。"（盛冬铃《纳兰性德词选》）

这首词表达了词人对人生理想的执着追求和对背情弃义行为的批判鞭挞。纳兰词的最大魅力在于一个"真"，他"待人真，作词真，写景真，抒情真，虽力量未充，然以其真，故感人甚深。一种凄婉处，令人不忍卒读者，亦以其词真也"（唐圭璋语）。上阕起句"人生若只如初见"这句名言，以情真撼人心灵，描绘出一种令人向往的人与人相处的美好状态。接着引用汉代班婕妤的典故，发出深深慨叹，初相识时如沐春风的温馨和分手时如肃杀秋风中画扇的悲凉构成鲜明的对比和反差，接下来，对变心人反而指责对方首先变心的行为予以了批判。下阕引用唐玄宗和杨玉环的典故，谴责当初海誓山盟后来却背情弃义的薄情郎，无做作之态，更无虚伪之言，借用典故吐露出自己的心声，既是谴责负心，也是呼唤人间真情。这首词清新秀隽，情真意切，语言流畅优美，音韵和谐自然，具有深婉动人的艺术感染力。

感悟思考

1. 结合纳兰性德的短暂的人生经历，谈谈你对"人生如只如初见"这一名句的看法。

2. 有评价纳兰容若为"性情中人"，也有人认为他是《红楼梦》贾宝玉的原形，查阅相关资料，谈谈你对纳兰容若的印象。

3. 阅读《金缕曲·赠梁汾》，体会这首词的风格。

平行阅读

金缕曲·赠梁汾

纳兰性德

德也狂生耳。偶然间，缁尘京国，乌衣门第。有酒惟浇赵州土，谁会成生此意。不信道、竟逢知己。青眼高歌俱未老，向尊前、拭尽英雄泪。君不见，月如水。共君此夜须沉醉。且由他、蛾眉谣诼，古今同忌。身世悠悠何足问，冷笑置之而已。寻思起、从头翻悔。一日心期千劫在，后身缘、恐结他生里。然诺重，君须记。

长相思

纳兰性德

山一程，水一程，身向榆关那畔行，夜深千帐灯。
风一更，雪一更，聒碎乡心梦不成，故园无此声。

鹧鸪天

纳兰性德

独背残阳上小楼，谁家玉笛韵偏幽？一行白雁遥天暮，几点黄花满地秋。惊节序，叹沉浮，秾华如梦水东流。人间所事堪惆怅，莫向横塘问旧游。

（选自《纳兰词笺注》，纳兰性德著，张草纫笺注，上海古籍出版社 2003 年版）

近代天津曾诞育了一位嘉言懿行的人，他集艺术家和教育家于一身，皈依佛门后，又是著名的佛学大师，他就是弘一法师——李叔同。

第十七节

金缕曲·将之日本，留别祖国并呈同学诸子

◎ 李叔同

披发佯狂走[①]。莽中原，暮鸦啼彻[②]，几枝衰柳。破碎河山谁收拾？零落西风依旧。便惹得离人消瘦[③]。行矣临流重太息[④]，说相思，刻骨双红豆。愁黯黯，浓于酒。

漾情不断淞波溜[⑤]。恨年来、絮飘萍泊，遮难回首[⑥]。二十文章惊海内[⑦]，毕竟空谈何有。听匣底苍龙狂吼[⑧]。长夜凄风眠不得，度群生那惜心肝剖[⑨]？是祖国，忍孤负[⑩]！

（选自《李叔同集》，郭长海、郭君兮编，天津人民出版社2006年版）

注释

①佯狂：装作发狂的样子。这里暗示屈原去国之意。
②暮鸦：昏鸦，极言荒凉之境况。
③离人：远行人。
④临流：面对江流。太息：叹息。
⑤漾情：满腔之情。淞波溜，吴淞江之波浪。
⑥遮：同“这”。
⑦二十文章惊海内：李叔同作这首词，时年26岁。但其诗文字画，已名震天下。
⑧匣底：指剑鞘。苍龙，宝剑名。
⑨度：超度，这里言解救。
⑩孤负：辜负。

作者简介

李叔同(1880—1942)，名文涛，法名演音，号弘一。祖籍浙江，生于天津官宦富商之家，中国新文化运动的前驱，卓越的艺术家、教育家，中国近现代佛教史上杰出高僧。李叔同幼年天资聪颖，悟性极高，少年成名，“二十文章惊海内”，集诗、词、书画、篆刻、音乐、戏剧、文学于一身，在多个领域，取得了杰出的成就。他的书法“朴拙圆满，浑然天成”，把中国的书法艺术推向了极致。他是第一个向中国传播西方音乐的先驱者，所创作的歌曲《送别》，历经几十年传唱经久不衰，成为经典名曲。同时，他也是中国第一个开创裸体写生的教师。卓越的艺术造诣，先后培养出了名画家丰子恺、音乐家刘质平等一批文化名人。他苦心向佛，精研律学，弘扬佛法，被佛门弟子奉为律宗第十一代世祖。他为世

人留下了咀嚼不尽的精神财富，他的一生充满了传奇色彩，是绚丽至极归于平淡的典型人物。赵朴初先生评价弘一大师的一生为："无尽奇珍供世眼，一轮圆月耀天心。"

导读

这首词写于1905年。当时国事维艰，列强肆虐，民不聊生，就在这一年，李叔同的母亲去世，这对他心灵打击很大，李叔同陷入空前的悲愤和迷茫。同年秋天，李叔同老师赵幼梅受天津学务处的委托，带领学生去日本访问，实习考察，李叔同听说，毅然辞掉了上海沪学会的工作，决意去日本求学，寻求富国强兵之道。这首词是他赴日前所填，抒发了浓重而深沉的爱国情怀，表达了愿为祖国的富强而献身的远大抱负。

词分上下两阕。上阕借景抒情，开篇借用屈原的形象表达了诗人忧国忧民的一腔孤愤，选用"暮鸦""衰柳""西风"几个中国古代文学作品中的典型意象，勾勒出了一幅乌鸦悲啼、杨柳怨别、秋风萧瑟的凄怆苍凉画面。面对列强的肆意欺凌，清廷的昏聩无能，山河破碎，千疮百孔，诗人一腔孤愤，难以释怀。"红豆"形象的化用，则表现了诗人对祖国未离别已相思"浓于酒"的一片难以割舍的眷恋之情。下阕直抒胸臆，"漾情不断淞波溜"，站在江边，感慨万千，逝者如斯夫，不舍昼夜。可是自己却多年漂泊，虽年少成名，面对破碎的河山，他不愿以"二十文章惊海内"的空谈来做自我陶醉，"度群生那惜心肝剖"，一腔热血，肝肠似火，最后以反问收结全篇，诗人怎忍心辜负了自己深深热爱的祖国？是反问，更是呐喊，表达了深挚的爱国情怀，激昂慷慨，荡气回肠。

全词感情浓郁深沉，意象苍凉，用典妙合，反问手法的运用更增添了词作的气势。

感悟讨论

1. 这首词表达了青年李叔同怎样的思想感情？

2. 为什么说李叔同是"中国新文化运动的前驱"？了解李叔同具有传奇色彩的一生，谈谈你的看法。

平行阅读

送　别

李叔同

长亭外，古道边，芳草碧连天。晚风拂柳笛声残，夕阳山外山。天之涯，地之角，知交半零落。一觚浊酒尽余欢，今宵别梦寒。长亭外，古道边，芳草碧连天。晚风拂柳笛声残，夕阳山外山。

（选自《李叔同集》，郭长海、郭君兮编，天津人民出版社2006年版）

悄悄的我走了，正如我悄悄的来；我挥一挥衣袖，不带走一片云彩。

——《再别康桥》

第十八节

云　游

◎ 徐志摩

那天你翩翩的在空际云游，
自在，轻盈，你本不想停留
在天的那方或地的那角，
你的愉快是无拦阻的逍遥，
你更不经意在卑微的地面
有一流涧水，虽则你的明艳
在过路时点染了他的空灵，
使他惊醒，将你的倩影抱紧。

他抱紧的是绵密的忧愁，
因为美不能在风光中静止；
他要，你已飞渡万重的山头，
去更阔大的湖海投射影子！
他在为你消瘦，那一流涧水，
在无能的盼望，盼望你飞回！

（选自《志摩的诗》，徐志摩著，人民文学出版社 1983 年版）

❀ 作者简介

徐志摩（1897—1931），原名徐章垿，浙江人，中国现代著名诗人、散文家。曾赴美国、英国留学，1922 年回国，先后在北京大学、光华大学、大夏大学任教。1925 年主编《晨报副镌·诗刊》，1928 年主编《新月》月刊，“新月派”代表诗人。1931 年，因乘坐的飞机在济南附近失事去世。徐志摩是一位在中国文坛上曾经活跃一时并有一定影响的作家，作为新月派的一个主要诗人，为新诗的发展进行过种种尝试和探索。他的诗歌有着相当鲜明的独特风格。早期诗歌多表现对理想的向往与追求，也有同情下层劳动人民痛苦生活和对黑暗现实不满的诗作。后期诗歌多表现理想破灭后的彷徨、伤感、空虚的情绪。他的诗有很强的艺术感染力，字句清新，音节和谐，比喻新奇，想象丰富，意境优美，神思飘逸。诗集有《志摩的诗》《翡冷翠的一夜》《猛虎集》等。

导读

此诗作于1931年，诗作融合了东西方文学的情绪和格调。《云游》是一首描述自由恋爱初恋的甜美与失恋的悲伤的抒情诗，诗人以“云游”和“一流涧水”两个意象象征爱恋的对方与自己，表达了希望爱恋的对方能心回意转的苦苦期盼之情。

《云游》开篇写“云”翩翩遨游，逍遥洒脱，不会停留在天的那方，也不会停留在地的那角。“云”只是“过路”的，所以“云”不经意地投影在卑微的地面的一流“涧水”上，于是便点染了“涧水”的空灵。“云”的明艳，让“涧水”惊醒过来，想要将“云”投影下来的倩影紧紧拥抱着。因为，“云”的美不可能在风光中静止，“涧水”却想要“云”停下来，然而，“云”已离开了“涧水”，已飞渡了万重山头，已飞渡到更阔大的湖海去投射影子。这就是“涧水”的悲伤，所以诗上说，“涧水”不但不能抱紧“云”的倩影，相反的，“涧水”所抱紧的只不过就是忧愁而已。诗的最后描述了“涧水”在为“云”消瘦，只能无奈地继续盼望着“云”会飞回来，停驻并继续投影在“涧水”之上。从《沙扬娜拉》《再别康桥》到《云游》，人们很自然在其中找出徐志摩诗作中的意象和风格，这类诗作最能代表徐志摩的诗情和才华，这些诗想象优美，意境空灵洒脱，音律抑扬变化，透露着诗人对人生理解与生命把握的希冀与信仰，具有极高的艺术与审美价值，也正契合了诗人“追求美，追求爱，追求自由”的人生理想。此诗结构上受欧洲十四行诗的影响，而意境上又深得中国传统诗歌之精髓。

感悟讨论

1.“涧水”为“云”消瘦，能否和“为伊消得人憔悴”联系起来？为什么？
2. 徐志摩代表诗作有什么特点？
3. 你怎样看待徐志摩“追求美，追求爱，追求自由”的人生理想？
4. 阅读《再别康桥》和《偶然》，体会徐志摩的诗意象的特点。

平行阅读

再别康桥

徐志摩

轻轻的我走了，
正如我轻轻的来；
我轻轻的招手，
作别西天的云彩。
那河畔的金柳，
是夕阳中的新娘；
波光里的艳影，

在我的心头荡漾。
软泥上的青荇，
油油的在水底招摇；
在康河的柔波里，
我甘心做一条水草！
那榆荫下的一潭，
不是清泉，
是天上虹；
揉碎在浮藻间，
沉淀着彩虹似的梦。
寻梦？
撑一支长篙，
向青草更青处漫溯；
满载一船星辉，
在星辉斑斓里放歌。
但我不能放歌，
悄悄是别离的笙箫；
夏虫也为我沉默，
沉默是今晚的康桥！
悄悄的我走了，
正如我悄悄的来；
我挥一挥衣袖，
不带走一片云彩。

偶 然

徐志摩

我是天空里的一片云，
　　偶尔投影在你的波心——
你不必讶异，
　　更无须欢喜——
在转瞬间消灭了踪影。

你我相逢在黑夜的海上，
　　你有你的，我有我的，方向；
你记得也好，
　　最好你忘掉
在这交会时互放的光亮！

（选自《志摩的诗》，徐志摩著，人民文学出版社 1983 年版）

上承中国古典诗词气质，外应西方自由体诗歌形式，戴望舒的诗自创一派，别树一帜。比喻常常是新鲜而又贴切，他所采用的题材，都是自己亲身所感受的事物，抒发个人真实的情怀。

第十九节

雨　巷

◎ 戴望舒

撑着油纸伞，独自
彷徨在悠长，悠长
又寂寥的雨巷，
我希望逢着
一个丁香一样的
结着愁怨的姑娘。

她是有
丁香一样的颜色，
丁香一样的芬芳，
丁香一样的忧愁，
在雨中哀怨，
哀怨又彷徨；

她彷徨在这寂寥的雨巷，
撑着油纸伞
像我一样，
像我一样地
默默彳亍[①]着，
冷漠，凄清，又惆怅。

她静默地走近
走近，又投出
太息[②]一般的眼光；
她飘过

像梦一般的，
像梦一般的凄婉迷茫。

像梦中飘过
一枝丁香的，
我身旁飘过这女郎；
她静默地远了，远了，
到了颓圮[3]的篱墙，
走尽这雨巷。

在雨的哀曲里，
消了她的颜色，
散了她的芬芳，
消散了，甚至她的
太息般的眼光，
丁香般的惆怅。

撑着油纸伞，独自
彷徨在悠长，悠长
又寂寥的雨巷，
我希望飘过
一个丁香一样的
结着愁怨的姑娘。

（选自《戴望舒诗集》，戴望舒著，四川人民出版社1981年版）

注释

①彳亍(chìchù)：形容小步慢走的样子或走走停停。

②太息：叹息。

③颓圮(pǐ)：倒塌。

作者简介

戴望舒(1905—1950)，中国现代派象征主义诗人，翻译家。戴望舒为笔名，原名戴朝安，浙江杭县人。他的笔名出自屈原的《离骚》："前望舒使先驱兮，后飞廉使奔属"，"望舒"是神话传说中替月亮驾车的天神。1923年入上海大学文学系学习，1929年出版了第一本诗集《我的记忆》。1932年赴法国、西班牙留学，1937年出版诗作合集《望舒诗稿》，成为30年代中国现代派诗歌的代表人物。戴望舒早期诗歌主要受中国古典诗歌和法国象征主义诗人影响较大，作为现代派新诗的举旗人，无论理论还是创作实践，都对中国新诗的发展产生过相当大的影响。在诗的内容上他注重诗意的完整和明朗，在形式上不刻意雕琢。抗日战争爆发后，戴望舒积极投身抗日，1941年在香港被捕入狱，表现出了坚贞不屈的民族气节，后期诗歌风格发生了很大变化，如《狱中题壁》《我用残损的手掌》等作品都表现出崇高的爱国精神和对美好未来的期盼。

导读

《雨巷》是戴望舒的成名作，也是前期诗歌的代表作，他曾因此而赢得了"雨巷诗人"的桂冠。这首诗写于1927年夏天。当时大革命失败后，全国处于白色恐怖之中，戴望舒因曾参加进步活动而不得不避居于松江，在孤寂中咀嚼着幻灭与痛苦，内心充满了迷惘和朦胧的希望，《雨巷》一诗就是他的这种心情的表现，诗中营造出了一个梦一般凄婉迷茫的意境，其中交织着失望和希望、幻灭和追求的双重情调和邈远飘忽的浪漫情愫，含蓄而隐晦地揭示了当时青年知识分子真实的内心世界。

《雨巷》运用了象征性的抒情手法。诗中那狭窄阴沉的雨巷，在雨巷中徘徊的独行者，以及那个像丁香一样结着愁怨的姑娘，都是象征性的意象。这些意象又共同构成了一种象征性的意境，含蓄地暗示出作者既迷惘感伤又有期待的情怀，并给人一种朦胧而又幽深的美感。富于音乐性是《雨巷》的另一个突出的艺术特色。诗中运用了复沓、叠句、重唱等手法，造成了回环往复的旋律和婉转悦耳的乐感。这首诗也可看出诗人从中国古典诗词中汲取了灵感，用丁香的花蕾，来象征人们的愁心，是中国古典诗词中一个传统的表现手法。诗中雨中丁香这一凄婉朦胧的画面，是诗人依据生活经验和艺术想象的张力，创造出的比现实更美的艺术世界的画面，深得中国古典诗词婉约风格的遗韵。

感悟讨论

1. 这首诗表现了诗人怎样的思想感情？
2. 分析一下本诗运用的艺术手法。
3. 分析《雨巷》、李商隐的《代赠》、李璟的《浣溪沙》中丁香结的意象。

平行阅读

浣溪沙

李　璟

手卷真珠上玉钩，依前春恨锁重楼。风里落花谁是主，思悠悠。

青鸟不传云外信，丁香空结雨中愁。回首绿波三楚暮，接天流。

（选自《唐宋词简释》，唐圭璋选释，上海古籍出版社 1981 年版）

代　赠

李商隐

楼上黄昏欲望休，玉梯横绝月如钩。芭蕉不展丁香结，同向春风各自愁。

（选自《玉溪生诗集笺注》，李商隐著，上海古籍出版社 1994 年版）

融汇素直与曲婉，深入时代与人生潜流，于清隽蕴藉之诗意境界，传达发自心灵的歌吟。

第二十节

致橡树

◎舒　婷

我如果爱你——
绝不像攀援的凌霄花，
借你的高枝炫耀自己：
我如果爱你——
绝不学痴情的鸟儿，
为绿荫重复单调的歌曲；
也不止像泉源，
常年送来清凉的慰藉；
也不止像险峰，
增加你的高度，衬托你的威仪。
甚至日光。
甚至春雨。
不，这些都还不够！
我必须是你近旁的一株木棉，
做为树的形象和你站在一起。
根，紧握在地下，
叶，相触在云里。
每一阵风过，
我们都互相致意，
但没有人
听懂我们的言语。
你有你的铜枝铁干
像刀，像剑，
也像戟；
我有我的红硕花朵，
像沉重的叹息，

又像英勇的火炬。
我们分担寒潮、风雷、霹雳，
我们共享雾霭流岚、虹霓。
仿佛永远分离，
却又终身相依。
这才是伟大的爱情，
坚贞就在这里：
不仅爱你伟岸的身躯，
也爱你坚持的位置，脚下的土地。

（选自《诗刊》1979年第4期）

※ 作者简介

舒婷，原名龚佩瑜，1952年生于福建石码镇，当代女诗人。1964年就读于厦门一中，1969年至闽西山区插队，1972年返回厦门当工人。1979年开始发表诗歌作品。1980年调到福建省文联工作，从事专业写作，任中国作家协会福建分会副主席。著有诗集《双桅船》《会唱歌的鸢尾花》《始祖鸟》，散文集《心烟》《秋天的情绪》《硬骨凌霄》《露珠里的"诗想"》等。舒婷擅长自我情感律动的内省，在把捉复杂细致的情感体验方面，表现出女性独有的敏感。她的诗以自己内在的情思意绪、深邃的思想和精巧新奇的意象为特征，意境优美，韵味十足。

导读

这首诗是诗人的代表作。诗人热情而坦诚地歌唱理想的爱情，伟大的爱情应该是心心相印，彼此人格独立，互相平等，比肩而立。作品体现了富于人文精神的现代爱情品格，强烈的抒情中闪耀着理性的光辉。

诗人笔下的"橡树"和"木棉"，是爱情诗中一组品格崭新的象征形象。"橡树"象征着刚硬的男性之美，而有着"红硕的花朵"的"木棉"显然体现着具有崭新审美气质的女性人格，充溢着丰盈、刚健的生命气息。这组形象的树立，不仅否定了旧式依附的爱情观，也超越了牺牲自我、只注重给予的互爱原则。这种理想人生的品格，不仅在那个特殊的时代里有着特殊的意义，时至今日对我们的人生态度和人际交往，仍然有着极大的启示意义。

诗歌采用了内心独白的抒情方式，坦诚、开朗地直抒诗人的心灵世界。以整体象征的手法构造意象，使得哲理性很强的思想、意念在生动可感的形象中生发、诗化，富于理性气质却使人感觉不到任何说教意味，抒情气息浓郁。

感悟讨论

1. 你如何看待“橡树”和“木棉”这两个意象？

2. 了解20世纪80年代“朦胧诗”的创作，结合《神女峰》体会“朦胧诗”的创作在当时诗坛上的意义。

平行阅读

神女峰

舒　婷

在向你挥舞的各色花帕中
是谁的手突然收回
紧紧捂住了自己的眼睛
当人们四散而去，谁
还站在船尾
衣裙漫飞，如翻涌不息的云
江涛
　　高一声
　　　　低一声

美丽的梦留下美丽的忧伤
人间天上，代代相传
但是，心
真能变成石头吗？
为眺望远天的杳鹤
而错过无数次春江月明
沿着江岸
金光菊和女贞子的洪流
正煽动新的背叛
　　与其在悬崖上展览千年
不如在爱人肩头痛哭一晚

（选自《绿洲》1982年10月号）

第二篇 论理品评

国家危难之际，不避艰辛挺身而出——担当；当国家转危为安，走上顺利发展之路，毅然让出王位——无私。周公吐哺，天下归心，披肝沥胆的高风亮节始终为后代称颂。

第一节

无 逸

◎《尚书·周书》

周公曰："呜呼！君子所其无逸[①]！先知稼穑之艰难乃逸[②]，则知小人之依[③]。相小人[④]，厥父母勤劳稼穑[⑤]，厥子乃不知稼穑之艰难，乃逸，乃谚[⑥]，既诞[⑦]，否则侮厥父母曰[⑧]：'昔之人无闻知[⑨]。'"

周公曰："呜呼！我闻曰，昔在殷王中宗[⑩]，严恭寅畏[⑪]，天命自度[⑫]，治民祗惧[⑬]，不敢荒宁[⑭]。肆中宗之享国七十有五年[⑮]。其在高宗，时旧劳于外[⑯]，爰暨小人[⑰]；作其即位，乃或亮阴[⑱]，三年不言[⑲]。其惟不言，言乃雍[⑳]；不敢荒宁，嘉靖殷邦[㉑]，至于小大，无时或怨[㉒]。肆高宗之享国五十有九年。其在祖甲，不义惟王，旧为小人[㉓]。作其即位，爰知小人之依，能保惠于庶民[㉔]，不敢侮鳏寡。肆太宗之享国三十有三年。自时厥后立王，生则逸，生则逸[㉕]，不知稼穑之艰难，不闻小人之劳，惟耽乐之从[㉖]。自时厥后亦罔或克寿[㉗]，或十年，或七八年，或五六年，或四三年。"

周公曰："呜呼！厥亦惟我周，太王、王季克自抑畏[㉘]。文王卑服，即康功田功[㉙]；徽柔懿恭[㉚]，怀保小民，惠鲜于鳏寡[㉛]。自朝至于日中、昃[㉜]，不遑暇食，用咸和万民[㉝]。文王不敢盘于游田[㉞]，以庶邦惟正之供[㉟]。文王受命惟中身[㊱]，厥享国五十年。"

周公曰："呜呼！继自今嗣王则其无淫于观[㊲]，于逸，于游，于田，以万民惟正之供。无皇曰[㊳]：'今日耽乐。'乃非民攸训，非天攸若[㊴]，时人丕则有愆[㊵]。无若殷王受之迷乱[㊶]，酗于酒德哉！"

周公曰："呜呼！我闻曰，古之人犹胥训告[42]，胥保惠，胥教诲，民无或胥诪张为幻[43]。此厥不听，人乃训之[44]，乃变乱先王之正刑[45]，至于小大。民否则厥心违怨[46]，否则厥口诅祝[47]。"

周公曰："呜呼！自殷王中宗及高宗及祖甲，及我周文王，兹四人迪哲[48]。厥或告之曰：'小人怨汝詈汝[49]。'则皇自敬德。厥愆，曰：'朕之愆！'允若时，不啻不敢含怒[50]。此厥不听，人乃或诪张为幻，曰：'小人怨汝詈汝！'则信之。则若时，不永念厥辟[51]，不宽绰厥心[52]，乱罚无罪，杀无辜，怨有同[53]，是丛于厥身[54]！"

周公曰："呜呼！嗣王其监于兹[55]！"

（选自《尚书》，慕平译注，中华书局2009年版）

注释

①周公：周武王弟，成王姬诵叔父。君子：指君王。所其：于省吾著《尚书新证》认为"所"原当作"启"，"启其"乃周人语例，开始之意。逸：安逸。

②稼穑：种植与收割，泛指农事。

③小人：下层民众。依：王引之《经义述闻》说："依，隐也。……云'隐者'，犹今人言苦衷也。"

④相：观察。

⑤厥：其。

⑥谚：同"喭"，刚猛，不恭敬。

⑦诞：同"延"，长久。

⑧否则：于是。

⑨昔之人：指老一辈。

⑩中宗：商朝第九任君主太戊，在位七十五年，勤政修德，治国抚民，各诸侯纷纷归顺，使商朝再度兴盛。太戊去世，庙号中宗。

⑪严：严肃庄重。寅：内心恭敬。

⑫度：衡量。

⑬祗(zhī)惧：恭敬谨慎。

⑭荒宁：荒废政务，贪图安逸。

⑮肆：所以。有：同"又"。

⑯高宗：商朝第二十二任君王武丁，商王盘庚之侄，商王小乙之子。武丁勤于政事，励精图治，使商朝政治、经济、军事、文化得到空前发展，史称"武丁盛世"。公元前1192年，武丁去世，庙号高宗。时：通"是"，那，指即位之前。旧：久。

⑰爰：于是。暨：周秉钧《尚书易解》认为"暨"通"忥"(ài)，惠爱之意。另有解释为"及、到"。

⑱作：及。亮阴：又作"谅阴"，沉默寡言。

⑲三年不言：李民《〈尚书〉与古史研究》(增订本)认为武丁即位之初，年轻缺少政治经验，又无干练的辅弼大臣，因而"三年不言"，政事交由太宰主持，自己去观国风，了解民情。

⑳言乃雍：言谈令人欢说。雍，和谐欢悦。

㉑嘉靖殷邦：使殷朝天下安定。嘉靖：安定之意。

㉒小大：指百姓、群臣。无时或怨：任何时候没有什么不满和怨言。

㉓祖甲：商王武丁三子。高宗武丁偏爱幼子祖甲，打算废太子祖庚而改立祖甲，祖甲认为这是违礼不义之举，主动离开王都，到平民中生活。武丁死后，由太子祖庚继承王位，祖庚即位7年左右病死，祖甲这才回到王都继承王位。

㉔保惠：安养惠爱。

㉕生则逸，生则逸：曾运乾《尚书正读》云："两言之者，周公喜重言也。"生：这里指继位。

㉖耽乐：沉湎享乐。

㉗罔或：没有。克：能够。寿：长久。

㉘太王：周太王，古公亶(dǎn)父，周王朝的奠基人，文王的祖父，王季的父亲。王季：文王的父亲。抑畏：谨慎戒惧。

㉙卑服：服从，遵循。即康功田功：即，接近，从事。章太炎《古文尚书拾遗》说："康功者，谓平易道路之事。田功者，谓服田力穑之事，前者职在司空，后者职在农官，文王皆亲莅之。"

㉚徽，善良。懿：美好。恭：谦恭。

㉛鲜：通"斯"，语助词，无意义。

㉜昃(zè)：太阳偏西，指黄昏。

㉝用咸和万民：以使各方人民和睦安宁。用，以。和，睦。

㉞盘：娱乐，欢乐。游田：游猎。

㉟庶邦：众邦，臣服于周的各诸侯国。正，通"政"。供：奉。

㊱中身：中年。

㊲淫：过度玩乐。观：游览。

㊳皇：通"兄(况)"，更。

㊴攸：所。训：顺。若：顺从。

㊵丕则：于是。愆：过错。

㊶受：商朝末代君主帝辛，本名子受，史称商纣王。

㊷胥：互相。

㊸诪(zhōu)张：欺诈诳骗。幻：惑乱。

㊹训：以……为榜样。

㊺正刑：旧法。

㊻违怨：怨恨。

㊼诅祝：诅咒。

㊽迪哲：践行圣明之道。迪，蹈行，践行。哲，明智、智慧之道。

㊾詈(lì)：责骂。

㊿不啻(chì)：不但。

51辟：法度。指中宗、高宗、祖甲、文王树立的典型。

52宽绰：器量宽宏。

53同：会聚。

54丛：聚集。

55嗣王：指周成王。监：通"鉴"，借鉴。

导读

《尚书》又称《书》《书经》，是传统的五经之一，记载了中国上古的历史，是一部多体裁文献汇编，长期被认为是中国现存最早的史书。战国时期总称《书》，汉代司马迁《史记・五帝本纪》称为《尚书》，所谓"《尚书》独载尧以来"。东汉马融解释说："上古有虞氏之书，故曰《尚书》。"《尚书》即"上古之书"。相传先秦记载上古历史的《书》有几千篇，孔子为教学方便，删成百篇之数，因此带有很多儒家思想的印迹。《尚书》的源流非常悠久，传习过程历经劫难，其版本、文字、简编次序等不同程度上都发生过变化和错乱，成为唐以后学者认为难读之书。《尚书》主要记载了从尧、舜、禹时代到东周历时约 1500 年的历史，基本内容是古代帝王的文告和君臣的谈话记录。书中文章结构渐趋完整，初具文章层次，并注意在命意谋篇上用功夫，《尚书》标志着中国古代散文的初步形成。

《史记・鲁周公世家》载周公作《无逸》"以戒成王"。周武王灭殷建立西周王朝，不久病逝，武王之子成王姬诵继位，时年尚小，武王之弟周公旦摄政。"成王长，能听政。于是周公乃还政于成王，成王临朝。"周公摄政七年，成王长大，他决定还政于成王，还政前，周公作《无逸》，以殷商灭亡为前车之鉴，告诫成王"君子所其无逸"，要先知"稼穑之艰难"，不要纵情于声色、安逸、游玩和田猎，应当效法周文王明德慎罚，礼贤下士，勤政爱民，文章弘扬的这种居安思危思想对后世影响深远。

文章开篇就明确提出了"君子所其无逸"的宗旨要义，作为一个君王先知道农事的艰辛，才会知道庶民的苦衷，父母辛勤务农，而他们的子弟不知道种地的艰辛，就会贪图安逸甚至不敬父母，这种情况必须引以为戒，表达了做一个有自控力好君王的先提条件就是必须重视农事的思想。接着举了殷代名君中宗太戊、高宗武丁、商汤之孙祖甲理政的历史事实，赞颂他们勤自约束、保惠百姓，不侮鳏寡的美德，揭示了他们享国长久的原因。而后举出反面例子殷王，生来贪图安逸，不知道务农的辛劳，因而享国也不能长久。进而又赞美周朝的太王、王季具有的谦抑谨畏品德，并特别歌颂周文王具有的美德，他自奉节俭，亲自参加农业劳动，能"怀保小民，惠鲜鳏寡"，慎始敬终，兢兢业业，废寝忘食，为国事不辞辛劳，享国长久也是自然之事。文章告诫后代，不许放纵，不能宽容自己，如果贪图安逸，就会变乱先王正法，招致民人的怨恨。文章进一步谈到享国的途径，也就是逸的条件，"胥训告，胥保惠，胥教诲"，对小人的怨恨采取宽容自省的态度，这样才不会使民众的怨恨汇聚到自己身上，从治国理政层面分析，这也是重民思想的体现，正反对举彰显了作者观点。文章最后再次强调继位的君王一定对此引以为戒，呼应前文，收束有力。

全文宗旨明确，叙说有序，文字晓畅。文章每段以"呜呼"开端，连用七个，发出极为深挚的感慨。对比手法的运用，使得农本、重民、无淫于逸的思想愈发彰明较著，字里行间流露远见卓识。这篇文章被历代君王奉为经典，备受推崇。

感悟讨论

1. 曹操诗作《短歌行》有"周公吐哺，天下归心"诗句赞美周公，联系本文体会曹操写"周公吐哺，天下归心"的用意。

2. 文章开门见山提出了"君子所其无逸"的宗旨要义，这一观点影响深远，能说一说这一思想后世的延续发展吗？

3. 阅读《史记·鲁周公世家》，了解周公的生平经历和主要贡献。

链接

《尚书》，慕平译注，中华书局 2009 年版。

儒家把修己养身看作立身处世、实现人生价值的根本，这一文化传统影响了世世代代的中国人。作为儒家的经典，《论语》集中了孔子学说的精华和他的人生智慧。

第二节

《论语》十则

子曰："见贤思齐焉，见不贤而内自省也。" 《里仁篇第四》

子曰："质胜文则野[①]，文胜质则史[②]。文质彬彬[③]，然后君子。" 《雍也篇第六》

子曰："譬如为山，未成一篑[④]，止，吾止也。譬如平地，虽覆一篑，进，吾往也。"

《子罕篇第九》

子路问君子。子曰："修己以敬[⑤]。"曰："如斯而已乎？"曰："修己以安人。"曰："如斯而已乎？"曰："修己以安百姓。修己以安百姓，尧舜其犹病诸？" 《宪问篇第十四》

子曰："躬自厚而薄责于人[⑥]，则远怨矣。" 《卫灵公篇第十五》

孔子曰："君子有九思：视思明，听思聪，色思温，貌思恭，言思忠，事思敬，疑思问，忿思难[⑦]，见得思义。" 《季氏篇第十六》

子曰："由也！女闻六言六蔽矣乎[⑧]？"对曰："未也。""居！吾语女。好仁不好学，其蔽也愚；好知不好学，其蔽也荡[⑨]；好信不好学，其蔽也贼[⑩]；好直不好学，其蔽也绞[⑪]；好勇不好学，其蔽也乱；好刚不好学，其蔽也狂。" 《阳货篇第十七》

子夏曰："博学而笃志[⑫]，切问而近思，仁在其中矣。" 《子张篇第十九》

子贡曰："君子之过也，如日月之食焉：过也，人皆见之；更也，人皆仰之。"

《子张篇第十九》

子张问于孔子曰："何如斯可以从政矣？"子曰："尊五美，屏四恶[⑬]，斯可以从政矣。"子张曰："何谓五美？"子曰："君子惠而不费，劳而不怨，欲而不贪，泰而不骄[⑭]，威而不猛。"子张曰："何谓惠而不费？"子曰："因民之所利而利之，斯不亦惠而不费乎？择可劳而劳之，又谁怨？欲仁而得仁，又焉贪？君子无众寡，无小大，无敢慢，斯不亦泰而不骄乎？君子正其衣冠，尊其瞻视，俨然人望而畏之，斯不亦威而不猛乎？"子张曰："何谓四恶？"子曰："不教而杀谓之虐；不戒视成谓之暴；慢令致期谓之贼[⑮]；犹之与人也，出纳之吝谓之有司[⑯]。" 《尧曰篇第二十》

（选自《论语译注》，杨伯峻译注，中华书局1980年版）

注释

①质：朴实。

②史：言辞华丽，虚浮。

③文质彬彬：形容人既文雅又朴实，后多用来指人文雅有礼貌。彬彬：掺杂搭配适当。

④篑：盛土的竹筐。

⑤敬：严肃，慎重。

⑥躬自厚：当作“躬自厚责”，因下文“薄责”之“责”而省略。

⑦忿思难：将发怒了，考虑有什么后患。

⑧六言六蔽：六种品德和六种弊病。言：名曰“言”，实指“德”。蔽：通“弊”。

⑨荡：无所适守。

⑩贼：伤害。管同《四书纪闻》云：“大人之所以不必信者，惟其为学而知义之所在也。苟好信不好学，则惟知重然诺而不明事理之是非，谨厚者则硁硁为小人；苟又挟以刚勇之气，必如周汉刺客游侠，轻身殉人，扞文网而犯公义，自圣贤观之，非贼而何？”这是根据春秋侠勇之士的事实，结合儒家明哲保身的理论所发的议论，似近孔子本意。

⑪绞：指言辞尖刻。

⑫笃志：坚守自己的志趣。

⑬屏（bǐng）：排除，摈弃。

⑭泰：安泰矜持。

⑮慢令致期：政令下得晚却要限期完成。

⑯出纳：这里单指“出”。有司：古代管事者之称，职务卑微，这里译为“小家子气”。

❀ 作者简介

孔子（前551—前479），名丘，字仲尼，春秋时鲁国陬邑（今山东曲阜）人，我国伟大的思想家、教育家，世界最著名的文化名人之一。50岁时任鲁定公的司寇，掌管鲁国司法，55岁开始周游列国，宣传自己的主张，但均没有得到重用，68岁回鲁国从事著述和讲学。孔子是儒家学派的创始人，在政治思想上，提倡“仁”和“礼”，主张“仁者爱人”“克己复礼”。在教育方面，首倡私人讲学，打破了学在官府的传统。他提出的“因材施教”“有教无类”的教育思想，“举一反三”“学思结合”“温故知新”的教学方法，“不耻下问”“学而不厌，诲人不倦”的教学态度至今仍影响着中国的教育。孔子整理《诗》《书》等古代文献，并删修鲁国史官所记《春秋》，成为我国第一部编年体历史著作，为保存和传播我国古代文化作出了重要贡献。孔子的学说自汉代开始被奉为中国文化的正统，司马迁《史记·孔子世家》称其为“至圣”。他的学说不仅对我国思想文化的发展产生了深远影响，对世界文明也贡献巨大。联合国教科文组织将孔子列为世界十大文化名人之一。

导读

《论语》是一部语录体散文集，记载了我国思想家、教育家孔子及弟子的言行，由孔子的弟子和再传弟子记录编纂而成。“《论语》者，孔子应答弟子、时人及弟子相与言而接闻于夫子之语也。当时弟子各有所记,夫子既卒,门人相与辑而论纂,故谓之《论语》。”(班固《汉书·艺文志》)现在通行的《论语》共20篇,各章节独立成篇,涉及的内容极为广泛,是儒家学说的开创和经典之作。

孔子的思想核心是“仁”,他对“仁”的解释是“仁者爱人”。《论语》记录了孔子一生的言行,“仁”贯穿始终,体现了这位春秋时期大教育家“爱”的教育理念。“君子”是儒家学说中追求理想完美人格的象征,“君子”首先是“仁德之人”,如何成为“仁德之人”,那就要从自身做起,从生活、学习中的点点滴滴做起,“修身”是“齐家、治国、平天下”的基础,关于修己养身的精辟论说,占了《论语》相当的篇幅。因此,说一部《论语》,半部论“修身”实不为过,《论语》体现了中国传统文化“德智统一”“以德摄智”的深刻内涵。课文选取了其中的十则,内容涉及学习与修养,透过字里行间可以感受先哲的人生智慧。厚德载物,修身为本,加强修养不仅关乎个人的品德、学识、谈吐、气质,从大处说,也关乎国家、民族大业。《论语》于潜移默化中影响着世人的观念,对中华文化产生了深远影响。

本篇所选《论语》十则,体现了《论语》词约义丰、简练纡徐的语言风格。

感悟讨论

1. 你还知道《论语》中有哪些关于修己养身的语录?回忆并概括一下。

2. 将第六则“君子有九思”译成现代汉语,并谈谈你的看法。

3. 社会在发展,时代在变化,个人在发展变化中进步,传统在发展变化中传承。你怎么看待当今社会背景下儒家的修己养身学说?

平行阅读

曾子曰:“吾日三省吾身——为人谋而不忠乎?与朋友交而不信乎?传不习乎?”

《学而篇第一》

子贡曰:“贫而无谄,富而无骄,何如?”子曰:“可也;未若贫而乐,富而好礼者也。”

子贡曰:“《诗》云:‘如切如磋,如琢如磨’,其斯之谓与?”子曰:“赐也,始可与言《诗》已矣,告诸往而知来者。”

《学而篇第一》

子曰:“吾十有五而志于学,三十而立,四十而不惑,五十而知天命,六十而耳顺,七十而从心所欲,不逾矩。”

《为政篇第二》

子贡曰:“如有博施于民而能济众,何如?可谓仁乎?”子曰:“何事于仁,必也圣乎!尧舜其犹病诸。夫仁者,己欲立而立人,己欲达而达人,能近取譬,可谓仁之方也已。”

《雍也篇第六》

子张问仁于孔子。孔子曰:“能行五者于天下为仁矣。”“请问之。”曰:“恭、宽、信、敏、惠。恭则不侮,宽则得众,信则人任焉,敏则有功,惠则足以使人。”

《阳货篇第十七》

(选自《论语译注》,杨伯峻译注,中华书局1980年版)

孟子曾自谓“我善养吾浩然之气”,他的散文长于论辩,气势浩然。这篇驳论文章,步步设问,层层深入,引君入彀,最后一举击破。缜密的思维,犀利的词锋,历来备受推崇。

第三节

有为神农之言者许行

◎孟 子

有为神农之言者许行[1],自楚之滕[2],踵门而告文公曰[3]:“远方之人,闻君行仁政,愿受一廛而为氓[4]。”文公与之处。其徒数十人,皆衣褐[5],捆屦[6]、织席以为食。

陈良之徒陈相与其弟辛[7],负耒耜而自宋之滕[8],曰:“闻君行圣人之政,是亦圣人也,愿为圣人氓。”

陈相见许行而大悦,尽弃其学而学焉。

陈相见孟子,道许行之言曰:“滕君,则诚贤君也;虽然,未闻道也。贤者与民并耕而食,饔飧而治[9];今也,滕有仓廪府库,则是厉民而以自养也,恶得贤?”

孟子曰:“许子必种粟而后食乎?”

曰:“然。”

“许子必织布而后衣乎?”

曰:“否,许子衣褐。”

“许子冠乎?”

曰:“冠。”

曰:“奚冠[10]?”

曰:“冠素[11]。”

曰:“自织之与?”

曰:“否,以粟易之。”

曰:“许子奚为不自织?”

曰:“害于耕。”

曰:“许子以釜甑爨[12],以铁耕乎?”

曰:“然。”

“自为之与?”

曰:“否,以粟易之。”

“以粟易械器者,不为厉陶冶;陶冶亦以其械器易粟者,岂为厉农夫哉!且许子何不为陶冶,舍皆取诸宫中而用之[13]?何为纷纷然与百工交易?何许子之不惮烦!”

曰："百工之事，固不可耕且为也。"

"然则治理天下独可耕且为与？有大人之事，有小人之事。且一人之身而百工之所为备，如必自为而后用之，是率天下而路也[14]。故曰：'或劳心，或劳力。'劳心者治人，劳力者治于人；治于人者食人，治人者食于人——天下之通义也。"

"当尧之时，天下犹未平，洪水横流，泛滥于天下；草木畅茂，禽兽繁殖；五谷不登，禽兽偪人[15]。兽蹄鸟迹之道，交于中国。尧独忧之，举舜而敷治焉[16]。舜使益掌火[17]，益烈山泽而焚之，禽兽逃匿；禹疏九河，瀹济、漯而注诸海，决汝、汉，排淮、泗，而注之江[18]；然后中国可得而食也。当是时也，禹八年于外，三过其门而不入，虽欲耕，得乎？"

"后稷教民稼穑[19]，树艺五谷，五谷熟而民人育。人之有道也，饱食暖衣、逸居而无教，则近于禽兽。圣人有忧之，使契为司徒[20]，教以人伦：父子有亲，君臣有义，夫妇有别，长幼有序，朋友有信。放勋日劳之[21]、来之[22]，匡之、直之，辅之、翼之[23]，使自得之，又从而振德之[24]，圣人之忧民如此，而暇耕乎？"

"尧以不得舜为己忧，舜以不得禹、皋陶为己忧[25]。夫以百亩之不易为己忧者，农夫也。分人以财谓之惠，教人以善谓之忠，为天下得人者谓之仁。是故以天下与人易，为天下得人难。孔子曰：'大哉，尧之为君！惟天为大，惟尧则之[26]，荡荡乎民无能名焉。君哉，舜也！巍巍乎有天下而不与焉！'尧舜之治天下，岂无所用其心哉？亦不用于耕耳。"

"吾闻用夏变夷者，未闻变于夷者也。陈良，楚产也，悦周公、仲尼之道，北学于中国。北方之学者，未能或之先也。彼所谓豪杰之士也。子之兄弟，事之数十年，师死而遂倍之[27]。昔者，孔子没[28]，三年之外，门人治任将归[29]，入揖于子贡，相向而哭，皆失声，然后归。子贡反，筑室于场，独居三年，然后归。他日，子夏、子张、子游以有若似圣人[30]，欲以所事孔子事之，强曾子。曾子曰：'不可。江汉以濯之[31]，秋阳以暴之[32]，皜皜乎不可尚已[33]！'今也，南蛮鴃舌之人[34]，非先王之道，子倍子之师而学之，亦异于曾子矣！吾闻出于幽谷，迁于乔木者；未闻下乔木而入于幽谷者。《鲁颂》曰：'戎狄是膺，荆舒是惩[35]。'周公方且膺之。子是之学，亦为不善变矣！"

"从许子之道，则市贾不贰[36]，国中无伪；虽使五尺之童适市，莫之或欺[37]。布帛长短同，则贾相若；麻缕丝絮轻重同，则贾相若；五谷多寡同，则贾相若；屦大小同，则贾相若。"

曰："夫物之不齐，物之情也；或相倍蓰[38]，或相什伯，或相千万。子比而同之，是乱天下也。巨屦小屦同贾，人岂为之哉！从许子之道，相率而为伪者也。恶能治国家？"

（选自《先秦文学史参考资料》，北京大学中国文学史教研室选注，中华书局 1962 年版）

注释

①为：研究。神农：上古传说中的人物，相传是他开始教人类耕种，所以称神农。言：指学说。以许行为代表的农家学说主张"君臣并耕"。

②滕：国名，在今山东省滕州市西南。

③踵（zhǒng）：脚后跟。踵门：指“足至门”，走到门上，亲自拜谒。

④廛（chán）：居所。

⑤褐（hè）：粗麻编织的衣服。

⑥捆屦（jù）：做麻鞋。

⑦陈良：楚国的儒者。

⑧耒耜（lěisì）：古代一种类似犁的农具。

⑨饔飧（yōngsūn）：早餐和晚餐，这里用作动词，指自己做饭。

⑩奚冠：戴什么帽子。

⑪素：生丝织成的绢帛。这里指用生绢做的帽子。

⑫釜甑爨：釜，一种锅。甑（zèng），古代做饭用的一种陶器。爨（cuàn）：烧火做饭。

⑬舍皆取诸宫中：舍，即“啥”，什么。宫中：室中，家中。

⑭路：在路上奔波。

⑮偪：同“逼”，威胁。

⑯敷：布，施。这里指治理水土。

⑰益：又称伯益，舜的大臣。上古设五行之官，分别掌管金木水火土，益掌管火政。

⑱禹疏九河四句：疏：疏通。九河：相传古时山东、河北一带黄河的九条支流。瀹（yuè）：疏导。济（jǐ）、漯（tà）：古水名，在今山东省境内。决：凿开缺口，导引水流。汝：汝水，在今河南省境内。汉：汉水。排：排除。指清除水道淤塞。淮：淮河。泗：泗水，在今江苏省淮阴。江：长江。

⑲后稷：周朝的始祖，尧舜时做农官。

⑳使契为司徒：契（xiè），舜的臣子。司徒：掌教化之官。

㉑放勋：尧的号。

㉒劳之、来之：慰劳他们，使他们归顺。劳：慰劳。来（lài）：使……来（归顺）。

㉓辅之、翼之：帮助他们，保护他们。辅：助。翼：保护。

㉔振德：指赈济施以恩惠。

㉕皋陶（gāoyáo）：舜的司法官。

㉖则：用作动词，效法。

㉗倍：通“背”，背叛。

㉘没：通“殁”，死。

㉙治任：收拾行李。任：担子，指行李。

㉚有若：有子，孔子弟子。

㉛濯（zhúo）：洗。

㉜暴：通“曝”，晒。

㉝皜皜乎：光明洁白的样子。皜皜，通“杲杲”。

㉞鴃（jué）舌：鴃，鸟名，又名伯劳。这里比喻许行的话难听。

㉟戎狄是膺，荆舒是惩：引自《诗经·鲁颂·閟宫》。戎、狄指古代西部和北方的部族。荆舒，指南方的部族。膺：抵抗，抗击。

㊱贾（jià）：价格。

㊲莫之或欺：没有人欺骗他。

㊳倍蓰（xǐ）：倍，一倍；蓰，五倍。

❀ 作者简介

孟子(约前372—前289),名轲,字子舆,邹国(今山东省邹城市)人,孔子之后儒家学派的主要代表。中国古代著名思想家、教育家和散文家,与孔子合称“孔孟”,其学说被称为“孔孟之道”,有儒家“亚圣”之称。他继承了孔子的思想核心“仁”,明确提出了“仁政”主张,“乐民之乐,忧民之忧”,并提出了著名的“民贵君轻”说。《孟子》共7篇,为孟子及其弟子所著,对后世的思想和散文都产生了较大影响。孟子善辩,善于掌握对方心理,运用逻辑推理,因势利导地进行辩论。常采用欲擒故纵的方法,善设机巧,引君入彀,笔锋一转,以子之矛攻子之盾,先破后立,在驳斥对方的基础上,进而提出自己的主张。孟子的文章常运用大量整齐对称的排偶句,行文如江水滔滔,气势磅礴,极富论辩力量。

导读

这是一篇先破后立的驳论文章,孟子重要的治国理念在文中得到了充分体现。通过与陈相的辩论,作者驳斥了农家“君臣并耕”、否定社会分工的观点,先破后立,然后提出了“劳心者治人,劳力者治于人”社会分工必然性的中心论点,并对陈相兄弟背叛师门的行为进行了无情的鞭挞。

全文可分四部分。第一部分,叙述论辩的起因。先写许行投奔滕国,次写陈相兄弟慕名投滕,表明滕文公施行仁政后的影响,为后面正面阐述儒家学说做了铺垫。再写陈相以农家“贤者与民并耕”的观点来否定接受孟子仁政主张的滕文公,致起论辩。第二部分,写孟子对陈相的农家“君臣同耕”学说的驳斥。步步设问,层层深入,引君入彀,最后一举击破。当陈相承认“百工之事固不可耕且为也”时,孟子当即反诘,“然则治天下独可耕且为与?”使陈相无言以答。随后,孟子提出自己的主张,说明社会分工的必然性。接着,列出尧、舜、益、禹解决天下水患,消灭天下猛兽的事实,举出后稷教民稼穑,关心民的教育、人伦道德的事实和“尧以不得舜为己忧”的“为天下得人”的理念作为自己观点的有力的支撑,到达了使对方无可辩驳的效果。第三部分,对陈相背叛师门进行了无情鞭挞。第四部分,孟子以辩证的观点批驳陈相转述许行的“市贾不贰”的观点,捍卫了儒家的治国之道。

文章体现了孟子缜密纯熟的辩论技巧。孟子善设机巧,请君入瓮,开合擒纵,驾驭自如。全文观点鲜明,论证严密,气势浩然,感情强烈,词锋犀利。语言精练简约,明白晓畅,气盛而词壮。

感悟讨论

1. 孟子以善辩著称,本文体现了孟子的哪些论辩技巧?
2. 谈谈你对“劳心者治人,劳力者治于人”的理解。

3."锋芒毕露"与"柔中寓刚"是不同的论辩风格,你更欣赏哪种?

4. 说一说你所知道的孟子名言。

链接

《齐桓晋文之事》,选自《先秦文学史参考资料》,北京大学中国文学史教研室选注,中华书局1962年版。

“道生一，一生二，二生三，三生万物”，老子用“道”来探究自然、社会、人生之间的关系，简洁朴素的语言蕴含着博大精深的哲学思想。

第四节

道德经

◎老　子

一章

道可道，非常道[①]；名可名，非常名[②]。无，名天地之始[③]；有，名万物之母[④]。故常无，欲以观其妙[⑤]；常有，欲以观其徼[⑥]。此两者，同出而异名，同谓之玄。玄之又玄，众妙之门[⑦]。

八章

上善若水[⑧]，水善利万物而不争，处众人之所恶[⑨]，故几于道[⑩]。居善地，心善渊，与善仁，言善信，政善治，事善能，动善时[⑪]。夫唯不争，故无尤[⑫]。

二十七章

善行，无辙迹[⑬]；善言，无瑕谪[⑭]；善数，不用筹策[⑮]；善闭，无关楗而不可开[⑯]；善结，无绳约而不可解[⑰]。是以圣人常善救人，故无弃人；常善救物，故无弃物。是谓“袭明”[⑱]。故善人者不善人之师，不善人者善人之资。不贵其师，不爱其资，虽智大迷。是谓“要妙”[⑲]。

三十二章

道常无名，朴[⑳]。虽小，天下莫能臣。侯王若能守之，万物将自宾[㉑]。天地相合，以降甘露，民莫之令而自均[㉒]。始制有名[㉓]，名亦既有，夫亦将知止，知止可以不殆。譬道之在天下，犹川谷之于江海。

四十一章

上士闻道[㉔]，勤而行之；中士闻道，若存若亡[㉕]；下士闻道，大笑之。——不笑不足以为道。故建言有之[㉖]：明道若昧，进道若退，夷道若颣[㉗]。上德若谷，广德若不足，建德若偷[㉘]，质真若渝[㉙]。大白若辱，大方无隅[㉚]，大器晚成。大音希声，大象无形，道隐无名。夫唯道，善贷且成[㉛]。

四十五章

大成若缺，其用不弊[㉜]。大盈若冲[㉝]，其用不穷。大直若屈，大巧若拙，大辩若讷，大赢若绌[34]。静胜躁，寒胜热。清静，为天下正[35]。

四十九章

圣人常无心，以百姓心为心。善者，吾善之；不善者，吾亦善之，德善。信者，吾信之；不信者，吾亦信之，德信。圣人在天下，歙歙焉[36]，为天下浑其心，百姓皆注其耳目，圣人皆孩之。

六十章

治大国，若烹小鲜。以道莅天下[37]，其鬼不神。非其鬼不神，其神不伤人；非其神不伤人，圣人亦不伤人。夫两不相伤，故德交归焉[38]。

七十七章

天之道，其犹张弓与？高者抑之，下者举之；有余者损之，不足者补之。天之道，损有余而补不足；人之道则不然，损不足以奉有余。孰能有余以奉天下？唯有道者。（是以圣人为而不恃，功成而不处。其不欲见贤。）

八十一章

信言不美，美言不信。善者不辩，辩者不善。知者不博，博者不知。圣人不积[39]，既以为人，己愈有；既以与人，己愈多。天之道，利而不害；圣人之道，為而不争。

（选自《老子》，饶尚宽译注，中华书局2006年版）

注释

①道可道，非常道：道是可以阐释解说的，但并非完全等同于那个运动不息、浑然一体、永恒存在的大道。

②名可名，非常名：道名也是可以命名的，但并非完全等同于那个运动不息、浑然一体、永恒存在的大道之名。

③无：指道。天地之始：天地的本初。

④有：指由道而产生的万物。万物之母：万物的本原。

⑤欲：将。妙：微妙。

⑥徼(jiǎo)：边界。

⑦玄：玄妙幽深。众妙之门：天地万物变化的总源头。

⑧上善若水：上善之人如同水一样。

⑨所恶：厌恶的地方。指低洼之处。

⑩几于道：近于道。

⑪居善地句：居住在低洼之地，思虑深邃宁静，接触善良之人，讲话遵守信用，为政精于治理，处事发挥特长，行动把握时机。

⑫尤：过失。

⑬辙迹：车辙的痕迹。
⑭瑕谪：瑕疵，过失。
⑮筹策：计算的筹码。
⑯关楗（jiàn）：门闩。
⑰绳约：绳索。
⑱袭明：重明。袭，重。既善救人，又善救物，双重知明。
⑲要妙：精深微妙。
⑳道常无名，朴：道永远无名，处于质朴的状态。
㉑自宾：自己宾服。
㉒自均：自然均匀。
㉓始制有名：万物始作，有了各种名称。
㉔上士：上等的士人。
㉕亡：忘。
㉖建言：立言。
㉗颣（lèi）：不平。
㉘建德若偷：刚健的德好像苟且偷生。建，通“健”。
㉙质真若渝：质朴纯真好像污秽混浊。
㉚隅：棱角。
㉛贷：施与，帮助。
㉜弊：停止。
㉝冲：空虚。
㉞绌：不足，不够。
㉟正：这里有模范之意。
㊱歙歙（xī）：收敛，谨慎。
㊲莅（lì）：临。
㊳德交归焉：功德恩泽都归向百姓。
㊴不积：不积累财物。

作者简介

老子，姓李名耳，字聃，春秋末期人，出生于陈国苦县（今河南省鹿邑县）。中国古代思想家、哲学家、文学家和史学家，道家学派创始人和主要代表人物。老子静思好学，知识渊博。老子入周都，拜见博士，入太学，学习天文、地理、人伦各种学问，遍览《诗》《书》《易》《礼》《乐》各种典籍，研究各类文物、典章、史书，学业大有长进，博士荐其入守藏室为吏，在周都老子积累了丰富的学识，声名远扬，远近闻名。孔子也曾求教于老子。今存世有《道德经》（又称《老子》），其作品的核心精华是朴素的辩证法。政治上，老子主张无为而治、不言之教；权术上，老子讲究物极必反之理；修身方面，老子是道家性命双修的始祖，讲究虚心实腹、不与人争的修持。老子被唐朝帝王追认为李姓始祖。世界百位历史名人之一，与后世的庄子并称老庄。

导读

《道德经》是春秋时期老子的哲学作品，又称《道德真经》《老子》《五千言》《老子五千文》，是中国古代先秦诸子分家前的一部著作，为其时诸子所共仰，为春秋时期的老子（李耳）所撰写，是道家哲学思想的重要来源。道德经分上下两篇，上篇前37章为《道经》，下篇第38章之后为《德经》，上下两篇共81章。《道德经》以“道德”为纲宗，论述修身、治国、用兵、养生之道，文意深奥，包涵广博，对中国传统哲学、科学、政治、宗教等产生了深刻影响。

《道德经》开篇阐明：“道可道，非常道。名可名，非常名。无，名天地之始；有，名万物之母。故常无，欲以观其妙；常有，欲以观其徼。此两者，同出而异名，同谓之玄。玄之又玄，众妙之门。”这是老子对于“道”这个概念的总括性的描述。道，非当时社会一般的道，既不是人伦、常理之道，也非当时人们所能命名之道。“道”在老子那里已经超越了世俗社会生活，更加接近于自然法则之道，因为天地万物皆始于“道”，“道生一，一生二，二生三，三生万物”。由此，老子用“玄之又玄”来描述“道”的特殊性与深奥性，用“玄”来强调他所言之道与当时社会所言之道的差异性，表现出他所言之道的超然性与根基性。老子认为“上善若水”，第八章中以水的形象来说明，上善之人是道的最直观体现者，他们的言行有类于水，而水德是最近于道的。道是抽象的，老子设喻形象地告诉人们“道之在天下，犹川谷之于江海”，一切河川溪水都归流于它，道使万物自然宾服，表明了道的统摄力量。在四十一章中老子列举了一系列构成矛盾的事物双方，表明现象与本质的矛盾统一关系，它们彼此相异，互相对立，又互相依存，说明相反相成是事物发展变化的规律，并且把不同人对待道德态度作了对比，更加突出了现象和本质的辩证关系。七十七章中老子以天之道来与人之道作对比，主张人之道应该效法天之道，即社会规律要效法自然界的“损有余而补不足”“有余以奉天下”的天之道，消除不合理、不平等的社会现象，体现了他的社会财富平均化和人类平等的观念。

《道德经》的语言讲究艺术性，句式整齐，大致押韵，运用了对偶、排比、比喻、设问、反问、顶真等多种修辞方法，使词句准确、鲜明、生动，富有说理性和极强的感染力。《道德经》的语言也极为精辟，形成诸多成语、格言、座右铭，成为至理名言。

感悟讨论

1. 选择其中一则，谈谈你对道家思想的理解。
2.《道德经》在语言表现上有何特点？举例说明。
3. 以“治大国若烹小鲜”为题，写一篇800字以上的文章。

链接

《老子注译及评介》，陈鼓应著，中华书局2009年版。

庄子认为，人生的最高境界是逍遥游。人的本性是无羁无绊，不应为外物所役使，每一个生命都应得到尊重。顺乎自然，释放人的本性，才能达到逍遥游的境界。

第五节

马　蹄

◎庄　子

马，蹄可以践霜雪，毛可以御风寒，龁草饮水[①]，翘足而陆[②]，此马之真性也。虽有义台路寝[③]，无所用之。及至伯乐[④]，曰："我善治马。"烧之，剔之，刻之，雒之[⑤]，连之以羁馽[⑥]，编之以皂栈[⑦]，马之死者十二三矣。饥之，渴之，驰之，骤之[⑧]，整之，齐之[⑨]，前有橛饰之患[⑩]，而后有鞭策之威[⑪]，而马之死者已过半矣。陶者曰[⑫]："我善治埴[⑬]，圆者中规，方者中矩。"匠人曰："我善治木，曲者中钩，直者应绳[⑭]。"夫埴木之性，岂欲中规矩钩绳哉？然且世世称之，曰"伯乐善治马"，而"陶、匠善治埴、木"，此亦治天下者之过也[⑮]。

吾意善治天下者不然。彼民有常性[⑯]，织而衣，耕而食，是谓同德[⑰]；一而不党，命曰天放[⑱]，故至德之世[⑲]，其行填填[⑳]，其视颠颠[㉑]。当是时也，山无蹊隧[㉒]，泽无舟梁[㉓]，万物群生，连属其乡[㉔]，禽兽成群，草木遂长。是故禽兽可系羁而游[㉕]，鸟鹊之巢可攀援而窥。夫至德之世，同与禽兽居，族与万物并[㉖]，恶乎知君子小人哉[㉗]，同乎无知，其德不离；同乎无欲，是谓素朴[㉘]。素朴而民性得矣。及至圣人，蹩躠为仁[㉙]，踶跂为义[㉚]，而天下始疑矣[㉛]，澶漫为乐[㉜]，摘僻为礼[㉝]，而天下始分矣。故纯朴不残，孰为牺尊[㉞]！白玉不毁，孰为珪璋[㉟]！道德不废[㊱]，安取仁义！性情不离，安用礼乐！五色不乱，孰为文采[㊲]！五声不乱，孰应六律[㊳]！夫残朴以为器，工匠之罪也；毁道德以为仁义，圣人之过也！

夫马，陆居则食草饮水，喜则交颈相靡[㊴]，怒则分背相踶[㊵]。马知已此矣。夫加之以衡扼[㊶]，齐之以月题[㊷]，而马知介倪、闉扼、鸷曼、诡衔、窃辔[㊸]。故马之知而态至盗者[㊹]，伯乐之罪也。夫赫胥氏之时[㊺]，民居不知所为，行不知所之，含哺而熙[㊻]，鼓腹而游[㊼]，民能以此矣。及至圣人，屈折礼乐，以匡天下之形[㊽]，县企仁义以慰天下之心[㊾]，而民乃始踶跂好知，争归于利，不可止也。此亦圣人之过也。

（选自《庄子集解》，刘武撰，沈啸寰点校，中华书局1987年版）

注释

①龁(hé)：咬，嚼。

②翘：扬起。陆：通作"踛"(lù)，跳跃。

③义(é):通“峨”。义台:即高台。路:大,正。寝:居室。

④伯乐:姓孙名阳,伯乐为字,秦穆公时人,相传善于识马、驯马。

⑤烧之四句:均为治马的方法。烧:指烧红铁器灼炙马毛。剔:指剪剔马毛。刻:指凿削马蹄甲。雒(luò):“雒”通作“烙”,指用烙铁留下标记。

⑥连:系缀,连接。羁(jī):马笼头。馽(zhí):拴缚马足的绳索。

⑦皂(zào):饲马的槽枥。栈:安放在马脚下的编木,用以防潮,俗称马床。

⑧驰之,骤之:意指打马狂奔,要求马儿速疾奔跑。

⑨整之,齐之:意指使马儿步伐、速度保持一致。

⑩橛(jué):即马嚼子。马口中所衔的横木。饰:指马笼头上的装饰。

⑪鞭策:马鞭。皮制为鞭,竹制称策。

⑫陶者:制陶人。

⑬埴(zhí):黏土。

⑭曲者两句:把木料弄曲或弄直,使之和于曲钩或直绳的标准。钩、绳皆木匠用来定曲直的工具。

⑮此亦句:这种违背天性的做法,也是治天下者易犯的错误。

⑯常性:固有的天性。

⑰同德:共同的品性。

⑱一而两句:浑然一体而没有偏私,所以叫任性自然。党:偏私。命:称。天放:任其自然。

⑲至德之世:人类天性保留最好的年代,即人们常说的原始社会。

⑳填填:行路徐缓、稳重的样子。

㉑颠颠:视物专一貌。

㉒蹊(xī):小路。隧:隧道。

㉓梁:桥。

㉔连属其乡:各乡连在一起没有分界。属(zhǔ):连接。

㉕系羁:用绳子牵引。

㉖族:聚集,聚合。并:俱。

㉗恶(wù)乎:哪里。

㉘素朴:喻指本色。素:未染色的生绢。朴:未加工的木料。

㉙蹩躠(biéxiè):有脚疾而勉力走路。引申为费力用心。

㉚踶跂(dìqì):足跟上提、竭力向上的样子。

㉛疑:猜度。

㉜澶(chán)漫:放纵。

㉝摘僻:烦琐。

㉞故纯朴句:若原始木材未被削刻,谁能做出兽形的酒樽。

㉟珪璋:玉器;上尖下方的为珪,半珪形为璋。

㊱道德:指人类原始的自然本性。

㊲文采:即文彩。错杂华丽的色彩。

㊳五声句:各种天然的声音若不错杂配合,哪能形成旋律。

㊴靡(mó):通“摩”。

㊵踶(dì):踢。

㊶衡:车辕前面的横木。扼:亦作“轭”。叉马颈的条木,缚在衡上。

㊷月题:马额上状如月形的佩饰。

㊸而马知句：意为加上种种束缚，马反而知道种种不安分的做法了。介倪：犹“睨”，侧目怒视之意。闉(yīn)扼：屈曲脖子企图挣脱轭的束缚。鸷(zhì)曼：暴戾不驯。诡衔：诡谲地想吐出口里的马嚼子。窃辔(pèi)：偷偷地啃咬辔绳。

㊹盗：与人抗敌的意思。

㊺赫胥氏：传说中的古代帝王。

㊻哺：口含食物。熙：通“嬉”，嬉戏。

㊼鼓腹：鼓着肚子，意指吃得饱饱的。

㊽屈折两句：矫造礼乐来改变天下人的形象。屈折：矫造的意思。匡：端正，改变。

㊾县：同“悬”。企：企望。

❀ 作者简介

庄子(约前369—前286)，名周，战国时代宋国蒙(今河南商丘东北)人，著名的思想家、文学家。出身贫寒，贫而乐道，不慕富贵，力求在乱世保持独立的人格，追求逍遥无恃的精神自由。庄子是继老子之后，战国时期道家学派的代表人物，他继承和发展了老子的思想，学说涵盖当时社会生活的方方面面，后世将他与老子并称为“老庄”。他认为一切事物无不在变化中，人要安时处顺。道法自然，故道无所不在，强调事物的自生自灭，否认有任何主宰。提出“通天下一气耳”，追求“天地与我并生，而万物与我为一”的精神境界。代表作《庄子》(又被称为《南华经》)阐发了道家思想的精髓，发展了道家学说，使之成为对后世产生深远影响的哲学流派。庄子的散文想象丰富，汪洋恣肆，辞藻瑰丽，妙语隽永，妙趣横生，善用寓言故事形式，幽默讥刺，富有浪漫主义色彩，艺术风格独特。

导读

本篇选自《庄子·外篇·马蹄第九》。以篇首两字作题，是先秦早期散文中常用的名篇方式。此文以马设喻，旨在宣讲恢复人的自然本性，表现了反对束缚和羁绊，提倡一切返归自然的政治主张，希望唤起人们对仁义的反思和对人的本性的珍视。作者反对“圣人”以仁义礼乐禁锢人的自由思想，主张个性解放，在当时来说，具有很大的进步意义。同时，作者因主张恢复人的自然本性，而向往愚昧无知的原始社会，又带有消极虚幻色彩。

全文可分成三个部分。第一部分以“伯乐善治马”和“陶、匠善治埴、木”为例，寄喻一切从政者治理天下的规矩和办法，都直接残害了事物的自然和人的本性。第二部分对比上古时代一切都具有共同的本性，一切都生成于自然，谴责后代推行所谓仁、义、礼、乐，摧残了人的本性和事物的真情，并直接指出这就是“圣人之过”。第三部分继续以马为喻，对马的天然生活形态做了描绘之后，又对治马引起的各种反抗加以罗列，进一步说明一切羁绊都是对自然本性的摧残，圣人推行的所谓仁义，只能是鼓励人们“争归于利”。在庄子的眼里，当世社会的纷争动乱都源于所谓圣人的“治”，因而他主张摒弃仁义和礼乐，取消一切束缚和羁绊，让社会和事物都回到它的自然和本性上去。庄子对于仁义、礼乐的虚伪性、蒙蔽性揭露是深刻的，三个部分分别以“此亦治天下者之过也”、“圣人之过也”、“此亦圣人之过也”收结，充分显示了作者的用意所在。

本文善于通过生动的形象，以比喻、象征手法代替逻辑推理的论述，妙趣横生，汪洋恣肆。排比、设问句式的运用，更增添了文章不可阻遏的雄辩气势。

感悟思考

1. 本篇说马，作者的真正用意何在？采用了什么论证方法表达观点？
2. 庄子认为人生的最高境界是逍遥游，你如何看待逍遥的境界？

链接

《庄子集解》，刘武撰，沈啸寰点校，中华书局 1987 年版。

师从孔子，积极推行儒家主张，致力传播儒家思想，曾子的学说上承孔子，下启孟子，对儒家学派的发展起了承上启下的重要作用，影响深远，至今他的思想仍具有极其宝贵的社会意义。

第六节

大　学

◎曾　子

第一章

大学之道[1]，在明明德[2]，在亲民[3]，在止于至善[4]。知止而后有定[5]，定而后能静，静而后能安，安而后能虑，虑而后能得[6]。物有本末[7]，事有终始。知所先后，则近道矣。

古之欲明明德于天下者，先治其国；欲治其国者，先齐其家；欲齐其家者，先修其身；欲修其身者，先正其心；欲正其心者，先诚其意；欲诚其意者，先致其知[8]。致知在格物[9]。

物格而后知至，知至而后意诚，意诚而后心正，心正而后身修，身修而后家齐，家齐而后国治，国治而后天下平。

自天子以至于庶人，壹是皆以修身为本[10]。其本乱，而末治者否矣。其所厚者薄，而其所薄者厚[11]，未之有也。

第六章

所谓致知在格物者，言欲致吾之知，在即物而穷其理也。盖人心之灵莫不有知，而天下之物莫不有理，惟于理有未穷，故其知有不尽也，是以《大学》始教，必使学者即凡于天下之物，莫不因其已知之理而益穷之，以求至乎其极。至于用力之久，而一旦豁然贯通焉，则众物之表里精粗无不到，而吾心之全体大用无不明矣。此谓物格[12]。此谓知之至也。

第八章

所谓修身在正其心者，身有所忿懥[13]，则不得其正；有所恐惧，则不得其正；有所好乐，则不得其正；有所忧患，则不得其正。心不在焉，视而不见，听而不闻，食而不知其味。此谓修身在正其心。

第九章

所谓齐其家在修其身者，人之其所亲爱而辟焉[14]，之其所贱恶而辟焉，之其所畏敬而辟焉，之其所哀矜而辟焉[15]，之其所敖惰而辟焉[16]。故好而知其恶，恶而知其美者，天下鲜矣！故谚有之曰："人莫知其子之恶，莫知其苗之硕。"此谓身不修不可以齐其家。

第十章

所谓治国必先齐其家者，其家不可教而能教人者，无之。故君子不出家而成教于国。孝者，所以事君也；弟者，所以事长也；慈者，所以使众也。《康诰》曰："如保赤子。"[17]心诚求之，虽不中不远矣[18]。未有学养子而后嫁者也。一家仁，一国兴仁；一家让，一国兴让；一人贪戾，一国作乱。其机如此[19]。此谓一言偾事[20]，一人定国。尧、舜帅天下以仁[21]，而民从之；桀、纣帅天下以暴，而民从之。其所令反其所好，而民不从。是故君子有诸己而后求诸人，无诸己而后非诸人[22]。所藏乎身不恕，而能喻诸人者，未之有也。故治国在齐其家。

《诗》云："桃之夭夭，其叶蓁蓁。之子于归，宜其家人。"[23]宜其家人，而后可以教国人。《诗》云[24]："宜兄宜弟。"宜兄宜弟，而后可以教国人。《诗》云[25]："其仪不忒，正是四国。"其为父子兄弟足法，而后民法之也。此谓治国在齐其家。

（选自《大学·中庸》，王国轩译注，中华书局2006年版）

注释

①大学：相对于小学而言的大人之学。古代八岁入小学，学习"洒扫应对进退，礼乐射御书数"等文化基础知识和礼节，十五岁入大学，学习"穷理正心，修己治人"的学问。

②明明德：弘扬光明正大的德性。明，弘扬，发扬。明德：光明正大的德性。

③亲：作新解，使动用法。使人弃旧图新。

④至善：最完美的境界。

⑤知止：知道目的地。

⑥定、静、安、虑、得：心理认知完善的过程，儒家心性修养的重要途径。

⑦本末：本是根，末是梢，根本与枝梢。

⑧致其知：使自己获得知识。

⑨格物：认识、研究事物的道理。

⑩壹是：都是。

⑪其所厚者薄：当重视的不重视。薄者厚：不该重视的反而重视。

⑫"所谓致知在格物者"到"此谓物格"为朱熹作的补传，反映了朱熹完整的认识论。

⑬忿懥(zhì)：发怒。

⑭之：作"于"解。辟：偏颇，偏向。

⑮哀矜：同情，怜悯。

⑯敖：通"傲"。惰：怠慢。

⑰如保赤子：保护平民百姓如同母亲养护婴儿一样。

⑱中：达到目标。

⑲机：本指弩箭上的发动机关，引申为关键。

⑳偾(fèn)：坏，败。

㉑帅：率。

㉒诸：之于。

㉓夭夭：鲜嫩、美丽的样子。蓁蓁(zhēn)：茂盛的样子。

㉔《诗》云：此处指《诗经·小雅·蓼萧》。蓼萧(liǎo xiāo)，祭祀用的香草。

㉕《诗》云：此处指《诗经·曹风·鸤鸠》。鸤鸠(shī jiū)，布谷鸟。

作者简介

曾子(前505—前435)，名参，字子舆，春秋末年鲁国南武城(今山东嘉祥)人。中国著名的思想家，孔子的晚年弟子之一，与其父曾点同师孔子，是儒家学派的重要代表人物。曾子出生于一个没落贵族家庭，早年常随父学诗书，刻苦用功，十六岁拜孔子为师，愈发勤奋好学，深受孔子喜爱，颇得孔子真传。公元前479年孔子去世，临终将其孙(孔鲤之遗孤)子思托付于曾子，晚年与子夏等一起设教讲学。曾子主张以孝恕忠信为核心的儒家思想，他的修身、齐家、治国、平天下的政治观，内省、慎独的修养观，以孝为本的孝道观，至今仍具有极其宝贵的社会意义和实用价值。曾子参与编制了《论语》、著写了《大学》《孝经》《曾子十篇》等作品，他提出的三纲(明明德、亲民、止于至善)、八目(格物、致知、诚意、正心、修身、齐家、治国、平天下)构就了一套完整的伦理道德体系，影响深远。

导读

《大学》是一篇论述儒家修身治国平天下思想的散文，原是《礼记》第四十二篇，为曾子所作，是先秦时期儒家作品，后经北宋程颢、程颐竭力尊崇，南宋朱熹又作《大学章句》，最终和《中庸》《论语》《孟子》并称“四书”。宋、元以后，《大学》成为学校官定的教科书和科举考试的必读书，对中国古代教育产生了极大的影响。

“古之欲明明德于天下者，先治其国；欲治其国者，先齐其家；欲齐其家者，先修其身；欲修其身者，先正其心；欲正其心者，先诚其意；欲诚其意者，先致其知；致知在格物。物格而后知至，知至而后意诚，意诚而后心正，心正而后身修，身修而后家齐，家齐而后国治，国治而后天下平。自天子以至于庶人，壹是皆以修身为本。其本乱，而末治者否矣。”曾子指出，上至天子君王，下到平民百姓，每人都应当以修养品行作为个人立身处世的根本。倘若本末倒置，想要治理天下，是根本不可能的。那品行该如何修？曾子给出了明确的答案，他提出“三纲”(明明德、亲民、止于至善)和“八目”(格物、致知、诚意、正心、修身、齐家、治国、平天下)，指出大学的宗旨在于弘扬光明正大的品德，使人弃旧图新，达到最完善的境界，明德至善作为《大学》的核心思想，是儒家学者的最高追求。八目则对一个人从内在的德智修养到外在的事业完成的整个过程做了循序渐进分阐述，也点明了因果关系，强调修己是治人的前提，修己的目的是治国平天下，说明治国平天下和个人道德修养的一致性。《大学》提出的人生观是儒家积极入世人生观的进一步扩展，这种人生观要求注重个人修养，怀抱积极的奋斗目标，为社会贡献自己的聪明才智，强调对社会的关心和参与精神，修身齐家治国平天下的理念几乎成为世世代代读书人的唯一标准理想，注重自身修养，关心民众生活，努力改善民生，大济苍生，造福天下，是读书人的崇高理想，因而推动了社会的进步和发展。《大学》的基本内容主要是对孔子代表的原始儒家思想作了一种体系性、结构性的概括和描述，以阐明儒家关于学习的内容、目标和如何为学的次序途径，旨在弘扬儒家的君子修德之学和圣人的治政之道。

曾子在《大学》中多次引用《诗经》中的诗句，且大部分放在各章的篇首，起兴点旨，一方面给篇章增添了引经据典的内涵支撑，另一方面也把孔子的诗教理念运用得淋漓尽致。全文辞约义丰，内涵深刻，语言前后勾连，行云流水，质朴晓畅，排比的运用使文章节奏鲜明，条理清晰，论述严密，大气磅礴，颇具气势。

感悟讨论

1. 谈谈你对“修身、齐家、治国、平天下”的理解。
2. 找出第十章所引用的《诗经》原诗，体会作者引用《诗经》的用意。
3.《大学》第十一章分别引用了《诗经》《康诰》《楚书》《秦誓》和舅犯、孟献子的话，找出本文使用的引用，说明引用这种修辞方法在本文的作用。

平行阅读

大学

曾　子

第十一章

所谓平天下在治其国者，上老老而民兴孝，上长长而民兴弟，上恤孤而民不倍。是以君子有絜矩之道也。所恶于上，毋以使下；所恶于下，毋以事上；所恶于前，毋以先后；所恶于后，毋以从前；所恶于右，毋以交于左；所恶于左，毋以交于右。此之谓絜矩之道。

《诗》云：“乐只君子，民之父母。”民之所好好之，民之所恶恶之，此之谓民之父母。《诗》云：“节彼南山，维石岩岩。赫赫师尹，民具尔瞻。”有国者不可以不慎，辟则为天下僇矣。《诗》云：“殷之未丧师，克配上帝。仪监于殷，峻命不易。”道得众则得国，失众则失国。是故君子先慎乎德。有德此有人，有人此有土，有土此有财，有财此有用。德者，本也；财者，末也。外本内末，争民施夺。是故财聚则民散，财散则民聚。是故言悖而出者，亦悖而入；货悖而入者，亦悖而出。

《康诰》曰：“惟命不于常。”道善则得之，不善则失之矣。《楚书》曰：“楚国无以为宝，惟善以为宝。”舅犯曰：“亡人无以为宝，仁亲以为宝。”《秦誓》曰：“若有一个臣，断断兮无他技，其心休休焉，其如有容焉。人之有技，若己有之。人之彦圣，其心好之，不啻若自其口出，实能容之。以能保我子孙黎民，尚亦有利哉！人之有技，媢疾以恶之；人之彦圣，而违之俾不通，实不能容。以不能保我子孙黎民，亦曰殆哉！"唯仁人放流之，迸诸四夷，不与同中国。此谓唯仁人为能爱人，能恶人。见贤而不能举，举而不能先，命也。见不善而不能退，退而不能远，过也。好人之所恶，恶人之所好，是谓拂人之性，灾必逮夫身。

是故君子有大道：必忠信以得之，骄泰以失之。生财有大道：生之者众，食之者寡，为之者疾，用之者舒，则财恒足矣。仁者以财发身，不仁者以身发财。未有上好仁而下不好义者也，未有好义其事不终者也，未有府库财非其财者也。孟献子曰："畜马乘不察于鸡豚，伐冰之家，不畜牛羊；百乘之家，不畜聚敛之臣。与其有聚敛之臣，宁有盗臣。"此谓国不以利为利，以义为利也。长国家而务财用者，必自小人矣。彼为善之，小人之使为国家，灾害并至。虽有善者，亦无如之何矣！此谓国不以利为利，以义为利也。

（选自《大学·中庸》，王国轩译注，中华书局2006年版）

李斯散文师承战国荀卿，不仅布局谋篇构思严密，而且设喻说理纵横驰骋，重质实，饶文采，文质互生，在寂寥的秦代文坛上一枝独秀。鲁迅曾称赞“秦之文章，李斯一人而已”。

第七节

谏逐客书

◎李　斯

臣闻吏议逐客[①]，窃以为过矣[②]。

昔缪公求士[③]，西取由余于戎[④]，东得百里奚于宛[⑤]，迎蹇叔于宋[⑥]，来丕豹、公孙支于晋[⑦]。此五子者，不产于秦，而缪公用之，并国二十，遂霸西戎。孝公用商鞅之法[⑧]，移风易俗，民以殷盛，国以富强，百姓乐用，诸侯亲服，获楚、魏之师[⑨]，举地千里[⑩]，至今治强。惠王用张仪之计[⑪]，拔三川之地[⑫]，西并巴蜀[⑬]，北收上郡[⑭]，南取汉中[⑮]，包九夷[⑯]，制鄢、郢[⑰]，东据成皋之险[⑱]，割膏腴之壤，遂散六国之从[⑲]，使之西面事秦，功施到今[⑳]。昭王得范雎[㉑]，废穰侯，逐华阳[㉒]，强公室，杜私门，蚕食诸侯，使秦成帝业。此四君者，皆以客之功。由此观之，客何负于秦哉！向使四君却客而不内[㉓]，疏士而不用，是使国无富利之实，而秦无强大之名也。

今陛下致昆山之玉[㉔]，有随、和之宝[㉕]，垂明月之珠[㉖]，服太阿之剑[㉗]，乘纤离之马[㉘]，建翠凤之旗，树灵鼍之鼓[㉙]。此数宝者，秦不生一焉，而陛下说[㉚]之，何也？必秦国之所生然后可，则是夜光之璧不饰朝廷，犀象之器不为玩好[㉛]，郑、魏之女不充后宫[㉜]，而骏良駃騠不实外厩[㉝]，江南金锡不为用，西蜀丹青不为采[㉞]。所以饰后宫、充下陈、娱心意、说耳目者，必出于秦然后可，则是宛珠之簪、傅玑之珥、阿缟之衣[㉟]、锦绣之饰不进于前，而随俗雅化，佳冶窈窕，赵女不立于侧也[㊱]。夫击瓮叩缶[㊲]，弹筝搏髀[㊳]，而歌呼呜呜快耳目者，真秦之声也。郑卫桑间、韶、虞、武、象者[㊴]，异国之乐也。今弃击瓮叩缶而就郑卫，退弹筝而取韶、虞，若是者何也？快意当前，适观而已矣。今取人则不然。不问可否，不论曲直，非秦者去，为客者逐。然则是所重者在乎色、乐、珠、玉，而所轻者在乎人民也。此非所以跨海内制诸侯之术也。

臣闻地广者粟多，国大者人众，兵强则士勇。是以泰山不让土壤，故能成其大；河海不择细流，故能就其深；王者不却众庶[㊵]，故能明其德。是以地无四方，民无异国，四时充美，鬼神降福，此五帝三王之所以无敌也[㊶]。今乃弃黔首以资敌国[㊷]，却宾客以业诸侯，使天下之士退而不敢西向，裹足不入秦，此所谓“藉寇兵而赍盗粮”者也[㊸]。

夫物不产于秦，可宝者多；士不产于秦，而愿忠者众。今逐客以资敌国，损民以益仇[㊹]，内自虚而外树怨于诸侯，求国无危，不可得也。

（选自《史记》，司马迁著，中华书局1982年版）

注释

①吏议逐客：公元前237年，韩国人郑国来秦，以帮助秦修渠灌田为名，消耗大量财力，使秦无暇攻韩。宗室大臣以此为由，提议驱逐客卿。当时李斯为客卿，亦在被逐之列。

②窃：谦辞，“私下”之意，过，错误。

③缪（mù）公：即秦穆公，春秋五霸之一。缪，同“穆”。

④由余：春秋时晋国人，流亡于戎，后被秦穆公收为谋臣。

⑤百里奚：楚国宛人，曾任虞国大夫，后为晋俘，并作为晋献公女儿奴仆入秦，后逃回宛，秦穆公以五张羊皮将其赎回，任用为相，号五羖大夫。

⑥蹇叔：岐（今陕西境内）人，寓居于宋，由百里奚推荐被聘为秦上大夫。

⑦丕豹：郑国大夫丕郑之子，丕郑被晋惠公杀死后，丕豹投奔秦国，秦穆公任为大将攻晋，打下八城，生俘晋惠公。公孙支，岐人，秦穆公收为谋臣，任用为大夫。

⑧孝公：即秦孝公，名渠梁。商鞅，本名公孙鞅，战国卫国人，故称卫鞅。入秦后，被封为商地，又称商鞅。曾辅佐秦孝公两次变法，奠定了秦统一六国的基础。

⑨获楚、魏之师：公元前340年，秦战胜楚国、魏国的军队。

⑩举：攻克，占领。

⑪惠王：即秦惠王，秦孝公之子。张仪，魏人，秦惠王时为相，献连横之策，瓦解了六国的合纵之策。

⑫拔：攻取。三川之地：时属韩国，在今河南省黄河以南、灵宝以东的地区，境内有黄河、洛水、伊水，故称“三川”。

⑬巴蜀：当时两个诸侯国，在今四川境内。

⑭上郡：魏郡名，今陕西西北一带。

⑮汉中：楚地，今陕西西南，湖北西北。

⑯九夷：楚国境内的各少数民族。

⑰鄢、郢：楚国地名，今湖北境内。

⑱成皋：又称虎牢，今河南荥阳汜水镇。

⑲散：瓦解。从，同“纵”，指合纵，当时六国联合对付秦的一种策略。

⑳施（yì）：延续。

㉑昭王：即秦昭王，秦惠文王之子，秦武王之弟。范雎，魏国人，后入秦，为秦昭王相国。

㉒穰侯：即魏冉，秦昭王之舅，封于穰（今河南邓州市），故称穰侯。为秦相，擅权三十余载。华阳，名芈（mǐ）戎，封于华阳，故称华阳君，与穰侯一起专权，后被逐。

㉓内：同“纳”。

㉔昆山：即昆仑山，传说那里盛产美玉。

㉕隋、和之宝：指隋侯珠、和氏璧。隋是春秋时小国，相传隋侯曾令人医好一条大蟒蛇，蟒蛇衔来一颗大明珠相报，故称“隋侯珠”。相传楚国人卞和得璞玉于山中，献给楚王，琢为美玉，称之为“和氏璧”，后成为秦国玺。

㉖明月之珠：夜间发光犹如明月的宝珠。

㉗太阿：剑名，相传为春秋吴国欧冶子、干将所铸。

㉘纤离：骏马名。

㉙灵鼍（tuó）：即扬子鳄。

㉚说：同“悦”。

㉛犀象之器：用犀牛角、象牙制成的器物。

㉜郑、卫之女：郑国、卫国的女子。相传郑国、卫国多美女。

㉝駃騠(juétí)：良马名。

㉞丹青：颜料。

㉟宛珠之簪：用宛珠装饰的头簪。傅玑之珥，缀有珠玑的耳饰。阿缟，山东东阿(今山东阳谷)产的白绢。

㊱随俗雅化：随着时尚打扮得高雅漂亮。佳冶窈窕：佳丽美好，娴静优雅。

㊲击瓮叩缶：秦地的打击乐。瓮、缶是两种瓦器。

㊳搏髀：拍击大腿。髀(bì)，大腿。

㊴郑卫：郑国、卫国的音乐。桑间：卫国桑间(今河南境内)一带的音乐。韶、虞：相传舜时的音乐。武、象：周武王时的乐曲称武，乐舞称象。

㊵众庶：民众。

㊶五帝三王：指黄帝、颛顼、帝喾、尧、舜五位明君和夏启、商汤、周武王三位国君。

㊷黔首：战国、秦时对百姓的称呼。黔，黑色头巾。

㊸藉：借。赍(jī)：给予。

㊹损民以益仇：减少本国百姓，增强敌国力量。

作者简介

李斯(？—前208)，楚国上蔡(今河南上蔡西南方)人，秦著名政治家、文学家和书法家。青年时代的李斯在楚国做过小吏，后师从儒学大师荀卿学习“帝王之术”。前247年西行入秦，初为秦国丞相吕不韦舍人，后任廷尉等职，受到秦王赏识，拜为客卿，他继承了商鞅、荀卿等人思想，是战国时期法家代表人物。协助秦统一六国，为秦国强大做出了巨大贡献，官拜丞相。秦始皇死后，赵高另立胡亥，李斯被迫屈从，最后仍为赵高所杀。李斯在秦统一中国的过程中起了重大作用，在制定统一各国的战略时，他提出了各个击破的建议，得到秦始皇赞赏。秦统一中国后，他提出了废除分封制的主张，在全国推行郡县制，被秦始皇采纳，巩固了秦的政权。而后他又参与了统一各国文字、统一货币、统一度量衡等工作。李斯是秦代散文的代表作家，他的散文，构思严密，说理透辟，论证充分，文质互生。

导读

《谏逐客书》是李斯写的一篇奏章。谏，为古时下对上的劝谏，书，即上书，是臣子向君王陈述意见的一种文体。公元前237年，秦王嬴政受“水工事件”的刺激，在宗室大臣的怂恿下，下逐客令，即将从六国来秦服务的各类人才驱逐出境。在这种情况下，李斯上书劝谏秦王嬴政。

这篇奏章开门见山提出了中心观点——驱逐客卿是错误的。文章紧扣中心，采用铺陈事实，正反对比，利害对比，正面论说等方法加以论证。作者首先援古论今，列举了秦四位先王礼遇客卿、信任客卿、利用客卿的才智使秦富国强兵、成就帝业的历史事实作为论据，与秦王嬴政驱逐客卿的做法两相对比，明确指出逐客之非；其次，文章铺陈排列了秦王日常生活喜好的器物、珠玉、音乐、美女等大量事实材料，与其驱逐客卿的行为构成鲜明对比，揭示了他重物轻人之非；再次，作者从理论上进行概括性阐发。仍采用对比手法，将五帝三王海纳百川的胸襟和功业与秦王嬴政驱逐客卿的狭隘做法映衬比照，说明这种做法无异于“藉寇兵而赍盗粮”。作者论证过程中，始终抓住秦欲富国强兵，统一天下的心理，每一部分的最后都以精练警策的语句总结陈词，归纳逐客之害，“使国无富利之实，而秦无强大之名也”，“此非所以跨海内、制诸侯之术也”，“此所谓‘藉寇兵而赍盗粮’者也”，“求国无危，不可得也”，取得了毋庸置疑、不可辩驳的效果。文章选材精当，材料运用典型集中，从秦几百年的二十余君王中，精选出最有作为、最有成就的四位国君，列举他们任用客卿以使秦国繁荣的史实，高度凝练概括。从谋篇布局角度说，立足点选择十分恰当，通篇不为客卿说话，而是站在维护秦的立场上，痛陈逐客之非，观点自然易于为对方接受。

文章大量铺陈，多用排比和对偶，设喻精当，论辩有力，气势充沛，文采飞扬，通篇洋溢着雄浑的格调，力道十足。

感悟讨论

1. 本文主要运用了什么论证方法？采用了哪些论据？

2. 李斯本在被逐之列，但文章通篇不为客卿说话，处处为秦谋，文章这样处理有什么效果？

3. 找出课文中的排比句和对偶句，体会其作用。

链接

《史记》，司马迁著，中华书局1982年版。

韩非子的文章说理精密，文锋犀利，议论透辟，切中要害，气势逼人，堪称当时的大手笔。

第八节

说 难

◎ 韩 非

凡说之难[①]，非吾知之有以说之之难也[②]，又非吾辩之能明吾意之难也[③]，又非吾敢横失而能尽之之难也[④]。凡说之难，在知所说之心[⑤]，可以吾说当之[⑥]。所说出于为名高者也，而说之以厚利，则见下节而遇卑贱[⑦]，必弃远矣。所说出于厚利者也，而说之以名高，则见无心而远事情[⑧]，必不收矣。所说阴[⑨]为厚利而显为名高者也[⑩]，而说之以名高，则阳收其身，而实疏之；说之以厚利，则阴用其言，显弃其身矣。此不可不察也。

夫事以密成，语以泄败。未必其身泄之也[⑪]，而语及所匿之事[⑫]，如此者身危。彼显有所出事[⑬]，而乃以成他故，说者不徒知所出而已矣，又知其所以为，如此者身危。规异事而当[⑭]，知者揣之外而得之，事泄于外，必以为己也，如此者身危。周泽未渥也[⑮]，而语极知[⑯]，说行而有功[⑰]，则德忘；说不行而有败，则见疑，如此者身危。贵人有过端[⑱]，而说者明言礼义以挑其恶，如此者身危。贵人或得计，而欲自以为功，说者与知焉，如此者身危。强以其所不能为[⑲]，止以其所不能已，如此者身危。故与之论大人，则以为间己矣；与之论细人[⑳]，则以为卖重[㉑]。论其所爱，则以为藉资[㉒]；论其所憎，则以为尝己矣。径省其说[㉓]，则以为不智而拙之；米盐博辩[㉔]，则以为多而史之[㉕]；略事陈意，则曰怯懦而不尽；虑事广肆[㉖]，则曰草野而倨侮[㉗]。此说之难，不可不知也。

凡说之务[㉘]，在知饰所说之所矜，而灭其所耻[㉙]。彼有私急也，必以公义示而强之[㉚]。其意有下也，然而不能已，说者因为之饰其美，而少其不为也[㉛]。其心有高也，而实不能及，说者为之举其过而见其恶，而多其不行也[㉜]。有欲矜以智能，则为之举异事之同类者多为之地[㉝]，使之资说于我[㉞]，而佯不知也，以资其智。欲内相存之言[㉟]，则必以美名明之，而微见其合于私利也。欲陈危害之事，则显其毁诽，而微见其合于私患也。誉异人与同行者，规异事与同计者。有与同污者，则必以大饰其无伤也；有与同败者，则必以明饰其无失也。彼自多其力，则毋以其难概之也[㊱]；自勇其断，则无以其谪怒之；自智其计，则毋以其败穷之。大意无所拂悟，辞言无所系縻[㊲]，然后极骋智辩焉。此道所得：亲近不疑而得尽辞也。

伊尹为宰，百里奚为虏[㊳]，皆所以干其上也[㊴]。此二人者，皆圣人也，然犹不能无役身以进，如此其污也。今以吾言为宰虏，而可以听用而振世，此非能仕之所耻也[㊵]。夫旷日弥久，而周泽既渥，深计而不疑，引争而不罪，则明割利害以致其功[㊶]，直指是非以饰其身，以此相持，此说之成也。

昔者郑武公欲伐胡[㊷]，故先以其女妻胡君，以娱其意。因问于群臣："吾欲用兵，谁可伐者?”大夫关其思对曰:“胡可伐。”武公怒而戮之,曰:“胡,兄弟之国也。子言伐之,何也?”胡君闻之,以郑为亲己,遂不备郑。郑人袭胡,取之。宋有富人,天雨,墙坏。其子曰:“不筑,必将有盗。”其邻人之父亦云。暮而果大亡其财。其家甚智其子,而疑邻人之父。此二人说者皆当矣,厚者为戮,薄者见疑[43],则非知之难也,处知则难也。故绕朝之言当矣[44],其为圣人于晋,而为戮于秦也,此不可不察。

昔者弥子瑕有宠于卫君[45]。卫国之法:窃驾君车者罪刖。弥子瑕母病,人间往夜告弥子,弥子矫驾君车以出。君闻而贤之,曰:“孝哉,为母之故,忘其犯刖罪。”异日,与君游于果园,食桃而甘,不尽,以其半啖君。君曰:“爱我哉!亡其口味,以啖寡人。”及弥子色衰爱弛,得罪于君,君曰:“是固尝矫驾吾车,又尝啖我以余桃。”故弥子之行未变于初也,而以前之所以见贤而后获罪者,爱憎之变也。故有爱于主,则智当而加亲;有憎于主,则智不当见罪而加疏。故谏说谈论之士,不可不察爱憎之主而后说焉。

夫龙之为虫也,柔可狎而骑也[46];然其喉下有逆鳞径尺,若人有婴之者[47],则必杀人。人主亦有逆鳞,说者能无婴人主之逆鳞,则几矣。

(选自《韩非子直解》,俞志慧著,浙江文艺出版社 2000 年版)

注释

①说(shuì):游说,谏说。
②知:通“智”,才智。
③辩:口辩,口才。
④横失:失通“佚”,横佚通“横逸”,纵横捭阖,无所顾忌。
⑤所说:所说,游说的对象,指国君。
⑥当:适应,迎合。
⑦见下节而遇卑贱:被看作品德低下,因而得到卑下的待遇。
⑧见无心而远事情:被看作没头脑,脱离实际。
⑨阴:暗中。
⑩显:表面上。
⑪其身:指游说者自己。
⑫所匿之事:君王心中秘而不宣之事。
⑬彼:代君王。
⑭异事:不寻常的事。
⑮周泽未渥:交情不深。周:亲密。泽:恩泽,恩惠。渥:浓厚、深厚。
⑯语极知:说尽所知,掏出心里话。
⑰说行:建议被采纳。
⑱贵人:指君王。
⑲强(qiǎng):勉强。
⑳细人:小臣,与大人相对。
㉑卖重:卖权,出卖君王的权势。
㉒藉资:凭借,依靠。指借别人的力量,以为己助。

㉓径省：直截了当。径：直。省：略。

㉔米盐博辩：辩辞广博，言词琐碎。米盐：指日常琐碎之事。

㉕史：言辞华丽，虚浮。

㉖广肆：放言无忌。

㉗倨侮：傲慢。

㉘务：要旨。

㉙“在知饰所说之所矜”句：在于懂得美化君王所推崇的事情，而掩盖他认为丑陋的事情。饰，粉饰，美化，与“灭”相对。矜，注重，崇尚。

㉚“彼有私急也”句：君王有私人的迫切要求，进言者一定要以公义的名义而鼓励他做。强，劝，鼓励。

㉛少：不满。

㉜多：赞美。

㉝“有欲矜以智能”句：被进言者倘若想自夸他的才智，进言者就为他举出同类中的另外一些事情，让他从中得到引证的依据。地：根据。

㉞资：借。

㉟内：通“纳”，采纳。

㊱概：古代量谷物时，用以刮平斗斛的器具。《管子·枢言篇》“釜鼓满，则人概之”，这里用作动词，为平抑之意。

㊲系縻：应为击摩，抵触、摩擦之意。

㊳伊尹为宰，百里奚为虏：伊尹，夏末商初人，曾辅佐商汤王建立商朝，是历史上佐天子治理国家的杰出庖人，被后人尊之为中国历史上的贤相，他创立的“五味调和说”与“火候论”，至今仍影响中国烹饪。百里奚，春秋时楚国宛人，曾任虞国大夫，后为晋国所俘，并作为晋献公女儿陪嫁奴仆入秦，后又逃回宛地，秦穆公以五张羊皮将其赎回，任用为相，号五羖大夫。

㊴干：求。

㊵仕：通“士”。

㊶明割：明白地剖析。

㊷郑武公：春秋时郑国国君。

㊸厚者为戮，薄者见疑：言重则被杀，言轻则见疑。

㊹绕朝：春秋时秦大夫。晋大夫士会逃亡在秦，晋人用计诱使归国，绕朝劝秦王不要把士会遣送回国，秦王不听，士会遂归晋。后来士会畏惧绕朝的才能，又用反间计借秦王之手杀了绕朝。

㊺昔者弥子瑕句：卫君，春秋时卫国君王卫灵公。弥子瑕，卫灵公宠幸的臣子。

㊻柔：驯服。

㊼婴：通“撄”，触。

作者简介

韩非（约前280—前233），战国末期韩国人（今河南省新郑），中国古代著名的哲学家、思想家、政论家和散文家，后世称“韩子”或“韩非子”，中国古代著名法家思想的代表人物。韩非出身于韩国贵族，师从荀子，见韩国国势削弱，屡谏韩王改革政治，不被见用，于是，发愤著书。秦王见其书，急于得到韩非，起兵攻韩，韩王遣非使秦，秦王留而不用，遭陷害，死于狱中。《韩非子》一书是他逝世后，后人辑集而成。韩非的文章构思精巧，描写大胆，语言幽默，于平实中见奇妙，具有耐人寻味、警策世人的艺术效果。韩非还善于用大量浅显的寓言故事和丰富的历史知识作为论证资料，说明抽象的道理，形象化地体现他的法家思想和他对社会人生的深刻认识。他文章中出现的很多寓言故事，因其丰富的内涵，生动的故事，成为脍炙人口的成语典故。

导读

《说难》是《韩非子》五十五篇中最重要的作品之一。通过对游说对象——君王心理细致入微的洞察刻画，历数游说的艰难与险恶，笔锋犀利地剖析了君王的内心世界，揭示出当时社会的人情世故，警示世人，以有所戒。

文章前半部分细言说难。游说难，难在何处？作者首先明确指出，“凡说之难，在知所说之心”，进而分析游说的对象的几种心理状况，有好高名的，有图厚利的，还有表面好高名，暗地谋私利的，这几种心理游说者不可不察。接着，作者列举了游说君王的种种困难和游说过程中可能遇到的种种危险。一连排举了七条“如此者身危”，即因游说失当而招致身首异处的危险；随后道出了“八难”，警示游说者对这些苦难凶险应该了然于胸。通过分析，作者告诫游说者，进说之难不在游说者一方，而“在知所说之心”，而所说者之心理又深不可测，说者“不可不察”、“不可不知”。解决之道，那就是“可以吾说当之”。后半部分在揣摩君王心理后提出了一系列的应对之术，并举出了历史上的经验教训作为自己观点的佐证。其中揣摩迎合、纵横捭阖、辩才无碍、巧舌如簧、装聋作哑、粉饰赞美、虚与委蛇、顺水推舟等，就游说之术而言，无疑集战国游说技巧之大成，同时也为我们展示了当时社会的复杂多变的人情世故。随后举了郑武公伐胡、宋人亡其财、弥子瑕失宠于卫灵公等典型事例，进一步有力地佐证了自己所阐明的观点。

全文主旨可归结为三：一要研究人主对于游说的种种逆反心理，二要注意审时度势仰承君王的爱憎厚薄，三是断不可撄君王的“逆鳞”。文章论证细致缜密，论据典型有力，其中谈到“七危”、“八难”整段全用排比句式，条分缕析而切中肌理。《说难》一文体现了韩非子文章的分析透彻、解剖不留情而又峭拔挺峻、气势逼人的风格。

感悟思考

1. 对于《说难》的中心大旨历来有不同的见解，有人认为这是一篇教人如何拍马逢迎之作，有人认为这是一篇讽刺揭露之作，也有人认为这是一篇教人如何审时度势施展自己抱负的理性文章，你怎么看呢？

2. 概括本文的写作特点。

链接

《韩非子直解》，俞志慧著，浙江文艺出版社 2000 年版。

西汉初年"与民休息"的政策，使因秦朝末年征战而遭到破坏的农业生产逐渐恢复，商业也得到了发展。但因商业的发展加速了地主、商人对农民的侵夺，矛盾愈演愈烈。对此，晁错上疏，论述了"贵粟"的重要性。

第九节

论贵粟疏

◎晁 错

圣王在上而民不冻饥者，非能耕而食之，织而衣之也，为开其资财之道也。故尧、禹有九年之水，汤有七年之旱，而国亡捐瘠[①]者，以畜积多而备先具也。今海内为一，土地人民之众不避汤、禹，加以亡天灾数年之水旱，而畜积未及者，何也？地有遗利，民有余力，生谷之土未尽垦，山泽之利未尽出也，游食之民未尽归农也。民贫，则奸邪生。贫生于不足，不足生于不农，不农则不地著[②]，不地著则离乡轻家，民如鸟兽，虽有高城深池，严法重刑，犹不能禁也。

夫寒之于衣，不待轻暖；饥之于食，不待甘旨；饥寒至身，不顾廉耻。人情，一日不再食则饥，终岁不制衣则寒。夫腹饥不得食，肤寒不得衣，虽慈母不能保其子，君安能以有其民哉！明主知其然也，故务民于农桑，薄赋敛，广畜积，以实仓廪[③]，备水旱，故民可得而有也。

民者，在上所以牧[④]之，趋利如水走下，四方亡择也。夫珠玉金银，饥不可食，寒不可衣，然而众贵之者，以上用之故也。其为物轻微易臧，在于把握，可以周海内而亡饥寒之患，此令臣轻背其主，而民易去其乡，盗贼有所劝，亡逃者得轻资也。粟米布帛生于地，长于时，聚于力，非可一日成也；数石[⑤]之重，中人弗胜，不为奸邪所利，一日弗得而饥寒至。是故明君贵五谷而贱金玉。

今农夫五口之家，其服役者不下二人，其能耕者不过百亩，百亩之收不过百石。春耕夏耘，秋获冬藏，伐薪樵，治官府，给徭役；春不得避风尘，夏不得避暑热，秋不得避阴雨，冬不得避寒冻，四时之间亡日休息；又私自送往迎来，吊死问疾，养孤长[⑥]幼在其中。勤苦如此，尚复被水旱之灾，急政暴虐[⑦]，赋敛不时，朝令而暮改。当具有者半贾而卖，亡者取倍称[⑧]之息，于是有卖田宅鬻子孙以偿债者矣。而商贾[⑨]大者积贮倍息，小者坐列贩卖，操其奇赢[⑩]，日游都市，乘上之急，所卖必倍。故其男不耕耘，女不蚕织，衣必文采，食必粱肉；亡农夫之苦，有仟伯之得[⑪]。因其富厚，交通王侯，力过吏势，以利相倾；千里游敖，冠盖相望，乘坚策肥[⑫]，履丝曳缟[⑬]。此商人所以兼并农人，农人所以流亡者也。

今法律贱商人，商人已富贵矣；尊农夫，农夫已贫贱矣。故俗之所贵，主之所贱也；吏之所卑，法之所尊也。上下相反，好恶乖迕[⑭]，而欲国富法立，不可得也。方今之务，莫若使民务农而已矣。欲民务农，在于贵粟；贵粟之道，在于使民以粟为赏罚。今募天下入粟县官[15]，得以拜爵，得以除罪。如此，富人有爵，农民有钱，粟有所渫[16]。夫能入粟以受爵，皆有余者也。取于有余，以供上用，则贫民之赋可损[17]，所谓损有余补不足，令出而民利者也。顺于民心，所补者三：一曰主用足，二曰民赋少，三曰劝农功。今令民有车骑马[18]一匹者，复卒三人。车骑者，天下武备也，故为复卒。神农之教曰："有石城十仞，汤池百步，带甲百万，而亡粟，弗能守也。"以是观之，粟者，王者大用，政之本务。令民入粟受爵至五大夫[19]以上，乃复一人耳，此其与骑马之功相去远矣。爵者，上之所擅，出于口而亡穷；粟者，民之所种，生于地而不乏。夫得高爵与免罪，人之所甚欲也。使天下人入粟于边，以受爵免罪，不过三岁，塞下之粟必多矣。

陛下幸使天下入粟塞下以拜爵，甚大惠也。窃恐塞卒之食不足用大渫天下粟。边食足以支五岁，可令入粟郡县矣；足支一岁以上，可时赦，勿收农民租。如此，德泽加于万民，民俞勤农。时有军役，若遭水旱，民不困乏，天下安宁；岁孰且美，则民大富乐矣。

（选自《汉书·食货志》，班固著，中华书局1999年版）

注释

①捐瘠(jí)：被遗弃和瘦弱的人。捐，抛弃；瘠，瘦。

②地著(zhù)：定居一地。《汉书·食货志》："理民之道，地著为本。"颜师古注："地著，谓安土也。"

③廪(lǐn)：米仓。

④牧：统治、管理。

⑤石：重量单位。汉制三十斤为钧，四钧为石。

⑥长(zhǎng)：养育。

⑦政：同"征"。虐：清代王念孙认为当作"赋"。

⑧倍称(chèn)之息：加倍的利息。称，相等，相当。

⑨贾(gǔ)：商人。

⑩奇赢：以特殊的手段获得更大的利润。

⑪仟(qiān)伯(bǎi)之得：指田地的收获。颜师古注："仟伯，田间之道也。南北曰仟，东西曰伯。伯音莫白反。"

⑫乘坚策肥：乘坚车，策肥马。策，用鞭子赶马。

⑬履丝曳(yè)缟(gǎo)：脚穿丝鞋，身披绸衣。曳，拖着。缟，一种精致洁白的丝织品。

⑭乖迕(wǔ)：相违背。

⑮县官：汉代对官府的通称。

⑯渫(xiè)：散出。

⑰损：减。

⑱车骑(qí)马：指战马，军马。

⑲五大夫：汉代的一种爵位，在侯以下二十级中属第九级。凡纳粟四千石，即可封赐。

作者简介

晁错（前200年—前154年），颍川（今河南禹州）人，西汉政治家、文学家。汉文帝时，任太常掌故，后历任太子舍人、博士、太子家令，深受太子刘启宠信，被誉为“智囊”。汉景帝刘启即位后，任为内史，后迁至御史大夫。

晁错对外主张防御匈奴，提出“移民实边”的战略思想，募民充实边塞，备御匈奴入侵。对内主张重农贵粟，增加农业生产，振兴经济，削藩以加强中央集权。他因向汉景帝进《削藩策》而招致藩王怨恨，以吴王刘濞为首的七国诸侯以“请诛晁错，以清君侧”为名，举兵反叛。在内外压力之下，汉景帝听从袁盎之计，腰斩晁错于东市。

晁错的文章立论深刻，逻辑严密，文风朴素无华，被后世称为“疏直激切，尽所欲言”，具有战国策士的纵横家风气。代表作有《言兵事疏》《守边劝农疏》《论贵粟疏》《贤良对策》等。

导读

《论贵粟疏》选自《汉书·食货志》，论述了重视粮食的重要性，通过正反两方面的论述，提出了重农抑商、入粟于官、拜爵除罪等主张，认为“贵粟”对于国家富强和人民生活安定具有决定性意义。

文章从古代圣王治国的方法、当今农民生活的状况、法律与现实之间存在的矛盾，以及商愈富而民愈贫等方面，展开论述分析，逻辑严密。先将唐尧、夏禹、商汤之时，与当今情况作对比，尧、禹、汤之时虽有水旱灾害，但无“捐瘠者”，而今土地广博，人民众多，又无连年水旱灾害，积蓄却远不如前，原因便在于当今“地有遗利，民有余力”。君主如果要获得百姓的拥护，稳定民心，巩固统治，就要增加蓄积，充实仓库。要增加蓄积，就必须想办法使百姓尽心于农业生产。但是农民辛苦劳作，收益却微乎其微，还要缴纳各种赋税，养老抚幼，而商人们不如农民辛劳，却能够锦衣玉食，结交王侯。这种差距不能使农民安心农业生产，于是晁错提出“欲民务农，在于贵粟”。通过“复卒”和“入粟受爵”利弊优劣的比较分析，论证了“贵粟”的重大意义。

文章观点明确，围绕“重农贵粟”这一思想主张，用层层对比分析的方法展开论证，立论精辟，说理透彻，文辞流畅，文笔犀利，充满了强烈的情感，具有恣肆浑厚的风格。

感悟讨论

1. 文章主要运用了哪些论证方法？
2. 晁错的观点是在什么样的历史背景下提出的？

链接

《汉书·食货志》，班固著，中华书局 1999 年版。

《资治通鉴》是中国历史上第一部编年体通史，历时十余载，司马光主持完成了这部鸿篇巨作。清人王鸣盛语："此天地间必不可无之书，亦学者必不可不读之书。"

第十节

进《资治通鉴》表[①]

◎ 司马光

先奉敕编集历代君臣事迹[②]，又奉圣旨赐名《资治通鉴》，今已了毕者。伏念臣性识愚鲁[③]，学术荒疏，凡百事为，皆出人下。独于前史，粗尝尽心，自幼至老，嗜之不厌[④]。每患迁、固以来[⑤]，文字繁多，自布衣之士[⑥]，读之不遍，况于人主，日有万机[⑦]，何暇周览。臣常不自揆[⑧]，欲删削冗长，举撮机要[⑨]，取关国家兴衰，系生民休戚，善可为法[⑩]，恶可为戒者，为编年一书，使先后有伦[⑪]，精粗不杂。私家力薄，无由可成。

伏遇英宗皇帝[⑫]，资睿智之性，敷文明之治，思历览古事，用恢张大猷[⑬]，爰诏下臣，俾之编集[⑭]。臣夙昔所愿，一朝获伸，踊跃奉承，惟惧不称。先帝仍命自选辟官属，于崇文院置局[⑮]，许借龙图、天章阁、三馆、秘阁书籍[⑯]，赐以御府笔墨缯帛及御前钱，以供果饵。以内臣为承受[⑰]，眷遇之荣，近臣莫及。不幸书未进御，先帝违弃群臣。

陛下绍膺大统[⑱]，钦承先志，宠以冠序，锡之嘉名，每开经筵[⑲]，常令进读。臣虽顽愚，荷两朝知待如此其厚，殒身丧元，未足报塞[⑳]。苟智力所及，岂敢有违。会差知永兴军[㉑]，以衰疾不任治剧，乞就冗官[㉒]。陛下俯从所欲，曲赐容养[㉓]，差判西京，留司御史台及提举嵩山崇福宫[㉔]。前后六任，仍听以书局自随，给之禄秩[㉕]，不责职业。臣既无他事，得以殚精极虑，穷竭所有，日力不足，继之以夜。遍阅旧史，旁采小说，简牍盈积，浩如烟海，抉擿幽隐[㉖]，校计豪厘。

上起战国，下终五代，凡一千三百六十二年，修成二百九十四卷。又略举事目，年经国纬[㉗]，以备检寻，为目录三十卷。又参考群书，评其同异，得归一涂，为《考异》三十卷。合三百五十四卷。自治平开局[㉘]，迨今始成。岁月淹久，其间抵牾[㉙]，不敢自保。罪负之重，固无所逃。

重念臣违离阙庭，十有五年，虽身处于外，区区之心，朝夕寤寐，何尝不在陛下左右。顾以驽蹇[㉚]，无施而可，是以专事铅椠[㉛]，用酬大恩，庶竭涓尘，少裨海岳[㉜]。

臣今筋骸癯瘁[㉝]，目视昏近，齿牙无几，神识衰耗，目前所为，旋踵遗忘[㉞]。臣之精力，尽于此书。伏望陛下宽其妄作之诛，察其愿忠之意，以清闲之燕，时赐省览，鉴前世之兴衰[㉟]，考当今之得失，嘉善矜恶，取是舍非，足以懋稽古之盛德，跻无前之至治[㊱]。俾四海群生，咸蒙其福，则臣虽委骨九泉，志愿永毕矣。

谨奉表陈进以闻。

（选自《宋文鉴》，（宋）吕祖谦编，中华书局 1992 年版）

注释

①表：古代臣子向国君进言陈事的文体。本文编选时略有改动。

②敕：皇帝写给朝臣的诏书，用于任官封爵和告诫臣子。

③愚鲁：愚笨迟钝。

④嗜：爱好。

⑤迁、固：指司马迁、班固。

⑥布衣之士：没有做官的读书人。

⑦万机：指当政者日常的纷繁政务。

⑧揆(kuí)：度，揣测。

⑨撮：摘取。

⑩法：标准，模式。

⑪伦：次序。

⑫英宗皇帝：即宋英宗赵署。宋英宗(1032—1067)，原名宗实，濮允让子，仁宗无嗣，养于宫中。嘉祐七年(1062)立为皇子，1063—1067年在位，即位之初，因病由曹太后听政。治平元年(1064)始亲政，曾欲汰冗官，并加强对夏防御，俱无成效。司马光进《通志》八卷，英宗命置局设官续修。

⑬恢张大猷(yóu)：恢宏的远景规划。

⑭俾：使。

⑮先帝二句：辟官，征召官员。属，通"嘱"。崇文院：宋代贮藏图书的官署。唐初设崇文馆，为太子学馆，置学士等官，掌管经籍图书，以授诸生。宋沿袭唐制，以汴京(今开封市)之昭文馆、史馆、集贤院为三馆，建三馆书院，迁贮三馆书籍，赐名崇文院。

⑯许借句：龙图、即龙图阁，宋代阁名。阁内奉太宗御书、御制文集以及图画宝瑞之物。天章阁，宋代宫中藏书阁，建于1020年。秘阁，设于崇文院中堂，收藏三馆书籍真本及宫古画墨迹等。

⑰内臣：宫廷内的臣僚。承受，宋代官名，负责直接向皇帝汇报情况。

⑱绍膺大统：承继帝位。绍，继承。膺，承当。大统，帝位。

⑲经筵：汉以来为帝王讲经论史而设的御前讲席，宋代始称经筵。

⑳荷两朝三句：知待，犹知遇，谓重视优待。元，指首，人头。报塞，谓报效。

㉑会差知永兴军：恰好皇命差遣我主持永兴军路工作。永兴军路，治所在京兆府(今陕西西安)。路，宋代地方最高一级区划，下设州、府等。

㉒以衰疾二句：治剧，繁重的政务。冗官，指闲职。

㉓曲赐容养：恩赐蓄养。曲赐，敬辞，犹言承蒙赐予。

㉔差判二句：判，宋代官制，高官兼较低职位的官称判。西京，指洛阳。提举，掌管。

㉕禄秩：官吏的俸禄。

㉖抉擿幽隐：抉擿，抉择、选取。幽隐，隐微。

㉗年经国纬：以年为经，以国为纬。

㉘治平：宋英宗年号(1064—1067)。

㉙抵牾：矛盾，冲突。

㉚驽蹇：喻才能低下。驽，劣马。蹇，跛驴。

㉛铅椠(qiàn)：古代的书写工具，指写作、校勘。铅，铅粉笔；椠，木板片。

㉜庶竭二句：庶，但愿。涓尘，滴水与微尘，此谓绵薄之力。海岳，大海和山岳，指国家。
㉝癯（qú）瘁：瘦弱憔悴。
㉞旋踵：掉转脚跟，喻时间极短。
㉟监：通“鉴”，借鉴。
㊱足以二句：懋（mào），勤勉。稽古，研习古事。至治，最完美的政治。

作者简介

司马光（1019—1086），字君实，号迂叟，陕州夏县（今山西省夏县）涑水乡人，世称涑水先生，历仕仁宗、英宗、神宗、哲宗四朝，卒赠太师、温国公，谥文正，北宋政治家、文学家、史学家。为人温良谦恭、刚正不阿，其人格堪称儒学教化下的典范，历来受人景仰。宋神宗熙宁年间，司马光强烈反对王安石变法，上疏请求外任。熙宁四年（1071 年），他判西京御史台，自此居洛阳十余载，不问政事，这期间司马光主持编撰了 294 卷近 400 万字的编年体史书《资治通鉴》，为中国历史上第一部编年体通史。生平著作甚多，主要有史学巨著《资治通鉴》《温国文正司马公文集》《稽古录》《涑水记闻》《潜虚》等。

导读

《资治通鉴》是一部编年体通史，记载了上自周威烈王二十三年（前 403 年），下至后周世宗显德六年（959 年）共 1300 余年的史事，是我国编年体史书中时间跨度最长的一部巨著，司马光主持该书编纂工作。宋神宗元丰七年（1084 年）司马光与刘恕、刘攽、范祖禹等人最后完成全部工作，上进书表，汇报该书的编纂过程及完成情况，道出了呕心沥血十余载之艰辛以及完稿后的释然与希冀。宋神宗认为此书“鉴于往事，有资于治道”，因此赐名为《资治通鉴》。

北宋结束了中唐以来的长期混战，实现了国家统一，恢复和发展了社会经济，同时，内政多弊，御戎不力，局势不稳，如何寻求出路，不同的人以不同的行动给出了不同的答案。作为历史学家的司马光力图总结历史经验教训，以史为鉴，有助于治国安邦，更好地解决现实矛盾。这篇进书表首先交代了编纂《资治通鉴》的起因、目的和编写过程，完成一部“取关国家兴衰，系生民休戚，善可为法，恶可为戒者”编年体史书是作者多年的夙愿，当年得到英宗皇帝的大力支持而开编，英宗之后的神宗更是亲赐书名，鼎力资助，使该书得以顺利完成；接着简要介绍了该书编年为体，年经国纬的编写体例，以及起讫的时间；最后道出了编书的艰辛和感慨希望，“臣今筋骨癯瘁，目视昏近，齿牙无几，神识衰耗，目前所谓，旋踵而忘。臣之精力，尽于此书。”司马光为此书付出了毕生精力和心血，他希望宋神宗可以借此书“鉴前世之兴衰，考当今之得失，嘉善矜恶，取是舍非”。全文语言精练工整，情真意切，举重若轻，大家风范跃动纸上，拳拳之心流露字里行间。

感悟讨论

1. 读了这篇《进〈资治通鉴〉表》，你感觉司马光是一个什么样的人？

2. 读史使人明志,《资治通鉴》是毛泽东最喜爱的史书之一,查阅相关资料,了解其中原因。

3. 阅读《训俭示康》,从另一个侧面了解司马光的人格。

平行阅读

训俭示康

司马光

吾本寒家,世以清白相承。吾性不喜华靡,自为乳儿,长者加以金银华美之服,辄羞赧弃去之。二十忝科名,闻喜宴独不戴花。同年曰:"君赐不可违也。"乃簪一花。平生衣取蔽寒,食取充腹;亦不敢服垢弊以矫俗干名,但顺吾性而已。众人皆以奢靡为荣,吾心独以俭素为美。人皆嗤吾固陋,吾不以为病。应之曰:孔子称"与其不逊也宁固";又曰"以约失之者鲜矣";又曰"士志于道,而耻恶衣恶食者,未足与议也。"古人以俭为美德,今人乃以俭相诟病。嘻,异哉!

近岁风俗尤为侈靡,走卒类士服,农夫蹑丝履。吾记天圣中,先公为群牧判官,客至未尝不置酒,或三行、五行,多不过七行。酒酤于市,果止于梨、栗、枣、柿之类;肴止于脯、醢、菜羹,器用瓷、漆。当时士大夫家皆然,人不相非也。会数而礼勤,物薄而情厚。近日士大夫家,酒非内法,果、肴非远方珍异,食非多品,器皿非满案,不敢会宾友,常量月营聚,然后敢发书。苟或不然,人争非之,以为鄙吝。故不随俗靡者,盖鲜矣。嗟乎!风俗颓弊如是,居位者虽不能禁,忍助之乎!

又闻昔李文靖公为相,治居第于封丘门内,厅事前仅容旋马,或言其太隘。公笑曰:"居第当传子孙,此为宰相厅事诚隘,为太祝奉礼厅事已宽矣。"参政鲁公为谏官,真宗遣使急召之,得于酒家,既入,问其所来,以实对。上曰:"卿为清望官,奈何饮于酒肆?"对曰:"臣家贫,客至无器皿、肴、果,故就酒家觞之。"上以无隐,益重之。张文节为相,自奉养如为河阳掌书记时,所亲或规之曰:"公今受俸不少,而自奉若此。公虽自信清约,外人颇有公孙布被之讥。公宜少从众。"公叹曰:"吾今日之俸,虽举家锦衣玉食,何患不能?顾人之常情,由俭入奢易,由奢入俭难。吾今日之俸岂能常有?身岂能常存?一旦异于今日,家人习奢已久,不能顿俭,必致失所。岂若吾居位、去位、身存、身亡,常如一日乎?"呜呼!大贤之深谋远虑,岂庸人所及哉!

御孙曰:"俭,德之共也;侈,恶之大也。"共,同也;言有德者皆由俭来也。夫俭则寡欲,君子寡欲,则不役于物,可以直道而行;小人寡欲,则能谨身节用,远罪丰家。故曰:"俭,德之共也。"侈则多欲。君子多欲则贪慕富贵,枉道速祸;小人多欲则多求妄用,败家丧身;是以居官必贿,居乡必盗。故曰:"侈,恶之大也。"

昔正考父饘粥以糊口,孟僖子知其后必有达人。季文子相三君,妾不衣帛,马不食粟,君子以为忠。管仲镂簋朱纮,山节藻棁 ,孔子鄙其小器。公叔文子享卫灵公,史鰌知其及祸；及戌，果以富得罪出亡。何曾日食万钱，至孙以骄溢倾家。石崇以奢靡夸人，卒以此死东市。近世寇莱公豪侈冠一时，然以功业大，人莫之非，子孙习其家风，今多穷困。其余以俭立名，以侈自败者多矣，不可遍数，聊举数人以训汝。汝非徒身当服行，当以训汝子孙，使知前辈之风俗云。

（选自《宋文鉴》，（宋）吕祖谦编，中华书局 1992 年版）

接受了西洋美学思想洗礼，以崭新的眼光审视中国古典文学，精义迭出。《人间词话》是著名国学大师王国维所著的一部文学批评著作。

第十一节

人间词话·三种之境界

◎ 王国维

古今之成大事业、大学问者，必经过三种之境界："昨夜西风凋碧树。独上高楼，望尽天涯路。"[①]此第一境界也。"衣带渐宽终不悔，为伊消得人憔悴。"[②]此第二境界也。"众里寻她千百度，蓦然回首，那人却在，灯火阑珊处。"[③]此第三境界也。此等语皆非大词人不能道。然遽以此意解释诸词[④]，恐为晏欧诸公所不许也[⑤]。

（选自《人间词话》，王国维著，徐调孚校注，中华书局2009年版）

注释

①晏殊《蝶恋花》："槛菊愁烟兰泣露。罗幕轻寒，燕子双飞去。明月不谙离别苦，斜光到晓穿朱户。昨夜西风凋碧树。独上高楼，望尽天涯路。欲寄彩笺无尺素，山长水阔知何处！"

②柳永《凤栖梧》："伫倚危楼风细细，望极春愁，黯黯生天际。草色烟光残照里，无言谁会凭栏意。拟把疏狂图一醉，对酒当歌，强乐无味。衣带渐宽终不悔，为伊消得人憔悴。"

③辛弃疾《青玉案》："东风夜放花千树，更吹落、星如雨。宝马雕车香满路。凤箫声动，玉壶光转，一夜鱼龙舞。蛾儿雪柳黄金缕，笑语盈盈暗香去。众里寻他千百度。蓦然回首，那人却在，灯火阑珊处。"

④遽（jù）：遂，就。

⑤晏欧：指宋代词人晏殊、欧阳修。词风皆清丽娴雅，故并称。

❀ 作者简介

王国维（1877—1927），字静安，号观堂，浙江海宁人。近代中国著名学者，杰出的国学大师。王国维出身于一个清寒的书香家庭，幼年为中秀才苦读。22岁到上海《时务报》馆任书记校对。1901年赴日本留学。归国后执教于南通、江苏等地。1906年，任清政府学部总务司行走、图书馆编译等职，晚年任清华大学教授。1927年6月，在颐和园昆明湖自沉。王国维是近代在国内外享有极高声誉的学者，学贯中西，著述宏富，在哲学、史学、文学、考古等领域建树卓绝。《人间词话》是其诗学代表作，是中国古典文学批评里程碑式的著作，集中体现了王国维的文学、美学思想，精义迭出。

导读

作者运用联想的方式借用晏殊、柳永、辛弃疾的词句，阐释了古今成大事业者、大学问家必经的三种境界，给宋人词句以全新的诠释，体现了作者的胆识与睿智。

第一境界引自晏殊的《蝶恋花》，原词写秋之惆怅，王国维借题发挥，解成做学问成大事业者，首先要有执著的追求，登高望远，明确目标与方向，了解事物的概貌。第二境界引自柳永的《凤栖梧》，原意是抒发爱的艰辛和无悔之情，王国维则别有用心，以此两句来喻治学态度和治学手段，必须坚定执著，废寝忘食，孜孜以求，直至人瘦衣宽也无怨无悔。辛弃疾的《青玉案》最后四句是写历经千辛万苦找寻后突然相见的惊喜，而王国维引来作为第三境界——最高的境界，要达到最高的境界，必须有专注的精神，反复追寻、研究，下足工夫，功到自然会豁然贯通，有所发现，有所发明。作者把本不相干的这三句名言连缀成“三种境界”，匠心独具，别具一格，对原词进行创造性解读，以文学话语构建人文理论，既是对学术研究历程的总结，也是对人生奋斗过程的综述与总括。

感悟讨论

1. 阅读晏殊的《蝶恋花》、柳永的《凤栖梧》、辛弃疾的《青玉案》，谈谈你对王国维“三种境界”说借用原词的看法。

2. 这三种境界对求学之人有普遍意义吗？为什么？

链接

《人间词话》，王国维著，徐调孚校注，中华书局 2009 年版。

《谈文学》是一部指导青年写作的书，朱光潜在序言中说："这些短文就是随时看和随时想所得到的一点收获，在写它们的时候，我一不敢凭空乱构，二不敢道听途说，我想努力做到'切实'二字。"

第十二节

精进的程序

◎ 朱光潜

文学是一种很艰难的艺术，从初学到成家，中间须经过若干步骤，学者必须循序渐进，不可一蹴而就①。拿一个比较浅而易见的比喻来讲，作文有如写字。在初学时，笔拿不稳，手腕运用不能自如，所以结体不能端正匀称，用笔不能平实遒劲，字常是歪的，笔锋常是笨拙扭曲的。这可以说是"疵境"②。特色是驳杂不稳，纵然一幅之内间或有一两个字写得好，一个字之内间或有一两笔写得好，但就全体看去，毛病很多。每个人写字都不免要经过这个阶段。如果他略有天资，用力勤，多看碑帖笔迹，多临摹，多向书家请教，他对于结体用笔，分行布白，可以学得一些规模法度，手腕运用也比较灵活了，就可以写出无大毛病、看得过去的字。这可以说是"稳境"③，特色是平正工稳，合于法度，却没有什么精彩，没有什么独创。多数人不把书法当作一种艺术去研究，只把它当作日常应用的工具，就可以到此为止。如果想再进一步，就必须再揣摩，真草隶篆，各体都须尝试一下，各时代的碑版帖札须多读多临，然后荟萃各家各体的长处，造成自家所特有的风格，写成的字可以算得艺术作品，或奇或正，或瘦或肥，都可以说得上"美"。这可以说是"醇境"④，特色是凝练典雅，极人工之能事，包世臣⑤和康有为⑥所称的"能品"、"佳品"都属于这一境。但是这仍不是极境，因为它还不能完全脱离"匠"的范围，任何人只要一下功夫，到功夫成熟了，都可以达到。最高的是"化境"⑦，不但字的艺术成熟了，而且胸襟学问的修养也成熟了，成熟的艺术修养和成熟的胸襟学问的修养融成一片，于是字不但可以见出驯熟的手腕，还可以表现高超的人格；悲欢离合的情调，山川风云的姿态，哲学宗教的蕴藉⑧，都可以在无形中流露于字里行间，增加字的韵味。这是包世臣和康有为所称的"神品"、"妙品"，这种极境只有少数幸运者才能达到。

作文正如写字。用字像用笔，造句像结体，布局像分行布白。习作就是临摹，读前人的作品有如看碑帖墨迹，进益的程序也可以分"疵"、"稳"、"醇"、"化"四境。这中间有天资和人力两个要素，有不能纯藉天资达到的，也有不能纯藉人力达到的。人力不可少，否则始终不能达到"稳境"和"醇境"；天资更不可少，否则达到"稳境"和"醇境"有缓有速，"化境"却永远无法望尘。在"稳境"和"醇境"，我们可以纯粹就艺术而言艺术，可以藉规模法度作前进的导引；在"化境"，我们就要超出艺术范围而推广到整个人的人格以至整个的宇宙，规模法度有时失其约束的作用，自然和艺术的对峙也不存在。如果举例来说，在中国文字中，言情文如屈原的《离骚》、陶渊明和杜工部的诗，说理文如庄子的《逍遥游》、《齐物论》和《楞严经》[9]，记事文如太史公的《项羽本纪》、《货殖传》和《红楼梦》之类的作品都可以说是到了"化境"，其余许多名家大半止于"醇境"或介于"化境"和"醇境"之间，至于"稳境"和"疵境"都无用举例，你我大概都在这两个境界中徘徊。

一个人到了艺术较高的境界，关于艺术的原理法则无用说也无可说；有可说而且需要说的是在"疵境"与"稳境"。从前古文家有奉"义法"为金科玉律的，也有攻击"义法"论调的。在我个人看，拿"义法"来绳"化境"的文字，固近于痴人说梦；如果以为学文艺可以始终不讲"义法"，就未免更误事。记得我有一次和沈尹默先生[10]谈写字，他说："书家和善书者有分别，世间尽管有人不讲规模法度而仍善书，但是没有规模法度就不能成为真正的书家。"沈先生自己是"书家"，站在书家的立场他拥护规模法度，可是仍为"善书者"留余地。这是他的礼貌。我很怀疑"善书者"可以不经过揣摩规模法度的阶段。我个人有一个苦痛的经验。我虽然没有正式下功夫写过字，可是二三十年来没有一天不在执笔乱写，我原来也相信此事可以全凭自己的心裁，苏东坡所谓"我书意造本无法"，但是于今我正式留意书法，才觉得自己的字太恶劣，写过几十年的字，一横还拖不平，一竖还拉不直，还是未脱"疵境"。我的病根就在从头就没有讲一点规模法度，努力把一个字写得四平八稳。我误在忽视基本功夫，只求耍一点聪明，卖弄一点笔姿，流露一点风趣。我现在才觉悟"稳境"虽平淡无奇，却极不易做到，而且不经过"稳境"，较高的境界便无从达到。文章的道理也是如此。韩昌黎所谓"醇而后肆"是作文必循的程序[11]。由"疵境"到"稳境"那一个阶段最需要下功夫学规模法度，小心谨慎地把字用得恰当，把句造得通顺，把层次安排得妥帖。我作文比写字所受的训练较结实，至今我还在基本功夫上着意，除非精力不济，注意力松懈时，我必尽力求稳。

稳不能离规模法度。这可分两层说，一是抽象的，一是具体的。抽象的是文法、逻辑以及古文家所谓"义法"，西方人所谓文学理论和文学批评。在这上面再加一点心理学和修辞学常识，就可以对付了。抽象的原则和理论本身没有多大功用，它的唯一的功用在帮助我们分析和了解作品。具体的规模法度须在模范作品中去找。文法、逻辑、义法等等在具体实例中揣摩，也比较更彰明较著。从前人说，"熟读唐诗三百首，不会写诗也会吟"，语调虽卑，却是经验之谈。为初学说法，模范作品在精不在多，精选熟读透懂，短文数十篇，长著三数种，便已可以作为达到"稳境"的基础。读每篇文字须在命意、用字、造句和布局各方面揣摩；字、句、局三项都有声义两方面。义固重要，声音节奏更不可忽略。既叫做模范，自己下笔时就要如写字临帖一样，亦步亦趋地模仿它。我们不必唱高调轻视模仿，古今大艺术家，据我所知，没有不经过一个模仿阶段的。第一步模仿，可得规模法度，第二步才能集合诸家的长处，加以变化，造成自家所特有的风格。

练习作文，一要不怕模仿，二要不怕修改。多修改，思致愈深入，下笔愈稳妥。自己能看出自己的毛病才算有进步。严格地说，自己要说的话是否从心所欲地说出，只有自己知道，如果有毛病，也只有自己知道最清楚，所以文章请旁人修改不是一件很合理的事。丁敬礼向曹子建说："文之佳恶，吾自得之，后世谁相知定吾文者耶？"[12]杜工部也说："文章千古事，得失寸心知。"[13]大约文章要做得好，必须经过一番只有自己知道的辛苦，同时必有极谨严的艺术良心，肯严厉地批评自己，虽微疵小失，不肯轻易放过，须把它修到无疵可指，才能安心。不过这番话对于未脱"疵境"的作者恐未免是高调。据我观察，写作训练欠缺者通常有两种毛病：第一是对于命意用字造句布局没有经验，规模法度不清楚，自己的毛病自己看不出，明明是不通不妥，自己却以为通妥；其次是容易受虚荣心和兴奋热烈时的幻觉支配，对自己不能作客观冷静的批评，仿佛以为在写的时候既很兴高采烈，那作品就一定是杰作，足以自豪。只有良师益友，才可以医治这两种毛病。所以初学作文的人最好能虚心接受别人的批评，多请比自己高明的人修改。如果修改的人肯仔细指出毛病，说出应修改的理由，那就可以产生更大的益处。作文如写字，养成纯正的手法不易，丢开恶劣的手法更难。孤陋寡闻的人往往辛苦半生，没有摸上正路，到发现自己所走的路不对时，已悔之太晚，想把"先入为主"的恶习丢开，比走回头路还更难更冤枉。良师益友可及早指点迷途，引上最平正的路，免得浪费精力。

自己须经过一番揣摩，同时又须有师友指导，一个作者才可以逐渐由"疵境"达到"稳境"。"稳境"是不易达到的境界，却也是平庸的境界。我认识许多前一辈子的人，幼年经过科举的训练，后来藉文字"混差事"，对于诗文字画，件件都会，件件都很平稳，可是老是那样四平八稳，没有一点精彩，不是"庸"，就是"俗"，虽是天天在弄那些玩意，却到老没有进步。他们的毛病在成立了一种定型，便老守着那种定型，不求变化。一稳就定，一定就一成不变，由熟至于滥，至于滑。要想免去这些毛病，必须由稳境从新尝试另一风格，如果太熟，无妨学生硬；如果太平易，无妨学艰深；如果太偏阴柔，无妨学阳刚。在这样变化已成风格时，我们很可能回到另一种"疵境"，再由这种"疵境"达到"熟境"，如此辗转下去，境界才能逐渐扩大，技巧才能逐渐成熟，所谓"醇境"大半都须经过这种"精钢百炼"的功夫才能达到。比如写字，入手习帖的人易达到"稳境"，可是不易达到很高的境界。稳之后改习唐碑可以更稳，再陆续揣摩六朝碑版和汉隶秦篆以至于金文甲骨文，如果天资人才都没有欠缺，就必定有"大成"[14]的一日。

这一切都是"匠"的范围以内的事，西文所谓"手艺"(craftsman-ship)。要达到只有大艺术家所能达到的"化境"，那就还要在人品学问各方面另下一套更重要的功夫。我已经说过，这是不能谈而且也无用谈的。本文只为初学说法，所以陈义不高，只劝人从基本功夫下手，脚踏实地地循序渐进地做下去。

(选自《谈文学》，朱光潜著，广西师范大学出版社2004年版)

注释

①一蹴(cù)而就：踏一步就成功，比喻事情轻易就能成功。

②疵境：仍有毛病的境界。

③稳境：平稳、妥当的境界。

④醇境：纯美、丰厚的境界。

⑤包世臣(1775—1855)：清代学者、书法理论家，著《艺舟双楫》。

⑥康有为(1858—1927)：广东望族，近代维新思想家、书法家。

⑦化境：出神入化，变化自如，无所不可的境界。

⑧蕴藉：内涵。

⑨庄子(约前 369—前 286)：战国时期的哲学家，著有《庄子》，亦称《南华经》，道家经典之一，《逍遥游》、《齐物论》是其中代表作。《楞严经》，大乘佛教经典，全名《大佛顶如来密因修证了义诸菩萨万行首楞严经》。

⑩沈尹默(1883—1971)：现代书法家、诗人、北京大学教授。以行书著名。

⑪韩昌黎：唐代散文家韩愈(768—824)意谓作文应该先求内容充实，打好基础，再求思路写法的拓展、变化，避免言之无物和虚浮。

⑫丁敬礼句：曹子建即曹植，他在《与杨德祖书》中讲丁敬礼曾请他修改文章，曹植觉得自己并不比丁敬礼高明，便推辞。丁说，文章的好坏，我自己知道负责，后世谁会知道我同你商量过。

⑬文章千古事句：出自杜甫《偶题》，意谓作文写诗是很严肃的事情，花费的心血和其中的得失作者内心是清楚的。

⑭大成：出自《孟子·万章下》："孔子之谓集大成，集大成也者，金声而玉振也。"孟子称赞孔子，才德兼备，学识渊博，正如奏乐，以钟发声，以磬收乐，集众音之大成。后世皆以"大成至圣先师"尊称孔子，孔庙主殿称"大成殿"。现常用来形容在某领域积累深厚，能力和成就非凡的人。

作者简介

朱光潜(1897—1986)，中国美学家、文艺理论家、教育家、翻译家。笔名孟实、盟石。安徽桐城人，是我国现代美学的奠基人和开拓者之一。1925 年出国留学，先后赴英国和法国，攻读心理学和艺术史，博士学位。1933 年回国，历任四川大学、武汉大学、北京大学教授。主要著作有《文艺心理学》、《悲剧心理学》、《谈美》、《西方美学史》、《谈美书简》、《美学拾穗集》等，并翻译了《歌德谈话录》、柏拉图的《文艺对话集》、莱辛的《拉奥孔》、黑格尔的《美学》、克罗齐的《美学》、维柯的《新科学》等。朱光潜不仅著述甚丰，他本人更具有崇高的治学精神和高尚的学术品格。《谈文学》一书所述皆为朱光潜先生多年"学习文艺的甘苦之言"，作者以文艺家和文学家的亲身体会，从文学趣味到布局安排，从内容风格到翻译技巧，将文学层层展开，平易自然，深入浅出，引领读者走进文学的殿堂。

导读

《谈文学》是一部阐释文学原理的经典之作，全书视角独特，说理深入浅出，见解独到精辟，文笔凝练精练，充分显示了朱光潜对文学研究的深挚功底，平淡中透出大家风范。书中论及了文学作为语言艺术的特征、作家创造力的培养、文学评价的审美规范、文学思维和表现的特点、创作与接受的关系、文学与科学研究的区别、情感传达与文字表现、想象与写实等诸多牵涉文学发展中的基本规律需要解答的问题，成一家之言。朱光潜在序言中说："这些短文就是随时看和随时想所得到的一点收获，在写它们的时候，我一不敢凭空乱构，二不敢道听途说，我想努力做到'切实'二字。"

本文选自朱光潜先生所著《谈文学》一书。这篇文章中，作者结合自身的求学经验，运用类比的方法，指出作文之道与习字之道相同，同样需要经过"疵"、"稳"、"醇"、"化"四境，并重点谈了从"疵境"步入"稳境"应下的基本功夫，融汇了古今中外学者的经验之谈，鼓励青年从基本功夫下手，脚踏实地循序渐进地做下去。作者把求学过程经历的四种境界做了非常精当的概括，指出每一个不同境界的特点，求学之人应该下哪些功夫。"稳境"虽是平淡无奇的境界，但也必须经过极大的努力，坚持不懈，才能脱离毛病较多的"疵境"，达到"稳境"；再运用天资和人力，下一番苦功，才能接近"醇境"；而"化境"则要穷毕生精力全力以赴，才有希望。类比的论证方法的运用，使得文章通俗生动；古今中外大量求学之人的典型事例列举，又使得文章论据丰厚，文采斐然。

文章条分缕析，重点突出，对求学之人是不可多得的好文章，教益重大。

感悟讨论

1. 作者要讲述的是作文进益的程序，为什么开头以较大的篇幅谈习字？有什么作用？

2. 概括文章在论述从"疵境"到"稳境"过程中应下的基本功夫有哪些。

3. 这篇文章对你的专业学习和专业进步有何启示意义？

链接

《谈文学》，朱光潜著，广西师范大学出版社 2004 年版。

四首旧体诗构筑了这篇讲话稿的框架，洋洋洒洒的文字中，蕴含了作者的人生智慧和人生品格，诠释了对学术精神的坚守与探求，字字珠玑。

第十三节

聊将短句祝长春

——在庆祝杨振宁70华诞报告会上的发言

◎ 叶嘉莹

尊敬的杨振宁教授、母校长[①]、诸位嘉宾：

我是一个学古典文学的人，今天能够附诸位科学家之骥尾在这里讲几句话[②]，感到非常荣幸。其实我本是不敢来讲话的，但昨天杨振宁教授指定要我讲[③]，而且他还亲自给我送来了一些胶片，要我把这几首诗写在胶片上。所以我现在真的是义不容辞，非讲不可了。这胶片上写的是我送给杨振宁教授的四首中国旧体诗，我的诗虽然写得不好，但我的感情是非常真诚的。我现在就这四首诗朗读一遍。第一首诗是：

卅五年前仰大名，共称华胄出豪英。过人智慧通天宇，妙理推知不守恒。（掌声）

第二首诗是：

记得嘉宾过我来，年时相晤在南开。曾无茗酒供谈兴，唯敬山楂果一杯。（笑声，掌声）

第三首诗是：

谁言文理殊途异，才悟能明此意通。惠我佳编时展读，博闻卓识见高风。

第四首诗是：

初度欣逢七十辰，华堂多士寿斯人。我愧当筵无可奉，聊将短句祝长春。（掌声）

我现在简单地说一说这四首诗。第一首诗的开头说"卅五年前仰大名"，这是纪实。35年前就是1957年，当时我正在台湾大学教诗选和文选。杨振宁、李政道两位博士得到诺贝尔奖金的消息传来[④]，所有的华人都为之骄傲。于是，物理马上就成了学生们踊跃报考的一个热门学科（笑声）。那时候台湾的大学是联合招生，考入物理系的学生都是考生里分数最高的。那一年，我教了理学院一个班的大一国文，这个班是大专联考时国文成绩最高的一个班，里面果然有很多高材生。我就对他们说："杨振宁和李政道两位博士现在固然是得到了诺贝尔奖金，可是你们要知道，学物理的人并不一定都能够得到诺贝尔奖金啊！"记得当时我曾给他们引了一首晚唐五代词人韦庄的爱情小词《思帝乡》："春日游，杏花吹满头。陌上谁家年少足风流？妾拟将身嫁与一生休。纵被无情弃，不能羞！"这首词说的是一个女孩子出去游春，春风吹了她满头杏花，因而引动了她的春心。于是她就说，这一路上哪一家的少年是最风流最多情的？我愿意把我的终身许嫁他。而且她还说，嫁给他之后，哪怕是“纵被无情弃”也绝不后悔。我认为，我们做学问，也要抱定这样的一种精神（笑声，热烈掌声）。而且我相信，杨教授当年也绝不是为了得到诺贝尔奖金而从事物理研究的。正如刚才那位熊先生所说，杨振宁教授在他的文章里常常提到物理学的美妙。我也注意到了这一点，现在我要给大家读他的演讲集里边的一段话，这是他在香港中文大学校庆演讲时说的：

一般念文史的人，可能没有了解科学研究也有“风格”。大家知道每一个画家、音乐家、作家都有自己独特的风格。也许会有人以为科学与文艺不同。科学是研究事实的，事实就是事实。什么叫作风格？要讨论这一点，让我们拿物理学来讲吧。物理学的原理有它的结构，这个结构有它的美和妙的地方。而各个物理学工作者，对于这个结构的不同美和妙的地方，有不同的感受。因为大家有不同的感受。所以每位工作者就会发展他自己的研究方向和研究方法。也就是说会形成他自己的风格。

从这里我就知道，杨教授果然是对他所学的物理学科有一种发自内心的热爱！而且还不止于此。从那时候起，我就经常注意报刊上对这位杰出人物的报道。于是，我又在香港报刊上读到了他的两首诗歌的大作。刚才大家已经介绍了很多杨教授在物理学方面的成就。现在我要介绍杨教授在诗歌这一方面的成就（掌声）。下面敬请大家看杨教授在 1974 年发表的《赴拉萨途中飞跃那木卓巴尔瓦山观奇景有感》：

玲珑晶莹态万千，雪铸峻岭冰刻川。皑皑逼目无边际，深邃宁静亿万年。

尘寰动荡二百代，云水风雷变幻急。若问那山未来事，物竞天存争朝夕。

我以为，这两首诗的境界就正如杨教授在诗中所说的，如冰雪般玲珑晶莹。他的思想开阔而深邃，他的感发结合了时间与空间。诗中不仅表现出一种通观宇宙的思考，而且寄托了他对祖国的期待。还有一首诗是《赞陈氏级》：

天衣岂无缝，匠心剪接成。浑然归一体，广邃妙绝伦。造化爱几何，四力纤维能⑤。千古寸心事，欧、高、黎、嘉、陈⑥。

这首五言诗也写得很好，写出了宇宙造化的神奇和科学家对宇宙奥秘的求索。后四句看起来有些不符合诗的一般美学标准，然而作者以诗的形式来写科学的精神理论，是文学与科学的融会结合。应该说，这是一种开新的尝试和探索。以杨教授这样一位杰出的物理学家，在诗歌中也表现出这样的修养，写出这样的境界，真是很难得。所以我说他“过人智慧通天宇”。因此才能“妙理推知不守恒”。

科学与文学发展到今天，已不再像过去那样泾渭分明了。我是学文学的，但我却对杨振宁教授推出的宇称不守恒特别感兴趣（笑声）。为什么我对这个妙理有兴趣呢？因为，中国的古典文学非常重视文字的平仄和对偶。这就是一种对称的现象。而且我认为，在世界各国各民族的文化中，只有我们中国文字具有独体单音的特色，因此才能够形成对称的特美。我们的格律诗，我们的对联，都讲求对偶，讲究平仄要相反，词性要相同。这就是宇称守恒的定律（笑声，掌声）。可是杨教授却推出了一个宇称不守恒的定律，这就使我产生了联想。我这个人在南开也教过多年的课了，听过我讲课的人都知道我喜欢跑野马。所谓跑野马，就是从这首诗联想到那首诗，从这个诗人联想到那个诗人。但过去我跑马总是在文学范围之内，而现在我却要从我们文学的领域跑到物理学的领域来了(笑声)。

旧体律诗的平仄是要对称的，但对称也有遭到破坏的时候，那就是诗学中所说的“拗句”了。“拗”，是拗折的意思。就是说，它不是顺的，忽然之间发生了变化。然而，律诗中只要有一处有了拗折的变化，则在另一处就一定有一个挽救的办法。也就是说：有“拗”，就一定有“救”。所以那天我就特别对杨先生提出了一个问题。我说，你的这个宇称不守恒理论，在这守恒的“拗”之中有没有一种“救”呢(笑声)？我本来很想借今天的机会向杨教授请教这个“拗”与“救”的问题，但我想还是不要占大家太多的时间。因为再谈起中国律诗的拗救，那恐怕就跑得太遥远了(笑声)。

其实，这个跑野马，我在西方文学理论中也曾找到一个根据，那就是“Intertextuality”这个术语的意思是“互为文本”。“text”这个词，有人译为“本文”，有人译为“文本”。我以为译为“文本”更好一些。因为，诗人写的一首诗可以是 text，画家画的一幅画可以是 text，音乐家演奏的一首乐曲可以是 text，物理学家的理论及研究成果，也可以是一个 text。既然这个诗人和那个诗人可以互为文本，这首诗和那首诗可以互为文本，诗和乐曲可以互为文本，诗和图画也可以互为文本；那么，物理学的理论及研究成果与文学的理论及研究成果也同样可以互为文本。这就是我从文学的 text 跑到物理学的 text 的一个理论的根据。不过，这个问题还是留待以后和杨教授个别讨论好了(笑声)。

好，现在我已经说完了我写的第一首诗，现在再来说第二首。这第二首诗也是纪实的。那是在去年冬天杨教授来访问南开的时候，有一天晚上，南开外事处的逄处长给我打了一个电话，说杨教授今天晚上要来看你。我感到非常荣幸，但却什么准备也没有。恰好那天我刚做了一锅山楂果汁，山楂果是我们北方的特产，所以我就用这果汁款待了杨先生(笑声)。

第三首诗也是纪实的。因为第一次我把我的两本书送给杨先生，一本是我对于词的评论讲解，叫做《唐宋词十七讲》，一本是我的诗词曲创作。而杨教授回到香港以后，不久就寄来了他的一本大作《读书教学四十年》。当年披阅杨先生这本大作的时候，真的是非常感动。因为我从书中确实看到了他有一种通观的智慧，一种综合贯穿的能力。所以我说“谁言文理殊途异，才悟能明此意通”。看过这本书之后，我意犹有所不足，又向外事处借了更厚的一本《杨振宁演讲集》来读。而在读那本书的时候，我正在写一篇论文，于是就在论文中大胆地引用了杨教授的一些说法。关于我那篇论文的内容，说起来大家可能会认为是落伍的、古板的、迂腐的。它的题目是《谈中国诗歌的感发作用与吟诵的传统》。我在其中引用了杨教授在一次题为《谈谈我的读书经验》的演讲中所说的一段话。

要重视运用渗透性的学习方法，渗透性学习方法，就是在学习的时候，对学习的内容还不太清楚，但就在这不太清楚的过程中，已经一点一滴地学到了许多东西。这种在还不完全懂的情况下，以体会的方法进行学习，是非常重要的学习方法。

刚才，很多位贵宾在讲话时都提到，杨教授之所以在物理学方面有这么高的成就，在品格上有这么好的修养，都是因为受到了中国民族文化传统影响的缘故。这当然是不错的，我也从杨先生的大作里深切地感受到了这一点，可是，怎样才能够使我们如此宝贵的民族文化传统保存下去，持久不断呢？我认为，其中很重要的一点就是从小的背诵。因为人的记忆能力和理解能力不是齐头并进的。小时候记忆力强，理解能力可能不够。但如果我们好好地利用小时候的记忆能力，记诵一些民族文化传统的宝贵典籍，那么等到年龄大起来的时候，自然就对这些宝贵的东西有深刻理解了。有些人认为，让小孩子背诵他不懂的东西是不对的。我女儿在台湾上小学时，每天背的是什么？是“来来来，来上学；去去去，去游戏。见了老师问声早，见了同学问声好”。这当然很好懂，可是背下这些长大后有什么用处？我们中国传统的教育，是在幼年时就进行背诵的训练。日本人对小孩子也进行这样的训练。而且我还可以证之于杨教授，他之所以有今天这样的成熟，也得益于幼年时背诵的训练。据我所知，杨先生最早通本都能够背下来的是《龙文鞭影》⑦。是不是，杨教授？而且，我在和杨先生的谈话之中感到，他随口就能背诵出很多东西。前天吃午饭时，他背诵了李商隐的“锦瑟无端五十弦”、“云母屏风烛影深”，还有刘禹锡的“朱雀桥边野草花，乌衣巷口夕阳斜。旧时王谢堂前燕，飞入寻常百姓家”，全都是脱口而出的。对刘禹锡的这首诗，杨教授还有与众不同的讲解。他认为，诗中的燕子并非现实的燕子，可能含有某种历史的沧桑，也许是指当年王谢家里的人如今也流落到民间了。我以为，杨教授的感发是很深刻、很有意思的。

现在，一般人对儿童的教学往往偏重于智性的知识教育，而忽视感性的直觉教育，再加上现代的急功近利的观念，当然就更认为以感性的直觉来训练儿童吟诵并不十分理解的旧诗乃是全然无用的了。殊不知，透过诗歌吟诵所可能训练出来的直感和联想的能力，不仅对于学文学的人是一种可贵的能力和资质，即使对学科学的人而言，也同样是一种可贵的能力和资质。早在1987年，我在沈阳化工学院对一些科学家的一次讲话中就曾经谈起过，第一流的、具有创造性的科学家往往都是具有一种直感和联想能力的人物。而自童幼年学习诗歌吟诵，无疑乃是养成此种直感与联想能力的最好的方式。不过，我们学古典文学的人人微言轻，虽然我看到了这一点，但却不能够在我们中国教育方针政策上产生任何的影响（笑声）。杨教授你既然自己深受背诵之益，那么是否应该倡导一下，从而使更多的人也能够身受其益呢（笑声，掌声）？这是我对杨教授提出来的建议，我将把我的那篇文稿复印出来，请求杨教授指教。

第四首就是今天的事情了。“初度”，出于楚辞的“皇览揆余初度兮”，就是诞辰的意思。我能够有幸参加杨教授的70华诞庆祝会那就是“初度欣逢七十春”；而在座的有这么多贵宾，那就是“华堂多士寿斯人”。我自己很惭愧，既不是物理学家，也没有什么杰出的成就，又没有什么好的礼物为杨教授祝寿。我只是一个学旧诗的人，所以只能够“聊将短句祝长春”了。杨教授虽已届古稀之年，但在前几天授予吴大猷教授名誉博士学位的那个典礼上，我看到杨教授一个箭步就跨上了讲台，其身手还是非常矫健的（笑声，掌声）。所以，我相信杨教授一定能健康长寿。

最后我还要说几句。我们中国很重视同乡、同学、同事等各种“同”的关系。在座诸位都是科学家，是杨教授的同行。我虽然不是杨教授的同行，但今天我要在这里与他认一个“半同”的关系（笑声）。这“半同”的关系其实是有根据的，因为杨教授是 1933 年到 1937 年在北京崇德中学读的书，对不对？那么我是 1934 年到 1935 年在北京笃志中学读的书，那时候，崇德和笃志是同一个教会所办的男校和女校，可以算是“兄妹”校了（笑声）。所以，我想我是可以藉此与杨教授认一个“半同”关系的。现在，我就以这“半同”的关系向杨教授祝寿，祝他健康长寿，永葆青春（掌声）。

（选自《汉语言文化研究》第四辑，南开大学汉语言文化学院编，天津人民出版社 1994 年版）

注释

①母国光：著名光学家，1986 年至 1995 年任南开大学校长。

②骥尾：出自《史记·伯夷列传》：“颜渊虽笃学，附骥尾而行益显。”比喻追随先辈、名人之后。

③杨振宁：著名美籍华裔物理学家，1957 年获诺贝尔物理学奖。

④李政道：著名美籍华裔物理学家，1957 年和杨振宁一同获诺贝尔物理学奖。

⑤四力：指核力、电磁力、弱力、引力。

⑥欧、高、黎、嘉、陈：指欧几里得、高斯、黎曼、嘉当、陈省身。陈省身（1911—2004）：著名美籍华裔数学家，被杨振宁誉为继欧几里得、高斯、黎曼、嘉当之后又一里程碑式的大师。

⑦《龙文鞭影》：中国古代儿童启蒙读物，明萧良有撰。

作者简介

叶嘉莹，号迦陵，南开大学中华古典文化研究所所长，中国古典文学专家。1924 年 7 月出身于北京的一个书香世家，50 年代任台湾大学教授，1969 年定居加拿大，任加拿大不列颠哥伦比亚大学终身教授。1979 年开始回国讲学，现任南开大学中华古典文化研究所所长，博士生导师，并受聘于国内多所大学客座教授及中国社会科学院文学所名誉研究员。叶嘉莹从事古典诗词的教学与研究工作近六十载，她的足迹跨越世界亚欧美三大洲，遍布祖国大江南北，将西方文艺理论引入中国古典诗词研究是叶嘉莹先生对中国古典诗词研究的重要贡献。代表作《迦陵论词丛稿》《叶嘉莹说中晚唐诗》等。

导读

这是叶嘉莹先生在南开大学举办的庆祝杨振宁教授 70 寿辰报告会上的讲话稿。

讲话围绕作者送给杨振宁的四首七言诗展开，回忆了和杨振宁交往的几个片段。标题即是送给杨振宁第四首诗的最后一句“聊将短句祝长春”，韵味悠长，其中“短句”暗合了作者古典诗词研究学者的身份，而与之相对应的“长春”，则表达了作者对杨振宁的美好祝愿。对这四首旧体诗进行的逐一解释，构成了这篇讲话稿的内容框架。

作者的四首诗展示了和杨振宁交往的四个画面，第一首颂扬杨振宁获得诺贝尔物理奖的伟大成就，第二首记述了相晤南开以山楂汁敬客的风趣场面，第三首描写了互赠著作的场景，第四首则是庆祝生日报告会上的美好祝福。这四首诗跨越时空，看似不相关，实则明断暗续，正是这四首诗的前后勾连，使得这篇讲话稿浑然一体，自然洒脱中显示了作者独具匠心的安排。

作者在讲解这四首的同时，穿插了大量的议论，作者就做学问应该抱定的精神，科学与文学的关系，渗透性的学习方法，感性的直觉教育与智性的知识教育等问题谈了自己的见解，体现了对中西教育敏锐的洞察力和对学术精神的坚守与探求，字里行间洋溢着睿智机敏，风趣幽默，为我们展示了一个独特的精神世界。这篇讲话稿集诗文一于体，具有极强的现场感染力，情与理并重，妙语连珠，堪称典范。

感悟讨论

1. 读了这篇讲话稿，内容上给你印象最深的是什么？你认为作为讲话稿，它的成功之处是什么？

2.“科学与文学发展到今天，已不再像过去那样泾渭分明了”是中提到的观点，文理相通历来为诸多学者肯定，你还知道哪些名家的说法，你是如何理解的？

3. 演讲的开头引了一首韦庄的小词《思帝乡》，有什么作用？

链接

《迦陵论词丛稿》，叶嘉莹著，河北教育出版社 2000 年版。

作者在掌握大量艺术史料的基础上，用灵动流畅的笔为我们勾勒出了汉代那充满力量、运动、气势感的艺术品貌和古拙的美学风格。

第十四节

汉代艺术的美学风貌

◎ 李泽厚

人对世界的征服和琳琅满目的对象，表现在具体形象、图景和意境上，则是力量、运动和速度，它们构成汉代艺术的气势与古拙的基本美学风貌[①]。

你看那弯弓射鸟的画像石[②]，你看那长袖善舞的陶俑[③]，你看那奔驰的马，你看那说书的人，你看那刺秦王的图景，你看那车马战斗的情节，你看那卜千秋墓壁画中的人神动物的行进行列[④]……这里统统没有细节，没有修饰，没有个性表达，也没有主观抒情。相反，突出的是高度夸张的形体姿态，是手舞足蹈的大动作，是异常单纯简洁的整体形象。这是一种粗线条粗轮廓的图景形象，然而整个汉代艺术生命也就在这里。就在这不事细节修饰的夸张姿态和大型动作中，就在这种粗轮廓的整体形象的飞扬流动中，表现出力量、运动、速度以及由之而形成的"气势"的美。在汉代艺术中，运动、力量、"气势"就是它的本质。这种"气势"甚至经常表现为速度感。而所谓速度感，不正是以动荡而流逝的瞬间状态集中表现着运动加力量吗？你看那著名的"马踏飞燕"，不就是速度吗？你看那"荆轲刺秦王"，匕首插入柱中的一瞬间，那不也是速度吗？激烈紧张的各种战斗，戏剧性的场面、故事，都是在一种快速运动和力量中以展现出磅礴的"气势"。所以，在这里，动物具有更多的野性。它们狂奔乱跑，活泼跳跃，远不是那么安静驯良。它们根本不像唐代那样尽管威武雄壮却静态伫立。同样，在这里，不管是神话幻想、历史故事或人物形象，虽然有时表面上也是静止形态，却仍然包含着内在的运动、力量的气势感。在这里，人物不是以其精神、心灵、个性或内在状态，而是以其事迹、行动，亦即其对世界的直接的外在关系（不管是历史情节或现实活动），来表现他的存在价值的。这不也是一种运动吗？正因为如此，行为、事迹、动态和戏剧性的情节才成为这里的主要题材和形象图景。一往无前不可阻挡的气势、运动和力量，构成了汉代艺术的美学风格。它与六朝以后的安详凝练的静态姿式和内在精神是何等鲜明的对照。

也正因为是靠行动、动作、情节而不是靠细微的精神面容、声音笑貌来表现对世界的征服，于是粗轮廓的写实，缺乏也不需要任何细部的忠实描绘，便构成汉代艺术的"古拙"外貌。汉代艺术形象看来是那样笨拙古老，姿态不符常情，长短不合比例，直线、棱角、方形又是那样突出、缺乏柔和……但这一切都不但没有减弱反而增强了上述运动、力量、气势的美，"古拙"反而构成这种气势美的不可分割的必要因素。就是说，如果没有这种种"拙笨"，也就很难展示出那种种外在动作姿态的运动、力量、气势感了。过分弯的腰，过分长的袖，过分显示的动作姿态……“笨拙”得不合现实比例，却非常合乎展示出运动、力量的夸张需要。包括直线直角也是如此，它一点也不柔和，却恰恰增添了力量。“气势”与“古拙”在这里是浑然一体的。

如果拿汉代画像石与唐宋画像石相比较，如果拿汉俑与唐俑相比较，如果拿汉代雕刻与唐代雕刻相比较，汉代艺术尽管由于处在草创阶段，显得幼稚、粗糙、简单和拙笨，但是上述那种运动、速度的韵律感，那种生动活跃的气势力量，就反而由之而愈显其优越和高明。尽管唐俑也有动作姿态，却总缺少那种狂放的运动、速度和气势；尽管汉俑也有静立静坐形象，却仍然充满了雄浑厚重的运动力量。同样，唐的三彩马俑尽管何等鲜艳夺目，比起汉代古拙的马，那造型的气势、力量和运动感就相差很远。天龙山的唐雕尽管如何肌肉凸出相貌吓人，比起汉代“笨拙”的石雕，也仍然逊色。宋画像砖尽管如何细微工整，面容姣好，秀色纤纤，比起汉代来，那生命感和艺术价值也距离很大。汉代艺术那种蓬勃旺盛的生命，那种整体性的力量和气势，是后代艺术所难以企及的。

形象如此，构图亦然。汉代艺术还不懂后代讲求的以虚当实、计白当黑之类的规律⑤，它铺天盖地，满幅而来，画面塞得满满的，几乎不留空白。这也似乎“笨拙”。然而，它却给予人们以后代空灵精致的艺术所不能替代的丰满朴实的意境。它比后代空灵的美更使人感到饱满和实在。与后代的巧、细、轻相比，它确乎显得分外的拙、粗、重。然而，它不华丽却单纯，它无细部而洗练。它由于不以自身形象为自足目的，就反而显得开放而不封闭。它由于以简化的轮廓为形象，就使粗犷的气势不受束缚而更带有非写实的浪漫风味。但它又根本不同于后世文人浪漫艺术的“写意”。它是因为气势与古拙的结合，充满了整体性的运动、力量感而具有浪漫风貌的，并不同于后世艺术中个人情感的浪漫抒发（如盛唐草书的气势美）。当时民间艺术与文人艺术尚未分化，从画像石到汉乐府，从壁画到工艺，从陶俑到隶书，汉代艺术呈现出来的毋宁更多是整体性的民族精神。如果说，唐代艺术更多表现了中外艺术的交融，从而颇有“胡气”的话；那么，汉代艺术却更突出地呈现着中华本土的音调传统：那由楚文化而来的天真狂放的浪漫主义，那在满目琳琅的人对世界的行动征服之中的古拙气势的美。

（选自《美的历程》，李泽厚著，文物出版社 1982 年版）

注释

①古拙：古朴而不华丽。

②画像石：古代门楣、石窟、祠堂、墓室、棺椁等的石刻装饰画，盛行于汉、魏、六朝以及唐代。内容有历史人物、神仙故事、社会生活、生产等题材，表现形式分阳刻和阴刻两大类。

③陶俑：古代殉葬的陶制偶像。

④卜千秋墓壁画：河南洛阳保存的较为完整的西汉墓壁画，内容新奇，绘画技艺高超，为罕见的国宝珍品。

⑤以虚当实、计白当黑：中国书画艺术术语。落笔处要精心结撰，空白处要措置得宜，疏密错落有致，虚实相映生辉。清人笪重光在《书筏》中言“黑之度量为分，白之虚净为布”，所以“计白当黑”又简称“布白”、“分布”。

❀ 作者简介

李泽厚，著名哲学家，湖南长沙人，生于1930年，1954年毕业于北京大学哲学系，现为中国社会科学院哲学研究所研究员、巴黎国际哲学院院士、美国科罗拉多学院荣誉人文学博士。李泽厚成名于50年代，以重实践、尚“人化”的“客观性与社会性相统一”的美学观自成一家。80年代，李泽厚不断拓展其学术论域，促引思想界在启蒙的路径上艰辛前行。90年代，李泽厚客居美国，出版了《论语今读》、《世纪新梦》等著作，对中国未来的社会建构给予深切的关注。代表作有《中国古代思想史论》、《美学论集》、《美的历程》、《华夏美学》等。

导读

本文选自《美的历程》。这部书是由中国现代著名的哲学家、美学家李泽厚先生撰写的一本美学著作。从宏观鸟瞰的角度对中国古典文艺数千年历史进行了一次巡礼，全书共分为十个章节，从远古图腾时代一直写到明清文艺思潮，本书不仅是一次文化艺术的旅行，更是给予我们精神心灵的洗礼。

作者开门见山道出了本文的中心：“力量、运动和速度，它们构成汉代艺术的气势与古拙的基本美学风貌。”接着作者铺陈大量的艺术史料证明自己的观点，“你看那弯弓射鸟的画像石，你看那长袖善舞的陶俑，你看那奔驰的马，你看那说书的人，你看那刺秦王的图景，你看那车马战斗的情节，你看那卜千秋墓壁画中的人神动物的行进行列”，这些都是“异常单纯简洁的整体形象”，在汉代艺术中，运动、力量、气势构成了它的本质。汉代艺术的特征是强调人对客观世界的征服，人物不是以其精神、个性或内在状态，而是以其事迹、行动的外在关系来表现存在价值。内容决定了艺术表现形式，一往无前不可阻挡的气势、运动和力量，构成了汉代艺术的美学风格。作者在介绍汉代艺术美学风貌时，采用了比较的方法，将汉代艺术与唐代、魏晋六朝艺术的美学风貌进行了比较，更加清晰地展示了汉代艺术独特的美学风貌，反映了汉代人天真狂放的浪漫气质。文章感情丰沛，气势如虹，文笔流畅，认知深邃。

感悟讨论

1. 汉代艺术的美学风貌是什么？反映了汉代人的哪些气质？

2. 文章品味汉代艺术特点，并和其他朝代的艺术特点进行了比较，把这些比较之处找出来，分析一下这样做的好处。

链接

《美的历程》，李泽厚著，文物出版社1982年版。

独具特色的语言文字,浩如烟海的文化典籍,嘉惠世界的科技工艺,精彩纷呈的文学艺术,充满智慧的哲学宗教,完备深刻的道德伦理,共同构成中国文化的基本内容,中华优秀文化是中华民族对于人类的伟大贡献。

第十五节

论中国文化的基本精神

◎张岱年

中国文化即是中华民族的文化。

中华民族是由许多民族(或称为种族)共同构成的一个整体。在长期的发展过程中,中国各族的文化相互交融,共同构成为丰富灿烂的中华民族文化。

从历史来看,不能不承认,汉族文化在中华民族文化的发展过程中居于主导的地位。汉族文化经常对各兄弟民族的文化施发影响,而且吸收了各兄弟民族的文化成就,彼此之间有一个长期的文化交融的过程。

从世界范围来看,中国文化是一个独立发展的体系,有一个连续不断的发展过程。在长期的历史发展过程中,经常吸收外来文化的长处,但始终保持着自己的独立性。因而成为世界上一个独特的文化类型,而且影响于国外,对于世界文化作出过巨大的贡献。

中国文化在几千年中,巍然独立,存在于世界东方,除了有一定的物质基础(物质生产 的原因)之外,也还有其一定的思想基础。中国文化发展的思想基础,可以叫做中国文化的基本精神 。

何谓精神?精神本是对形体而言,文化的基本精神应该是对文化的具体表现而言。就字 源来讲,精是细微之义,神是能动的作用之义。文化的基本精神就是文化发展过程中的精微的内在动力,也即是指导民族文化不断前进的基本思想。

斯大林在《马克思主义和民族问题》中曾经指出:“还必须注意到结合成一个民族的人们在精神形态上的特点。各个民族之所以不同,不仅在于它们的生活条件不同,而且在于表现在民族文化特点上的精神形态不同。”① 中国文化的基本精神也就是中华民族在精神形态上的基本特点。

近代以来,由于中国受帝国主义的欺凌,由于反动统治者的腐败无能,由于中国沦为半殖民地,人们特别注意考察中国旧有的思想意识中的消极衰朽的方面,注意考察旧有思想意识中的陈腐萎靡的病态。这是必要的。对于这些不正常的病态,必须有清醒的认识,有改革的决心。但是,如果中国文化仅仅是一些病态的堆积,那末中华民族只有衰亡之一途了。这正是一些帝国主义者对于中国的诅咒。而我们现在,却更要注意考察传统文化中所包含的积极的健康的要素。

中国文化有五千年的历史，新中国成立以来，又获得了新生、达到了中华民族文化发展的新阶段。中国文化能够历久不衰，虽衰复盛，这就证明，中国文化中一定有不少积极的具有生命力的精粹内容。

中国文化的基本精神是什么呢？指导中国文化不断前进的基本思想是什么呢？这里试举出四点：(1)刚健有为；(2)和与中；(3)崇德利用；(4)天人协调。我认为这些就是中国传统文化的基本精神之所在。略说如下。

一、刚健有为

《周易大传》提出“刚健”的学说[②]，《彖传》说[③]：“需，须也，险在前也。刚健而不陷，其义不困穷矣。”又云：“大有，其德刚健而文明，应乎天而时行。”又云：“大畜，刚健笃实辉光，日新其德。”这些都是赞扬“刚健”的品德。《说卦》云[④]：“乾，健也；坤，顺也。”健是阳气的本性，顺是阴气的本性。在二者之中，阳健居于主导的地位。《象传》说[⑤]：“天行健，君子以自强不息。”天体运行，永无已时，故称为健。健含有主动性、能动性以及刚强不屈之义。君子法天，故应自强不息。《周易大传》强调“刚健”，主张“自强不息”，这是有深刻意义的精粹思想。

从汉代到清代，二千年之中，《周易大传》被认为是孔子的著作，它是以孔子手著的名义产生影响的。所以，“自强不息”的思想在历史上曾对很多知识分子起过激励的作用。事实上，《周易大传》并非孔子所著，“刚健”之说应是战国时代儒家中讲《易》的学者提出来的。“刚健”虽不是孔子提出的，但孔子确实比较重视“刚”。《论语》记载：“子曰：吾未见刚者。或对曰：申枨。子曰：枨也欲，焉得刚？”[⑥]郑玄注云：“刚谓强志不屈挠。”《论语》又载孔子云：“刚毅木讷近仁。”[⑦]可见孔子肯定“刚”是有价值的品德。《周易大传》的刚健之说实渊源于孔子。

孟子鄙视“以顺为正”，提出“富贵不能淫，贫贱不能移，威武不能屈”的生活准则。《孟子》记载：“景春曰：公孙衍、张仪，岂不诚大丈夫哉？一怒而诸侯惧，安居而天下熄。孟子曰：是焉得为大丈夫？子未学礼乎？丈夫之冠也，父命之；女子之嫁也，母命之。往送之门，戒之曰：往之汝家，必敬必戒，无违夫子！以顺为正者，妾妇之道也。居天下之广居，立天下之正位，行天下之大道。得志，与民由之；不得志，独行其道。富贵不能淫，贫贱不能移，威武不能屈，此之谓大丈夫。”[⑧]大丈夫应有独立的人格，遵守一定的准则，不屈服于外在的压力。孟子这种见解与《周易大传》的刚健思想有一致之处。

孔子重“刚”，老子则贵“柔”，两说相反，都有深远的影响。老子提出“无为”说，孔子也常赞美无为的政治，但孔子认为在日常生活中应该有为。他说：“饱食终日，无所用心，难矣哉！不有博弈者乎！为之，犹贤乎已。”[⑨]孔子自称“为之不厌，诲人不倦”[⑩]，“发愤忘食，乐以忘忧”[⑪]。他坚决主张有所作为，表现了“自强不息”的精神。

宋代周敦颐受道家影响，提出“主静”之说，在宋、明时代，影响很大。到明、清之际，王夫之重新肯定了《周易大传》的刚健学说。王夫之说："圣人尽人道而合天德。合天德者，健以存生之理；尽人道者，动以顺生之几。"[12]又说："惟君子积刚以固其德，而不懈于动。"[13]王夫之有力地宣扬了"健"的"动"。

《周易大传》关于"刚健"和"自强不息"的思想在实际上起了推动中国文化向前发展的积极作用。而道家和部分宋儒的"柔静"学说则是"刚健"思想的一种补充，两者相互对峙，相互引发，构成了中国传统文化的独特面貌。

二、和与中

西周末年至春秋时期，有所谓"和同"之辨。"同"是简单的同一，"和"是众多不同事物之间的谐和。《国语·郑语》记载西周末年史伯的言论说："夫和实生物，同则不继。以他平他谓之和，故能丰长而物归之。若以同裨同，尽乃弃矣。……于是乎先王聘后于异姓，求财于有方，择臣取谏工，而讲以多物。"史伯区别"和"与"同"，"以他平他谓之和"，意谓聚集不同的事物而得其平衡，叫作和，这样就能产生新事物，所以说"和实生物"；"以同裨同"，即把相同的事物加起来，那是不能产生新事物的。《左传》昭公二十年记载晏子论和同的区别说："和如羹焉，水、火、醯、醢、盐、梅[14]，以烹鱼、肉。燀之以薪[15]，宰夫和之，齐之以味，济其不及，以泄其过。君子食之，以平其心。君臣亦然，君所谓可，而有否焉，臣献其否，以成其可。君所谓否，而有可焉，臣献其可，以去其否，是以政平而不干。……若以水济水，谁能食之？若琴瑟之专壹，谁能听之？同之不可也如是。"这所谓和，也是聚集不同的事物而得其平衡。君臣之间，臣能提出不同的意见，君能容纳不同的意见，然后可称为和。史伯、晏子关于和同的思想，一是要求多样，二是要求平衡。这是一种促进文化发展的思想。

孔子也区别了和与同，他说："君子和而不同，小人同而不和。"[16]看来孔子是同意晏子关于和同区别的言论的。孔子对于和同之辨未多讲，而提出了"中庸"的观念。后来孔子之孙子思作《中庸篇》，对中庸观念作了进一步的发挥。于是中庸观念在中国文化史上产生了巨大而深远的影响。由于后来的思想家对于中庸有不同的理解，因而中庸观念在中国文化史上的影响也不是单纯的。

孔子说："中庸之为德也，其至矣乎！民鲜久矣。"[17]对于中庸的含义未加说明。《中庸篇》云："君子中庸，小人反中庸。君子之中庸也，君子而时中；小人之反中庸也，小人而无忌惮也。"又云："舜其大知也与……执其两端，用其中于民，其斯以为舜乎！"这里以"时中"、"用中"来解说中庸，时中即随时处中，依条件的不同随时选取适当的标准。用中即不陷于某一极端，随情况的不同而采取确当的方法。

从汉至宋，经学家对于中庸有不同解释。郑玄诠释《中庸篇》的题义云："名曰中庸者，以其记中和之为用也。"[18]这是认为中庸指中的运用。程颐诠释中庸云："不偏之谓中，不易之谓庸。"[19]这是把中庸看成固定的原则。郑玄的解释是比较符合原意的。

中庸思想的主要涵义是：在事物的发展过程中，对于实现一定的目的来说，有一个一定的标准，达到这个标准就可以实现这个目的，否则就不可能实现这个目的。没有达到这个标准叫作不及，超过了这个标准叫作过。如果超过了这个标准，就不可能实现原来的目的，而转变到原来目的的反面。所谓“中庸之为德”就是经常遵守一定的标准，既不过，亦不是不及，这是中庸的品德。有些事情，确有一个适当的标准，例如，饮食卫生一类的事情，确有一个适度的问题，这个度在过与不及之间。但是社会的变革，在一定条件下，需要打破原来的标准，这样才能取得更大的发展；如果固守原来的标准，就会陷于停滞不前了。中庸思想在中国文化史上有两方面的作用：第一，保证了民族文化发展的稳定性，反对过度的破坏活动，使文化发展不致中断；第二，对于根本性的变革又起了一定的阻碍作用。

三、崇德利用

春秋时代有“三事”之说。《左传》文公七年记载晋国贵族郤缺的言论说：“正德、利用、厚生，谓之三事。”[20]正德，端正品德；利用，便利器用（用指工具器物之类）；厚生，丰富生活。正德是提高精神生活，利用、厚生是提高物质生活。《左传》成公十六年记载楚国申叔时之言云：“民生厚而德正，用利而事节。”又襄公二十八年记齐国晏婴之言云：“夫民，生厚而用利，于是乎正德以幅之。”生活丰厚，器用便利，然后端正德行加以节制。幅是节制之义。晋、楚、齐三国的贵族都谈到正德、利用、厚生，可见这是当时比较流行的思想。“三事”之说兼重物质生活和精神，是比较全面的观点。

《周易大传》中讲到“崇德”与“利用”的关系问题，《系辞下传》说：“精义入神，以致用也。利用安身，以崇德也。过此以往，未之或知也，穷神知化，德之盛也。”（朱熹《本义》解释说：“精研其义，至于入神……然乃所以为出而致用之本；利其施用，无适不安……然乃所以为入而崇德之资。……至于穷神知化，乃德盛仁熟而自致耳。”）义指事物的规律，神指微妙的变化。精研事物的规律，以至于理解深微的变化，是为了实用；便利实际运用，是为了提高道德。而道德提高了，就更能对于微妙的变化有更深入的理解了。《周易大传》既重“崇德”，又重“利用”，也是比较全面的观点。

春秋时代的“三事”之说，兼重精神生活与物质生活，是比较全面的正确观点。儒家特重“正德”“崇德”，对于“利用”“厚生”的问题则研究得不多。道家反对“利用”，也不赞同“厚生”，对于文化的发展产生了一定的消极影响。但历代都有一些自然科学家，对于“利用厚生”的实际问题进行过切实的研究，从而丰富了文化的发展。

“正德、利用、厚生”，“崇德、利用”的思想，虽然在秦汉以后在理论上没有得到进一步的发挥，但确实是中国文化史上一个重要的指导思想。

四、天人协调

天人关系问题，亦即人与自然的关系问题，是中国传统哲学的一个根本问题，也是文化方向的基本问题。在中国古代哲学中,关于人与自然的关系,有三种学说。庄子主张因任自然:“不以人助天”[21],“无以人灭天”[22]。荀子主张改造自然:“大天而思之,孰与物畜而制之?从天而颂之,孰与制天命而用之?”[23]而最重要的是《周易大传》的“辅相天地”的学说。《象传》说:“天地交泰,后以裁成天地之道,辅相天地之宜,以左右民。”所谓裁成、辅相,亦即加以调整辅助。《系辞上传》说:“范围天地之化而不过,曲成万物而不遗。”范围亦即裁成之义,曲成亦即辅相之义。《文言传》说[24]:“夫大人者,与天地合其德,与日月合其明,与四时合其序,与鬼神合其吉凶。先天而天弗违,后天而奉天时。”此所谓先天,即引导自然;此所谓后天,即随顺自然。在自然变化未萌之先加以引导,在自然变化既成之后注意适应,做到天不违人,人亦不违天,即天人相互协调。这是中国古代哲学的最高理想,亦即中国传统文化的基本道路。《周易大传》在历史上是以孔子手著的名义发表影响的,所以这种天人协调的思想在中国文化史上居于主导地位。

王夫之提出“相天”之说,他说:“语相天之大业,则必举而归之于圣人。……人弗敢以圣自尸,抑岂同禽鱼之化哉?……故天之所死,犹将生之;天之所愚,犹将哲之;天之所无,犹将有之;天之所乱,犹将治之。”[25]传统的观点以为“相天”是圣人的大业,普通人虽非圣人,但也与禽鱼等动物有所不同。增加自然所没有的,改变自然所已有的,这是人的作用。王夫之的“相天”之说,是对古代“裁成辅相”天地的思想的发挥。

人与自然的关系问题,直至今日,仍然是必须认真对待的问题。近代西方强调克服自然,战胜自然,确实取得了重大的成就。但是,如果不注意生态平衡,也会受到自然的惩罚。改造自然是必要的,破坏自然一定要自食苦果。中国传统的天人协调的观点,确实有重要的理论价值。

文化是受生产方式决定的。周秦至明清的文化,基本上是封建文化。西方中世纪文化,也是封建文化。中西的封建文化,彼此很不相同。中国封建制时代的文化确实有很高的成就。到了近代,中国文化,较之西方,却相形见绌,远远落后了。中国的传统文化,确有消极的病态的一面,但也有积极的健康的一面。识别中国民族文化中的优良传统,对于树立民族的自信心和自尊心,是非常必要的。

中华民族,自古以来,还有一个维护民族独立、为“报国”而献身的优良传统。孔子称赞管仲:“微管仲,吾其被发左衽矣。”[26]从此以后,维护民族的尊严、保卫民族的文化,便成为一个根深蒂固的信念。在历史上,汉族和少数民族有一个相互竞争、相互融合的过程,经历了曲折的道路。在各族中,都有许多为国家为本族而献身的志士仁人,表现了复杂的情况。例如宋元之际,文天祥宁死不屈,发扬了民族的正气,起了激励人心的巨大作用。许衡把南宋的学术传播到北方,也对于中国文化的发展有重要意义。这都是不能用简单化的办法随意抹煞的。

中华民族还有一个善于吸收外来文化成就借以提高自己的理论水平的优良传统。佛教的输入和流传,表明了中国人民对待外来文化的态度。佛教在中国流传之后,一部分中国佛教徒把佛教教义中国化了,做出了自己的理论贡献;而儒家学者在批判佛教的过程中,充实了传统儒学的思想,提高了理论思维的水平,使中国的固有学术放出新的光彩。中华民族善于吸收外来文化，又保持了自己文化的独立性，从而对于世界文化做出了独特的贡献。

五四运动展开了对于传统文化的批判，对于除旧布新，起了巨大的推动作用。新中国的成立，使中国历史进入社会主义的新时代，不但要批判封建文化，也要批判资产阶级的文化，我们的任务是建设社会主义的新文化。社会主义文化不是凭空产生的，必须对于中外过去各时代的文化做出批判的总结，才能建立社会主义新文化。中国的社会主义文化一定要有中国的特点。清理传统文化的复杂内容，区别其中的精华和糟粕，肃清一切陈腐庸俗思想的流毒，充分认识在历史上起过积极作用的文化遗产，并加以改造提高，这是我们今天的一项重要任务。

1982 年 9 月 8 日

（选自《中国文化研究集刊》第一辑，丁守和、方行主编，复旦大学出版社 1984 年版）

注释

①出自《斯大林全集》第 2 卷，人民出版社 1953 年版，第 294 页。

②《周易大传》：简称《易传》，乃《易经》最古的注解，传统上认为是孔子所做。

③《彖传》：为《易传》中的一部分，是解释六十四卦卦辞的。

④《说卦》：为《易传》中的一篇，以八卦取象之法对六十四卦进行解释。

⑤《象传》：分为《大象传》和《小象传》。《大象传》解释卦辞，主要从卦象来阐释社会伦理道德意义。《小象传》解释爻辞，说明爻象或爻辞的意义。

⑥出自《论语・公冶长篇》。

⑦出自《论语・子路》。孔子认为，具备了刚强、坚毅、质朴、慎言四种品德，便接近仁德了。

⑧出自《孟子・滕文公下》。

⑨出自《论语・阳货》。

⑩《论语・述而》："默而识之，学而不厌，诲人不倦，何有于我哉？"

⑪《论语・述而》："叶公问孔子于子路，子路不对。子曰：'女奚不曰，其为人也，发愤忘食，乐以忘忧，不知老之将至云尔。'"

⑫出自《周易外传・无妄》。

⑬出自《周易内传・大壮》。

⑭醯（xī）：指醋。醢（hǎi）：指鱼肉做成的酱。

⑮燀（chǎn）：烧。

⑯出自《论语・子路》。

⑰出自《论语・雍也》。

⑱出自《礼记疏》。

⑲出自朱熹《中庸章句》引。

⑳郤（xì）缺：姬姓，郤氏，名缺，谥号"成"，史称郤成子，春秋中前期晋国卿大夫，圆融却又不失原则的稳

健政治家。

㉑出自《庄子·大宗师》:"古之真人,不知说生,不知恶死;其出不欣,其入不距;翛然而往,翛然而来而已矣。不忘其所始,不求其所终;受而喜之,忘而复之。是之谓不以心捐道,不以人助天,是之谓真人。"

㉒出自《庄子·秋水》。"无以人灭天,无以故灭命,无以得殉名"三句,提出了主体的行为准则,可以看作《秋水》一篇的核心宗旨所在。

㉓出自《荀子·天论》。

㉔《文言》:又名《文言传》,周易《十翼》中的一篇,专门对乾坤两卦义理所作解释的作品。

㉕出自清王夫之撰《续春秋左氏传博议》。

㉖出自《论语·宪问》:"管仲相桓公霸诸侯,一匡天下,民到于今受其赐。微管仲,吾其被发左衽矣。岂若匹夫匹妇之为谅也,自经于沟渎而莫之知也。"

作者简介

张岱年(1909—2004),字季同,别号宇同,河北献县人,著名的哲学家、哲学史家,国学大师,北京大学哲学系教授。张岱年先生1933年任清华大学助教,1936年写成名著《中国哲学大纲》。1952年调任北京大学哲学系教授。1978年起张岱年先生担任中国哲学教研室主任。1979年中国哲学史学会成立,张岱年先生被推为会长。他长期从事中国哲学史研究,有极高的造诣和广泛的建树。张岱年先生是一位诲人不倦的导师,桃李满天下。他的学术研究主要分三个方面:一是中国哲学史的阐释;二是哲学问题的探索;三是文化问题的研讨。张岱年先生始终对文化问题感兴趣,1984年后,他就文化的内涵、文化的民族性和普遍性、中国传统文化、中西文化比较和建设新文化等作了积极的探索,取得了丰硕的成果。

导读

源远流长的中华传统文化是祖先留给我们的宝贵精神财富。纵观人类文明发展,各种文化历史上异彩纷呈,各领风骚,但没有哪一个文明古国的文化像我们中华文化一样,绵延不绝,一脉相承,未曾中断。博大精深的传统文化铸就了我们中华民族的根和魂,是每一个华夏儿女的心灵故乡,积淀着优秀价值理念,蕴含着深层精神追求。张岱年先生以文化问题为逻辑起点,结合中国社会的发展和时代的变迁,深入探讨影响中国人精神层面的价值构成,着力发掘中华传统文化精神内涵,为中华民族精神建构作出了历史性的贡献。

建构民族精神,既是一种文化自觉,也是一种文化自信。张岱年先生指出,文化的基本精神就是文化发展过程中的精微的内在动力,也即是指导民族文化不断前进的基本思想,他以深厚的人文情怀,研究传统民族精神与时代精神融合会通,相互作用,自觉建构中国精神,提升文化意涵。张岱年先生从四个方面加以论证,认为刚健有为、贵中尚和、崇德利用、天人协调是中国传统文化的基本精神之所在。他首先梳理"刚健有为"精神传承发展的脉络,以丰富的材料作支撑,列举了各个时期思想家代表性的观点,肯定其推动中国文化向前发展的积极作用。其次,提出和同之辨,概括了贵中尚和的理念，并辩证分析中庸思想的正负作用，肯定其“保证了民族文化发展的稳定性，反对过度的破坏活动，使文化发展不致中断”正能量，同时也不讳言其对于根本性的变革的阻碍作用。再次，谈到了“崇德利用”，既注重精神又重物质的观念后世虽没有进一步发展，但确实是不容忽视的重要存在；最后一个方面，谈到了如何对待人和自然关系的问题，谈了三种不同的态度，理想状态是顺应自然，天人协调，文化的基本精神是指导推动文化不断前行发展的基本思想，是与生产方式相匹配适应的。文章结尾处还谈到了爱国主义精神、对待外来文化态度、文化的除旧布新问题，彰显出张岱年先生高屋建瓴的格局和深厚的文化自信。

张岱年先生向我们揭示了这样的道理，中华民族屹立于世界民族之林，绵延发展了几千年，必然有其足以自立的思想根基，历经磨难而不倒，饱经风霜而不衰，这个根本原因就是我们文化发展的内在动力，即中国文化的基本精神。文章洋洋洒洒，娓娓道来，引经据典，条分缕析，材料翔实，字里行间展示着深厚的文化自豪和客观冷静的理性风范。

感悟讨论

1.“天行健，君子以自强不息”对古代知识分子的人格养成影响巨大，“刚健有为”的思想激励着世世代代的读书人，你心目中的典范有谁？试作一分析，与大家分享。

2. 文章引用了大量的典籍，作为观点的支撑材料，整理本文引用的书目，用一句话分别介绍这些典籍。

3. 谈谈学习这篇文章如何引发你对传统文化的思考。

链接

《中国文化概论》，张岱年、方克立主编，北京师范大学出版社 2016 年版。

《论语》是儒家文化的根基,"算盘"指经商之道。作为日本现代企业之父涩泽荣一致力于将儒家思想运用到经商实践,主张伦理道德与商业经营统一,儒商精神影响深远。

第十六节

论语与算盘(节选)

◎[日]涩泽荣一

《论语》里的经商之道

即使在今天,当我们谈论到道德时,记录孔子及其弟子言行的《论语》仍然起着至关重要的参照作用。对于这一点,相信读过的人应该是深有体会。

论语与算盘,乍一看,两者似乎风马牛不相及,八竿子都打不出什么关系来。可是,在我看来,算盘因有了《论语》而打得更好;而《论语》加上算盘才能让读者悟出真正的致富之道,它们二者息息相通,缺一不可。关系可以说是,远在天边,近在咫尺。

在我 70 岁时,一位友人送给我一幅画。画的一边画着论语与算盘,另一边则画着一顶大礼帽和日本刀。有一天,学者三岛毅先生[①]来拜访我,看了这幅画,觉得很有趣,就说:"我是熟读《论语》的人,你是专攻算盘的人,既然现在这专攻算盘的人都已经开始钻研起《论语》来了,那我这熟读《论语》的人也不得不好好研究一下算盘了,我要和你一起努力,一定要让它们二者紧密地结合起来。"后来,他还专门就论语与算盘的关系,写了一篇文章,并且列举了很多事实和证据,来说明道理、事实和利益三者的一致性。

我一直都认为,人只有怀着一种强烈的不断进步的欲望,才能成功。那些只会整天空谈理想、爱慕虚荣的人是很难有什么作为的。所以,我希望政界和军界能少一些争权夺利和飞扬跋扈,而实业界能再多努力一点,多为我们的国家创造财富,只有民富了,国家才能富。

可是,如何才能有效地增加财富并让财富永存呢?唯一的方法就是立足于仁义道德,用正当的手段去致富,这样的财富才能长久。因此,当务之急就是要缩短论语与算盘的差距,让二者更紧密地结合在一起。

士魂商才

从前,在日本平安前期有个文人兼政治家——菅原道真[②],他非常提倡把日本固有的民族精神和中国学问相结合的"和魂汉才",我觉得很有意思,也非常赞同。为此,还提出了自己的"士魂商才"。

所谓的和魂汉才就是要以日本所特有的日本魂作为根基，认真学习在政治和文化上都领先自己的中国，以培养自己的人才。

中国是一个历史悠久的国家，文化发展比较早，又有像孔子、孟子这样的伟大圣人作为先驱，因而中国的文化、学术和书籍浩瀚无边。其中又以记载孔子及其弟子言行的《论语》为中心。另外，据说就连记述禹、汤、文、武、周公事迹的《尚书》《诗经》《周礼》《仪礼》等都是由孔子编撰而成的，所以一提到汉学，首先就想到了孔子。据说记载孔子及其弟子言行的《论语》，是菅原道真公最喜欢读的书。相传在应仁天皇时代，菅原道真公还把百济学者王仁进献给朝廷的《论语》和《千字文》亲自抄录了一遍，献给了伊势神庙，这就是现存的菅原版的《论语》。

士魂商才也正是这个意思，如果想在这个社会上找到自己的一席之地，受世人敬仰和爱戴，那在为人处世上就一定要有士魂，但如果仅有士魂而无商才的话，也不能在经济上立于不败之地，所以士魂与商才在人之修为上缺一不可。那又该如何培养士魂呢？书本当然是一处可以汲取这门知识的好地方。不过我认为，所有书籍，只有《论语》才是最能培养士魂底蕴的根本。

至于商才，《论语》同样也是学习的不二选择。

乍一看，一本关于说道德的书跟商才应该没有什么具体关系，可是，我们不能忘了，商才是以道德为本的。没有道德的商才，即不道德、浮夸、谎话连篇、欺上瞒下等投机取巧的小聪明，绝对称不上是商才。因此商才离不开道德，因而就只能靠论述道德的《论语》来提高自身修养了。同时，社会上鱼龙混杂，如何才能更好地在这世事多艰的环境下生存也成了重中之重，如果你熟读《论语》，相信它一定会带给你很大的惊喜。因此，我一生都尊崇圣人孔子的教导，把《论语》当成一生的必修课。

日本也有很多值得推崇的贤人俊杰，其中最善于作战而且又精通处世之道的要数德川家康将军③。正因为他对处世之道的精通，所以才有那么多的英雄豪杰甘愿为他所驱使，一起开创了 15 代的霸业，让德川家族手握重权、屹立近三百年不到，实在是伟大。

深谙处世之道的德川家康将军也为我们后人留下了一笔关于更好为人处世的宝贵财富，其中《神君遗训》就是他典型的代表作，充分展示了他的处世之道。我曾经把《神君遗训》和《论语》作过比较，我发现它们二者竟然有着许多惊人的相似之处。例如《神君遗训》中的“人的一生犹如负重担而行远道”，不正是出自于《论语》中曾子所说的“士不可以不弘毅，任重而道远。仁以为己任，不亦重乎？死而后已，不亦远乎？”还有“责己不责人”则是出自于“己欲立而立人，己欲达而达人”；“不及胜于过”与孔子所教导的“过犹不及”是一样的；“忍耐是安全长久之基，怒为大敌”，即为“克己复礼”；另外，“人贵有自知之明，如草叶上的露水，重则落”，是告诫人要安分守己的意思；还有“常思及不自由，就能知足心中有非分之望时，宜回想一下穷困之时”或“知胜不知负，害必至于身”等等，这样类似的说法都能在《论语》中找到出处。

由此可见，德川家康家族之所以能开创如此宏伟的霸业，很大一部分都要归功于《论语》。

日本的大多数国民都认为汉学的教义就是肯定禅让讨伐,这与日本的国体相违背,其实这是一种只知其一不知其二的说法。我们看看孔子所说的"谓韶,尽美矣,又尽善也;谓武,尽美矣,未尽善也"就能明白。韶乐讲述的是尧让位于舜的事,而尧让位的动机是因为他欣赏舜的品德,因而歌颂这件事的音乐也是尽善尽美;武乐歌唱的是武王伐纣的事,虽然武王贤德,可毕竟是他挑起的战争,所以歌颂他的音乐未能达到尽善尽美的效果。仅从这一个观点,我们就能判断孔子是没有完全肯定讨伐的。

我们在评价一个人时,不应该单单只看他所说的话和所做的事,还要考虑到他所处的时代,很多时候都是身不由己的。孔子因为他正好生活在西周,所以就算他对西周有诸多不满,也不能批评得太过露骨,只能婉转地用"尽美未尽善"这样的语言来表达自己的观点。可惜的是孔子没有见过我们日本万世一系的国体,也不了解我们这样的国体,如果他生在日本,或是游历过日本,了解到了我们的国体,指不定会怎么赞叹呢!

因而大家在谈论孔子的学问之前,最好一定要先研究一下他的精神。如果眼光不够犀利,是体味不出孔子学问的真谛的。

因此,我认为,人生在世,如果想深谙处世之道,必定先要熟读《论语》。随着世界的进步,从欧美也传来了许多新的学说,当中不乏具有真知灼见的好东西,但我看来,它们仍与一些古老的学说有着异曲同工之处,只是措辞更新颖一些罢了。所以,新的东西我们要尝试着接受,对于古老的东方文化,我们也绝不能舍弃。

天命不可违

孔子说:"获罪于天,无所祷也。"该句中提到的天指的是什么呢?我个人认为,孔子的"天"是指天命的意思。

人生在世,无论是工作还是生活,都是与生俱来的天命所归。草木有草木的天命,鸟兽有鸟兽的天命,人也有人的天命。就像同样的人,有人卖酒,有人却卖饼。这种天命是上苍安排给我们的,无论你是贤是庸,是奸是忠,都不得不服从天命的安排。就像是尧,他不能让自己的儿子丹朱继承帝位,舜也不能让太子商均继位一样,这些都是上天的安排,是人力所不能改变的。又像草木始终都是草木,想要变成鸟兽是不可能的;同样的道理,鸟兽也是不能变成草木的。天命所归,万物只能顺从天命的安排。

所以,孔子所说的"获罪于天"的意思也就不言而喻了。就是指人如果不合常理地做出一些违背大自然的事,必然会招致恶果。是想逃都逃不掉的,这就是"无所祷也"的意思。

分别出自于《论语·阳货》和《孟子·万章上》中的:"天何言哉?四时行焉,百物生焉,天何言哉?""天不言,以行与事示之而已矣。"就是说,人如果不合常理地做出违背大自然的事,得罪了上天,就算天且不言语惩罚,可是随着周围环境或人事的改变,也一定会让人感到痛苦,这就是所谓的"天谴"。人类就算想尽一切方法要逃避天谴,最终也只会是徒劳。正如世间万事万物随着四季交替而变化,而生长,不违背各自规律一样,人类也不能擅自违背,这就是天命不可违。

孔子在《中庸》的开头所说的"天命之谓性"也是这个道理。因果报应循环往复也是天命。人只有顺应天命，遵循自然规律，不做问心有愧的事，就会像孔子所说的“天生德于予，桓魋其如予何”(《论语·述而》)那样，充满信心，得到安身立命的真正本领。

怎样识人

佐藤一斋先生④认为，如果根据初次见面的第一印象来判断一个人，是最好的，也是最正确的识人方法。他所著的《言志四录》里有这样一句话：“初见时的观察，多半无误。”一斋先生说得很有道理，大家都要相信自己的第一感觉，和一个人接触得越多，你对他的判断也就会顾虑太多，从而出错概率同样也就多。因为初次见面时，没有掺杂任何的感情因素在其中，就算对方有伪装的痕迹，你也一眼就能识别出来。可随着见面次数的增加，则很容易受到他人情感因素的干扰，从而容易做出错误的判断。

孟子的观人方法则是根据一个人的眼睛，正如他在《孟子·离娄上》说的：“存乎人者，莫良于眸子。眸子不能掩其恶。胸中正，则眸子瞭焉；胸中不正，则眸子眊⑤焉。”孟子认为，一个人要是心地不纯，他的眼睛就会飘忽不定；而一个心地纯正的人，他的眼睛就会清澈透明。这种判断人的方法也是相当准确的。只要细心地观察一个人的眼睛，就能大体上知道他是正是邪，是善是恶。

《论语·为政》上说：“子曰：‘视其所以，观其所由，察其所安。人焉廋⑥哉？’”看来，孔子的识人方法也用到了佐藤一斋先生的这种第一印象观人法和孟子的看人眼睛观察法，这两种应用都是很有效的，都能基本上识别一个人。可是，如果想要更加深入地了解一个人，单凭这两点就不够了。必须遵从孔子的遗训，充分地运用上面所说的三种方法：视、观、察，使它们相结合，从而得出最正确的判断。

视和观在日语中都是看的意思，只是前者是指单纯的用肉眼去看外表，而后者除了看外表之外，还必须用心去看，去体会。也就是说，孔子在《论语》中所说的观察人物的方法，首先是根据一个人的外表去判断他的善恶忠奸，然后再更进一步地了解他的动机，满足于什么样的生活，只有这样，一个完整的人才能真实地呈现在我们面前。

如果一个人从表面上看起来正直不阿，可是为人处世动机不纯，那他也绝对称不上是一个正直的人。还有一种人，平日碌碌无为，没做过什么惊天动地的坏事，心地和动机也都很纯正，安于眼前的生活，但他有时也会禁不住诱惑，做出一些出人意料的危害人的事。所以，行为、动机以及满足度这三者相辅相成，三者都能做到完美才能称得上是一个正直的人。

《论语》是适合所有人的经典

自从我在明治六年(1873 年)辞去官职，开始从事梦寐以求的实业以来，就和《论语》结下了不解之缘。初成商人的我除了有欣喜之外，更多的是迷惑与不安。因为商人素来都是以锱铢必较而闻名的，那我最终也会不会成为一个唯利是图的人呢？我如何才能在这浑水里，始终保持清醒的头脑，一展自己远大的抱负呢？对于这个问题。我很庆幸自己之前就读过《论语》。在我看来，它不仅是一本能教导人修身养性的好书，而且能在它的教诲下更好地经商，大展宏图。

那时，有一位后来官至大审院院长的姓玉乃的人，他在书法和文章方面的造诣都很高，而且为人严谨认真。在所有的官员里边，数我和他最投机也最亲近，大家都叫我们循吏（认真、守法、热心为百姓的好官）。我们两人几乎同时晋升到副部长一级，并且为了日后能成为国务大臣而一同努力着。

所以，对于我突然辞官而从商这一举动，他是最痛惜也是最不能接受的人，因而屡屡劝阻我。那时我正担任井上先生的次官，他因为在官制问题上和内阁意见不同，所以愤然退出了政界，而我也追随他离职了。我与井上先生的意见一致，可是，我离职的原因却不是因为与内阁的意见不合，而是另有想法。

当时的日本，无论是政治，还是教育，都有要完善的地方。可我认为当务之急却是商业。日本的商业处于一个最低谷的时期，商业不振，就无法为国家创造财富。因此，在改善其他方面的同时，也必须要大力振兴商业。当时日本的固有观念就是“经商无需学问”，还流传着什么“有了学问，反而有害”、“富不过三代”和“第三代是危险的一代”等无稽之谈。我对此不屑一顾，下定决心一定靠真正的知识来经商赚钱。

我这突如其来的举动也确实让我周围的朋友们难以理解。在他们看来，我前程一片光明，在不久的将来就能官至次长[7]，而后就是国务大臣。他们都认为我是被金钱冲昏了头脑，放着好好的为民请命的事不做，转而投身一个满是铜臭味的大染缸中。对于他们的想法，我一方面报以理解，另一方面也大大地反驳了他们的观点。我对玉乃还有其他一些朋友们说起了《论语》，说起了赵普[8]对《论语》的看法，有了“半部《论语》治天下，半部《论语》助自己修身养性”和“金钱不是罪，没有金钱，国家怎么能富强？人民怎么能安居乐业?”和“人生在世，并不是只有做官才是唯一的出路”等等这样的有利证词，连玉乃最终都被我说服了。

从此，我更加努力地钻研起《论语》了，无论多忙，我都不会错过中村敬宇[9]和信夫恕轩[10]先生所讲关于《论语》的课。最近，我还常去请教大学里专为孩子们讲解《论语》的宇野老师，只要是他的课，我必到，并且提出自己的疑问和见解，从中学到了很多。他的教学方法就是逐章讲解，让大家共同思考，等到大家都真正明白之后再往下讲。虽然进度很慢，可大家却真正学到了东西，所以他的课很受大家欢迎。

到目前为止，我已经听过五个人的《论语》讲解了。因为我不是专业研究《论语》的学者，所以在之前的研究过程当中难免会碰到一些深刻以至于不能理解的地方。例如，《论语·泰伯》中有这样一句话：“邦有道，贫且贱焉，耻也；邦无道，富且贵焉，耻也。”直到今天，我才真正理解它的含义。

由于这次是劲头十足地研究《论语》，所以我又从中领悟到了很多之前未曾领悟的道理。由此看来，《论语》并没有我们想象中那么高不可攀，并不是只有学富五车的学者们才可以钻研和理解的一门学问。《论语》本来是很好懂的。只是，经过我们一些学者的一番故弄玄虚之后，它被复杂化了，使得农、工、商阶级的人不敢碰它了。其实，孔子他就是一位平易近人的老师，无论是农民还是商人都可以向他请教，而且他的言论都是很实用的，通俗易懂。

把握时机，隐忍制胜

如果一个人从出生的那一刻起，尤其是在青年时代就养成了逃避竞争的性格，那么他就很难有进步的可能，从而也就不会有成功的希望了。只有竞争，社会才能进步，才会获得更好的发展。我们也只有参与到激烈的竞争中去，并且耐心地等待时机的来临，才能有一击即中和大展宏图的那一天，并且在这竞争激烈的社会中找到一席之地。

根据我的经验，遇事不能逃避，凡事都要努力争取，不轻言放弃，该出手的时候一定要出手。不过，年轻人还是少争为妙。正所谓种瓜得瓜，种豆得豆，很多事的因果都是已经注定了的，如果贸然地想要去改变这一局势，结果必然是徒劳无功。大家一定要谨记：人活于世，一定要学会认清形势，以一颗乐观的心，耐心地等待时机的到来。所以我劝慰各位年轻朋友们，遇事除了要努力争取以外，同时还应学会隐忍。

对于日本的现状，值得我们竭力争取并且加以改变的地方有很多。尤其是现在官尊民卑的现象，只要是当官的，他做什么都是对的，就算是做了再不妥当的事，大家也都是睁一只眼闭一只眼就算过去了。当然，也有一些因为非议太大，实在逃不过法律的制裁而逼不得已隐退的官员，可有此遭遇的人和那些继续为非作歹的官员相比实在是沧海一粟，少之又少。总而言之，在当今日本，为官的可以为所欲为似乎是一则不成文的规定，在一定程度上是被默许的。相信我这样说一点也不过分。

相反，平民老百姓的言行只要稍有不慎，就会受到严酷的惩罚。如果所有的违法行为都要受到惩罚，那就不应该以阶级之分而区别对待，应该就事论事，对老百姓和官员都一视同仁。然而，当今的日本却与之相背。

另外，平民老百姓就算为国家做了再大的贡献也不会得到认可；那些当官的，一点小小的成绩都能得到极大的褒奖。针对这样不合理的现状，我们大家应该要竭力去改变。虽然我主张争取改变这样的现状，但也并不意味着我们就要立刻采取什么行动，时机未到，就算是做了也只能是做一些无用功。所以，我这些话也只是发一发牢骚，可与此同时，我们都不能忘了，一旦时机来临，就是我们拿出行动改变这一切的时候。

立心公正，量才适用

量才适用，一件说起来容易做起来难的事。有很多人，为了扩展自己的权势，稳固自己的基础，成就自己的霸业，对人才也是“量才适用”，只不过这样却很容易变成以权谋私。这样的做法，无论是在政界还是在商界，都不足为怪。可是，这绝不是我想要学习的。

纵观古今，只怕很难找到像德川家康将军那样能量才适用和以权谋私并存，并发挥到极致，让自己的权势和威望都达到极点的人。日本历史上除了他很难找到第二人。

为了加强江户地区的戒备，他在此安排了自己的嫡亲弟弟；为了控制箱根的关隘，他又把大久保相模守安排到小田原[11]，同时把三家的嫡系亲属分配到全国的要塞地区，如用水户家控制东国的门户、用尾州家据守东海要冲、用纪州家做好几内的后方警备，还把井伊扫部头安置在彦根[12]，镇守平安王城。他的这一做法，实在高明至极。因为这样一来，几乎整个日本的重要地方都有了他的心腹在把守，让别的诸侯没有动弹的余地，因而德川近三百年的霸业也得以成就。

我不想评价他的这一做法是否合乎日本的国体，单纯地只看他运用人才这一手段，他的成就的确没人可以相比，称得上前无古人，后无来者。

我曾经很用心地学习过他用人的智慧，在人才和位置上做过一些适当的调整。当然，我从来没有在目的上效仿过他，而且我对身边的人也都是真心实意的，我唯一的愿望就是把合适的人才安排到最合适的岗位上。如果最终真能如我所愿，人尽其才，他们也都各有所得，这对于国家而言也是一件好事，也成全了我报效国家的这一夙愿。这也是我从商路上一直坚持的处世原则。

如果利用权术而将他人玩弄于股掌之中，这是对人的一种侮辱，我绝不会做这样的事。每个人都有自己的自由，如果觉得我这里不能施展你的才华，那你大可以离开，去寻找一个适合自己的地方，我绝对不会限制你。

海阔凭鱼跃，天高任鸟飞。无论在哪里，我都希望能物尽其用，人尽其才，希望有才能的人在合适的岗位上发挥出自己最大的光芒。虽然因为我的一技之长，有人愿意屈就于此，我也绝不会因此而轻视他。人生来平等，而且是有礼有节的平等，做人就应该要懂得投桃报李。总而言之，人与人之间是一种相互扶持、相互依存的关系，戒骄戒躁、互相协作，这才是我的做人原则。

是否该与人争

有人认为，在社会中，无论什么情况下都不应该有斗争。更有甚者认为：要是有人打了你的右脸，你应该把你的左脸再伸上去让他打。对于这一问题，可以不论谁对谁错，大家可以仁者见仁，智者见智地各抒己见。

我个人的观点是，斗争不应该完全被禁止，在某些情况下，斗争还是非常有必要的。在社会上，有些人说我太圆滑了。其实这只是一种误解，我只是不喜欢做无谓的斗争，也从来没有把绝对避免斗争作为我的处世原则。

《孟子·告子下》中说："无敌国外患者，国恒亡。"正像孟子所说的这样，大到一个国家，如果它想要全方面地健康发展，那就必须在工业、商业、文化、技术以及外交等各个领域始终坚持与外国竞争的必胜信念。注意！我强调的是竞争，而不是剑拔弩张的斗争。小到个人，如果没有足够的竞争意识，那是很难取得成就的，就算是侥幸取得了成就，持续的时间也不会太长，中国人常说的"居安思危"就是这个意思。

一般教导晚辈的前辈分为两种：一种是温和型的，无论什么时候，他们从来不会对晚辈恶语相向，更谈不上责备和过分要求，他们始终都如春风般地对晚辈谆谆教诲着。事无巨细，一切都以庇护晚辈为前提。这样的前辈自然会受到晚辈的喜爱，而且还能得到晚辈如对待慈母般的敬仰。可是这样的教育方式到底是好是坏，还有待我们进一步讨论。

另一种人，正好与之相反，是属于野蛮型的，这一种前辈似乎视晚辈为上辈子的宿敌，稍有一点失误，他们就会大发雷霆，严词教训，一点情面都不留。这样的前辈往往都没能在晚辈心里留下个好名声，总是会受到他们的怨恨。可是，这样的教育方式又真的不能带来一丁点儿好处吗？这点也值得我们青年朋友们认真思考一下的。

晚辈们犯了错，做前辈的极力维护也是人之常情，是可以理解的。可是如果除了一味的庇护而什么都不再说和做的话，那对晚辈就真的好吗？试想一个人，他每次犯了错，总会有个人既不责备他也不教育他，还热心地为他收拾残局，久而久之，他是不是就会养成一种不负责任、骄傲浮躁的性格呢？他总会认为自己无论犯了多大的错也没什么大不了的，一定会有人过来替自己解围的，在他看来，他已经可以为所欲为，还可以不用承担任何责任了。骄傲自满、轻浮、粗心大意和没有责任心成了他处事的态度，而这些也为他日后的工作和生活的失败埋下祸根，最终使他遇到一点小小的打击就会被彻底击垮。

如果换作遇到是第二种前辈，作为其下属的晚辈应该是在任何时刻都不敢有所怠慢的。他们会谨言慎行，时刻谨记做事要小心仔细，尽可能地不让作为上司的前辈找自己的茬。而且，更有一些前辈除了会挑晚辈的错之外，有时甚至连晚辈的父母也会牵连其中，什么“上梁不正下梁歪”这样恶毒的话也随时会蹦出来。面对这样的前辈，晚辈一定会想到如果自己犯了错，不单会让自己难堪，而且甚至也会让父母颜面扫地。所以，发奋进取就成了他们唯一可以做的事。

大丈夫的试金石

逆境究竟是指什么呢？容我举个例子说明一下，相信大家就会明白了。通常情况下，我们的国家都是国泰民安、一片祥和宁静的。就好比平静的水面也会起波纹，静止不动的天空会起风一样，即使在和平年代，也会有时发生革命或动乱。与社会的祥和宁静相比，这样的动乱就是逆境。

如果把生在或处在那样一个动乱时代的人称之为不幸者的话，那我也是这千千万万不幸者中的一分子，因为我出生在明治维新这样一个动乱年代。时至今日，经历了太多变化，也算得上是从逆境中走过来的人。回首往昔，身处于那样一个动乱时代，无论你是贤是庸，是忠是奸，你的境遇也许会在朝夕之间发生翻天覆地的改变，可能一觉醒来，你就已经从一个高官沦为了阶下囚，也有可能由一个无名小卒突然变成一个声名显赫的大人物。总之，在那样一个时代，一切皆有可能，没人看得清在你前方的路到底是逆是顺。

当初，我为了支持尊王讨幕、攘夷封港而东奔西走，可后来却成了一桥家的家臣，幕府的臣子，后来还跟着民部公子一起去了法国。等到回国的时候，幕府已经垮台，国家变成了王政。面对变化之时，我心有余而力不足，可是既然我已经尽力了，那也就没有什么遗憾了。

处在一个社会变迁,政体革新的时代,就算我再努力,也还是有些难以适应,是真的身处在逆境中了。对于过去在逆境中发生的那些人和事,我至今想起来仍历历在目,而且我相信与我有同样感受的人不在少数。不过,这毕竟是社会巨变的大风浪,人一生碰到的次数也不多。可是,那些我们不能预测的小风浪就数不胜数了,被这些小风浪卷进去的危险也无处不在。因此,当你身陷这些小逆境之时,就应该要好好想想它到底是人为的,还是自然的了,经过认真分析,从而寻找到好的对策。

我认为,自然的逆境是大丈夫的试金石。那么,身处自然逆境之时,我们应该如何应对呢?我不是神,所以关于这点,我没有什么秘诀可以传授给大家。而且我想,这社会上也没有人会有这样的秘诀。依我的经验,我唯一能告诉大家的就是:身处自然逆境,要知足守本分,做好自己能做的事,以不变应万变。任何的手段和方法都不能阻止这一切的发生,因为这是天命。如果硬要把这宗罪强加到人为力量的头上,结果只会被这自然逆境所打倒,直至最后束手无策。所以,大家最好一边先安于天命,静静等待即将要降临的命运,另一边则锲而不舍努力上进。

相反,如果陷入的是人为的逆境时,我们又应该如何应对呢?大多数人认为逆境都是由于自身的原因造成的,所以,反省并加以改正是最好的办法。如果你想要幸福,那就要努力去追求,如果你什么都不做而坐等幸福降临,结果只会是自寻烦恼,陷入自己给自己制造的逆境中不能自拔。

做事要量力而行

时至今日,我一直都以忠恕的思想来作为我的处世方针。古往今来,宗教家、道德家中硕学鸿儒辈出,他们传道立法的中心都围绕着修身养性。这是一门深不可测的学问,简单点说来就是像我们拿筷子这样一件小事也包含着大学问在其中,因此我们一定要十分注意。

孔子有段话是这样说的:入公门,鞠躬如也,如不容。立不中门,行不履阈[13]。过位,色勃如也,足躩[14]如也,其言似不足者。摄齐[15]升堂,鞠躬如也,屏气似不息者。出,降一等,逞颜色,怡怡如也。没阶,趋进,翼如也。复其位,踧踖[16]如也。(出自《论语·乡党》)此外,还有一段关于食物方面给我们的教导,他是这样说的:"食不厌精,脍不厌细。食饐而餲[17],鱼馁而肉败,不食。色恶,不食。臭恶,不食。失饪,不食。不时,不食。割不正,不食。不得其酱,不食。"(语出自《论语·乡党》)这都是一些看似浅显、微不足道的小事,其实它其中却蕴含着许多道德和伦理。

如果能够做到注意自己的一言一行,接下来就应该要全面地认识自己了。社会上,总有一些人也不称称自己到底几斤几两,总以为自己什么都行,遇事不计后果,只知一味地贸然前进,把自己的本分抛诸脑后,最后招致意想不到的恶果。正所谓"有多大的头就戴多大的帽子",连螃蟹都知道自己挖的洞应该要和自己的壳一般大,更何况是我们人呢!所以我一直把这句话当作我的座右铭,恪守自己的本分。

大约10年前,曾经有人劝说过我出任财政大臣和日本银行的总裁,都被我一一谢绝了。因为我清楚地认识到，既然我已经投身于实业界了，我就不应该再这山望着那山高了。

孔子说过："止，吾止也……进，吾往也。"所以实际上，人的出入进退是非常重要的。如果只是一味地安于本分，不思进取，就什么都干不成了。自古就有"业不成至死不还""大功不计小过""君子一言，驷马难追"等等的说法教导我们，一定要为自己的行为负责。当然，这一过程仍然要守好自己的本分。孔子说："从心所欲不逾矩。"（《论语·为政》）我认为，他也是说人要在安于本分的前提下不断进取。

其次，最值得青年们注意的就是自己的情绪，不仅是年轻人，所有人在处世的时候都难免会发生错误，大都是因为没能控制好自己的情绪所致。

孔子说："《关雎》，乐而不淫，哀而不伤。"（《论语·八佾》）这就是在强调好好调节喜、怒、哀、乐的重要性。我们饮酒也好，娱乐也罢，应该要以不淫不伤为限度。总的说来，我的原则就是诚心诚意，胸怀坦荡，严格自律，除此之外，再无其他。

面对得意与失意

灾祸往往都发生在人最得意的时候。因为这个时候，人最容易得意忘形，灾祸因此也就有了可乘之机。所以，我们一定要牢记，得意的时候，切莫让一时的胜利冲昏了头脑，应该要戒骄戒躁，谦逊地对待身边的人和事；失意的时候，不要气馁，乐观勇敢地面对一切不顺心的事。总之一句话："得意之时要淡然，失意之时要泰然。"

不管是谁，面对大事，都会考虑周全，以最周密的计划来对待。可在对待小事上却是不以为然，马马虎虎地草草应付了事，这不是个别人的行为，而是一种社会常态。当然，也不用把过多精力都投入到小事上，更何况有些大事也能在无需过分担心的情况下圆满解决。只是我们在面对所谓的大事、小事时，我们都不能只看表面就轻易地作出判断。因为小事是完全有可能演变成大事，而大事也能化成小事的。总而言之，事无大小，凡事应三思而后行。

处理一件大事时，我们考虑的方面无非就是：

一、这件事我应该怎么处理？

二、这件事分别对我和他人有什么好处？

三、这件事会不会危害他人或国家？

然而，论考虑这三者孰重孰轻、孰主孰次时，那就因人而异了。有人把自己的得失放在其次，他就会把寻求最妥当的解决方法和不危害他人利益放在首位；有的人把自己的得失，也就是个人利益放在首位，那他就会把他人的利益得失放在次位，也许就会做出一些伤害他人的事来获得成功；更有甚者，如果完全以自我为中心，那就会连国家利益都置之不顾了。总之，人各有志，各人有各人的想法，我们不能一概而论。如果问我会怎么处理，我会这样回答，首先我会考虑这件事情应该怎么做才算合乎常理。其次，如果合着常理做了能否给国家带来什么利益。最后再考虑这么做对自己有什么影响。即使这件事让我无利可图，可是只要它合乎常理，对国家有利，我也会义无反顾地去做。

所以，我认为考虑事情时，应先探其得失，是否合乎常理，三思而后行，这才是最佳方法。不过考虑的时候，一定要心思缜密，切不可蜻蜓点水、鲁莽行事，等到半途发现问题时，又突然放弃。因为有些事即使表面上看起来合乎常理，也有可能存在不合理的地方，而不合理的事情最后也可能会对社会有益。如果不经过仔细的思考，很多方面是考虑不到的，仓促地就得出结论是最不可取的。万一处理不当，可能先前的一切心血都会付诸东流。

对于小事，不经过深思熟虑，马马虎虎就做出决定，这个习惯也非常不好。小事是很难引起人们注意的，可一些小事往往是大事的开端，一件被你轻视的小事，没准日后就会演变成一件惊天动地的大事。事无巨细，从小事做起，逐渐向好事发展，最终收获一个人或一家人的幸福，这都是有可能的，这是积小成大的好处。

可是，一些平日生活中小的不好的习惯，如果你不注意的话，随着时间的累积，最后可能会演变成你成功路上的一块大的绊脚石，甚至会让一个善良的人变成一个坏人。如果是政治家，就会导致政治腐败；如果是实业家，就会导致业绩不佳；如果是教育家，就会误人子弟。这也是积小成大，可是最后变成的却是坏事。所以，没有绝对的小事，也没有绝对的大事。社会上动辄就对大事小事加以区分，这实在不是君子所为。事无大小，应该以相同的态度和原则来处理和对待。

最后，我再强调一遍，切忌得意忘形。古语有言："成名常在穷苦之日，败事多在得意之时。"我觉得这句话说得很有道理。因为当人身处困境之时，他处理任何事时，都会把它当成首要任务来处理，所以成功往往都在这样的情形下获得，而成功者身上也就多了一种坚忍不拔、胆大心细的独特品质。

因为未能对一些忽略了的小事做出及时的处理，得意过后，取而代之的将会是失意，继而是失败。这和积小成大也是一个道理。总之，人在任何时候都不要得意忘形，事情不分大小，用相同的态度去对待和处理。遇事要做到像水户黄门光国公墙上写的对联那样："小事皆通达，临大而不惊"。

（节选自《论语与算盘》，[日]涩泽荣一著，余贝译，九州出版社2012年版）

注释

①三岛毅（1830—1919）：号中洲，日本汉学家，东京大学教授，创办汉学塾二松学舍。

②菅原道真（845—903）：日本平安时代学者、汉诗人、政治家。长于汉诗，被日本人尊为学问之神。著有《类聚国史》《菅原之草》《新撰万叶集》等。

③德川家康（1543—1616）：日本历史上杰出的政治家和军事家。日本战国时代、安土桃山时代三河国大名，与织田信长、丰臣秀吉并称战国三杰，一生致力于结束乱世、重塑封建秩序。

④佐藤一斋（1772—1859）：日本儒学者。因给经书加标点而博得"一斋点"美名，主讲朱子学，并接受阳明学影响。著有《言志四录》。

⑤眊（mào）：眼睛看不清楚。

⑥廋(sōu):隐藏,藏匿。

⑦次长:日本中央政府副部长。

⑧赵普(922—992):字则平,死谥忠献,幽州蓟县(今天津市蓟州区)人,后迁居洛阳,北宋开国功臣,宰相。赵普读书少,喜欢《论语》,后来有了"半部《论语》治天下"之说,对后世影响很大,成为儒学治国的名言。

⑨中村正直(1832—1891):号敬宇,日本启蒙思想家。自幼学习汉学、兰学、英文,精通儒家经典。

⑩信夫粲(1835—1910):号恕轩,日本幕末至明治时期的汉学家。著有《恕轩文钞》《恕轩诗抄》等。

⑪大久保忠邻(1553—1628):日本战国时代和江户时代初期的武将,德川家康的近侍、家臣,相模国小田原藩初代藩主。相模守:相模国地方官。相模国是古代日本令制国,又称律令国,即在律令制下所设置的地方行政区划。小田原:今神奈川县西部城市,战国时代已是繁荣城市。

⑫井伊直政(1561—1602):战国中后期到江户初期之武将、大名,德川家康家臣,近江彦根藩初代藩主。扫部头:日本古代官职,负责宫中清扫。彦根:日本本州中部城市,今隶属滋贺县。

⑬履阈:踩踏门槛。阈(yù):门槛。

⑭躩(jué):快步貌。

⑮摄齐:提起衣裳下摆。

⑯踧踖(cù jí):恭敬不安貌。

⑰食饐(yì)而餲(ài):粮食霉烂腐臭。饐、餲:均指食物经久腐臭。

⑱水户黄门光国:水户,今日本茨城县县厅所在地,因江户时代德川家族居住于此而繁荣起来。黄门光国:即德川光国(1628—1701):日本江户时代的大名,水户藩第二代藩主,德川家康之孙。德川光国官位为中纳言,中纳言的别称为黄门,出于避讳故称。

❀ 作者简介

涩泽荣一(1840—1931),日本企业之父,儒家资本主义的代表。生于日本埼玉县亦农亦商家庭,少年即显露出经商才能,早年曾参加尊王攘夷活动,由于精明能干,被德川庆喜重用,1867年随德川庆喜之弟访问欧洲,回国时幕府已经倒台,1868年创立日本第一家银行和贸易公司,1869年到大藏省任职,积极参与货币和税收改革,1873年因政见不合辞职,任日本第一国立银行总裁。10年后创办大阪纺织公司,确立他在日本实业界的霸主地位。此后,他的资本渗入铁路、轮船、渔业、印刷、钢铁、煤气、电气、炼油和采矿等重要经济部门,1916年退休后致力于社会福利事业,直到91岁去世。他一生业绩非凡,参与创办的企业组织超过500家,包括东京证券交易所,更重要的是,他热衷于西方经济制度的引进和企业形态的创新,率先发起和创立近代经济团体组织,他是日本现代企业制度——株式会社的创始人。在实业思想上,他把来自中国的儒家精神与效仿欧美的经济伦理合为一体,奠定了日本经营思想的基础。作为日本最成功的儒商,涩泽荣一一生崇拜孔子,他反对所谓经济活动与伦理道德不相容的观念,积极致力于把《论语》思想运用到经商实践,鼓励人们修学向上,儒商精神对日本企业,乃至日本经济都产生了深远影响。

导读

《论语与算盘》一书是日本企业之父涩泽荣一所著。这部著作共有十章,分别从"处世与信条”、“立志与学问”、“常识与习惯”、“仁义与富贵”、“理想与迷信”、“人格与修养”、“算盘与权利”、“实业与士道”、“教育与情谊”和“成败与命运”等十个方面阐述儒家经典《论语》在经商实践中的重要意义，创造性地提出了义利合一的经营理念，鼓励人们做一手握《论语》、一手握算盘的企业家。本文为这部著作的第一章，本着尽量保持原著风貌的原则，除去掉了第一章的题目“处世与信条”外，保留了本章原有的11个小标题。

《论语》是儒家的奠基之作，涵养君子品格操守的经典，代表伦理道德的“义”，而算盘则象征精打细算、锱铢必较，代表经商活动中的“利”，深受儒家文化影响的日本社会，传统的观念认为“义”和“利”是对立的，不相容的。从小熟读四书五经又在商界经营多年的涩泽荣一深刻领悟到，义利对立的观念对国家和社会有极大的害处，这种传统观念阻碍社会的进步与发展，他创造性地把义与利统一起来，提出了“义利合一”的理念，认为义利可以相向而行，二者并行不悖，以义取利，以利济世，谋求义利合一。因此，开篇即明确提出了他的观点：“论语与算盘，乍一看，两者似乎风马牛不相及，八竿子都打不出什么关系来。可是，在我看来，算盘因有了《论语》而打得更好；而《论语》加上算盘才能让读者悟出真正的致富之道，它们二者息息相通，缺一不可。关系可以说是，远在天边，近在咫尺。”他希望通过学习《论语》来提高商人的道德，使商人懂得君子爱财，取之有道的道理，同时，也要让大家明白逐利并不违背圣人古训。如何让《论语》与算盘更紧密结合在一起，缩短两者之间的距离是涩泽荣一写作本书的初衷。

作者还提出了“士魂商才”的概念。士、农、工、商是传统意义上的所谓四民，士原来指读书人，传到日本，指武士，商则指的是商人，也就是说，能在社会上立足的人同时要具备这两种人的优点，既需要有武士的操守、道德和理想，又要有商人的才干与务实精神。他认为，“如果偏于士魂而没有商才，经济上也就会招致自灭。因此，有士魂，还须有商才”，“所谓商才，本来也是要以道德为根基的。离开道德的商才，即不道德、欺瞒、浮华、轻佻的商才，所谓小聪明，决不是真正的商才”。而《论语》则是培养士魂底蕴的根本和出发点。接着，作者回顾了自身辞官投身商界的经历，得出了《论语》是适合所有人的经典的观点，他认为除了士，农、工、商阶层的人也都应该学习《论语》，并从中受益。接下来，涩泽荣一举出了德川家康开创霸业归功于《论语》的历史事实，又讲了身处逆境的精神支撑问题，还通过孔子对待细节的事例阐明小事包含着大学问的道理。最后，谈到人生如何面对得意与失意这两种境况，以辩证的态度提出“得意之时要淡然，失意之时要泰然”的观点，宠辱不惊的人生态度正契合了儒家思想的精髓。

本文大量引用《论语》和各种经典名言，使观点结论言之有理，言之有据；讲述自身经历，令人身同感受，具有极强的说服力；介绍用历史事实和身边发生的事情，使得文章生动翔实，极具吸引力；文章语言平易，娓娓而谈，具有较强的可读性。

感悟讨论

1. 你同意作者关于《论语》与算盘关系的观点吗？这篇文章引发了你对儒商怎样的

思考？

2. 收集相关资料，了解涩泽荣一，试写一篇人物小传。

3. 找出并阅读分析文中所引用的《论语》，理解其内涵。

链接

《论语与算盘》，[日]涩泽荣一著，余贝译，九州出版社 2012 年版。

一位具有强烈现代意识的总裁，以中国古代哲学家的智慧，把一个个处境困难的公司扭转成为商战中的赢家。他的目标是：跻身《财富》杂志全球最大500家公司的行列。

第十七节

中国海尔的威力

◎［美］安东尼·保罗

在中国现代经营管理的发展历程中，青岛一家电器厂1985年夏天发生的事颇具传奇色彩，其意义不亚于亨利·福特把排气阀的生产过程改为21个步骤[①]，或者盛田昭夫用10只平底锅制造出索尼公司的第一段录音带[②]。

80年代初，青岛电冰箱总厂成为濒临倒闭的企业：债台高筑，职工牢骚满腹，产品质量低下，服务恶劣。1985年8月的一天，一位满脸不高兴的顾客来到厂里，抱怨说他买的是台劣质冰箱——这在当时可不是件小事，因为每一千家中国城市住户中只有两三家拥有这种奢侈品。

当年36岁的总裁张瑞敏眼睁睁地看着这位顾客挑了几十台冰箱，挑来挑去都有毛病，最后终于选中一台拉走，说是感到满意了。但张瑞敏不满意。他到仓库里把所有冰箱重新检查了一遍。他回忆说："那里有400台左右，我找出了76台我觉得不能投放市场的冰箱。"

他把这些不合格产品挑出来放在仓库的空地上，把全厂大约600名职工召集起来，让他们都来看看这些报废的冰箱，他拿出一把大锤，下令："砸掉它们！"工人们犹豫了，但张瑞敏毫不动摇。他说："如果我们把这76台卖出去，就会继续犯错误，最终导致我们公司破产。"不一会儿，仓库的空地上留下了一堆废铁。

这一宣泄性举动的意义不仅仅在于让一些冰箱变成了垃圾，而在于它使这家工厂走上更新换代之路，创造出中国最引人注目的公司之一，这就是海尔集团。海尔的变化证明，再差的企业，也可以转变成生机盎然、欣欣向荣的公司。冰箱生产线的工人如今将那把大锤挂在墙上，以示警戒。

张瑞敏的下一个目标是跻身《财富》杂志全球企业500强之列。他还有很长的路要走。1998年，海尔集团的销售总额为23亿美元，是1985年的5000多倍，却不及《财富》全球公司排名榜第500名公司的收入的1/3。不过，海尔仍堪称中国市场这个小池塘中的一条大鱼。该公司的空调器（占36.8%）、冷柜（47.2%）、电冰箱（40%）和洗衣机（35.9%）的市场份额均高居榜首。彩电的市场份额位居第四，同时还生产其他各种小家电，如热水器和微波炉等。该公司发展迅猛：1984年以来，收入平均每年增长83%。海尔现在有50家下属企业（完全拥有18家，控股23家，9家合资企业）。集团的员工超过2万人，总资产约11亿美元。海尔产品销往87个国家，并正在印度尼西亚、菲律宾、马来西亚和伊朗建厂。海尔不仅仅是第三世界的奇迹。在美国，它声称拥有近20%的小冰箱市场。海尔空调器也已打入欧洲。

张瑞敏从死亡边缘挽救回来的这家公司是一家集体所有制企业，中国大约有2500万这种实体，它们在原则上归工人所有，但由地方政府监督指导。虽然这种往往以城市为基础的中小型企业的问题与庞大、棘手的国有企业不尽相同，但两者都受到责任不明和管理不善的危害。

虽然海尔从正式意义上讲仍然是城市集体所有制企业，张瑞敏也是受当地政府的委派，但是海尔解决了上述这些问题(海尔集团已在上海证券交易所上市，并希望在国外上市：在中国，这样的企业是为数不多的)。该公司的组织结构图上列出了一栏"党群系统"，这是中国独有的特点。公司还有负责宣传、党委和保卫的副职。市政府的影子无时不在。张瑞敏说："我们处于一种混合经济。你得有三只眼睛：一只盯着市场，一只盯着工人，还有一只盯着政策。"重要的是，海尔的成功表明，即使在重重困难之下，集体所有制企业和国有企业也是可以振兴的。

张瑞敏是家里的独子，父亲是青岛一家衬衫厂的工人。他说，他最初的爱好是中国古代文学。他现在回忆起这段经历时说，老子和孙子除了给古代战士提供丰富的精神食粮外，也给现代的经营之道带来深刻的启迪。老子对企业管理有着这样的启示："谋事在人，成事在天"③；孙子的思想也对市场战略有着重大意义，例如："声东击西"④。

张瑞敏20多岁时，"文化大革命"爆发，学校停课了好几年。这期间，他把大部分时间用于潜心阅读。

1984年，他把所学知识付诸实践的机会突然降临。随着中国实行对外开放，外国公司纷纷来跟中国工厂做生意。据海尔自己的网址承认，青岛冰箱厂当时不过是"一排破烂的厂房，里面有处架车床"，月生产能力仅84台。该厂还在亏损：1984年为17.9万美元。以生产大型家用电器著称的德国利勃海尔家用电器有限公司提出把现代电冰箱生产技术卖给该厂，青岛市同意了。该厂总经理对吸收这项技术的能力感到悲观，因此辞职而去。当时在市政府家用电器处任副职的张瑞敏接受了这项工作。

头几个月对一名经理来说无异于一场噩梦。第一个冬天，厂里没钱买煤采暖，工人们把厂房窗户的木框拆下来烧火取暖。任人唯亲现象风行，生产时断时续，质量拙劣可笑。职工们大部分时间在附近的火葬场看人家举行葬礼。

那时，经过中国的农业改革，农业合作社得以积累了大笔资金。张瑞敏从青岛郊外的农民朋友手里贷了一笔款，付给工人一部分拖欠工资。他最得人心的举措是购买了一辆大客车。工人们住得离厂较远，上下班是个沉重的负担。这对工人来说简直是奢侈的享受，它意味着更加美好的未来。让工人们惊愕的是，张瑞敏每天和他们一样乘坐厂车上下班。(老子说："以百姓心为心，善者善之，不善者亦善者，得善也。"⑤)

引进利勃海尔的技术后，张瑞敏把这家德国公司的样品摆在装配线工人一眼就能看见的地方，以便他们时刻铭记质量标准。到了1986年，海尔实现了收支平衡，并接管了青岛另外三家大型家电企业，于1991年组成青岛海尔集团。

除了一项订于2001年到期的技术协议之外，与利勃海尔公司的联系已于1994年中止。海尔已经完全发展壮大，不再需要这层关系。它无需再购买利勃海尔的设备——事实上,它自身的生产技术已经开始销往外国公司。例如,1999年,海尔集团它向西班牙出售了家电技术。但该集团的名称仍令人想起这层关系,因为"海尔"的中文发音与"利勃海尔"的音译相近。

海尔的转变是经营艺术的一个典范,哈佛大学商学院已将其引为经营实例。公司实行两大战略:扩大和经营。首先是海尔作风。占地120英亩的海尔工业园区位于青岛市郊,到此参观的人会发现,这里的装配线管理方式既有外国管理的方法,又有中国特色——有一点毛泽东时代的自我批评风尚。张瑞敏显然从日本质量管理大师今井的著作中吸收了思想精华⑥。今井的"5S运作"取自五个拉丁字母拼写的"S"开头的日文单词,大致可译为:Seiri(摒弃不必要的东西);Seiton(按照使用顺序摆放工具);Seisoh(保持工作场所洁净);Siketsu(保持自身整洁);Shitsuke(遵守车间纪律)。

海尔在此之外又加了一条"注意安全",通过"6S自查站"贯彻这套制度。每个班次交接时,出了差错的工人必须站在车间内一个所有同事都能看见的划定地点。未能改正错误的工人可能会在公司的业务通讯上受到批评或被处以罚款,如果屡教不改还可能被解雇,这一招以前在中国是闻所未闻的。有人抱怨这套制度过于苛刻,一名经理人员说:"市场不相信眼泪。"

海尔各家工厂的墙壁上到处张贴着写有"海尔精神"(敬业报国,追求卓越)和"海尔作风"(迅速反应,马上行动)的标语。帮助张瑞敏把这些管理思想注入新收购的企业的是苏芳雯领导的海尔企业文化中心。苏芳雯今年30岁左右,1988年进入海尔集团,现在差不多成了一名传奇人物。她的工作是帮助那些从前在纪律松弛、管理混乱的环境中工作的人们强化纪律和质量管理的观念。每当海尔接管一家新的公司时,友善、果断的苏芳雯及其助手总是率先到场。他们对西方的管理方法了如指掌——张瑞敏说迈克尔·波特和彼得·森杰都对他产生过影响——但是训练方法又带有明显的中国特色⑦。举个例子,五星级宾馆的激增给了苏芳雯向生产线上的工人们生动地展示根据全球市场的需要不断提高水平的一次机会。苏芳雯的办公室墙上挂着这样一幅标语:扩大市场份额,提供五星级服务。

如果这一切听起来不过像是在高喊口号,有一点颇有教益,那就是,在苏芳雯的口号中有一些非常严厉的东西。一张标语不加掩饰地告诫全厂职工:(1)一些员工缺乏质量意识。(2)一些工长作风放纵、工作马虎。(3)一些部门主管懒懒散散。(4)要加强合作,改善风气!

当然,所有这一切都是为了生产出人们愿意购买的商品。自从用大锤传授质量观念以来,张瑞敏一直把创造卓越视为他的使命。为了建立出口信誉,他获得了ISO 9001国际质量管理认证。现在,他希望海尔在工业研究领域内处于一马当先的地位。1999年12月,张瑞敏成立了海尔中央研究院,负责开发新的生产技术。1998年该公司还在洛杉矶成立设计中心,负责改造产品,以适应当地的市场条件。1999年8月,海尔的信息技术中心破土动工。

在调整海尔管理技术的同时,张瑞敏开始接管技术精良但管理不善的集体所有制企业、国有企业和私营公司,然后用海尔模式进行重组,如今已达18家,而且还在增加。他在这方面的才干声名远扬,现在,他不需要自己去寻找新的收购对象,许多公司主动送上门来。近200家公司登门与海尔洽谈，要求被接管，但大多数公司不具备条件。张瑞敏最近拒绝了江西一家电视机厂的兼并要求，因为该厂的技术陈旧，产品种类过时，科研工作落后。重庆一家冰箱厂也过不了关：设备陈旧破损，工人士气低落，大部分已离开工厂。

一个最近成功的收购范例是接管青岛第二大家电企业红星厂。红星厂也是青岛市下属的集体所有制企业，以前是海尔的主要对手之一，到90年代初陷入严重困境。除了负债累累和产品积压等通病之外，该厂的创始人因侵吞公款锒铛入狱。

应青岛市政府的要求，海尔于1995年接管该厂。当时的青岛市市长(现在是中国建设部部长)俞正声不希望这家亏损工厂倒闭而导致3000人下岗。海尔无需为红星付出任何东西，可以在它位于青岛的厂区重建装配线。尽管得到市政府的合作，但这次兼并仍是一场“赌博”。红星企业债务如山，纪律松散，海尔的经理人员为此忧心忡忡。海尔的职工很不情愿拿他们的辛苦钱去援助红星的工人。红星的经理人员则对他们的新上司充满敌对情绪。

但是苏芳雯灌输了海尔企业文化——她用墙上标语，6S制度，偶尔解雇个别工人等方法来激励工人，提高工作效率。同时，张瑞敏通过与意大利的梅洛尼家电公司组建合资企业，提高了红星厂的洗衣机生产技术。结果，在原红星厂工人的积极努力下，海尔集团占据了中国洗衣机市场1/3以上的份额。由于年度报表中增加了红星厂的收入，海尔的年销售收入和利润直线上升。因此，可以说收购红星厂是海尔公司最大的一次收购，在那以后的3年中，海尔公司还收购了在计划经济下一直停滞不前或亏损的其他大型家电企业，如武汉的武汉冰柜厂、广东省的合资企业、安徽省的黄山电子厂。

张瑞敏和他的助手们通过对生产彩电的黄山电子厂的改造，提供了海尔的工作程序和纪律如何改造国有企业的一个典型范例。1997年底，黄山电子厂欠债365万美元，而且还面临更严重的亏损。主管这家公司的合肥市政府把海尔公司的调查小组请去进行调查，调查小组得出的结论是，黄山电子厂的技术有一些问题，但主要是纪律和质量管理没有跟上。张瑞敏在同意收购后给黄山公司派去海尔的5位经理。他们发现工人队伍一片混乱。海尔公司的高级工程师余子达说：“当时迟到早退、调皮捣蛋的工人或不好好干活的工人有时候拿的钱倒比别人多，这是因为他们有门路。”余子达说，在向他们介绍海尔的装配线管理方式，尤其是在介绍6S制度时，黄山电子厂的许多工人认为这是不可能做到的。该厂2000名职工中的200人要到市政府门前示威，抗议海尔对他们过分严厉。张瑞敏果断关掉了这家工厂，给持有不同意见的工人两种选择：要么给海尔公司干活，要么回家。两天以后，这家工厂又开工了。

张瑞敏兜了一个圈子承认说，并非所有工人都能做到成功的选择，他也解雇了一些工人。但留下的工人比以前任何时候干活都更卖力。生产上去了，每月达到3万台电视机，而在海尔改革之前是每月200台到300台。职工的收入比过去增加了一倍，而且是定期支付。职工也从医疗保险制度中得到好处，被工厂前领导抛弃的这种医疗保险制度是在海尔公司收购后恢复的。

海尔道路的成功及其对其他企业改革的启示的影响已引起中国领导人的重视，他们知道，正在进行的国有企业的彻底改革可能意味着解雇千千万万工人。海尔公司已部分地解决了这个问题。希望在于成功的私人企业和集体企业能吸收亏损的国有企业富余的职工。有鉴于此，中国去年把海尔公司命名为为数不多的“骨干公司”之一，把这些公司作为工业战线的模范领路人，给中国人指出参加全球竞争的道路。这显然是对海尔公司的奖赏，但是这也意味着给海尔增加压力。北京一位关注海尔公司的人说：“我们中国人有一种说法，即鞭打快马。有一种危险：可能要求海尔公司拯救许多失败的企业，结果这家母公司将会因此吃亏。”但是张瑞敏说，海尔公司只收购自己想收购的公司。

张瑞敏提出的跻身《财富》杂志全球最大 500 家公司之列的希望到底有多大？当然，中国的许多企业能使用海尔公司的管理方法，并从中找到扩展机会应当没有问题。而且市场在发展壮大。随着中国城乡日益繁荣，冰箱和洗衣机是家庭优先购买的两个大件。但是海尔公司并不是注意到这一点的唯一公司，竞争正变得日趋激烈。像飞利浦、LG、山水电器、梅塔格、惠而浦以及松下等公司都以同海尔大体相同的价格在中国生产大型家电产品。

美国密歇根大学商学院中国市场专家安德鲁·劳洛尔说：“海尔公司在 6 年内不大可能名列全球 500 家大企业。”他说：“但是，海尔公司在同其他国家的公司较量之前，如果能在世界最大的国内市场做到无懈可击，可能是更好的策略。”这很可能是了解张瑞敏实际想法的一个线索。为了保护他在国内占据的主导地位，他将继续干他最拿手的事情：收购亏损的公司并把这些公司变成盈利的公司。这也是孙子的战略：“不战而屈人之兵，善之善者也。”⑧

（选自《财富专题精粹》，《财富》编辑部编，柯阳译，世界图书出版公司 1999 年版）

注释

①亨利·福特(1863—1947)：美国汽车工程师与企业家，福特汽车公司的建立者。

②盛田昭夫(1921—1999)：日本索尼公司创始人，有“经营之圣”的美誉。

③谋事在人，成事在天：语出自罗贯中《三国演义》，本文出处有误。

④声东击西：语出自《淮南子·兵略训》：“故用兵之道，示之以柔而迎之以刚，示之以弱而乘之以强，为之以歙(xī)而应之以张，将欲西而示之以东。”本文出处有误。

⑤以百姓心为心句：语出自《老子》第四十九章。

⑥今井正明：1930 年生于东京，日本质量管理大师，美国持续改善研究院院长。

⑦迈克尔·波特和彼得·森杰：迈克尔·波特，生于 1947 年，美国哈佛商学院教授，商业管理界公认的“竞争战略之父”。彼得·森杰，美国著名企业管理学家。

⑧不战句：出自《孙子兵法》之《谋攻》，意思是不经交战就使敌人降服，这才是最高明的。

❋ 作者简介

安东尼·保罗是美国当代著名的经济评论专家。本文最初发表于 1999 年 2 月的《财富》杂志上。美国《财富》杂志，隶属于世界上最大的传媒集团——时代华纳公司。它创刊于 1930 年，是世界第一本将商业领域中的精华和热点介绍给公众的权威杂志。

自1954年起,《财富》以极其科学和严谨的评估与编排方式推出全球最大的500家企业名单。此后,又以"全球论坛"的形式,邀请世界上最大的500家企业首脑共同探讨世界经济发展问题。《财富》已成为全球400万以上世界级企业高级主管的必读刊物,极具影响力。《财富》刊登的文章均是来自世界经济最前沿的报道,这些客观生动,具有敏锐洞察力的文章,为读者解读世界经济及其未来走向提供了非常珍贵的第一手资料。

导读

这是一篇关于中国企业的经济报道。文章的最大特点是在讲述企业成长的过程中,穿插了中国古代先哲的智慧与西方管理学的最新理念,正契合海尔的"日本的团队意识和吃苦精神+美国的个性舒展和创新竞争+中国传统文化精髓"这一中西合璧的经营管理模式。

文章题为"中国海尔的威力",那威力从何而来?作者分五部分介绍了海尔的成长、发展与现状,娓娓道出了威力是怎么产生的。首先交代了起家和集团目前基本情况,点出了关键,大锤砸掉76台不合格冰箱是海尔所有一切的开始,威力的源头;其次介绍了集团总裁接手海尔的经过,展示人格魅力和企业威力密切相关;再次写海尔的经营管理艺术,揭示企业文化的独特功能;复次泼墨海尔的收购与兼并,细写风风雨雨中大智慧的魄力;最后点明了海尔成功的意义,展示了美好的前景。作者揭示了海尔的威力源自企业自身苦练内功的不懈坚持,源自对古今中外人类共同智慧的融会贯通和对优秀文化精髓的深刻领悟。

文章以时间为序,以企业经营理念为脉,通篇客观介绍,有看法而不见评论,有倾向而不露痕迹,重大事件与著名思想家、管理学者和企业家的精辟言论自然联系,衔接巧妙,互增光彩。写作态度理性客观,材料运用详略互见,描写手法既有全景式勾勒,也有具体细节的介绍,具有较强的可读性。

感悟讨论

1. 你是如何看"大锤砸掉76台不合格冰箱"这一事件?
2. 这是一个美国经济评论家关于中国企业的客观报道,读后有什么感想?
3. 本文引用了一些名人名言,摘录下来,谈谈你的理解。

链接

《盛田昭夫——日本制造精神是这样创造的》,[日]江波户哲夫著,东方出版社2010年版。

第三篇 纪事记游

《战国策》是汇编而成的历史著作，包括策士的著作和史臣的记载，汉刘向考订整理，定名为《战国策》。全书以策士的游说活动为中心，反映出战国时期各国政治、外交的情状。

第一节

冯谖客孟尝君

◎《战国策·齐策》

齐人有冯谖者[①]，贫乏不能自存[②]，使人属孟尝君[③]，愿寄食门下[④]。孟尝君曰："客何好？"曰："客无好也。"曰："客何能？"曰："客无能也。"孟尝君笑而受之，曰："诺。"

左右以君贱之也[⑤]，食以草具[⑥]。居有顷，倚柱弹其剑，歌曰："长铗归来乎[⑦]！食无鱼！"左右以告。孟尝君曰："食之比门下之客[⑧]。"居有顷，复弹其铗，歌曰："长铗归来乎！出无车！"左右皆笑之，以告。孟尝君曰："为之驾，比门下之车客。"于是，乘其车，揭其剑，过其友，曰："孟尝君客我[⑨]！"后有顷，复弹其剑铗，歌曰："长铗归来乎！无以为家[⑩]！"左右皆恶之，以为贪而不知足。孟尝君问："冯公有亲乎？"对曰："有老母。"孟尝君使人给其食用，无使乏。于是冯谖不复歌。

后孟尝君出记[⑪]，问门下诸客："谁习计会[⑫]，能为文收责于薛者乎[⑬]？"冯谖署曰："能。"孟尝君怪之曰："此谁也？"左右曰："乃歌夫长铗归来者也。"孟尝君笑曰："客果有能也。吾负之[⑭]，未尝见也。"请而见之，谢曰[⑮]："文倦于事[⑯]，愦于忧[⑰]，而性懧愚[⑱]，沉于国家之事，开罪于先生。先生不羞，乃有意欲为收责于薛乎？"冯谖曰："愿之。"于是，约车治装[⑲]，载券契而行[⑳]，辞曰："责毕收，以何市而反[㉑]？"孟尝君曰："视吾家所寡有者。"

驱而之薛。使吏召诸民当偿者，悉来合券[㉒]。券遍合，起，矫命以责赐诸民[㉓]，因烧其券，民称万岁。

长驱到齐，晨而求见。孟尝君怪其疾也[㉔]，衣冠而见之，曰："责毕收乎？来何疾也？"曰："收毕矣。""以何市而反？"冯谖曰："君云'视吾家所寡有者'，臣窃计君宫中积珍宝，狗马实外厩，美人充下陈。君家所寡有者以义耳[㉕]。窃以为君市义。"孟尝君曰："市义奈何？"曰："今君有区区之薛，不拊爱子其民[㉖]，因而贾利之[㉗]。臣窃矫君命，以责赐诸民，因烧其券，民称万岁，乃臣所以为君市义也。”孟尝君不说，曰：“诺，先生休矣！”

后期年[28]，齐王谓孟尝君曰[29]：“寡人不敢以先王之臣为臣[30]！”孟尝君就国于薛[31]，未至百里，民扶老携幼，迎君道中。孟尝君顾谓冯谖曰：“先生所为文市义者，乃今日见之。”

冯谖曰：“狡兔有三窟，仅得免其死耳。今君有一窟，未得高枕而卧也，请为君复凿二窟。”孟尝君予车五十乘，金五百斤，西游于梁[32]，谓惠王曰：“齐放其大臣孟尝君于诸侯[33]，诸侯先迎之者富而兵强。”于是，梁王虚上位[34]，以故相[35]为上将军，遣使者黄金千斤，车百乘，往聘孟尝君。冯谖先驱，诫孟尝君曰：“千金，重币也；百乘，显使也[36]，齐其闻之矣！”梁使三反[37]，孟尝君固辞不往也。

齐王闻之，君臣恐惧，遣太傅赍黄金千斤[38]，文车二驷[39]，服剑一[40]，封书谢孟尝君曰[41]：“寡人不祥，被于宗庙之祟[42]，沉于谄谀之臣，开罪于君，寡人不足为也[43]。愿君顾先王之宗庙，姑反国，统万人乎[44]？”冯谖诫孟尝君曰：“愿请先王之祭器，立宗庙于薛[45]。”庙成，还报孟尝君曰：“三窟已就，君姑高枕为乐矣[46]！”

孟尝君为相数十年，无纤介之祸者[47]，冯谖之计也。

（选自《战国策注释》，何建章注释，中华书局1990年版）

注释

①冯谖(xuān)：齐国孟尝君的门客。孟尝君：姓田，名文，齐国贵族，封于薛地，孟尝君是他的封号。战国时期，孟尝君与魏信陵君、楚春申君、赵平原君并称为“四君”，以好养士闻名。

②自存：养活自己。

③属(zhǔ)：嘱托，请求。

④寄食门下：在孟尝君门下做食客。寄食：依附别人而生活。

⑤左右：孟尝君身边的人。贱之：以之为贱，看不起他。

⑥食(sì)以草具：给他粗劣的饭菜吃。草具：粗劣的事物。具：馔具，指吃的东西。

⑦长铗：(jiá)：长剑。铗：剑柄。

⑧比门下之客：按门下中等客人那样对待。孟尝君的门客分为三种：草具之客，食无鱼；门下之客，食有鱼；车客，出有车。

⑨客我：把我当作客人看待。客，用作动词。

⑩无以为家：没有用来养家的东西，意思是没有力量养家。

⑪出记：出了一个文告。记：古代一种公文文种。

⑫计会：会计。

⑬文：孟尝君自称其名。责，同“债”，债务。薛：齐国地名，孟尝君的封地，今山东藤县东南。

⑭负之：对不起他。

⑮谢：道歉。

⑯倦于事：疲于琐事。

⑰愦(kuì)于忧：被忧愁弄得心烦意乱。愦，昏乱。

⑱柠(nuò)愚：懦弱无能。柠，同"懦"。

⑲约车治装：预备马车，整理行装。

⑳券契：借契。

㉑以何市而反：用收回来的贷款买些什么东西带回来。市，买。反，同"返"。

㉒合券：合验借契。

㉓矫命：假托(孟尝君的)命令。矫，假托。

㉔疾：快，急速。

㉕以义耳：只有义罢了。以，有"只有"、"只是"的意义，用法较特殊。

㉖拊(fǔ)爱：抚爱。子其民：视民为子。子，意动用法。

㉗贾利之：用做买卖的方法从他们那里得利。

㉘期(jī)年：满一年。

㉙齐王：指齐闵王。齐宣王之子，田齐政权第六任国君，公元前 301 年即位。

㉚寡人句：我不敢以先王的臣子做我的臣子。先王，指齐宣王。

㉛就国：回到自己的封邑。

㉜西游于梁：游，游说。梁，即魏国。因魏国迁都于大梁，故魏亦称大梁。大梁：今河南开封。

㉝放：放逐。

㉞虚上位：让出上位。上位，指国相位置。

㉟故相：原来的国相。

㊱显使：地位显贵的使者。

㊲三反：往返三次。反，同"返"。

㊳赍：(jī)：赠送。

㊴文车二驷(sì)：文车，有彩绘纹饰的车。二驷，两辆四匹马拉的车。驷：四匹马拉的车。

㊵服剑一：佩剑一把。

㊶封书：封好书信。

㊷被于宗庙之祟：受到宗庙神灵的惩罚。祟，灾祸。

㊸不足为：不值得辅佐。为，帮助，辅佐。

㊹统：治理。

㊺愿请先王两句：希望向齐王请求先王祭器，在薛地建立先王的宗庙。这是冯谖为孟尝君出的安身之计，薛地有了先王宗庙，齐王必加以保护，这样孟尝君的地位更加稳固。

㊻姑：姑且。

㊼纤介：细小，细微，一点点。介，同"芥"。

导读

《战国策》是一部国别体史书。主要记述了战国时代谋臣策士纵横捭阖的斗争以及相关的谋议或辞说，展示了战国时代的历史特点和社会风貌，是研究战国历史的重要典籍。西汉末刘向编定为三十三篇，书名亦为刘向所拟定。本文选自《战国策·齐策》，记叙了冯谖为巩固孟尝君的政治地位而进行的种种政治外交活动，通过焚券市义，谋复相位，在薛地建立宗庙几个情节，表现了冯谖的政治识见和多方面的才能，塑造了一个足智多谋、大智若愚的策士形象，也展现了孟尝君宽容大度、宅心仁厚、礼贤下士的品德。

冯谖是战国时期“士”中比较杰出的一位。他有政治上的远见卓识，知道民心的重要，善于利用统治者的内部矛盾，见机行事提出正确的谋略，为孟尝君赢得了民心，使他安于相位。本文刻画人物性格，采取了先抑后扬、欲露先隐的表现手法。初到孟尝君门下做食客，冯谖受到“食以草具”的待遇，他三次弹铗而歌，反映他怀才不遇的愤懑，这时的冯谖是所谓“才美不外见”。冯谖主动为孟尝君去薛地收债，孟尝君对他的态度有所转变。冯谖在薛地以特殊方式为孟尝君收债和回齐复命，他有胆有识、处事果敢迅速的性格特点得以展现，也表明他认识到民心对于统治者重要性的深谋远虑。一年后，孟尝君“就国于薛”时，才认识到冯谖为他“市义”的意义，因而由衷称赞冯谖。在孟尝君陶醉于“市义”所取得的成就时，冯谖却提醒他“未能高枕而卧”，主动提出“为君复凿二窟”的任务，利用齐与魏的矛盾解决了齐王与孟尝君的矛盾，为巩固孟尝君的政治地位创造了足够的条件。随着事态的发展，冯谖的智慧和才能逐一展现在读者面前，使得冯谖的形象丰满有层次，给人以深刻印象。

文章还通过细节描写刻画人物性格，如语言描写、神态描写、侧面映衬烘托等手法，将一个善于审时度势、顺应潮流、处事果敢、大智若愚的策士形象生动传神地勾勒出来。

感悟讨论

1. 冯谖是一个怎样的人？怎样理解他为孟尝君“焚券市义”？
2. 课文描写了几个主要情节？作者采用什么方法刻画冯谖这个人物形象的？
3. 文中对孟尝君着墨不多，找出来仔细体会。概括孟尝君的性格特征。

链接

《战国策注释》，何建章注释，中华书局1990年版。

既有儒者的道德和才智，又有商人的财富与成功，亦具政治家、外交家的卓越才能。在孔门弟子中，子贡是把学和行结合得最好的一位，被孔子称为“瑚琏之器”，集儒者典范，商界富豪，理政楷模，外交精英于一身。

第二节

端木赐传

◎ 司马迁

端木赐，卫人，字子贡。少孔子三十一岁。

子贡利口巧辞，孔子常黜其辩[①]。问曰：“汝与回也孰愈[②]？”对曰：“赐也何敢望回！回也闻一以知十，赐也闻一以知二。”

子贡既已受业，问曰：“赐何人也？”孔子曰：“汝器也。”曰：“何器也？”曰：“瑚琏也[③]。”

陈子禽问子贡曰[④]：“仲尼焉学？”子贡曰：“文武之道未坠于地[⑤]，在人，贤者识其大者[⑥]，不贤者识其小者，莫不有文武之道。夫子焉不学，而亦何常师之有！”又问曰：“孔子适是国必闻其政。求之与？抑与之与[⑦]？”子贡曰：“夫子温良恭俭让以得之[⑧]。夫子之求之也，其诸异乎人之求之也[⑨]。”

子贡问曰：“富而无骄，贫而无谄，何如？”孔子曰：“可也；不如贫而乐道，富而好礼。”

田常欲作乱于齐，惮高、国、鲍、晏[⑩]，故移其兵欲以伐鲁。孔子闻之，谓门弟子曰：“夫鲁，坟墓所处，父母之国，国危如此，二三子何为莫出[⑪]？”子路请出，孔子止之。子张、子石请行，孔子弗许。子贡请行，孔子许之。

遂行，至齐，说田常曰：“君之伐鲁过矣。夫鲁，难伐之国，其城薄以卑[⑫]，其地狭以泄[⑬]，其君愚而不仁，大臣伪而无用，其士民又恶甲兵之事，此不可与战。君不如伐吴。夫吴，城高以厚，地广以深，甲坚以新，士选以饱，重器精兵尽在其中[⑭]，又使明大夫守之，此易伐也。”田常忿然作色曰：“子之所难，人之所易；子之所易，人之所难。而以教常，何也？”子贡曰：“臣闻之，忧在内者攻强，忧在外者攻弱。今君忧在内。吾闻君三封而三不成者[⑮]，大臣有不听者也。今君破鲁以广齐，战胜以骄主，破国以尊臣，而君之功不与焉[⑯]，则交日疏于主。是君上骄主心，下恣群臣，求以成大事，难矣。夫上骄则恣，臣骄则争，是君上与主有郤[⑰]，下与大臣交争也。如此，则君之立于齐危矣。故曰不如伐吴。伐吴不胜，民人外死，大臣内空，是君上无强臣之敌，下无民人之过，孤主制齐者唯君也。”田常曰：“善。虽然，吾兵业已加鲁矣，去而之吴，大臣疑我，奈何？”子贡曰：“君按兵无伐，臣请往使吴王，令之救鲁而伐齐，君因以兵迎之。”田常许之，使子贡南见吴王[⑱]。

说曰：“臣闻之，王者不绝世，霸者无强敌[⑲]，千钧之重加铢两而移[⑳]。今以万乘之齐而私千乘之鲁，与吴争强，窃为王危之。且夫救鲁，显名也；伐齐，大利也。以抚泗上诸侯[㉑]，诛暴齐以服强晋，利莫大焉。名存亡鲁，实困强齐，智者不疑也。”吴王曰：“善。虽然，吾尝与越战，栖之会稽[22]。越王苦身养士，有报我心。子待我伐越而听子。”子贡曰：“越之劲不过鲁，吴之强不过齐，王置齐而伐越，则齐已平鲁矣。且王方以存亡继绝为名[23]，夫伐小越而畏强齐，非勇也。夫勇者不避难，仁者不穷约[24]，智者不失时，王者不绝世，以立其义。今存越示诸侯以仁，救鲁伐齐，威加晋国，诸侯必相率而朝吴，霸业成矣。且王必恶越，臣请东见越王，令出兵以从，此实空越，名从诸侯以伐也。”吴王大说，乃使子贡之越。

越王除道郊迎[25]，身御至舍而问曰：“此蛮夷之国，大夫何以俨然辱而临之？”子贡曰：“今者吾说吴王以救鲁伐齐，其志欲之而畏越，曰‘待我伐越乃可’。如此，破越必矣。且夫无报人之志而令人疑之，拙也；有报人之志，使人知之，殆也；事未发而先闻，危也。三者举事之大患。”勾践顿首再拜曰[26]：“孤尝不料力，乃与吴战，困于会稽，痛入于骨髓，日夜焦唇干舌，徒欲与吴王接踵而死，孤之愿也。”遂问子贡。子贡曰：“吴王为人猛暴，群臣不堪；国家敝以数战，士卒弗忍；百姓怨上，大臣内变；子胥以谏死[27]，太宰嚭用事[28]，顺君之过以安其私：是残国之治也。今王诚发士卒佐之以徼其志[29]，重宝以说其心，卑辞以尊其礼，其伐齐必也。彼战不胜，王之福矣。战胜，必以兵临晋，臣请北见晋君，令共攻之，弱吴必矣。其锐兵尽于齐，重甲困于晋，而王制其敝，此灭吴必矣。”越王大说，许诺。送子贡金百镒[30]，剑一，良矛二。子贡不受，遂行。

报吴王曰：“臣敬以大王之言告越王，越王大恐，曰：‘孤不幸，少失先人，内不自量，抵罪于吴[31]，军败身辱，栖于会稽，国为虚莽[32]，赖大王之赐，使得奉俎豆而修祭祀[33]，死不敢忘，何谋之敢虑！’”后五日，越使大夫种顿首言于吴王曰[34]：“东海役臣孤勾践使者臣种，敢修下吏问于左右[35]，今窃闻大王将兴大义，诛强救弱，困暴齐而抚周室，请悉起境内士卒三千人，孤请自被坚执锐，以先受矢石。因越贱臣种奉先人藏器，甲十二领[36]，鈇屈卢之矛[37]，步光之剑[38]，以贺军吏。”吴王大说，以告子贡曰：“越王欲身从寡人伐齐，可乎？”子贡曰：“不可。夫空人之国，悉人之众，又从其君，不义。君受其币[39]，许其师，而辞其君。”吴王许诺，乃谢越王。于是吴王乃遂发九郡兵伐齐。

子贡因去之晋，谓晋君曰：“臣闻之，虑不先定不可以应卒[40]，兵不先辨不可以胜敌[41]。今夫齐与吴将战，彼战而不胜，越乱之必矣；与齐战而胜，必以其兵临晋。”晋君大恐，曰：“为之奈何？”子贡曰：“修兵休卒以待之。”晋君许诺。

子贡去而之鲁。吴王果与齐人战于艾陵[42]，大破齐师，获七将军之兵而不归[43]，果以兵临晋，与晋人相遇黄池之上[44]。吴晋争强。晋人击之，大败吴师。越王闻之，涉江袭吴，去城七里而军。吴王闻之，去晋而归，与越战于五湖。三战不胜，城门不守，越遂围王宫，杀夫差而戮其相[45]。破吴三年，东向而霸。

故子贡一出，存鲁，乱齐，破吴，强晋而霸越。子贡一使，使势相破[46]，十年之中，五国各有变。

子贡好废举[47]，与时转货赀[48]。喜扬人之美，不能匿人之过。常相鲁、卫[49]，家累千金，卒终于齐。

（选自《史记》，司马迁撰，中华书局1959年版）

注释

①黜:废止,反驳。

②回:颜回(前521—前481),字子渊,春秋末期鲁国人,孔门十哲之一、孔门七十二贤之首,儒家五大圣人之一。"一箪食,一瓢饮,在陋巷,人不堪其忧,回也不改其乐。贤哉,回也!"(《雍也》)"不迁怒,不贰过。"(《雍也》)后世尊其为"复圣"。

③瑚琏:古代宗庙盛放黍稷的祭器,比喻治国安邦之才。

④陈子禽:陈亢,字子禽。郑玄所注《论语》说他是孔子的学生,《史记·仲尼弟子列传》未载此人,故一说子禽非孔子学生。陈子禽勤学好问,聪慧过人。

⑤文武之道:指周文王和周武王的治国理念。

⑥大:根本、重要。

⑦抑:抑或。

⑧温:温和。良:善良。恭:恭谨。俭:俭朴。让:谦让。

⑨其诸:或许。《集解》郑玄曰:"言夫子行此五德而得之,与人求之异,明人君自与之。"

⑩田常:即田成子,齐国田氏家族第八任首领。高、国、鲍、晏:春秋时期齐国四大望族。 高:高昭子,春秋时期齐景公的丞相。国:国惠子,春秋后期齐国的上卿。鲍:鲍牧,鲍叔牙的后代,春秋时期齐悼公的大夫。晏:晏圉(yǔ):齐相晏婴之子。

⑪二三子:诸位、诸君。用于年长位尊者对关系较近年轻人的称呼。

⑫卑:低。

⑬其地狭以泄:《史记会注考证》引王念孙曰:《越绝书》、《吴越春秋》并"地"作"池","泄"作"浅"。

⑭重器:指国家的宝器,比喻宝贵的人才。

⑮三封:指多次受封加爵。

⑯不与:不在其中。

⑰郤(xì):通"隙",裂缝、裂痕。

⑱吴王:指夫差(约前528年—前473年),阖闾之子,春秋时期吴国末代君王。

⑲霸者:凭借武力治天下的人,与上句中的王者以仁义治天下的人相对。

⑳铢两:一铢一两,极言轻微。

㉑泗上诸侯:春秋战国时期,泗河流域的十二个诸侯国。泗河:发源于蒙山腹地,流经鲁西南平原的河流。

㉒栖之会稽:前494年,吴王夫差大败越军于夫椒,乘胜攻破越都。《史记·越王勾践世家》记载:"越王乃以余兵五千人保栖于会稽"。

㉓存亡继绝:使灭亡之国复存,使断绝之嗣得续。

㉔穷约:困窘。

㉕除道:清扫道路。

㉖顿首:古跪拜礼之一,社会地位相等或平辈之间经常使用的礼节。

㉗子胥以谏死:《史记·伍子胥列传》载,吴国大夫伍子胥多次进谏吴王伐越,停止伐齐,吴王听信太宰嚭(pǐ)谗言,赐剑子胥自杀。按《索隐》引王邵按:"《家语》《越绝》并无此五字,是时子胥未死。"

㉘太宰嚭:春秋时吴国大夫。楚国人,出亡奔吴,以功任为太宰,善逢迎,深得吴王夫差宠信。用事:执政,掌权。

㉙徼(yāo):通"邀",求取。

㉚镒:古代重量单位。一镒为二十两或二十四两。

㉛抵：触犯，冲撞。

㉜虚莽：荒凉的废墟。虚，同“墟”。莽，草丛。

㉝俎（zǔ）豆：古代祭祀用的礼器。俎，置肉的几案。豆，盛干肉之类的器皿。

㉞种：文种，字子禽，楚国郢人，越王勾践的谋臣，和范蠡一起为勾践最终打败吴王夫差立下赫赫功劳。灭吴后，自觉功高，不听从范蠡劝告，为勾践所不容，公元前472年被勾践赐死。

㉟修：修好，亲善。

㊱领：衣领，用作量词件、套。

㊲鈇屈卢之矛：鈇（fǔ），斧也，《索引》刘氏云一本无此字。屈卢：古代善造弓矛的良匠，借指良矛。

㊳步光：古代剑名。

㊴币：古人用作致送礼物的丝织品，泛指用作礼物的玉、马、皮、帛等。

㊵卒：通“猝”，突然，仓猝。

㊶辨：同“办”，治理，整顿。

㊷吴王果与齐人战于艾陵：公元前484年吴国联合鲁国在艾陵地区（今山东莱芜东北）大败齐国军队，吴国俘获齐国中军将国书及大夫公孙夏、闾丘明、陈书、东郭书等人，并获革车八百乘、甲首三千，史称“艾陵之战”。

㊸获七将军：《左传》谓俘获齐国将领国书等五人，非七将。

㊹与晋人相遇黄池之上：公元前482年，吴王夫差率军沿水路北上，会晋定公于黄池（今河南封丘），争夺中原霸主之位。会盟尚未开始，越人已趁吴国空虚攻入吴都，夫差对晋以武力相威胁，最终得以主盟。黄池之会并没有给吴国带来实际利益，反而加速吴国灭亡。

㊺戮其相：杀掉了吴国国相。国相指太宰嚭。

㊻使势相破：使各国形势发生相应的变化。

㊼好废举：喜好经商。废著，废，指卖出；著，通“贮”，积贮。《史记货殖列传》载：“子赣既学于仲尼，退而仕于卫，废著鬻财于曹、鲁之间，七十子之徒，赐最为饶益。原宪不厌糟糠，匿于穷巷。子贡结驷连骑，束帛之币以聘享诸侯，所至，国君无不分庭与之抗礼。夫使孔子名布扬于天下者，子贡先后之也。此所谓得執而益彰者乎？”

㊽与时：逐时，抓时机。转货：使货物不断流通。赀：通“资”，资财、钱财。

作者简介

司马迁（约前145—?），字子长，西汉夏阳（今陕西韩城）人，我国古代伟大的历史学家和杰出的文学家。早年曾师从董仲舒、孔安国，受到良好的经学和史学教育，研读了大量历史文献。后漫游大江南北，探访古迹，采集传说，考察民俗。汉武帝元丰三年（前108年），承父职，为太史令。司马迁继承父亲遗志，博览群书，收集整理史料，开始编纂史书。汉武帝天汉二年（前99年），因李陵事件触怒汉武帝下狱，受宫刑。出狱后任中书令，他强忍愤懑，发愤著书，终于在汉武帝征和初年（约前92年）撰写完成我国第一部纪传体通史，时称《太史公书》，三国后通称为《史记》。不久即去世。

《史记》是我国第一部纪传体通史，上起传说中的黄帝，下至汉武帝太初年间，记载了3000多年的历史。司马迁参酌古今，创造出史书撰写的新体例。全书包括十二本纪、十表、八书、三十世家、七十列传，总计一百三十篇。全书反映了汉武帝太初以前社会政治、经济、文化发展演变的概貌。举凡治乱兴衰、典章制度，均分门别类，条分缕析。分量之大，卷帙之多，内容之富，结构之严，体制之备，均可谓空前。班固说《史记》“其文直，其事核，不虚美，不隐善，故谓之实录。”《史记》不仅是历史著作，而且也是一部文学著作。它向我们展示了广阔的社会生活画面,人物形象栩栩如生,性格鲜明,语言生动,具有强烈的感染力,对后世文学影响巨大而深远。故鲁迅先生誉之为“史家之绝唱,无韵之离骚”(《汉文学史纲要》)。

导读

《端木赐传》节选自《史记·仲尼弟子列传》介绍孔门弟子子贡的相关段落,题目是编者加上去的。《史记·仲尼弟子列传》是孔门弟子多人合传,有的弟子司马迁只是做了简单概括的记述,有的只出现了名字,并未进一步展开介绍,整篇传记对子贡所着笔墨最多。就篇幅而言,对子贡的记述在孔门诸多弟子中是最长的,从内容分析,在整篇传记中所占分量也是最重的。在司马迁心目中,子贡是个非同一般的人物,他的影响之广、作用之大,在孔门弟子中无人出其右,子贡不但品学兼优,尊师重道,而且具有卓越的政治、外交才能和高超的理财、经商能力,是孔门弟子中最出色的一位。司马迁在《史记·货殖列传》说:“夫使孔子名布扬于天下者,子贡先后之也。此所谓得势而益彰者乎?”充分肯定了子贡对儒家学说广泛传播所做的重要贡献。

子贡是孔门十哲之一,“子曰:‘从我于陈蔡者,皆不及门也。德行:颜渊、闵子骞、冉伯牛、仲弓;言语:宰我、子贡;政事:冉有、子路;文学:子游、子夏。’”(《论语·先进》)

十哲分为“德行”“政事”“言语”“文学”四类别,子贡以言语见长,这篇传记充分展现了子贡巧于辞令,辩口利辞,胸怀韬略的游说才能,文章事迹集中,刻画生动,富于极强的文学色彩。传记开篇介绍了子贡的身世和孔子对他的评价,并通过子贡和陈子禽的对话以及和孔子的对话,侧面展示了其思想见地和胸襟气度,为下文正面展示做了铺垫。田常作乱,鲁国危难,孔子认为只有子贡有解救鲁国危难的能力,对其给予了充分信任。子贡受命,先到齐国,果然说服田常,使之放弃伐鲁而攻吴。子贡又到吴国,说服吴国救鲁伐齐,但吴王怕伐齐时受到越国攻击,于是子贡又到越国,说服越国军队随吴王伐齐。之后,子贡又到晋国说明吴国战胜齐国后必然加兵于晋,让晋国做好战争准备。后来,吴国出兵伐齐,大败齐军,晋国又出兵大败吴军。越王趁吴军在北方大败之机,从背后伐吴,终于把吴国灭掉而北上争霸,鲁国也因此得以保全。子贡这一次出游各国,游说君王,指陈利害,道理奇特而切中要害,揣摩迎合,纵横捭阖,辩才无碍,打动说服了各国君王,展现了一个劝说天才外交家的不凡风采。子贡的辩词或排比,或对偶,或比喻,或正反对举,如同江河之水,一泻千里,子贡鲜活灵动、个性鲜明的人物形象,印证了孔子“赐也达”的评价。司马迁对子贡的这次出游做了这样总结:“故子贡一出,存鲁、乱齐、破吴、强晋而霸越。子贡一使,使势相破,十年之中,五国各有变”,彰显了子贡呼风唤雨、左右时局的人格魅力。传记最后谈到子贡还是一位善于经营的富商。吴慧《中国古代商业史》中说:“孔子和大商人子贡生活在一起,至少是子贡做买卖,供给周游列国的孔子和同门。”我们可以看出,子贡不仅是一位出色的政治家、外交家,也是一位有远见卓识、有理想信念的商人,经商是他宣传思想主张和实现外交才干的重要手段,后世也就因此把子贡奉为儒商的始祖。

本文善于将复杂的事件安排得井然有序，节奏疏密相间，情节连接紧密，过渡自然，人物形象丰满鲜活，光彩照人。

感悟讨论

1. 梳理子贡出游的脉络，体会人物语言，分析人物性格。
2. 结合《史记货殖列传》《论语》中子贡的记叙，概括子贡在经商方面的智慧。
3. 阅读相关资料，结合本文，写一篇关于“儒”与“商”关系的文章。

平行阅读

垓下之围

司马迁

项王军壁垓下，兵少食尽，汉军及诸侯兵围之数重。夜闻汉军四面皆楚歌，项王乃大惊曰：“汉皆已得楚乎？是何楚人之多也！”项王则夜起，饮帐中。有美人名虞，常幸从；骏马名骓，常骑之。于是项王乃悲歌忼慨，自为诗曰：“力拔山兮气盖世，时不利兮骓不逝。骓不逝兮可奈何，虞兮虞兮奈若何！”歌数阕，美人和之。项王泣数行下，左右皆泣，莫能仰视。

于是项王乃上马骑，麾下壮士骑从者八百余人，直夜溃围南出，驰走。平明，汉军乃觉之，令骑将灌婴以五千骑追之。项王渡淮，骑能属者，百余人耳。项王至阴陵，迷失道，问一田父，田父绐曰：“左。”左，乃陷大泽中。以故汉追及之。项王乃复引兵而东，至东城，乃有二十八骑。汉骑追者数千人。项王自度不得脱，谓其骑曰：“吾起兵至今，八岁矣，身七十余战，所当者破，所击者服，未尝败北，遂霸有天下。然今卒困于此，此天之亡我，非战之罪也。今日固决死，愿为诸君快战，必三胜之，为诸君溃围，斩将，刈旗，令诸君知天亡我，非战之罪也。”乃分其骑以为四队，四向。汉军围之数重。项王谓其骑曰：“吾为公取彼一将。”令四面骑驰下，期山东为三处。于是项王大呼，驰下，汉军皆披靡，遂斩汉一将。是时，赤泉侯为骑将，追项王，项王瞋目而叱之，赤泉侯人马俱惊，辟易数里。与其骑会为三处。汉军不知项王所在，乃分军为三，复围之。项王乃驰，复斩汉一都尉，杀数十百人，复聚其骑，亡其两骑耳。乃谓其骑曰：“何如？”骑皆伏曰：“如大王言！”

于是项王乃欲东渡乌江。乌江亭长舣船待，谓项王曰：“江东虽小，地方千里，众数十万人，亦足王也。愿大王急渡。今独臣有船，汉军至，无以渡。”项王笑曰：“天之亡我，我何渡为！且籍与江东子弟八千人渡江而西，今无一人还，纵江东父兄怜而王我，我何面目见之？纵彼不言，籍独不愧于心乎？”乃谓亭长曰：“吾知公长者。吾骑此马五岁，所当无敌，尝一日行千里，不忍杀之，以赐公。”乃令骑皆下马步行，持短兵接战。独籍所杀汉军数百人。项王身亦被十余创，顾见汉骑司马吕马童，曰：“若非吾故人乎？”马童面之，指王翳曰："此项王也。"项王乃曰："吾闻汉购我头千金，邑万户，吾为若德。"乃自刎而死。王翳取其头，余骑相蹂践争项王，相杀者数十人。最其后，郎中骑杨喜，骑司马吕马童，郎中吕胜、杨武各得其一体。五人共会其体，皆是。故分其地为五：封吕马童为中水侯，封王翳为杜衍侯，封杨喜为赤泉侯，封杨武为吴防侯，封吕胜为涅阳侯。

……

太史公曰：吾闻之周生曰，舜目盖重瞳子，又闻项羽亦重瞳子，羽岂其苗裔邪？何兴之暴也！夫秦失其政，陈涉首难，豪杰蜂起，相与并争，不可胜数。然羽非有尺寸，乘势起陇亩之中，三年，遂将五诸侯灭秦，分裂天下，而封王侯，政由羽出，号为"霸王"，位虽不终，近古以来未尝有也。及羽背关怀楚，放逐义帝而自立，怨王侯叛己，难矣。自矜功伐，奋其私智而不师古，谓霸王之业，欲以力征经营天下，五年卒亡其国，身死东城，尚不觉悟，而不自责，过矣。乃引"天亡我，非用兵之罪也"，岂不谬哉！

（选自《史记故事选译》，中华书局上海编辑所编，中华书局1959年版）

“文起八代之衰”，这是苏东坡对韩愈文章的赞誉。这篇《张中丞传后叙》融叙事、说理、抒情于一体，或踔厉奋发，或舒缓纡徐，气盛词壮，颇有《史记》风采。

第三节

张中丞传后叙

◎韩　愈

元和二年四月十三日夜[①]，愈与吴郡张籍阅家中旧书[②]，得李翰所为《张巡传》[③]。翰以文章自名[④]，为此传颇详密。然尚恨有阙者：不为许远立传[⑤]，又不载雷万春事首尾[⑥]。

远虽材若不及巡者，开门纳巡[⑦]，位本在巡上。授之柄而处其下[⑧]，无所疑忌，竟与巡俱守死，成功名，城陷而虏，与巡死先后异耳[⑨]。两家子弟材智下[⑩]，不能通知二父志[⑪]，以为巡死而远就虏，疑畏死而辞服于贼[⑫]。远诚畏死，何苦守尺寸之地，食其所爱之肉[⑬]，以与贼抗而不降乎？当其围守时，外无蚍蜉蚁子之援[⑭]，所欲忠者，国与主耳，而贼语以国亡主灭[⑮]。远见救援不至，而贼来益众，必以其言为信；外无待而犹死守，人相食且尽，虽愚人亦能数日而知死所矣。远之不畏死亦明矣！乌有城坏其徒俱死，独蒙愧耻求活？虽至愚者不忍为，呜呼！而谓远之贤而为之邪？

说者又谓远与巡分城而守，城之陷，自远所分始[⑯]。以此诟远，此又与儿童之见无异。人之将死，其藏腑必有先受其病者；引绳而绝之，其绝必有处。观者见其然，从而尤之[⑰]，其亦不达于理矣！小人之好议论，不乐成人之美，如是哉！如巡、远之所成就，如此卓卓，犹不得免，其他则又何说！

当二公之初守也，宁能知人之卒不救，弃城而逆遁[⑱]？苟此不能守，虽避之他处何益？及其无救而且穷也，将其创残饿羸之余[⑲]，虽欲去，必不达。二公之贤，其讲之精矣[⑳]！守一城，捍天下，以千百就尽之卒，战百万日滋之师，蔽遮江淮，沮遏其势[㉑]，天下之不亡，其谁之功也！当是时，弃城而图存者，不可一二数；擅强兵坐而观者，相环也。不追议此，而责二公以死守，亦见其自比于逆乱，设淫辞而助之攻也[㉒]。

愈尝从事于汴徐二府[㉓]，屡道于两府间，亲祭于其所谓双庙者[㉔]。其老人往往说巡、远时事云：南霁云之乞救于贺兰也[㉕]，贺兰嫉巡、远之声威功绩出己上，不肯出师救；爱霁云之勇且壮，不听其语，强留之，具食与乐，延霁云坐。霁云慷慨语曰：“云来时，睢阳之人，不食月余日矣！云虽欲独食，义不忍；虽食，且不下咽！”因拔所佩刀，断一指，血淋漓，以示贺兰。一座大惊，皆感激为云泣下。云知贺兰终无为云出师意，即驰去；将出城，抽矢射佛寺浮图，矢著其上砖半箭，曰：“吾归破贼，必灭贺兰！此矢所以志也。”愈贞元中过泗州[㉖]，船上人犹指以相语。城陷，贼以刃胁降巡，巡不屈，即牵去，将斩之；又降霁云，云未应。巡呼云曰："南八[27]，男儿死耳，不可为不义屈！"云笑曰："欲将以有为也；公有言，云敢不死！"即不屈。

张籍曰："有于嵩者，少依于巡；及巡起事，嵩常在围中[28]。籍大历中于和州乌江县见嵩[29]，嵩时年六十余矣。以巡初尝得临涣县尉[30]，好学无所不读。籍时尚小，粗问巡、远事，不能细也。云：巡长七尺余，须髯若神。尝见嵩读《汉书》，谓嵩曰：'何为久读此？'嵩曰：'未熟也。'巡曰：'吾于书读不过三遍，终身不忘也。'因诵嵩所读书，尽卷不错一字。嵩惊，以为巡偶熟此卷，因乱抽他帙以试[31]，无不尽然。嵩又取架上诸书试以问巡，巡应口诵无疑。嵩从巡久，亦不见巡常读书也。为文章，操纸笔立书，未尝起草。初守睢阳时，士卒仅万人，城中居人户，亦且数万，巡因一见问姓名，其后无不识者。巡怒，须髯辄张。及城陷，贼缚巡等数十人坐，且将戮。巡起旋[32]，其众见巡起，或起或泣。巡曰：'汝勿怖！死，命也。'众泣不能仰视。巡就戮时，颜色不乱，阳阳如平常。远宽厚长者，貌如其心；与巡同年生，月日后于巡，呼巡为兄，死时年四十九。"嵩贞元初死于亳宋间[33]。或传嵩有田在亳宋间，武人夺而有之，嵩将诣州讼理，为所杀。嵩无子。张籍云。

（选自《韩愈全集校注》，屈守元、常思春主编，四川大学出版社1996年版）

注释

①元和二年：公元807年。元和，唐宪宗李纯的年号（806—820）。

②张籍（约767—约830）：字文昌，吴郡人，唐代著名诗人，韩愈学生。

③李翰：字子羽，赵州赞皇（今河北省元氏县）人，官至翰林学士。与张巡友善，客居睢阳时，曾亲见张巡战守事迹。张巡死后，有人诬其降贼，因撰《张巡传》上肃宗，并有《进张中丞传表》，为张巡辩诬。

④自名：自许。

⑤许远（709—757）：字令威，杭州盐官（今浙江省海宁市）人。安史之乱时，任睢阳太守，后与张巡合守孤城，城陷被掳往洛阳囚禁，后被害。

⑥雷万春：张巡部下勇将。此当是"南霁云"之误，如此方与后文相应。

⑦开门纳巡：757年（唐肃宗至德二年）正月，叛军安庆绪部将尹子奇带兵十三万围睢阳，许远向张巡告急，张巡自宁陵率军入睢阳城守卫。

⑧柄：权柄。

⑨与巡死句：许远和张巡只是牺牲时间有先后不同罢了。

⑩两家句：安史之乱平定后，大历年间（766—779），张巡之子张去疾轻信小人挑拨，上书唐代宗，说城破后张巡等被害，唯许远独存，是屈降叛军，请追夺许远官爵。诏令张去疾与许远之子许岘及百官议此事。两家子弟即指张去疾、许岘。材智下，才智低下。

⑪通知：通晓。

⑫辞服：请降。

⑬食其句：尹子奇围睢阳时，城中粮尽，军民以雀鼠为食，最后只得以妇女与老弱男子充饥。当时，张巡曾杀爱妾、许远曾杀奴仆以充军粮。

⑭蚍蜉（pífú）：黑色大蚁。蚁子：幼蚁。

⑮而贼句：叛军以"国亡主灭"为借口招降张巡、许远。安史之乱时，长安、洛阳陷落，玄宗逃往西蜀，国

势危殆。

⑯说者句：张巡和许远分兵守城，张巡守东北，许远守西南。城破时叛军先从西南处攻入，故有此说。

⑰尤之：埋怨责怪（先受侵害的内脏和绳子先断裂的地方）。

⑱逆遁：预先撤退。

⑲羸（léi）：瘦弱。

⑳二公二句：指两人的功绩前人已有精当的评价。

㉑沮（jǔ）遏：阻止。

㉒设淫辞：编造荒谬的言论。

㉓愈尝句：韩愈曾先后在汴州、徐州任职。唐代称幕僚为从事。

㉔双庙：张巡、许远死后，后人在睢阳立庙祭祀，称为双庙。

㉕南霁云：魏州顿丘人。出身贫寒，安禄山反时，参加平叛，被遣至睢阳与张巡议事，为张巡所感，遂留为部将。贺兰，指贺兰进明，时为御史大夫、河南节度使，驻军临淮一带。

㉖贞元：唐德宗李适年号（785—805）。泗州：唐时属河南道，当时贺兰进明屯兵于此。

㉗南八：南霁云排行第八，故称。

㉘常：通“尝”，曾经。

㉙大历：唐代宗李豫年号（766—779）。和州乌江县：在今安徽省和县东北。

㉚以巡句：张巡死后，朝廷封赏他的亲戚、部下，于嵩因此得官。临涣：故城在今安徽省宿县西南。

㉛帙（zhì）：书套，也指书本。

㉜起旋：起身环行，一说起身小便。

㉝亳（bó）：亳州，今安徽省亳县。宋：宋州，即睢阳，今河南商丘。

作者简介

韩愈（768—824），字退之，河内河阳（今河南孟县）人，唐代文学家。祖籍河北昌黎，世称韩昌黎，晚年任吏部侍郎，又称韩吏部，谥号“文”，又称韩文公。韩愈为人耿直，敢于直陈时弊，德宗贞元十九年（803），关中天旱人饥，时任监察御史，上书请免灾民赋役，被贬为阴山令。宪宗元和十二年（817），随裴度平定淮西藩镇之乱，立下谋划之功。他与柳宗元同为唐代古文运动的倡导者，主张“文以载道”、“惟陈言之务去”、“辞必己出”，倡导学习先秦两汉的散文语言，破骈为散，扩大文言文的表达功能。宋代苏轼称他“文起八代之衰”，明人推他为唐宋八大家之首，与柳宗元并称“韩柳”。在思想上是中国“道统”观念的确立者，以恢复儒家道统为己任，力排佛老，崇尚秦汉散文，反对六朝以来骈俪浮艳的文风。他的文章结构严谨、笔力遒劲，刚健雄肆，气势磅礴，历来备受推崇。有《昌黎先生集》。

导读

这篇后叙是对李翰《张巡传》的补记，并不是专门立传。文中涉及的人物有张巡、许远、南霁云等，从事迹而言也没有写生平大节，多由琐屑小事组成。材料来源更是多渠道，有作者耳闻目睹的，有推理判断的，有采写自张籍、“老人”、于嵩等的，但全文紧紧围绕睢阳城守卫战这一中心事件，颂扬了英雄忠贞为国、宁死不屈的高尚气节，表达了对英雄的敬仰之情，同时义正词严地批驳了强加在他们头上的诬蔑不实之词，对朝廷小人以猛烈抨击。

这篇文章熔叙事、说理、抒情为一炉，前后照应，疏密相间。文章可分为两部分，前半部分以议论为主，为张巡和许远辩诬。针对当时流传的谬论，逐一批驳，针锋相对，说理透辟，力破种种谬说，力破许远畏死说和张、许不该死守说，宣扬了两人守睢阳的功绩，树立起了忠勇双全的英雄形象。同时挥戈直击那些“擅强兵坐观者”的罪责，揭露那些对张、许的诽谤实为逆贼张目的实质。纵横捭阖，曲折多变，说理环环紧扣，层层深入，具有很强的说服力。作者运用强烈的对比，贴切的比喻，以及反诘、设问等手法，使论辩效果更为生动深刻。下半部分转入叙事，详略得当，重点突出，刻画南霁云的“勇且壮”，选取了断指明志、抽矢射佛寺浮屠和就义前与张巡一段慷慨激昂的对话，详中有度，略而不疏，一个忠贞刚烈、义勇双全的英雄形象呼之欲出。文章写张巡就义时的情状，惜墨如金，仅用“颜色不乱”、“阳阳如平常”两句，就把英雄视死如归的神态，跃然纸上。作者善于选择典型细节刻画人物，张巡才气横溢，过目不忘，为文援笔立成，以及接近关心士卒和百姓等，闲处落笔，展示了一个文武双全的英雄形象。对许远的描述，虽较简略，却处处能照应前文，说他“宽厚长者”、“貌如其心”，与前半部分的“授之柄而处其下”前后呼应，一个胸怀宽广，为国让贤，不计个人权位的宽厚长者形象更觉鲜明。英雄形象一经映衬，愈发光彩。

全文气盛词壮，感情充沛，首尾连贯，浑然一体，具有摄人心魄的震撼力量。

感悟思考

1. 分析张巡、许远、南霁云三个人物的性格特征。

2. 这篇文章材料来源广泛且庞杂，作者为什么能将这些看似散乱的材料有机组合在一起？

3. 这篇文章结构上有什么特点？

链接

《韩愈全集校注》，屈守元、常思春主编，四川大学出版社1996年版。

痴于山水，癖于园林，这是晚明文人名士标榜清高，避世脱俗的一种方式。无论山水，还是园林，张岱都崇尚清幽、淡远、自然的审美意趣。

第四节

西湖七月半

◎张　岱

西湖七月半，一无可看，止可看看七月半之人①。

看七月半之人，以五类看之：其一，楼船箫鼓②，峨冠盛筵③，灯火优傒④，声光相乱，名为看月而实不见月者，看之。其一，亦船亦楼，名娃闺秀⑤，携及童娈⑥，笑啼杂之，环坐露台⑦，左右盼望，身在月下而实不看月者，看之。其一，亦船亦声歌，名妓闲僧，浅斟低唱⑧，弱管轻丝，竹肉相发⑨，亦在月下，亦看月，而欲人看其看月者，看之。其一，不舟不车，不衫不帻⑩，酒醉饭饱，呼群三五，跻入人丛⑪，昭庆、断桥⑫，嘄呼⑬嘈杂，装假醉，唱无腔曲⑭，月亦看，看月者亦看，不看月者亦看，而实无一看者，看之。其一，小船轻幌⑮，净几暖炉，茶铛旋煮⑯，素瓷静递⑰，好友佳人，邀月同坐，或匿影树下，或逃嚣里湖⑱，看月而人不见其看月之态，亦不作意看月者，看之。

杭人游湖，巳出酉归⑲，避月如仇。是夕好名，逐队争出，多犒门军酒钱⑳。轿夫擎燎㉑，列俟岸上。一入舟，速舟子急放断桥㉒，赶入胜会。以故二鼓以前㉓，人声鼓吹㉔，如沸如撼㉕，如魇如呓㉖，如聋如哑㉗。大船小船，一齐凑岸，一无所见，止见篙击篙，舟触舟，肩摩肩，面看面而已。少刻兴尽，官府席散，皂隶喝道去㉘。轿夫叫船上人，怖以关门㉙，灯笼火把如列星，一一簇拥而去。岸上人亦逐队赶门，渐稀渐薄，顷刻散尽矣。

吾辈始舣舟近岸㉚，断桥石磴始凉，席其上，呼客纵饮。此时月如镜新磨，山复整妆，湖复颒面㉛，向之浅斟低唱者出㉜，匿影树下者亦出。吾辈往通声气㉝，拉与同坐。韵友来㉞，名妓至，杯箸安㉟，竹肉发。月色苍凉，东方将白，客方散去。吾辈纵舟，酣睡于十里荷花之中㊱，香气拘人㊲，清梦甚惬。

（选自《陶庵梦忆》评注本，张岱著，淮茗评注，中华书局2008年版）

注释

①七月半：农历七月十五，又称中元节。止，同“只”。

②楼船：有阁楼的大船。箫鼓：指音乐。

③峨冠：头戴高冠，指士大夫。

④优傒(xī):优伶和仆役。

⑤名娃:著名的美女。闺秀:有才德的女子。

⑥童娈(luán):容貌美好的家僮。

⑦露台:船上露天的平台。

⑧浅斟低唱:慢慢地喝酒,轻声地吟哦。

⑨竹肉:指管乐和歌喉。

⑩"不舟"二句:不坐船,不乘车;不穿长衫,不戴头巾,指放荡随便。帻(zé),头巾。

⑪跻(jī):通"挤"。

⑫昭庆:寺名。断桥:西湖白堤的桥名。

⑬嚎呼:大呼大叫。

⑭无腔曲:没有腔调的歌曲,形容唱得乱七八糟。

⑮轻幌:轻薄的帷幔。

⑯铛(chēng):温茶、酒的器具。旋:立刻。

⑰素瓷:洁白的瓷杯。

⑱逃嚣:躲避喧闹。里湖:西湖的白堤以北部分。

⑲巳:巳时,约为上午九时至十一时。酉:酉时,约为下午五时至七时。

⑳犒:用酒食或财物慰劳。门军:守城门的士兵。

㉑擎燎:举着火把。

㉒速舟子:催促船夫。

㉓二鼓:二更,约为夜里十一时左右。

㉔鼓吹:乐声。

㉕如沸如撼:像水沸腾,像物体震撼,形容喧嚷。

㉖魇(yǎn):梦中惊叫。呓:说梦话。

㉗如聋如哑:指喧闹中震耳欲聋,听不见别人说话。

㉘皂隶喝道:衙门的差役在前边吆喝开道。

㉙怖以关门:用关城门恐吓。

㉚舣(yǐ):使船停靠岸。

㉛颒(huì)面:洗脸。

㉜向之:方才,先前。

㉝往通声气:过去打招呼。

㉞韵友:风雅的朋友,诗友。

㉟箸:筷子。

㊱纵舟:听任船自行飘荡。

㊲拘:包围,拥裹。

❀ 作者简介

张岱(1597—1679),又名维城,字宗子,又字石公,号陶庵,晚号六休居士,山阴(今浙江绍兴)人,寓居杭州,晚明散文大家。出身仕宦世家,少为富贵公子,精于茶艺鉴赏,明亡后不仕,入山著书以终。张岱生活的明末之际,宦官擅权,奸臣当道,内忧外患,愈演愈烈,思想界涌现了一股反理学、叛礼教的思潮,挑战程朱"存天理,灭人欲"的理学,文人士子在对社会黑暗绝望之余,纷纷追求个性解放,纵欲于声色,纵情于山水,最大限度地追求物质和精神的满足。这样的社会思潮、人文氛围，影响造就了张岱的性格和名士风度，决定了他的代表作《陶庵梦忆》、《西湖梦寻》和《琅嬛文集》的主要内容。张岱的散文题材较广，山水名胜、风俗世情、戏曲技艺乃至古董玩具等无不可入文，文字清新峭拔，形象生动，广览简取，刻画有力，余韵悠长。

导读

这是一篇简洁优美的游记小品。它追忆了明代杭州人七月半倾城游湖的盛况。文章主要描写的，不是自然风光的美丽，而是侧重刻画赏景之人，作者把他们的情态刻画得生动逼真，展现了当地的风俗民情，可以感受到作者清雅脱俗的志趣。

在作者看来，七月半看月之人有五类：一是“名为看月而实不见月”的达官贵人，二是“身在月下而实不看月”的名娃闺秀，三是“亦在月下，亦看月而欲人看其看月”的名妓闲僧，四是“月亦看，看月者亦看，不看月者亦看，而实无一看”的市井之徒，五是“看月而人不见其看月之态，亦不作意看月”的文人雅士。这五类人都成了作者眼中的风景，作者观察细致，描写传神，惟妙惟肖，生动地勾勒出五类游客的性格特征。一般杭人游西湖，都是“巳出酉归，避月如仇”，七月半的西湖是“篙击篙，舟触舟，肩摩肩，面看面”，拥挤不堪；耳畔则“如沸如撼，如魇如呓，如聋如哑”，喧闹难耐。俗人看月只是“好名”，其实全然不解其中雅趣的旨意。作者描写了这一喧嚣的场面之后，由动入静，描写了文人雅士在俗人散去后，邀约三五好友同坐月下赏景的清幽场面。月色、青山、湖水、荷花，一切宁静而美好，在这样的环境中品茗赏月，才是风雅之士的追求。庸俗和高雅，喧哗与清寂，前后构成了鲜明的对照，褒贬不言自明。

文章语言雅俗结合，寓谐于庄，略带调侃意味。行文如流水涓涓，不着痕迹，颇见功力。

感悟讨论

1. 文章写了哪几类游客？都有什么特点？
2. 比较前后两个场面的描写，体会作者情感的变化。

链接

《陶庵梦忆》评注本，张岱著，淮茗评注，中华书局2008年版。

山水长卷与淳朴民风映衬，沉重的历史感与空灵的文笔交织，明净澄澈，情意盎然，寄托了作者深挚的乡情和独特的美学追求。

第五节

鸭窠围的夜

◎ 沈从文

天快黄昏时落了一阵雪子，不久就停了。天气真冷，在寒气中一切都仿佛结了冰。便是空气，也像快要冻结的样子。我包定的那一只小船，在天空大把撒着雪子时已泊了岸，从桃源县沿河而上这已是第五个夜晚。看情形晚上还会有风有雪，故船泊岸边时便从各处挑选好地方。沿岸除了某一处有片沙岨宜于泊船以外①，其余地方全是黛色如屋的大岩石。石头既然那么大，船又那么小，我们都希望寻觅得到一个能作小船风雪屏障，同时要上岸又还方便的处所。凡是可以泊船的地方早已被当地渔船占去了。小船上的水手，把船上下各处撑去，钢钻头敲打着沿岸大石头，发出好听的声音，结果这只小船，还是不能不同许多大小船只一样，在正当泊船处插了篙子，把当作锚头用的石碇抛到沙上去，尽那行将来到的风雪，摊派到这只船上。

这地方是个长潭的转折处，两岸是高大壁立千丈的山，山头上长着小小竹子，长年翠色逼人。这时节两山只剩余一抹深黑，赖天空微明为画出一个轮廓。但在黄昏里看来如一种奇迹的，却是两岸高处去水已三十丈上下的吊脚楼。这些房子莫不俨然悬挂在半空中，借着黄昏的余光，还可以把这些希奇的楼房形体，看得出个大略。这些房子同沿河一切房子有个共通相似处，便是从结构上说来，处处显出对于木材的浪费。房屋既在半山上，不用那么多木料，便不能成为房子吗？半山上也用吊脚楼形式，这形式是必须的吗？然而这条河水的大宗出口是木料，木材比石块还不值价。因此，即或是河水永远长不到处，吊脚楼房子依然存在，似乎也不应当有何惹眼惊奇了。但沿河因为有了这些楼房，长年与流水斗争的水手，寄身船中枯闷成疾的旅行者，以及其他过路人，却有了落脚处了。这些人的疲劳与寂寞是从这些房子中可以一律解除的。地方既好看，也好玩。

河面大小船只泊定后，莫不点了小小的油灯，拉了篷。各个船上皆在后舱烧了火，用铁鼎罐煮红米饭。饭焖熟后，又换锅子熬油，哗的把菜蔬倒进热锅里去。一切齐全了，各人蹲在舱板上三碗五碗把腹中填满后，天已夜了。水手们怕冷怕动的，收拾碗盏后，就莫不在舱板上摊开了被盖，把身体钻进那个预先卷成一筒又冷又湿的硬棉被里去休息。至于那些想喝一杯的，发了烟瘾得靠靠灯，船上烟灰又翻尽了的，或一无所为，只是不甘寂寞，好事好玩想到岸上去烤烤火谈谈天的，便莫不提了桅灯，或燃一段废缆子，摇晃着从船头跳上了岸，从一堆石头间的小路径，爬到半山上吊脚楼房子那边去，找寻自己的熟人,找寻自己的熟地。陌生人自然也有来到这条河中来到这种吊脚楼房子里的时节,但一到地,在火堆旁小板凳上一坐,便是陌生人,即刻也就可以称为熟人乡亲了。

这河边两岸除了停泊有上下行的大小船只三十左右以外,还有无数在日前趁融雪涨水放下形体大小不一的木筏。较小的木筏,上面供给人住宿过夜的棚子也不见,一到了码头,便各自上岸找住处去了。大一些的木筏呢,则有房屋,有船只,有小小菜园与养猪养鸡栅栏,还有女眷和小孩子。

黑夜占领了全个河面时,还可以看到木筏上的火光,吊脚楼窗口的灯光,以及上岸下船在河岸大石间飘忽动人的火炬红光。这时节岸上船上都有人说话,吊脚楼上且有妇人在黯淡灯光下唱小曲的声音,每次唱完一支小曲时,就有人笑嚷。什么人家吊脚楼下有匹小羊叫,固执而且柔和的声音,使人听来觉得忧郁。我心中想着,"这一定是从别一处牵来的,另外一个地方,那小畜生的母亲,一定也那么固执的鸣着吧。"算算日子,再过十一天便过年了。"小畜生明不明白只能在这个世界上活过十天八天?"明白也罢,不明白也罢,这小畜生是为了过年而赶来,应在这个地方死去的。此后固执而又柔和的声音,将在我耳边永远不会消失。我觉得忧郁起来了。我仿佛触着了这世界上一点东西,看明白了这世界上一点东西,心里软和得很。

但我不能这样子打发这个长夜。我把我的想象,追随了一个唱曲时清中夹沙的妇女声音,到她的身边去了。于是仿佛看到了一个床铺,下面是草荐[②],上面摊了一床用旧帆布或别的旧货做成脏而又硬的棉被,搁在床正中被单上面的是一个长方木托盘,盘中有一把小茶盏,一个小烟匣,一支烟枪,一块小石头,一盏灯。盘边躺着一个人在烧烟。唱曲子的妇人,或是袖了手捏着自己的膀子站在吃烟者的面前,或是靠在男子对面的床头,为客人烧烟。房子分两进,前面临街,地是土地,后面临河,便是所谓吊脚楼了。这些人房子窗口既一面临河,可以凭了窗口呼喊河下船中人,当船上人过了瘾,胡闹已够,下船时,或者尚有些事情嘱托,或有其他原因,一个晃着火炬停顿在大石间,一个便凭立在窗口,"大老你记着,船下行时又来。""好,我来的,我记着的。""你见了顺顺就说:会呢,完了;孩子大牛呢,脚膝骨好了。细粉带三斤,冰糖或片糖带三斤。""记得到,记得到,大娘你放心,我见了顺顺大爷就说:会呢,完了。大牛呢,好了。细粉来三斤,冰糖来三斤。""杨氏,杨氏,一些四吊七,莫错账!""是的,放心呵,你说四吊七就四吊七,年三十夜莫会要你多的!你自己记着就是了!"这样那样的说着,我一一都可听到,而且一面还可以听着在黑暗中某一处咩咩的羊鸣。我明白这些回船的人是上岸吃过"荤烟"了的。

我还估计得出,这些人不吃"荤烟",上岸时只去烤烤火的,到了那些屋子里时,便多数只在临街那一面铺子里。这时节天气太冷,大门必已上好了,屋里一隅或点了小小油灯,屋中必就地掘了个浅凹火炉膛,烧了些树根柴块。火光煜煜,且时时刻刻爆炸着一种难于形容的声音。火旁矮板凳上坐有船上人,木筏上人,有对河住家的熟人。且有虽为天所厌弃还不自弃年过七十的老妇人,闭着眼睛蜷成一团蹲在火边,悄悄的从大袖筒里取出一片薯干或一枚红枣,塞到嘴里去咀嚼。有穿着肮脏身体瘦弱的孩子,手擦着眼睛傍着火旁的母亲打盹。屋主人有为退伍的老军人,有翻船背运的老水手,有单身寡妇。借着火光灯光,可以看得出这屋中的大略情形,三堵木板壁上,一面必有个供奉祖宗的神龛,神龛下空处或另一面,必贴了一些大小不一的红白名片。这些名片倘若有那些好事者加以注意,用小油灯照着,去仔细检查检查,便可以发现许多动人的名衔,军队上的连副,上士,一等兵,商号中的管事,当地的团总,保正,催租吏,以及照例姓滕的船主,洪江的木簰商人[3],与其他各行各业人物,无所不有。这是近一二十年来经过此地若干人中一小部分的题名录。这些人各用一种不同的生活,来到这个地方,且同样的来到这些屋子里,坐在火边或靠近床边,逗留过若干时间。这些人离开了此地后,在另一世界里还是继续活下去,但除了同自己的生活圈子中人发生关系以外,与一同在这个世界上其他的人,却仿佛便毫无关系可言了。他们如今也许早已死掉了;水淹死的,枪打死的,被外妻用砒霜谋杀的,然而这些名片却依然将好好的保留下去。也许有些人已成了富人名人,成了当地的小军阀,这些名片却仍然写着催租人,上士等等的衔头。……除了这些名片,那屋子里是不是还有比它更引人注意的东西呢？锯子,小捞兜,香烟大画片,装干栗子的口袋……

提起这些问题时使人心中很激动。我到船头上去眺望了一阵。河面静静的,木筏上火光小了,船上的灯光已很少了,远近一切只能借着水面微光看出个大略情形。另外一处的吊脚楼上,又有了妇人唱小曲的声音,灯光摇摇不定,且有猜拳声音。我估计那些灯光同声音所在处,不是木筏上的簰头在取乐,就是水手们小商人在喝酒。妇人手指上说不定还戴了水手特别为从常德府捎带来的镀金戒指,一面唱曲一面把那只手理着鬓角,多动人的一幅画图！我认识他们的哀乐,这一切我也有份。看他们在那里把每个日子打发下去,也是眼泪也是笑,离我虽那么远,同时又与我那么相近。这正同读一篇描写西伯利亚的农人生活动人作品一样,使人掩卷引起无言的哀戚。我如今只用想象去领味这些人生活的表面姿态,却用过去一分经验,接触着了这种人的灵魂。

羊还固执的鸣着。远处不知什么地方有锣鼓声音,那一定是某个人家禳土酬神还愿巫师的锣鼓[4]。声音所在处必有火燎与九品蜡照耀争辉。眩目火光下必有头包红布的老巫师独立作旋风舞,门上架上有黄钱,平地有装满了谷米的平斗。有新宰的猪羊伏在木架上,头上插着小小五色纸旗。有行将为巫师用口把头咬下的活生公鸡,缚了双脚与翼翅,在土坛边无可奈何的躺卧。主人锅灶边则热了满锅猪血稀粥,灶中正火光熊熊。

邻近一只大船上,水手们已静静的睡下了,只剩余一个人吸着烟,且时时刻刻把烟管敲着船舷。也像听着吊脚楼的声音,为那点声音所激动,引起种种联想,忽然按捺自己不住了,只听到他轻轻的骂着野话,擦了支自来火,点上一段废缆,跳上岸往吊脚楼那里去了。他在岸上大石间走动时,火光便从船篷空处漏进我的船中。也是同样的情形吧,在一只装载棉军服向上行驶的船上,泊到同样的岸边,躺在成束成捆的军服上面,夜既太长,水手们爱玩牌的各蹲坐在舱板上小油灯光下玩天九,睡既不成,便胡乱穿了两套棉军服,空手上岸,借着石块间还未融尽残雪返照的微光,一直向高岸上有灯光处走去。到了街上,除了从人家门罅里露出的灯光成一条长线横卧着[5],此外一无所有。在计算中以为应可见到的小摊上成堆的花生,用哈德门长烟盒装着干瘪瘪的小橘子,切成小方块的片糖,以及在灯光下看守摊子把眉毛扯得极细的妇人(这些妇人无事可作时还会在灯光下做点针线的),如今什么也没有。既不敢冒昧闯进一个人家里面去,便只好又回转河边船上了。但上山时向灯光凝聚处走去，方向不会错误。下河时可糟了。糊糊涂涂在大石小石间走了许久，且大声喊着，才走近自己所坐的一只船。上船时，两脚全是泥，刚攀上船舷还不及脱鞋落舱，就有人在棉被中大喊："伙计哥子们，脱鞋呀！"把鞋脱了还不即睡，便镶到水手身旁去看牌，一直看到半夜——十五年前自己的事，在这样地方温习起来，使人对于命运感到十分惊异。我懂得那个忽然独自跑上岸去的人，为什么上去的理由！

等了一会，邻船上那人还不回到他自己的船上来，我明白他所得的必比我多了一些。我想听听他回来时，是不是也像别的船上人，有一个妇人在吊脚楼窗口喊叫他。许多人都陆续回到船上了，这人却没有下船。我记起"柏子"。但是，同样是水上人，一个那么快乐的赶到岸上去，一个却是那么寂寞的跟着别人后面走上岸去，到了那些地方，情形不会同柏子一样，也是很显然的事了。

为了我想听听那个人上船时那点推篷声音，我打算着，在一切声音全已安静时，我仍然不能睡觉。我等待那点声音。大约到午夜十二点，水面上却起了另外一种声音。仿佛鼓声，也仿佛汽油船马达转动声，声音慢慢的近了，可是慢慢的又远了。像是一个有魔力的歌唱，单纯到不可比方，也便是那种固执的单调，以及单调的延长，使一个身临其境的人，想用一组文字去捕捉那点声音，以及捕捉在那长潭深夜一个人为那声音所迷惑时节的心情，实近于一种徒劳无功的努力。那点声音使我不得不再从那个业已用被单塞好空罅的舱门，到船头去搜索它的来源。河面一片红光，古怪声音也就从红光一面掠水而来。原来日里隐藏在大岩下的一些小渔船，在半夜前早已静悄悄的下了拦江网。到了半夜，把一个从船头伸在水面的铁兜，盛上燃着熊熊烈火的油柴，一面用木棒槌有节奏的敲着船舷各处漂去。身在水中见了火光而来与受了柝声吃惊四窜的鱼类[6]，便在这种情形中触了网，成为渔人的俘虏。当地人把这种捕鱼方法叫"赶白"。

一切光，一切声音，到这时节已为黑夜所抚慰而安静了，只有水面上那一分红光与那一派声音。那种声音与光明，正为着水中的鱼和水面的渔人生存的搏战，已在这河面上存在了若干年，且将在接连而来的每个夜晚依然继续存在。我弄明白了，回到舱中以后，依然默听着那个单调的声音。我所看到的仿佛是一种原始人与自然战争的情景。那声音，那火光，都近于原始人类的战争，把我带回到四五千年那个"过去"时间里去。

不知在什么时候开始落了很大的雪，听船上人细语着，我心想，第二天我一定可以看到邻船上那个人上船时节，在岸边雪地上留下那一行足迹。那寂寞的足迹，事实上我却不曾见到，因为第二天到我醒来时，小船已离开那个泊船处很远了。

1934 年

（选自《沈从文散文精编》，沈从文著，浙江文艺出版社 1996 年版）

注释

①岨(jū)：带土的石山。

②草荐：用干枯的谷秆编织成的床垫，铺在床板与草席之间，冬暖夏凉，不用时可卷成圆筒状收起。

③木簰(pái):用木编的水上交通工具。

④禳(ráng):祈祷消除灾殃、去邪除恶。

⑤门罅(xià):门缝。

⑥柝(tuò):打更用的梆子。

❀ 作者简介

沈从文(1902—1988),现代作家、历史文物研究学家。原名沈岳焕,湖南凤凰人,苗族。1918 年自家乡小学毕业后,随当地土著部队流徙于湘、川、黔边境与沅水流域一带,后正式参军,当过上士司书。1923 年只身来到北京,开始文学创作,他的作品最早载于《晨报副刊》,接着又在《现代评论》、《小说月报》上发表。1930 年,任国立青岛大学中文系教员,1934 年,在天津、北平编《大公报文艺副刊》,中篇小说《边城》于同年问世,标志着他的小说的成熟。抗战爆发后,取道湘西去云南,途经沅陵时,写下了散文《湘西》、长篇小说《长河》(第 1 卷),任教于西南联合大学。1945 年后回京,在北京大学任教。1949 年以后,长期从事文物工作。先后在中国历史博物馆、故宫博物院研究中国古代服饰和物质文化史。代表作《边城》、《湘行散记》以优美的笔触表现湘西的自然风光、淳朴的民风民情和人性之美,充满了牧歌情调和浓郁的地方特色。

导读

《鸭窠围的夜》是沈从文 20 世纪 30 年代散文代表作《湘行散记》中的第三篇,与全书有着一致的感情基调。它是一篇游记散文,通过作者旅途中夜宿鸭窠围时的见闻和思绪,描写了湘西地区特有的自然景色和独特的民风民情,寄托了作者对人生和生命深沉而深刻的感悟。

本文可以分为四个部分:第一部分写阴历年前一个夜晚,航行在沅水上的渡船泊于鸭窠围岸边,介绍了水手歇夜以及湘西特有的吊脚楼景观;第二部分透过作者的想象,叙写水手们到岸上吊脚楼吃"荤烟"或烤火歇息的情景;第三部分由邻船一位水手的举动引起回忆,"温习"了十五年前自己经历的同样的情形;第四部分写午夜时分水面上渔人"赶白"的古怪声音及由此引发的对湘西人历史命运的思考。作者夜宿鸭窠围,所见所闻引起无限遐思,以饱含深情的笔墨描写了湘西地区特有的自然景观和独异的人生形态,文中写到的吊脚楼,是湘西特有的建筑奇观,"水上人"(水手及随船旅行者)和"妇人"(妓女)们的关系,也是一种带有湘西地方特色和时代色彩的独异的生活。作者通过对湘西下层民众生活情状具体细微、极富实感的描写,表现了他们艰难处境中顽强与执著的人生,重压之下生命力的坚韧与强悍,欢笑与泪水交织的生活的真实与庄严。在作者看来,他们的生活,近乎一种"优美、健康、自然,而又不悖乎人性的人生形式",蕴藏着"正直素朴人情美"。值得注意的是,文中描写了一只"为了过年而赶来应在这个地方死去的"小羊,小羊"固执而柔和"的叫声在文中出现了三次,是鸭窠围夜曲中一个挥之不去的音符,这只无法主宰自身命运的小羊,一如"水上人"、"妇女"以及湘西下层的广大民众,化成了全篇的象征意义,为这首乡村牧歌笼上了一层淡淡的悲悯,表达了对故乡风土人情深挚眷恋的情感，也寄托了作者的审美标准和人生理想。

本文以叙述为主，将描写、抒情、议论自然融入。其中对自然景物的描写，极见功力，寥寥数笔，境界全出，体现了作者独到的艺术表现手段和美学追求。

感悟讨论

1. 作者在本文中寄寓了哪些人生感喟？其意义何在？

2. 如何理解本文所写的旧时湘西水手的生活情状？你同意他们的生活蕴藏着“正直素朴人情美”的观点吗？为什么？

3. 课文中描写了一只“为了过年而赶来应在这个地方死去的”小羊，分析一下描写小羊的三次叫声在文中的象征意义和作用。

链接

《沈从文散文精编》，沈从文著，浙江文艺出版社 1996 年版。

朱自清与好友俞平伯到南京度假，曾同游秦淮河，俞平伯在北京追忆当时的情景，写了一篇《桨声灯影里的秦淮河》，朱自清在温州也以同一题目写下了自己的所见所闻，相互唱和，传为佳话。

第六节

桨声灯影里的秦淮河

◎ 朱自清

一九二三年八月的一晚，我和平伯同游秦淮河[①]；平伯是初泛，我是重来了。我们雇了一只“七板子”，在夕阳已去，皎月方来的时候，便下了船。于是桨声汩——汩，我们开始领略那晃荡着蔷薇色的历史的秦淮河的滋味了。

秦淮河里的船，比北京万生园，颐和园的船好[②]，比西湖的船好，比扬州瘦西湖的船也好。这几处的船不是觉着笨，就是觉着简陋、局促；都不能引起乘客们的情韵，如秦淮河的船一样。秦淮河的船约略可分为两种：一是大船；一是小船，就是所谓“七板子”。大船舱口阔大，可容二三十人。里面陈设着字画和光洁的红木家具，桌上一律嵌着冰凉的大理石面。窗格雕镂颇细，使人起柔腻之感。窗格里映着红色蓝色的玻璃；玻璃上有精致的花纹，也颇悦人目。“七板子”规模虽不及大船，但那淡蓝色的栏干，空敞的舱，也足系人情思。而最出色处却在它的舱前。舱前是甲板上的一部。上面有弧形的顶，两边用疏疏的栏干支着。里面通常放着两张藤的躺椅。躺下，可以谈天，可以望远，可以顾盼两岸的河房。大船上也有这个，便在小船上更觉清隽罢了。舱前的顶下，一律悬着灯彩；灯的多少，明暗，彩苏的精粗，艳晦，是不一的。但好歹总还你一个灯彩。这灯彩实在是最能钩人的东西。夜幕垂垂地下来时，大小船上都点起灯火。从两重玻璃里映出那辐射着的黄黄的散光，反晕出一片朦胧的烟霭；透过这烟霭，在黯黯的水波里，又逗起缕缕的明漪。在这薄霭和微漪里，听着那悠然的间歇的桨声，谁能不被引入他的美梦去呢？只愁梦太多了，这些大小船儿如何载得起呀？我们这时模模糊糊的谈着明末的秦淮河的艳迹，如《桃花扇》及《板桥杂记》里所载的[③]。我们真神往了。我们仿佛亲见那时华灯映水，画舫凌波的光景了。于是我们的船便成了历史的重载了。我们终于恍然秦淮河的船所以雅丽过于他处，而又有奇异的吸引力的，实在是许多历史的影象使然了。

秦淮河的水是碧阴阴的；看起来厚而不腻，或者是六朝金粉所凝么[④]？我们初上船的时候，天色还未断黑，那漾漾的柔波是这样的恬静，委婉，使我们一面有水阔天空之想，一面又憧憬着纸醉金迷之境了。等到灯火明时，阴阴的变为沉沉了：黯淡的水光，像梦一般；那偶然闪烁着的光芒，就是梦的眼睛了。我们坐在舱前，因了那隆起的顶棚，仿佛总是昂着首向前走着似的；于是飘飘然如御风而行的我们，看着那些自在的湾泊着的船，船里走马灯般的人物，便像是下界一般，迢迢的远了，又像在雾里看花，尽朦朦胧胧的。这时我们已过了利涉桥，望见东关头了。沿路听见断续的歌声：有从沿河的妓楼飘来的，有从河上船里度来的。我们明知那些歌声，只是些因袭的言词，从生涩的歌喉里机械的发出来的；但它们经了夏夜的微风的吹漾和水波的摇拂，袅娜着到我们耳边的时候，已经不单是她们的歌声，而混着微风和河水的密语了。于是我们不得不被牵惹着，震撼着，相与浮沉于这歌声里了。从东关头转湾，不久就到大中桥。大中桥共有三个桥拱，都很阔大，俨然是三座门儿；使我们觉得我们的船和船里的我们，在桥下过去时，真是太无颜色了。桥砖是深褐色，表明它的历史的长久；但都完好无缺，令人太息于古昔工程的坚美。桥上两旁都是木壁的房子，中间应该有街路？这些房子都破旧了，多年烟熏的迹，遮没了当年的美丽。我想象秦淮河的极盛时，在这样宏阔的桥上，特地盖了房子，必然是髹漆得富富丽丽的[5]；晚间必然是灯火通明的。现在却只剩下一片黑沉沉！但是桥上造着房子，毕竟使我们多少可以想见往日的繁华；这也慰情聊胜无了。过了大中桥，便到了灯月交辉，笙歌彻夜的秦淮河；这才是秦淮河的真面目哩。

大中桥外，顿然空阔，和桥内两岸排着密密的人家的大异了。一眼望去，疏疏的林，淡淡的月，衬着蓝蔚的天，颇像荒江野渡光景；那边呢，郁丛丛的，阴森森的，又似乎藏着无边的黑暗：令人几乎不信那是繁华的秦淮河了。但是河中眩晕着的灯光，纵横着的画舫，悠扬着的笛韵，夹着那吱吱的胡琴声，终于使我们认识绿如茵陈酒的秦淮水了[6]。此地天裸露着的多些，故觉夜来的独迟些；从清清的水影里，我们感到的只是薄薄的夜——这正是秦淮河的夜。大中桥外，本来还有一座复成桥，是船夫口中的我们的游踪尽处，或也是秦淮河繁华的尽处了。我的脚曾踏过复成桥的脊，在十三四岁的时候。但是两次游秦淮河，却都不曾见着复成桥的面；明知总在前途的，却常觉得有些虚无缥缈似的。我想，不见倒也好。这时正是盛夏。我们下船后，借着新生的晚凉和河上的微风，暑气已渐渐销散；到了此地，豁然开朗，身子顿然轻了——习习的清风荏苒在面上，手上，衣上，这便又感到了一缕新凉了。南京的日光，大概没有杭州猛烈；西湖的夏夜老是热蓬蓬的，水像沸着一般，秦淮河的水却尽是这样冷冷地绿着。任你人影的憧憧，歌声的扰扰，总像隔着一层薄薄的绿纱面幂似的；它尽是这样静静的，冷冷的绿着。我们出了大中桥，走不上半里路，船夫便将船划到一旁，停了桨由它宕着。他以为那里正是繁华的极点，再过去就是荒凉了；所以让我们多多赏鉴一会儿。他自己却静静的蹲着。他是看惯这光景的了，大约只是一个无可无不可。这无可无不可，无论是升的沉的，总之，都比我们高了。

那时河里闹热极了；船大半泊着，小半在水上穿梭似的来往。停泊着的都在近市的那一边，我们的船自然也夹在其中。因为这边略略的挤，便觉得那边十分的疏了。在每一只船从那边过去时，我们能画出它的轻轻的影和曲曲的波，在我们的心上；这显着是空，且显着是静了。那时处处都是歌声和凄厉的胡琴声，圆润的喉咙，确乎是很少的。但那生涩的，尖脆的调子能使人有少年的，粗率不拘的感觉，也正可快我们的意。况且多少隔开些儿听着,因为想象与渴慕的做美,总觉更有滋味;而竞发的喧嚣,抑扬的不齐,远近的杂沓,和乐器的嘈嘈切切,合成另一意味的谐音,也使我们无所适从,如随着大风而走。这实在因为我们的心枯涩久了,变为脆弱;故偶然润泽一下,便疯狂似的不能自主了。但秦淮河确也腻人。即如船里的人面,无论是和我们一堆儿泊着的,无论是从我们眼前过去的,总是模模糊糊的,甚至渺渺茫茫的;任你张圆了眼睛,揩净了眦垢,也是枉然。这真够人想呢。在我们停泊的地方,灯光原是纷然的;不过这些灯光都是黄而有晕的。黄已经不能明了,再加上了晕,便更不成了。灯愈多,晕就愈甚;在繁星般的黄的交错里,秦淮河仿佛笼上了一团光雾。光芒与雾气腾腾的晕着,什么都只剩了轮廓了;所以人面的详细的曲线,便消失于我们的眼底了。但灯光究竟夺不了那边的月色;灯光是浑的,月色是清的,在浑沌的灯光里,渗入了一派清辉,却真是奇迹!那晚月儿已瘦削了两三分。她晚妆才罢,盈盈的上了柳梢头。天是蓝得可爱,仿佛一汪水似的;月儿便更出落得精神了。岸上原有三株两株的垂杨树,淡淡的影子,在水里摇曳着。它们那柔细的枝条浴着月光,就像一支支美人的臂膊,交互的缠着,挽着;又像是月儿披着的发。而月儿偶然也从它们的交叉处偷偷窥看我们,大有小姑娘怕羞的样子。岸上另有几株不知名的老树,光光的立着;在月光里照起来。却又俨然是精神矍铄的老人。远处——快到天际线了,才有一两片白云,亮得现出异彩,像美丽的贝壳一般。白云下便是黑黑的一带轮廓;是一条随意画的不规则的曲线。这一段光景,和河中的风味大异了。但灯与月竟能并存着,交融着,使月成了缠绵的月,灯射着渺渺的灵辉;这正是天之所以厚秦淮河,也正是天之所以厚我们了。

这时却遇着了难解的纠纷。秦淮河上原有一种歌妓,是以歌为业的。从前都在茶舫上,唱些大曲之类。每日午后一时起;什么时候止,却忘记了。晚上照样也有一回。也在黄晕的灯光里。我从前过南京时,曾随着朋友去听过两次。因为茶舫里的人脸太多了,觉得不大适意,终于听不出所以然。前年听说歌妓被取缔了,不知怎的,颇涉想[7]了几次——却想不出什么。这次到南京,先到茶舫上去看看,觉得颇是寂寥,令我无端的怅怅了。不料她们却仍在秦淮河里挣扎着,不料她们竟会纠缠到我们,我于是很张皇了。她们也乘着"七板子",她们总是坐在舱前的。舱前点着石油汽灯,光亮眩人眼目:坐在下面的,自然是纤毫毕见了——引诱客人们的力量,也便在此了。舱里躲着乐工等人,映着汽灯的余辉蠕动着;他们是永远不被注意的。每船的歌妓大约都是二人;天色一黑。她们的船就在大中桥外往来不息的兜生意。无论行着的船,泊着的船,都要来兜揽的。这都是我后来推想出来的。那晚不知怎样,忽然轮着我们的船了。我们的船好好的停着,一只歌舫划向我们来的;渐渐和我们的船并着了。铄铄的灯光逼得我们皱起了眉头;我们的风尘色全给它托出来了,这使我踧踖不安了[8]。那时一个伙计跨过船来,拿着摊开的歌折,就近塞向我的手里,说,"点几出吧"!他跨过来的时候,我们船上似乎有许多眼光跟着。同时相近的别的船上也似乎有许多眼睛炯炯的向我们船上看着。我真窘了!我也装出大方的样子,向歌妓们瞥了一眼,但究竟是不成的!我勉强将那歌折翻了一番,却不曾看清了几个字;便赶紧递还那伙计,一面不好意思地说,"不要,我们……不要。”他便塞给平伯。平伯掉转头去，摇手说，“不要！”那人还腻着不走。平伯又回过脸来，摇着头道，“不要！”于是那人重到我处。我窘着再拒绝了他。他这才有所不屑似的走了。我的心立刻放下，如释了重负一般。我们就开始自白了。

我说我受了道德律的压迫，拒绝了她们；心里似乎很抱歉的。这所谓抱歉，一面对于她们，一面对于我自己。她们于我们虽然没有很奢的希望；但总有些希望的。我们拒绝了她们，无论理由如何充足，却使她们的希望受了伤；这总有几分不做美了。这是我觉得很怅怅的。至于我自己，更有一种不足之感。我这时被四面的歌声诱惑了，降服了；但是远远的，远远的歌声总仿佛隔着重衣搔痒似的，越搔越搔不着痒处。我于是憧憬着贴耳的妙音了。在歌舫划来时，我的憧憬，变为盼望；我固执的盼望着，有如饥渴。虽然从浅薄的经验里，也能够推知，那贴耳的歌声，将剥去了一切的美妙；但一个平常的人像我的，谁愿凭了理性之力去丑化未来呢？我宁愿自己骗着了。不过我的社会感性是很敏锐的；我的思力能拆穿道德律的西洋镜，而我的感情却终于被它压服着，我于是有所顾忌了，尤其是在众目昭彰的时候。道德律的力，本来是民众赋予的；在民众的面前，自然更显出它的威严了。我这时一面盼望，一面却感到了两重的禁制：一，在通俗的意义上，接近妓者总算一种不正当的行为；二，妓是一种不健全的职业，我们对于她们，应有哀矜勿喜之心，不应赏玩的去听她们的歌。在众目睽睽之下，这两种思想在我心里最为旺盛。她们暂时压倒了我的听歌的盼望，这便成就了我的灰色的拒绝[9]。那时的心实在异常状态中，觉得颇是昏乱。歌舫去了，暂时宁静之后，我的思绪又如潮涌了。两个相反的意思在我心头往复：卖歌和卖淫不同，听歌和狎妓不同，又干道德甚事？——但是，但是，她们既被逼的以歌为业，她们的歌必无艺术味的；况她们的身世，我们究竟该同情的。所以拒绝倒也是正办。但这些意思终于不曾撇开我的听歌的盼望。它力量异常坚强；它总想将别的思绪踏在脚下。从这重重的争斗里，我感到了浓厚的不足之感。这不足之感使我的心盘旋不安，起坐都不安宁了。唉！我承认我是一个自私的人！平伯呢，却与我不同。他引周启明先生的诗，“因为我有妻子，所以我爱一切的女人，因为我有子女，所以我爱一切的孩子[10]。”他的意思可以见了。他因为推及的同情，爱着那些歌妓，并且尊重着她们，所以拒绝了她们。在这种情形下，他自然以为听歌是对于她们的一种侮辱。但他也是想听歌的，虽然不和我一样，所以在他的心中，当然也有一番小小的争斗；争斗的结果，是同情胜了。至于道德律，在他是没有什么的；因为他很有蔑视一切的倾向，民众的力量在他是不大觉着的。这时他的心意的活动比较简单，又比较松弱，故事后还怡然自若；我却不能了。这里平伯又比我高了。

在我们谈话中间，又来了两只歌舫。伙计照前一样的请我们点戏，我们照前一样的拒绝了。我受了三次窘，心里的不安更甚了。清艳的夜景也为之减色。船夫大约因为要赶第二趟生意，催着我们回去；我们无可无不可的答应了。我们渐渐和那些晕黄的灯光远了，只有些月色冷清清的随着我们的归舟。我们的船竟没个伴儿，秦淮河的夜正长哩！到大中桥近处，才遇着一只来船。这是一只载妓的板船，黑漆漆的没有一点光。船头上坐着一个妓女；暗里看出，白地小花的衫子，黑的下衣。她手里拉着胡琴，口里唱着青衫的调子。她唱得响亮而圆转；当她的船箭一般驶过去时，余音还袅袅的在我们耳际，使我们倾听而向往。想不到在弩末的游踪里[11]，还能领略到这样的清歌！这时船过大中桥了，森森的水影，如黑暗张着巨口，要将我们的船吞了下去，我们回顾那渺渺的黄光，不胜依恋之情；我们感到了寂寞了！这一段地方夜色甚浓，又有两头的灯火招邀着；桥外的灯火不用说了，过了桥另有东关头疏疏的灯火。我们忽然仰头看见依人的素月，不觉深悔归来之早了！走过东关头，有一两只大船湾泊着，又有几只船向我们来着。嚣嚣的一阵歌声人语，仿佛笑我们无伴的孤舟哩。东关头转湾，河上的夜色更浓了；临水的妓楼上，时时从帘缝里射出一线一线的灯光；仿佛黑暗从酣睡里眨了一眨眼。我们默然的对着，静听那汩——汩的桨声，几乎要入睡了；朦胧里却温寻着适才的繁华的余味。我那不安的心在静里愈显活跃了！这时我们都有了不足之感，而我的更其浓厚。我们却只不愿回去，于是只能由懊悔而怅惘了。船里便满载着怅惘了。直到利涉桥下，微微嘈杂的人声，才使我豁然一惊；那光景却又不同。右岸的河房里，都大开了窗户，里面亮着晃晃的电灯，电灯的光射到水上，蜿蜒曲折，闪闪不息，正如跳舞着的仙女的臂膊。我们的船已在她的臂膊里了；如睡在摇篮里一样，倦了的我们便又入梦了。那电灯下的人物，只觉像蚂蚁一般，更不去萦念。这是最后的梦；可惜是最短的梦！黑暗重复落在我们面前，我们看见傍岸的空船上一星两星的，枯燥无力又摇摇不定的灯光。我们的梦醒了，我们知道就要上岸了；我们心里充满了幻灭的情思。

1923 年 10 月 11 日作完，于温州。

（选自《朱自清散文》，朱自清著，人民文学出版社 2005 年版）

注释

①俞平伯（1900—1990）：原名俞铭衡，字平伯。现代诗人、作家、红学家。

②万生园：今北京动物园所在地。原名万牲园，为清朝皇族花园旧址。

③《桃花扇》：传奇剧本，清孔尚任作。讲述明末才子侯方域和秦淮名妓李香君的爱情故事。《板桥杂记》，清余怀作，记叙了明末十里秦淮旧院诸名妓以及有关方面的见闻。

④六朝金粉：三国的吴，东晋和南朝的宋、齐、梁、陈，都以建康（南京）为都，史称六朝。金粉：脂粉。

⑤髹（xiū）：用漆涂在器物上。

⑥茵陈酒：以茵陈酿制的酒。茵陈：菊科植物。

⑦涉想：念及、想到。

⑧踧踖（cùjí）：局促不安的样子。

⑨灰色：这里是态度暧昧、犹疑不定的意思。

⑩周启明（1885—1967）：即鲁迅之弟周作人，现代作家。这里所引的诗原为："我为了自己的儿女才爱小孩子，为了自己的妻才爱女人。"（原注）

⑪弩末：成语"强弩之末"的缩用。强弩射出的箭，到最后力量也弱了。这里是游兴衰竭，游程将尽之意。

❀ 作者简介

朱自清(1898—1948),字佩弦,原籍浙江绍兴,生于江苏东海,现代著名学者、散文家。幼年在私塾读书,深受中国传统文化的影响。1920 年毕业于北京大学哲学系,后在江苏、浙江中学任教。大学时代开始诗歌创作,1921 年,参加文学研究会。1925 年任清华大学国文教授,转而从事散文创作和文学研究。1931 年赴英讲学,次年回国,仍执教于清华大学,抗战期间,在西南联大任教。朱自清是位品格高尚的爱国知识分子,始终严肃地直面人生,毛泽东赞扬他"表现了我们民族的英雄气概"。作为一位散文学家,朱自清以他独特的美文艺术风格,为中国现代散文增添了瑰丽的色彩,建立了中国现代散文全新的审美特征。朱自清的散文继承了中国古典文学传统,清秀隽永、质朴腴厚、激进深邃、结构严谨缜密、笔触委婉细致,具有诗画的情韵。主要作品有散文集《背影》、《欧游杂记》,诗文集《踪迹》,文艺论著《论雅俗共赏》等。

导读

1923 年 8 月,朱自清和好友俞平伯到南京度假,同游秦淮河,当月俞平伯写下《桨声灯影里的秦淮河》,追忆当时畅游的情景。同年 10 月,朱自清在温州也以同一题目写下了自己的所见所感。共同的题目,不同的风格,两篇散文各有千秋,传于后世,成为现代文学史上的一段佳话。朱自清《桨声灯影里的秦淮河》这篇散文,通过对月光下的秦淮河旖旎风光的详尽描写,展现了一幅令人缅怀的桨声灯影里的秦淮河画卷,委婉含蓄地表现了五四退潮后身处黑暗现实下的复杂心境。

课文可分为四个部分:第一部分交代了夜游的时间、同行者,并对秦淮河冠以"历史的",为下文的说古道今、描绘它的衰落打下伏笔;第二部分描写了秦淮河的水、船、彩灯、歌声,眼前所见与历史画面交织,如梦似幻的境界令人神往;第三部分是叙写景物的高潮部分,薄薄的秦淮夜色,静静的、冷冷的秦淮水,以工笔画般的细腻细致入微地描绘出灯光与月色交融下的秦淮风光;第四部分写出于精神上的渴求,想温寻六朝金粉的余味,但心欲近而身拒之,乘兴而来,怅惘而归。作者从现实走进历史回忆,又从历史向往的陶醉中回到现实,虚实相生,意境朦胧,美不胜收,畅游美景的同时,也进行了一次心灵的旅行。"舱前的顶下,一律悬着灯彩;灯的多少,明暗,彩苏的精粗,艳晦,是不一的。但好歹总还你一个灯彩。""在这薄霭和微漪里,听着那悠然的间歇的桨声,谁能不被引入他的美梦去呢?只愁梦太多了,这些大小船儿如何载得起呀?我们这时模模糊糊的谈着明末的秦淮河的艳迹,如《桃花扇》及《板桥杂记》里所载的。我们真神往了。我们仿佛亲见那时华灯映水,画舫凌波的光景了。于是我们的船便成了历史的重载。"对历史的陶醉,以歌妓的出现而幻灭,从梦中重又回到现实。作者将碍于道德律的束缚,一心想超越现实,但又不能忘却现实的矛盾心情展示得淋漓尽致,意蕴深厚自然。

这篇作品体现了朱自清散文构思缜密、描写细致的特点。作者将自然景色、历史影像、真实感情融会起来,洋溢着一股细腻而又真挚的情感,文笔精美婉丽,节奏跌宕有致，饱含诗意和生活情趣。

感悟讨论

1. 这篇游记描写细腻，格调清新，文笔清丽，仔细阅读第三部分，体会这一特点。

2. 你同意作者“畅游秦淮美景的同时，也进行了一次心灵的旅行”的评价吗？为什么？

3. 分析课文中运用比喻、比拟修辞手法的地方。

链接

《朱自清散文》，朱自清著，人民文学出版社 2005 年版。

陶然亭为清代名亭，“陶然”二字源自大诗人白居易的诗“更待菊黄家酝熟，共君一醉一陶然”。俞平伯以淡然传神之笔回忆了雪中游陶然亭的经历，发禅理之思。

第七节

陶然亭的雪

◎ 俞平伯

悄然的北风，黯然的同云，炉火不温了，灯还没有上呢。这又是一年的冬天。在海滨草草营巢，暂止飘零的我，似乎不必再学黄叶们故意沙沙的作成那繁响了。老实说，近来时序的迁流，无非逼我换了几回衣裳；把夹衣叠起，把棉衣抖开，这就是秋尽冬来的惟一大事。至于秋之为秋，冬之为冬，我之为我，一切之为一切，固依然自若，并非可叹可悲可怜可喜的意味，而且连那些意味的残痕也觉无从觅哩。千条万派活跃的流泉似全然消释于无何有之乡土，剩下“漠然”这么一味来相伴了。看看窗外酿雪的同云，倒活画出我那潦倒的影儿一个。像这样喑哑无声的蠢然一物，除血脉呼吸的轻颤以外，安息在冬天的晚上，真真再好没有了。有人说，这不是静止——静止是没有的——是均衡的动，如两匹马以同速同向去跑着，即不异于比肩站着的石马。但这些问题虽另有人耐烦去想，而我则岂其人呢。所以于我顶顶合式，莫如学那冬晚的停云。（你听见它说过话吗？）无如编辑《星海》的朋友们逼我饶舌。我将怎样呢？——有了！在“悄然的北风，黯然的同云，炉火不温了，灯还没有上呢”这个光景下，令我追忆昔年北京陶然亭之雪。

我虽生长于江南，而自曾北去以后，对于第二故乡的北京也真不能无所恋恋了。尤其是在那样一个冬晚，有银花纸糊裱的顶棚和新衣裳一样綷䌨[①]的纸窗，一半还已烬一半红着，可以照人须眉的泥炉火，还有墙外边三两声的担子吆喝。因房这样矮而洁，窗这样低而明，越显出天上的同云格外的沉凝欲堕，酿雪的意思格外浓鲜而成熟了。我房中照例上灯独迟些，对面或侧面的火光常浅浅耀在我的窗纸上，似比月色还多了些静穆，还多了些凄清。当我听见廓落的院子里有脚步声，一会儿必要跟着“砰”关风门了，或者“砣搭”下帘子了。我便料到必有寒紧的风在走道的人颈傍拂着，所以他要那样匆匆的走。如此，类乎此的黯淡的寒姿，在我忆中至少可以匹敌江南春与秋的姝丽了，至少也可以使惯住江南的朋友们了解一点名说苦寒的北方，也有足以系人思念的冬之黄昏啊。有人说，“这岂不将钩惹我们的迟暮之感？”真的！——可是，咱们谁又是专喝蜜水的人呢。

总是冬天罢，（谁要你说？）年月日是忘怀了。读者们想决不屑介意于此琐琐的，所以忘怀倒也没要紧。那天是雪后的下午。我其时住在东华门侧一条曲折的小胡同里，而G君所居更偏东些。我们雇了两辆“胶皮”[②]，向着陶然亭去，但车只雇到前门外大外郎营，(从东城至陶然亭路很远，冒雪雇车很不便。)车轮咯咯吱吱的切碾着白雪，留下凹纹的平行线，我们遂由南池子而天安门东，渐逼近车马纷填，兀然在目的前门了。街衢上已是一半儿泥泞，一半儿雪了。幸而北风还时时吹下一阵雪珠，蒙络那一切，正如疏朗冥蒙的银雾[3]。亦幸而雪在北京，似乎是白面捏的，又似乎是白泥塑的。(往往到初春时，人家庭院里还堆着与土同色的雪，结果是成筐的挑了出去完事。)若移在江南，檐漏的滴嗒，不终朝而消尽了。

言归正传。我们下了车，踏着雪，穿粉房琉璃街而南，炫眼的雪光愈白，栉比的人家渐寥落了。不久就远远望见清旷莹明的原野，这正是在城圈里耽腻了的我们所期待的。累累的荒冢，白着头的，地名叫做窑台。我不禁连想那"会向瑶台月下逢"的所谓瑶台[4]。这本是比拟不伦，但我总不住的那么想。

那时江亭之北似尚未有通衢。我们踯躅于白襄衣广覆着的田野之间，望望这里，望望那里，都很像江亭似的。商量着，偏西南方较高大的屋，或者就是了。但为什么不见一个亭子呢？藏在里边罢？

到拾级而登时，已确信所测不误了。然踏穿了内外竟不见有什么亭子。幸而上面挂着的一方匾；否则那天到的是不是陶然亭，若至今还是疑问，岂非是个笑话。江亭无亭，这样的名实乖违，总使我们怅然若失。我来时是这样预期的，一座四望极目的危亭，无碍无遮，在雪海中沐浴而嬉，宛如回旋的灯塔在银涛万沸之中，浅礁之上，亭亭矗立一般。而今竟只见拙钝的几间老屋，为城圈之中所习见而不一见的，则已往的名流觞咏[5]，想起来真不免黯然寡色了。

然其时雪又纷纷扬扬而下来，跳舞在灰空里的雪羽，任意地飞集到我们的粗呢氅衣上。趁它们未及融为明珠的时候，我即用手那么一拍，大半掉在地上，小半已渗进衣襟去。"下马先寻题壁字[6]"，来来回回的循墙而走，咱们也大有古人之风呢。看看咱们能拾得什么？至少也当有如"白丁香折玉亭亭"一样的句子被传诵着罢[7]。然而竟终于不见！可证"一蟹不如一蟹"这句老话真是有一点意思的。后来幸而觅得略可解嘲的断句，所谓"卅年戎马尽秋尘"者，从此就在咱们嘴里咕噜着了。

在曲折廓落的游廊间，当北风卷雪渺无片响的时分，忽近处递来琅琅的书声。谛听，分明得很，是小孩子的。它对于我们十分亲密，因为和从前我们在书房里所唱出的正是一个样子的。这尽可以使我重温热久未曾尝的儿时的甜酒，使我俯拾眠歌声里的温馨梦痕；并可以减轻北风的尖冷，抚慰素雪的飘零。换一句干脆点的话，就是在清冷双绝的况味中，它恰好给喝了一点热热酽酽的东西[8]，使一切已凝的，一切凝着的，一切将凝的，都软洋洋弹着腰肢不自支持了[9]。

书声还正琅琅然呢。我们寻诗的闲趣被窥人的热念给岔开了。从回廊下踅过去，两明一暗的三间屋，玻璃窗上帷子亦未下。天色其时尚未近黄昏；惟云天密吻，酿雪意的浓酣，阡陌明胸，积雪痕的寒皎，似乎全与迟暮合缘，催着黄昏快些来罢。至屋内的陈设，人物的须眉，已尽随年月日时的迁移，送进茫茫昧昧的乡土，在此也只好从缺。几个较鲜明的印象，尚可片片掇拾以告诸君的，是厚的棉门帘一个；肥短的旱烟袋一支；老黄色的《孟子》一册，上有银硃圈点，正翻到《离娄》篇首；照例还有白灰泥炉一个，高高的火苗窜着；以外……“算了罢，你不要在这儿写帐哟！”

游览必终之以大嚼，是我们的惯例，这里边好像有鬼催着似的。我曾和我姊姊说过，“咱们以后不用说逛什么地方，老实说吃什么地方好了。”她虽付之一笑，却不斥我为胡闹，可见中非无故了。我且曾以之问过吾师。吾师说得尤妙，“好吃是文人的天性，”这更令我不便追问下去。因为既曰天性，已是第一因了。还要求它的因，似乎不很知趣。如理化学家说到电子，心理学家说到本能，生机哲学者说到什么“隐得而希”……

闲言少表。天性既不许有例外，谈到白雪，自然会归到一条条的白面上去。不过这种说法是很辱没胜地的，且有点文不对题。所以在江亭中吃的素面，只好割爱不谈。我只记得青汪汪的一炉火，温煦最先散在人的双颊上。那户外的尖风呜呜的独自去响。倚着北窗，恰好鸟瞰那南郊的旷莽积雪。玻璃上偶沾了几片鹅毛碎雪，更显得它的莹明不滓。雪固白得可爱，但它干净得尤好。酿雪的云，融雪的泥，各有各的意思；但总不如一半留着的雪痕，一半飘着的雪华，上上下下，迷眩难分的尤为美满。脚步声听不到，门帘也不动，屋里没有第三个人。我们手都插在衣袋里，悄对着那排向北的窗。窗外有几方妙绝的素雪装成的册页。累累的坟，弯弯的路，枝枝桠桠的树，高高低低的屋顶，都秃着白头，耸着白肩膀，危立在卷雪的北风之中。上边不见一只鸟儿展着翅，下边不见一条虫儿蠢然的动（或者要归功于我的近视眼），不用提路上的行人，更不用提马足车尘了。惟有背后已热的瓶笙吱吱的响，是为静之独一异品；然依昔人所谓“蝉噪林逾静”的静这种诠释，它虽努力思与岑寂绝缘终久是失败的哟。死样的寂每每促生胎动的潜能，惟万寂之中留下一分两分的喧哗，使就烬的赤灰不致以内炎而重生烟焰；故未全枯寂的外缘正能孕育着止水一泓似的心境。这也无烦高谈妙谛，只当咱们清眠不熟的时光便可以稍稍体验这番悬谈了。闲闲的意想，乍生乍灭，如行云流水一般的不关痛痒，比强制吾心，一念不着的滋味如何？这想必有人能辨别的。

炉火使我们的颊热，素面使我们的胃饱，飘零的暮雪使我们的心越过越黯淡。我们到底不得不出去一走，到底不得不面迎着雪，脚踹着雪，齐向北怏怏的走。离亭数十步外有一土坡，上开着一家油厂；厂右有小小的断坟并立。从坟头的小碣，知道一个葬的是鹦鹉；一个名为香冢，想又是美人黄土那类把戏了。只是一件，油厂有狗，喜拦门乱吠。G君是怕狗的；因怕它咬，并怕那未必就咬的吠，并怕那未必就吠的狗。而我又是怯登土坡的，雪覆着的坡子滑滑的难走，更有点望之生畏。故我们商量商量，还是别去为妙。

我们绕坡北去时，G君抬头而望（我记得其时狗没有吠）对我说，来年春归时，种些红杜鹃花在上面。我点点头。路上还商量着买杜鹃花的价钱。……现在呢，然而现在呢？我惆怅着夙愿的虚设。区区的愿原不妨孤负；然区区的愿亦未免孤负，则以外的岂不又可知了。——北京冬间早又见了三两寸的雪，而上海至今只是黯然的同云，说是酿雪，说是酿雪，而终于不来。这令我由不得追忆那年江亭玩雪的故事。

（选自《俞平伯散文》，俞平伯著，浙江文艺出版社2000年版）

注释

①綷縩(cuìcài)：衣服相擦声。

②胶皮：指人力车。

③冥蒙：幽暗不明。

④会向瑶台月下逢：出自唐代诗人李白《清平调》。

⑤觞咏：出自王羲之《兰亭集序》："一觞一咏，亦足以畅叙幽情。"后人以"觞咏"谓饮酒赋诗。

⑥下马先寻题壁字：出自北宋词人周邦彦的《浣溪沙》。

⑦白丁香折玉亭亭：俞平伯的父亲从前在陶然亭见的雪珊女史的题壁诗："柳色随山上鬓青，白丁香折玉亭亭，天涯写遍题墙字，只怕流莺不解听。"

⑧酽酽(yànyàn)：表示程度深。

⑨亸(duǒ)：下垂。

❋ 作者简介

俞平伯(1900—1990)，原名俞铭衡，字平伯。现代诗人、作家、红学家。清代朴学大师俞樾曾孙。与胡适并称"新红学派"的创始人。他出身名门，早年以新诗人、散文家享誉文坛。1919年毕业于北京大学，曾为燕京大学、清华大学、北京大学教授。加入"文学研究会"、"语丝社"等文学社团，是新文学运动初期的重要诗人，与朱自清、郑振铎等创办"五四"以来最早出版的诗刊《诗》。新中国成立后，历任北京大学教授、中国社科院研究员、中国作家协会理事。俞平伯后来的散文创作成就超过了早期的诗歌创作，创造出虚实相生的朦胧境界，追求不离不着的况外之味，表现出他对人生的思索和推动人生向上的真诚愿望。俞平伯积极参加五四新文化运动，精研中国古典文学，执教于著名学府，是一位热忱的爱国者和具有高尚情操的知识分子。

导读

这篇文章是作者对一次观雪经历的回忆，蕴涵着作者对自然之美的向往和怀念之意，表达出与自然亲和、相依恋的感情。

文章下笔淡然，以"悄然的北风，黯然的同云，炉火不温了，灯还没有上呢"为背景，引起雪游陶然亭的回忆。接着记述了具体的游历过程，在恬淡自然中体现出细细的玩索，其中有游历中的小见闻和小感触，也有对陶然亭雪景的精细描述。洋洋洒洒中透露出惆怅，但更多的是流露出作者不以物喜、不以己悲的随缘即应的淡然之心。结尾又回到现实中，在怀念往事的怅惘中再次深化怀念自然、亲近自然的主题。作者受传统思想的浸染较深，禅宗那种"我心是佛——我心清静——依心行动——适意自然"的哲学，不经意间流露笔端，自成一片满蕴着人间气息的洒脱自如之境。当时身处国家多事之秋的俞平伯，努力以平常心对待人生种种变故，"近来时序的迁流，无非逼我换了几回衣裳；把夹衣叠起，把棉衣抖开，这就是秋尽冬来的惟一大事。至于秋之为秋，冬之为冬，我之为我，一切之为一切，固依然自若，并非可叹可悲可怜可喜的意味，而且连那些意味的残痕也觉无从觅哩。千条万派活跃的流泉似全然消释在无何有之乡土，剩下'漠然'这么一味来相伴了"。仔细品嚼，其间不乏苦涩，但更多的是超脱和淡然。

文章笔触自然轻松，饶有趣味，娓娓而谈，描写生动传神，韵味雅致。语言庄谐参差，充满清高而不绝俗的静雅闲适之趣，体现出亲切自然、平和冲淡的风格。

感悟讨论

1. 体会作品所传达的人与自然相亲和、相依恋的感情。

2. 这篇文章结构散漫，你认为这是文章的缺陷吗？为什么？

3. 仔细品味"近来时序的迁流，无非逼我换了几回衣裳；把夹衣叠起，把棉衣抖开，这就是秋尽冬来的惟一大事。至于秋之为秋，冬之为冬，我之为我，一切之为一切，固依然自若，并非可叹可悲可怜可喜的意味，而且连那些意味的残痕也觉无从觅哩。千条万派活跃的流泉似全然消释在无何有之乡土，剩下'漠然'这么一味来相伴了"这段话的意味。

链接

选自《俞平伯散文》，俞平伯著，浙江文艺出版社 2000 年版。

巴金的散文多描写自然风光和人生世态，洋溢着渴望自由、追求光明的热情。他希望“每个人都得着春天，每颗心都得着光明，每个人的生活都得着幸福，每个人的发展都得着自由”。

第八节

爱尔克的灯光

◎巴　金

傍晚，我靠着逐渐暗淡的最后的阳光的指引，走过十八年前的故居。这条街、这个建筑物开始在我的眼前隐藏起来，像在躲避一个久别的旧友。但是它们的改变了的面貌于我还是十分亲切。我认识它们，就像认识我自己。还是那样宽的街，宽的房屋。巍峨的门墙代替了太平缸和石狮子，那一对常常做我们坐骑的背脊光滑的雄狮也不知逃进了哪座荒山。然而大门开着，照壁上“长宜子孙”四个字却是原样地嵌在那里，似乎连颜色也不曾被风雨剥蚀。我望着那同样的照壁，我被一种奇异的感情抓住了，我仿佛要在这里看出过去的十九个年头，不，我仿佛要在这里寻找十八年以前的遥远的旧梦。

守门的卫兵用怀疑的眼光看我。他不了解我的心情。他不会认识十八年前的年轻人。他却用眼光驱逐一个人的许多亲密的回忆。

黑暗来了。我的眼睛失掉了一切。于是大门内亮起了灯光。灯光并不曾照亮什么，反而增加了我心上的黑暗。我只得失望地走了。我向着来时的路回去。已经走了四五步，我忽然掉转头，再看那个建筑物。依旧是阴暗中的一线微光。我好像看见一个盛满希望的水碗一下子就落在地上打碎了一般，我痛苦地在心里叫起来。在这条被夜幕覆盖着的近代城市的静寂的街中，我仿佛看见了哈立希岛上的灯光。那应该是姐姐爱尔克点的灯罢。她用这灯光来给她航海的兄弟照路，每夜每夜灯光亮在她的窗前，她一直到死都在等待那个出远门的兄弟回来。最后她带着失望进入坟墓。

街道仍然是清静的。忽然一个熟悉的声音在我耳边轻轻地唱起了这个欧洲的古传说。在这里不会有人歌咏这样的故事。应该是书本在我心上留下的影响。但是这个时候我想起了自己的事情。

十八年前在一个春天的早晨，我离开这个城市、这条街的时候，我也曾有一个姐姐，也曾答应过有一天回来看她，跟她谈一些外面的事情。我相信自己的诺言。那时我的姐姐还是一个出阁才只一个多月的新嫁娘，都说她有一个性情温良的丈夫，因此也会有长久的幸福的岁月。

然而人的安排终于被“偶然”破坏了。这应该是一个“意外”。但是这“意外”却毫无怜悯地打击了年轻的心。我离家不过一年半光景，就接到了姐姐的死讯。我的哥哥用了颤抖的哭诉的笔叙说一个善良女性的悲惨的结局，还说起她死后受到的冷落的待遇。从此那个做过她丈夫的所谓温良的人改变了，他往一条丧失人性的路走去。他想往上爬，结果却不停地向下面落，终于到了用鸦片烟延续生命的地步。对于姐姐，她生前我没有好好地爱过她，死后也不曾做过一样纪念她的事。她寂寞地活着，寂寞地死去。死带走了她的一切，这就是在我们那个地方的旧式女子的命运。

我在外面一直跑了十八年。我从没有向人谈过我的姐姐。只有偶尔在梦里我看见了爱尔克的灯光。一年前在上海我常常睁起眼睛做梦。我望着远远的在窗前发亮的灯，我面前横着一片大海，灯光在呼唤我，我恨不得腋下生出翅膀，即刻飞到那边去。沉重的梦压住我的心灵，我好像在跟许多无形的魔手挣扎。我望着那灯光，路是那么远，我又没有翅膀。我只有一个渴望：飞！飞！那些熬煎着心的日子！那些可怕的梦魇！

但是我终于出来了。我越过那堆积着像山一样的十八年的长岁月，回到了生我养我而且让我刻印了无数儿时回忆的地方。我走了很多的路。

十九年，似乎一切全变了，又似乎都没有改变。死了许多人，毁了许多家。许多可爱的生命葬入黄土。接着又有许多新的人继续扮演不必要的悲剧。浪费，浪费，还是那许多不必要的浪费——生命，精力，感情，财富，甚至欢笑和眼泪。我去的时候是这样，回来时看见的还是一样的情形。关在这个小圈子里，我禁不住几次问我自己：难道这十八年全是白费？难道在这许多年中间所改变的就只是装束和名词？我痛苦地搓自己的手，不敢给一个回答。

在这个我永不能忘记的城市里，我度过了五十个傍晚。我花费了自己不少的眼泪和欢笑，也消耗了别人不少的眼泪和欢笑。我匆匆地来，也将匆匆地去。用留恋的眼光看我出生的房屋，这应该是最后的一次了。我的心似乎想在那里寻觅什么。但是我所要的东西绝不会在那里找到。我不会像我的一个姑母或者嫂嫂，设法进到那所已经易了几个主人的公馆，对着园中的花树垂泪，慨叹着一个家族的盛衰。摘吃自己栽种的树上的苦果，这是一个人的本分。我没有跟着那些人走一条路，我当然在这里找不到自己的脚迹。几次走过这个地方，我所看见的还只是那四个字："长宜子孙"。

"长宜子孙"这四个字的年龄比我的不知大了多少。这也该是我祖父留下的东西罢。最近在家里我还读到他的遗嘱。他用空空两手造就了一份家业。到临死还周到地为儿孙安排了舒适的生活。他叮嘱后人保留着他修建的房屋和他辛苦地搜集起来的书画。但是儿孙们回答他的还是同样的字：分和卖。我很奇怪，为什么这样聪明的老人还不明白一个浅显的道理：财富并不"长宜子孙"，倘使不给他们一个生活技能，不向他们指示一条生活道路；"家"这个小圈子只能摧毁年轻心灵的发育成长，倘使不同时让他们睁起眼睛去看广大世界；财富只能毁灭崇高的理想和善良的气质，要是它只消耗在个人的利益上面。

"长宜子孙"，我恨不能削去这四个字[①]！许多可爱的年轻生命被摧践了，许多有为的年轻心灵被囚禁了。许多人在这个小圈子里面憔悴地捱着日子。这就是"家"！"甜蜜的家"！这不是我应该来的地方。爱尔克的灯光不会把我引到这里来的。

于是在一个春天的早晨，依旧是十八年前的那些人把我送到门口，这里面少了几个，也多了几个。还是和那次一样，看不见我姐姐的影子，那次是我没有等待她，这次是我找不到她的坟墓。一个叔父和一个堂兄弟到车站送我，十八年前他们也送过我一段路程。

我高兴地来，痛苦地去。汽车离站时我心里的确充满了留恋。但是清晨的微风，路上的尘土，马达的叫吼，车轮的滚动，和广大田野里一片盛开的菜子花，这一切驱散了我的离愁。我不顾同行者的劝告，把头伸到车窗外面，去呼吸广大天幕下的新鲜空气。我很高兴，自己又一次离开了狭小的家，走向广大的世界中去！

忽然在前面田野里一片绿的蚕豆和黄的菜花中间，我仿佛又看见了一线光，一个亮，这还是我常常看见的灯光。这不会是爱尔克的灯里照出来的，我那个可怜的姐姐已经死去了。这一定是我的心灵的灯，它永远给我指示我应该走的路。

1941 年 3 月重庆

（选自《巴金散文》，巴金著，人民文学出版社 2007 年版）

注释

①作者 1959 年注：1956 年 12 月我终于走进了这个“公馆”。“长宜子孙”四个字果然跟着“照壁”一起消灭了。

❀ 作者简介

巴金（1904—2005），原名李尧棠，字芾甘，四川成都人，现代著名作家。巴金的原名和字源于《诗经·国风》中《召南·甘棠》的首句“蔽芾甘棠”。1923 年巴金到上海、南京求学，1927 年至 1928 年留学法国，开始从事译著工作和文学创作，出版了处女作《灭亡》。回国后陆续出版了《家》《春》《秋》（《激流三部曲》），《雾》《雨》《电》（《爱情三部曲》）以及《寒夜》《憩园》《随想录》等作品。代表作《家》描写一个封建大家庭的家族生活，揭露了封建末世的黑暗与腐朽，控诉了旧礼教、旧势力的罪恶，歌颂了“五四”时期一代知识青年的觉醒。此外，还出版了《旅途随笔》《静夜的悲剧》等散文集。巴金的散文，大多描写自然风光和人生世态，洋溢着渴望自由、追求光明的热情。巴金曾长期主持过著名文学刊物《收获》，以及《文学丛刊》、《译文丛书》、文化生活出版社等编辑工作。曾任中国作家协会主席、全国文联副主席等职。1982 年获意大利国际但丁奖，1999 年 8315 号小行星以巴金的名字命名。

导读

本文通过“灯光”这一线索，表达了对姐姐的缅怀之情以及深沉的人道主义思索；照壁上“长宜子孙”这四个字在文中反复出现，表达了作者对封建思想和封建专制制度的彻底否定。两条线索交替出现，表达出作者较为复杂的思想情感。

课文可分为三部分：第一部分写作者回到了18年前的故居，看到了“长宜子孙”感慨万千；第二部分追忆姐姐，引发对旧制度摧残生命的抨击；第三部分写再次离开狭小的“家”，投身广大的世界。作为缅怀善良姐姐的“灯光”，寓意深刻而复杂，“爱尔克的灯光”是作者用欧洲古老的传说故事来烘托姐姐善良心灵的象征描写。“她用这灯光来给她航海的兄弟照路”而自己却陷入黑暗痛苦的“家”的深渊，“她寂寞地活着，寂寞地死去”。这充分展示了一个生活在封建囚笼中的女性所付出的爱和承担巨大痛苦的“崇高的理想和善良的气质”，正是这种伟大的女性的毁灭，激发了作者对封建专制的无比痛恨，文中反复写“灯光”，不仅使文章充盈诗情，也具有统领全文的作用。文中提到的三种灯光，都包含着深邃的象征意义：故居大门内亮起的昏暗的灯光，是旧家庭、旧礼教走向没落、崩溃的象征。爱尔克的灯光，象征着旧生活的悲剧和希望的破灭。“我的心灵的灯”则象征着作者对新生活的信念和对理想的追求。“长宜子孙”作为一种封建专制传承的象征，维护着旧秩序，囚禁着年轻的心灵，摧残着年轻的生命，作者诅咒黑暗的封建礼教，向往光明，引发了对于人生道路与生活方式的思考：囚笼般的生活会毁灭了年轻人进取的热情和斗志，羁绊着年轻人走向更广大、更美好生活的脚步。作者结合自己的人生经历，提出了一条新的生活道路，那就是冲破旧家庭的束缚，到广大的世界中去，对新的生活充满了信心和期待。

本文叙述、抒情和议论相结合，情感真挚，意境深邃。

感悟思考

1. 试分析“爱尔克的灯光”的象征意义，并比较它与“大门内亮起的一线光”和“我心灵的灯”的不同寓意。

2. 谈谈你对“长宜子孙”这一封建人生观的理解。

3. 文章后面谈到“走向广大的世界中去”表达了什么样思想？

链接

《巴金散文》，巴金著，人民文学出版社2007年版。

托物言志，咏物抒怀，袒露心迹，字里行间充满了哲理和禅机——“天行有常，不为尧存，不为桀亡”，凡事顺其自然，遇事不为它动，处之泰然。

第九节

二月兰

◎ 季羡林

转眼，不知怎样一来，整个燕园成了二月兰的天下。

二月兰是一种常见的野花。花朵不大，紫白相间。花形和颜色都没有什么特异之处。如果只有一两棵，在百花丛中，决不会引起任何人的注意。但是它却以多制胜，每到春天，和风一吹拂，便绽开了小花；最初只有一朵，两朵，几朵。但是一转眼，在一夜间，就能变成百朵，千朵，万朵。大有凌驾百花之势了。

我在燕园里已经住了四十多年。最初我并没有特别注意到这种小花。直到前年，也许正是二月兰开花的大年，我蓦地发现，从我住的楼旁小土山开始，走遍了全园，眼光所到之处，无不有二月兰在。宅旁，篱下，林中，山头，土坡，湖边，只要有空隙的地方，都是一团紫气，间以白雾，小花开得淋漓尽致，气势非凡，紫气直冲云霄，连宇宙都仿佛变成紫色的了。

我在迷离恍惚中，忽然发现二月兰爬上了树，有的已经爬上了树顶，有的正在努力攀登，连喘气的声音似乎都能听到。我这一惊可真不小：莫非二月兰真成了精了吗？再定睛一看，原来是兰丛中一些藤萝，也正在开着花，花的颜色同二月兰一模一样，所差的就仅仅只缺少那一团白雾。我实在觉得我这个幻觉非常有趣。带着清醒的意识，我仔细观察起来：除了花形之外，颜色真是一般无二。反正我知道了这是两种植物，心里有了底，然而再一转眼，我仍然看到二月兰往枝头爬。这是真的呢？还是幻觉？——由它去吧。

自从意识到二月兰存在以后，一些同二月兰有联系的回忆立即涌上心头。原来很少想到的或根本没有想到的事情，现在想到了；原来认为十分平常的琐事，现在显得十分不平常了。我一下子清晰地意识到，原来这种十分平凡的野花竟在我的生命中占有这样重要的地位。我自己也有点吃惊了。

我回忆的丝缕是从楼旁的小土山开始的。这一座小土山，最初毫无惊人之处，只不过二三米高，上面长满了野草。当年歪风狂吹时，每次“打扫卫生”，全楼住的人都被召唤出来拔草，不是“绿化”，而是“黄化”。我每次都在心中暗恨这小山野草之多。后来不知由于什么原因，把山堆高了一两米。这样一来，山就颇有一点山势了。东头的苍松，西头的翠柏，都仿佛恢复了青春，一年四季，郁郁葱葱，中间一棵榆树，从树龄来看，只能算是松柏的曾孙，然而也枝干繁茂，高枝直刺入蔚蓝的晴空。

我不记得从什么时候起我注意到小山上的二月兰。这种野花开花大概也有大年小年之别的。碰到小年，只在小山前后稀疏地开上那么几片。遇到大年，则山前山后开成大片。二月兰仿佛发了狂。我们常讲什么什么花"怒放"，这个"怒"字用得真是无比地奇妙。二月兰一"怒"，仿佛从土地深处吸来一股原始力量，一定要把花开遍大千世界，紫气直冲云霄，连宇宙都仿佛变成紫色的了。

东坡的词说："月有阴晴圆缺，人有悲欢离合，此事古难全。"但是花们好像是没有什么悲欢离合。应该开时，它们就开；该消失时，它们就消失。它们是"纵浪大化中"，一切顺其自然，自己无所谓什么悲与喜。我的二月兰就是这个样子。

然而，人这个万物之灵却偏偏有了感情，有了感情就有了悲欢。这真是多此一举，然而没有法子。人自己多情，又把情移到花，"泪眼向花花不语"，花当然"不语"了。如果花真"语"起来，岂不吓坏人！这些道理我十分明白。然而我仍然把自己的悲欢挂到了二月兰上。

当年老祖还活着的时候[①]，每到春天二月兰开花的时候，她往往拿一把小铲，带一个黑书包，到成片的二月兰旁青草丛里去搜挖荠菜。只要看到她的身影在二月兰的紫雾里晃动，我就知道在午餐或晚餐的餐桌上必然弥漫着荠菜馄饨的清香。当婉如还活着的时候，她每次回家，只要二月兰正在开花，她离开时，她总穿过左手是二月兰的紫雾，右手是湖畔垂柳的绿烟，匆匆忙忙走去，把我的目光一直带到湖对岸的拐弯处。当小保姆杨莹还在我家时，她也同小山和二月兰结上了缘。我曾套宋词写过三句话："午静携侣寻野菜，黄昏抱猫向夕阳，当时只道是寻常。"我的小猫虎子和咪咪还在世的时候，我也往往在二月兰丛里看到她们：一黑一白，在紫色中格外显眼。

所有这些琐事都是寻常到不能再寻常了。然而，曾几何时，到了今天，老祖和婉如已经永远永远地离开了我们[②]。小莹也回了山东老家。至于虎子和咪咪也各自遵循猫的规律，不知钻到了燕园中哪一个幽暗的角落里，等待死亡的到来。老祖和婉如的走，把我的心都带走了。虎子和咪咪我也忆念难忘。如今，天地虽宽，阳光虽照样普照，我却感到无边的寂寥与凄凉。回忆这些往事，如云如烟，原来是近在眼前，如今却如蓬莱灵山，可望而不可即了。

对于我这样的心情和我的一切遭遇，我的二月兰一点也无动于衷，照样自己开花。今年又是二月兰开花的大年。在校园里，眼光所到之处，无不有二月兰在。宅旁，篱下，林中，山头，土坡，湖边，只要有空隙的地方，都是一团紫气，间以白雾，小花开得淋漓尽致，气势非凡。紫气直冲霄汉，连宇宙都仿佛变成紫色的了。

这一切都告诉我。二月兰是不会变的，世事沧桑，于它如浮云。然而我却是在变的。月月变，年年变。我想以不变应万变，然而办不到。我想学习二月兰，然而办不到。不但如此，它还硬把我的记忆牵回到我一生最倒霉的时候。在十年浩劫中，我自己跳出来反对北大那一位"老佛爷"，被抄家，被打成了"反革命"。正是在二月兰开花的时候，我被管制劳动改造。有很长一段时间，我每天到一个地方去捡破砖碎瓦，还随时准备着被红卫兵押解到什么地方去“批斗”，坐喷气式，还要挨上一顿揍，打得鼻青脸肿。可是在砖瓦缝里二月兰依然开放，怡然自得，笑对春风，好像是在嘲笑我。

我当时日子实在非常难过。我知道正义是在自己手中，可是是非颠倒，人妖难分，我呼天天不应，叫地地不答，一腔义愤，满腹委屈，毫无人生之趣。在很长一段时间内，我成了“不可接触者”，几年没接到过一封信，很少有人敢同我打个招呼。我虽处人世，实为异类。

然而我一回到家里，老祖、德华她们，在每人每月只能得到恩赐十几元钱生活费的情况下，殚思竭虑，弄一点好吃的东西，希望能给我增加点营养；更重要的恐怕还是，希望能给我境添点生趣。婉如和延宗也尽可能地多回家来。我的小猫憨态可掬，偎依在我的身旁。她们不懂哲学，分不清两类不同性质的矛盾。人视我为异类，她们视我为好友，从来没有表态，要同我划清界限。所有这一些极其平常的琐事，都给我带来了无量的安慰。窗外尽管千里冰封，室内却是暖气融融。我觉得，在世态炎凉中，还有不炎凉者在。这一点暖气支撑着我，走过了人生最艰难的一段路，没有堕入深涧，一直到今天。

我感觉到悲，又感觉到欢。

到了今天，天运转动，否极泰来，不知怎么一来，我一下子成为“极可接触者”，到处听到的是美好的言词，到处见到的是和悦的笑容。我从内心里感激我这些新老朋友，他们绝对是真诚的。他们鼓励了我，他们启发了我。然而，一回到家里，虽然德华还在，延宗还在，可我的老祖到哪里去了呢？我的婉如到哪里去了呢？还有我的虎子和咪咪一世到哪里去了呢？世界虽照样朗朗，阳光虽照样明媚，我却感觉异样的寂寞与凄凉。

我感觉到欢，不感觉到悲。

我年届耄耋[3]，前面的路有限了。几年前，我写过一篇短文，叫《老猫》，意思很简明，我一生有个特点：不愿意麻烦人。了解我的人都承认。难道到了人生最后一段路上我就要改变这个特点吗？不，不，不想改变。我真想学一学老猫，到了大限来临时，钻到一个幽暗的角落里，一个人悄悄地离开人世。

这话又扯远了。我并不认为眼前就有制定行动计划的必要。我还有很多事情要做，而且我的健康情况也允许我去做。有一位青年朋友说我忘记了自己的年龄。这话极有道理。可我并没有全忘。有一个问题我还想弄弄清楚哩。按说我早已到了“悲欢离合总无情”的年龄，应该超脱一点了。然而在离开这个世界以前，我还有一件心事：我想弄清楚，什么叫“悲”？什么又叫“欢”？是我成为“不可接触者”时悲呢？还是成为“极可接触者”时欢？如果没有老祖和婉如的逝世，这问题本来是一清二白的，现在却是悲欢难以分辨了。我想得到答复。我走上了每天必登临几次的小山，我问苍松，苍松不语；我问翠柏，翠柏不答。我问三十多年来亲眼目睹我这些悲欢离合的二月兰，它也沉默不语，兀自万朵怒放，笑对春风，紫气直冲霄汉。

（选自《二月兰》，季羡林著，作家出版社 2010 年版）

注释

①老祖：季羡林的婶母，含辛茹苦支撑季家，供养季羡林子女读书，全家尊她为老祖。

②婉如：季羡林的女儿季婉如，生前是一名高级建筑工程师。

③耄耋(màodié)：古指七八十岁的年纪，现泛指老年。

作者简介

季羡林(1911—2009)，中国著名文学家、语言学家、教育家和社会活动家，翻译家，散文家。1911年出生于山东临清，1930年考入清华大学西洋文学系，1935年考取清华大学与德国的交换研究生，赴德国学习梵文，1941年获哲学博士学位。1946年回国，被聘为北京大学教授，创建东方语言文学系，任北京大学教授兼东方语言文学系主任。1956年当选为中国科学院哲学社会科学部委员。1978年任北京大学副校长、中国社会科学院与北京大学合办的南亚研究所所长。季先生长年任教北大，在语言学、文化学、历史学、佛教学、印度学和比较文学等方面都有很深的造诣，研究翻译了梵文著作和德、英等国的多部经典，著述颇丰。季羡林先生为世人所敬仰，不仅因为他的学识，还因为他的品格。他说：即使在最困难的时候，也没有丢掉自己的良知。季羡林先生创作了大量的散文作品，他的散文有着浓厚的底蕴。"真"与"朴"是季先生散文的两大特点，也是其散文的独特风格。正如季先生所追求的那样："淳朴恬淡，本色天然，外表平易，秀色内含，形式似散，经营惨淡，有节奏性，有韵律感，似谱乐曲，往复回还……"他的散文如一面心灵的镜子，真实地映照出近九十年坎坷、曲折、追求、奋斗的人生历程。

导读

《二月兰》是季羡林先生的咏物抒怀之作。作者以他豁达澄明的心胸、恬淡淳朴的文笔，给读者讲述了一个洋溢着淡淡二月兰花香的人生历程故事。二月兰冲天紫气的描写，是季羡林坎坷人生的映象，是他不畏权势，自信坚强，无私无畏人格魅力的写照。

古人说："情动于中而形于言"，这"形于言"是真情能否传递于人的关键，而"情景相触"构成意境是最能打动读者的。二月兰是一种常见的野花，每到春天，和风一吹拂，校园内，眼光所到处就无处不有二月兰在。这时，"只要有孔隙的地方，都是一团紫气，间以白雾，小花开得淋漓尽致，气势非凡，紫气直冲云霄，连宇宙都仿佛变成紫色的了"。这种平凡却又不平凡的野花儿，随着春风的召唤，淋漓尽致地怒放，紫气直冲云霄；任凭世事多变，依旧在春天里怒放着她的生命，笑对世事浮沉。在《二月兰》中，作者以巧妙自然之笔将自己的每段人生经历和二月兰结合，使悲者愈悲，让欢者更欢，同时又借二月兰的不经意的"笑"表明了自己面对世事变迁的态度。融情于物，给《二月兰》营造了一种飘逸悠远的氛围。回忆昔日亲人团聚的欢乐，作者将对亲人的浓浓依恋之情化在缥缈的二月兰花雾中，显得自然而优美、缠绵。"十年浩劫"给作者带来巨大的身心折磨，对此作者寥寥数笔，洒脱超然。“二月兰依然开放，怡然自得，笑对春风，好像是在嘲笑我”，这段二月兰的描写，为我们展示了一个豁达澄明的精神世界，作者在二月兰身上找到了坚持。斗转星移，当作者面对声名重来，亲人离散的孤寂时，“我问三十多年来亲眼目睹我这些悲欢离合的二月兰，它也沉默不语，兀自万朵怒放，笑对春风，紫气直冲霄汉”。作者又从二月兰身上汲取了精神力量，向读者展示了一个独立、自信、坚强的伟大人格。

作者善于从生活中捕捉细节，然后缓缓道出，从容平静。文章结构匠心独具，语言淳朴恬淡，用词自然天成，极富色彩之美。

感悟讨论

1. 找出课文中关于二月兰描写的句子，体会作者赋予二月兰的人文精神。
2. 作者是以怎样一种态度讲述他经历的人生坎坷磨难的？你有何感悟？

链接

《二月兰》，季羡林著，作家出版社 2010 年版。

作者认为鉴真和尚给日本带来唐代文化的意义是非常重大的，他是日本文化的恩人。这篇充盈着诗情画意的文章向我们展示了自然之美、古典文化之美和人类崇高精神之美。

第十节

唐招提寺的魅力

◎［日］东山魁夷

首先映入眼帘的，是郁郁葱葱的森林。

奈良西边，从尼辻沿着秋篠川向通往群山的路步行不久，便可以望见那会被误认为是御陵森林的葱茏林木，这森林就是我对唐招提寺的第一印象[①]。

看不见一幢建筑物。在过路人的眼里，大概只映现出一片普普通通的森林吧。但是，对于造访唐招提寺的人来说，从这森林所获的印象是强烈的。

其中，有以规模宏伟而自豪的天平金堂[②]，有包括讲堂在内的布局精美的御寺院，还有唐高僧鉴真和尚御灵长眠之地的清净境[③]……那森林唤醒了这样的预感。

这种初次走访唐招提寺的感怀，至今仍然是很新鲜的。

一般去唐招提寺是从这条路往右拐，尔后出南大门。但是，我记得读过谁写的一篇文章却是这样说的：与其走这条路，不如通过立有路标的地方向右拐，出了联结药师寺和唐招提寺的路，再往南大门走更好。

这是一条令人喜欢的路。路上立着一些快要倒塌的瓦顶板心泥墙、成排朴素的民房，显得非常恬静。这一带保存着西京平和的风貌。沿路有稻田，庸俗和喧嚣没有涌到门前来，优美至极。在道路尽头，可以望见耸立在唐招提寺墙内外的亭亭如盖的松林。

再往前走，改变方向，绕到唐招提寺东门前，从架在秋篠川上的桥旁眺望，这里是一望无垠的田园风光，稻田的对面，散落着农舍的房顶，远处有嫩草山、春日山、高窗山，连绵蜿蜒。穿过稻田、掠过河面的风，清爽宜人。这里早先是平城京的左京和五条二坊，经常勾起人们的缅怀。

钻进南大门，踏入寺院之前，我饱览了周围的风景，我觉得这寺院的巨大魅力，这清雅的风趣和周围的自然环境不无关系。这寺院活生生地反映着四季的嬗变，受到酿造自然情绪的田园和森林的保护。

进入南大门，谁的眼帘里首先都会映入金堂，它给人一种压倒一切的印象。宽阔的庭院，两侧掩映着繁茂的树丛，铺满了细砂，金堂就矗立在这样一个洁净的地方。

那雄浑的房顶，那以壮丽形态相对而立的鸱尾[④]，以及那流线型飞檐的苍劲风格……

站在南大门的基坛上眺望，并排屹立着八根圆柱的雄伟的金堂，仿佛在尽力承受着房顶的强大压力似的。

据说，元禄年间修缮这房顶的时候[5]，由于提高了上梁，所以陡度变大，创建之初陡度是比较小的。诚然，这样更能保持平衡，也显得轻快。再说，昔日金堂和南大门之间有一中门，左右突出回廊，形成围绕金堂的空间。就是说，没有现今所见到的那样宽阔的前院。

但是，如今没有中门和回廊，从南大门可以直接窥见金堂的全貌，这样反倒更加突出这座建筑物的雄伟。这个大房顶也打破了均衡，反而生出了另一种意义的刚劲。我觉得如今的姿容，使我受到更加强烈的感动。

穿过铺垫白砂的前院，一步步走近金堂，房顶和正面部分渐渐成为逆反的比例。就是说，房顶的高度变矮了，陡度也变小了，与此相反，正面的成排柱子却越发显示了它们的刚劲。柱子不是等距间隔，中间柱高成正方形，随着左右走向，间隔变得狭窄起来。它给人一种完全受得住大房顶的坚实牢固的感觉。

大寺院的圆柱
将月影踩在地面上

当然，会津八一博士这首绝唱[6]，是站在柱下观察的一种感怀。

在冬日皎洁的月夜里，我用手触摸过圆柱，心中感到它表面的冷峻，以及内里传出的几许温馨。那种结构使我又联想起希腊神殿的建筑形式，这一排柱子分别给予许多人特别的关心。

我一直走到近处能仰望成排圆柱的地方，只见在完全敞开的高大的门内，主佛卢舍那佛居中[7]，千手观音菩萨和药师如来的丈余佛像立在左右[8]，具有一种堂皇而扣人心弦的力量，实是蔚为壮观。同金堂的威容相称的这些佛像，还有梵天、帝释天、四天王像等[9]，它们代表着天平后期厚重的造型艺术，展现了一派庄严的世界。

每年九月满月之夜，寺院境内灯火全灭。在深沉的夜色中，只有放置在这里那里的纸罩座灯的火影摇摇曳曳。金堂正面的三座门完全敞开，在一座座门扉内，三尊佛像的姿影都被映照出来。这种匠心，充满了另一个世界的净福，听说这是现任长老森本孝顺大师设想出来的。

沐浴着月光的金堂房顶，在夜空中静静地展示出其轮廓。檐下昏暗，惟有三座门里灯火明亮。残留在佛像上的金箔，反射出带有厚重感的光，诸佛像的表情也显得非常的美。比起白天来，梵天、帝释天像和四天王像的明暗对比更加明显，雕刻的立体感和动人的力量更加强烈了。

我踏着砂子徘徊。心想：这是现实吗？难道不是梦幻的世界吗？一片胡枝子的叶，悠然地贴在纸罩灯那洁白的日本纸上，显得格外的典雅……

食堂正后方的讲堂，是把平城宫的朝集殿移建过来的，后来虽然几经修缮，但它同金堂一起仍然是天平时代遗留下来的宝贵的建筑。

此外，唐招提寺还收藏着许多卓越的木雕佛像。寺院相传下来的失去双手的药师如来和狮子吼菩萨两尊立像也是很美的[10]，其中有名的如来像不仅没有手、双脚，连头部都失去了，但通过那丰满的质感和流动的衣纹，仍然显示出它那惊人的美，我为此深受感动。

每次造访唐招提寺，我总是走以金堂为中心向左右、南北开辟的路，再沿进深的本坊的土墙，静静漫步在联结东西的路上，这是我的乐趣。

金堂的左侧辟有一条笔直的羊肠小道，道路两旁樱树和高松林立，绵延引向深处、更深处。左侧早先是西室遗址，如今成了松林。再左侧是成排的壕沟，沿着壕沟筑有戒坛院和妙智院。石造的三层戒坛，以葳蕤的竹林和松林为背景[11]，在深沉的安定感中带上了几许异国的风格，显得非常恬静。这里是神圣而重要的场所，它与将戒律带来日本的鉴真和尚是密不可分的。

这里，月夜拜访所获的印象，有的也是很强烈的。全无外部结构的露天石坛，这时反而显得庄严雄伟。皎洁的月光照着石坛的平面。与黑暗的侧面形成对比，是那样的寂静、神秘。

金堂右侧的路上筑有鼓楼，号称礼堂东室的建筑物的深处筑有开山堂。东边并排立着用三棱木造的藏经库和藏宝库。

金堂右侧的建筑物布局、样式和规模的变化引人入胜。不，当你眺望金堂、讲堂的侧面那竞相雄峙的宏伟建筑群时，仅用引人入胜这种稳妥的语言是不足以表现当时的感受的。它简直令人激奋。同时，又是意外的沉静、安闲。

可能是由于当天的气候或时辰的缘故，也可能是由于当时的我的心情变化的关系，这些建筑物本身所具有的两种相反的精致，原封不动地强烈地传染给了我。

在金堂、讲堂和礼堂、东堂的大建筑群中间，有一幢小巧玲珑的鼓楼，建筑布局有所变化。原来鉴真和尚带来的佛舍利是供奉在这里的。每年五月举行从鼓楼上撒团扇的仪式。这种活动早已闻名遐迩，团扇的形状也有所变化，是很有意思的。所谓团扇，是在长把上附着一个小小的心形的东西。这种扇形与其说给人送风，莫如说给人驱赶蚊蝇。相传这里还有一段镰仓时代觉盛的故事[12]。他诵经的时候，即使蚊子吸吮他的血，他也不驱赶。也许，这就是寺院极其纯净的缘故。其中似乎暗示这样一种精神，那就是这座寺院是一个学习戒律的严谨肃穆的道场。

可以说，唐招提寺早先是严格的左右对称的建筑结构，可是，随着时间的流逝，这种对称逐渐消失，如今已经变成日本式的景观了。

沿东室而行，尽头是开山堂。另外，我也喜欢那条沿着东室东侧敷设在填湖造成的新地上的路。来到这一带，是绿树成荫，鸟声不绝。纵是尚未见到立在开山堂前芭蕉的“采撷一片叶，揩拭尊师泪”的诗碑[13]，心情也禁不住肃然起敬，因为这时，离安置鉴真和尚像的御影堂已经很近了。

比地面高出一段，并排屹立着从旧一乘院宸殿移建过来的御影堂，以及地藏堂、惣仓[14]、本坊。秋天来临，土墙上的胡枝子争妍斗丽。秋阳照射在用练土和瓦片垒起的朴素的土墙上，胡枝子的影子摇曳着，充满了和谐的风情。一路上边走边看，土墙瓦片的千变万化，别有一番妙趣。讲堂后面的食堂遗址，如今成为松林，苔藓绿油油的，美极了。

通往东门的那条路最安静，林木亭亭如盖，郁郁葱葱，左侧有御庙所。松柏丛中夹杂着菩提树，夏季绽开宛如茶花的洁白花朵。过了林中的石桥，无时不闻水管里流动的水声和鸟儿的叫声。开山祖鉴真和尚就长眠在这个池子环绕的小小山冈上。

御影堂是一座高雅的、宫殿式格调的建筑，坐落在填湖造成的新地上的土墙内侧，庭院里铺着白砂子，松林里飘荡着清爽的气息。这里安置着鉴真和尚的寿像。天平年间，鉴真和尚应圣上的邀请到我国传授戒律，他不畏海难和障碍，东渡五次，历经十二年的岁月，终于在第六次渡海成功，来到了我国。关于鉴真和尚的这种信仰心之深沉和意志力之坚强，无人不为之感慨万千。鉴真和尚是日本文化的大恩人。

高僧微闭着失明的双目，在稳重中也显出毅然的神态，他的面影栩栩如生地表现了出来。据说这尊雕像是其弟子僧忍基体察到鉴真和尚临近圆寂时的心境而创作的。在日本的肖像雕刻中，它是最古老的、也是最有深度的优秀作品。他那双手交叠而坐的姿影十分安详，那身朱红色衣裳和远山花纹袈裟的褶皱也非常流丽。稍微敞开的胸部，给人一种瘦骨嶙峋的感觉，但是又隐现出一身壮实的骨骼，可以领略到他决不屈服于任何艰难险阻的气魄。而且，失明的双眼里、嘴唇上都蕴含着深切的慈悲和宽宏的气度。每次拜谒这尊像，我都感到一股端然的静寂笼罩着整个雕像，被一种难以接近的敬畏之念所打动，不由得涌起温暖和相通的感情。大概是造像的弟子对僧师的无限崇敬之心感染了我的缘故吧。

关于唐招提寺的魅力，知识贫乏的我所以草书这篇文章，是与森本长老托我为御影堂的隔扇壁画和御厨子挥毫这种机缘联系在一起的。我想这缘分非浅，也就不揣冒昧地将对这寺院的感受都写了出来。

唐招提寺，是鉴真和尚从千里迢迢的唐朝，经历难以言喻的苦难来到日本后传授佛学的主要道场。也就是说，它是佛教徒学习戒律的最高学府。这座寺院的独特风格，至今保持着。它所具有的洁净感，其由来也盖源于此。对我来说，最能牵动我的心的，首先就在这点上。寺院内的每个角落都会让人感受到这种精神。我觉得它可以净化人的心灵，使人保持着心绪的宁静。奈良、大和自不消说，就是在日本，拥有优秀建筑、佛像、绘画的历史悠久的寺院虽为数不少，但能像唐招提寺这样使人感受到一种清澄气氛的则是不多见吧。

尽管经历了一千两百余年，唐招提寺的魅力，同时也是鉴真和尚的魅力，至今犹存，其原因主要在于鉴真和尚其人的伟大。再有，天平金堂、讲堂等主要建筑和佛像没有遭受灾害而保存完好，并且鉴真和尚的雕像也是古今名作，这些都是重要的原因。

此外，鉴真和尚给日本带来唐代文化的意义也是非常重大的。唐朝时期的中国是具有世界性的国家，处于鼎盛时的中国文化，还有远方的希腊、波斯，或者像印度这样的古代文明的继承者诸国的文化精华，确是处在灿烂的黄金时代。大陆诸国具有开放吸收和传播外来文化的性格，日本是远东的岛国，也可以说是外来文化传播的终点。

日本人吸收外来文化是积极的。不过，将外来文化融合使之同化为本国民族所喜爱的东西，这种性格也是很突出的。正因为如此，接触优秀的外来文化，对日本文化来说是重大的事情。自飞鸟时代至今的历史事实[15]，就足以证明这一点。像鉴真和尚这样人品高尚的唐代高僧，亲自来到日本，对日本来说这是值得庆幸的。

鉴真和尚东渡，尽管船只数次遇难，但他给我国带来为数众多的贵重物品，实在令人惊讶。据说其中有收藏佛舍利的白琉璃舍利罐和包裹舍利罐的网织品，有王羲之的书法，许多佛教教典，还有做佛像的手艺人、工艺家等也随同前来。他们传播了唐代雕刻的新样式，成为号称唐招提寺派的起源。具有异邦特征的佛像诞生了，这是值得注目的。据说，鉴真和尚还精通药学。不消说，这一切给予当时的日本文化带来巨大的刺激和恩惠。据记载，假使鉴真和尚第一次东渡成功的话，那么他们带来的贵重物品，以及随从而来的各方面的工匠数目，一定会更丰富。

淡海三船撰写的记述鉴真和尚来日的《唐大和尚东征传》[16]，是在鉴真和尚圆寂十六周年书就的。后来随着时代的发展，镰仓时期莲行根据《东征传》所画的画卷凡五卷，也一直流传至今。

井上靖氏把焦距对准这位在日本国起了重要作用的留日僧的命运[17]，撰写了小说《天平之甍》，使广大的读者关心鉴真和尚和唐招提寺，其功绩是很大的。还有，安藤更生氏受到鉴真和尚的事迹和人品的深深吸引，倾注热情写了《鉴真大和尚传之研究》，这是一部宝贵的论著。

现任长老森本孝顺大师参与指导移建旧一乘院宸殿为御影堂、建筑南大门、修缮讲堂，举办中秋明月等项活动，使战后唐招提寺在历史上遗留下来的种种魅力的基础上，又增添了新的魅力，这是可喜的事。

许多学者都在研究鉴真和尚这种冲破国家禁令，多次花费巨款，不顾千辛万苦而一心要来日本的热情是从何而来的。尽管如此，可以说至今仍然没有完全解明这个问题。

鉴真和尚下决心东渡日本的时候，是五十五岁，可是他踏上日本国土的时候，已年近六十七岁，不用说他早有埋骨日本的思想准备，途中葬身鱼腹的危险也是很大的，而他却决然东渡，为什么他如此思慕日本呢？

从《东征传》鉴真和尚的话里，我们可以窥见，由于他看到了中唐佛教盛极而衰的世相，深感作为佛教新兴的国家日本，是完成自己使命和具有生存意义的更好的地方。再说，当时，鉴真和尚在唐朝已经享有很高地位，他也许怀有这样一种心情，自己已经达到了终生目标的大半，愿把余生投入一个新的环境，为新生而迈出一步。为什么鉴真和尚具备这种举世罕见的大家气质呢？在《东征传》一书中，我们处处可见，即使漂流到遥远的海南岛，他在那里也还修建佛殿，在长途跋涉中念念不忘授戒和讲授律学[18]，他确实是个精力充沛的人。

森本长老对我说过一句话：也许有千条万条理由，但“日本是个风景特别美的国家”这一点深深地印在鉴真和尚的心灵上，这句话，久久地在我心中回荡。如果说，鉴真和尚在自己的国家已经完成了自己的使命，那么，燃起一个高僧的热情，不能不说其理由之一就是他执着地爱上了这个“人世间美丽的岛国”。

鉴真和尚来日本时，已经双目失明，不可能看见美丽的日本风景吧。鉴真和尚抵达奈良的时候，日本这个国家的风景的确是人世间最美的。

现在，很遗憾，奈良、大和自不消说，就是日本也决不能说是个风景美丽之国了。但是，唐招提寺的美，现在依然活生生地保存着。而且，今后也将永远地存在。

附记

《唐招提寺的魅力》一文，是作为1973年出版的入江泰吉摄影的图片集《唐招提寺》的序文而撰写的。那时候，我正在创作该寺院御影堂上段厅和宸殿厅隔扇壁画。我画完了壁龛和隔扇的二十六面，分别取名《山云》《涛声》，时值1975年6月鉴真和尚开山祖忌辰，也算是对唐招提寺的一点奉献吧。

御影堂只在每年开山祖忌辰6月5日前后三天，以及中秋月夜的晚上开放，这已成惯例了。

1976年8月记

（选自《东山魁夷的世界——探索日本之美》，河北教育出版社、花山文艺出版社2001年版）

注释

①唐招提寺：初建于天平宝字三年(759)，是唐代鉴真和尚仿照唐建筑建成，位于日本古都奈良。

②天平(729—749)：日本圣武天皇年号。

③鉴真(688—763)：唐代高僧，日本律宗初祖，江苏扬州人。唐天宝元年开始先后五次东渡日本弘法均未成功，其间双目失明，日本天平胜宝六年(754)终于来到日本，被迎入日本奈良东大寺受戒传律，一生对古代中日文化交流作出了重要贡献。

④鸱尾：古代宫殿式建筑屋脊正脊两端装饰性构件，象征辟除火灾。

⑤元禄年间(1688—1704)：江户中期德川五代将军纲吉统治时期。

⑥会津八一(1881—1956)：日本诗人，美术史学家，书法家，日本早稻田大学名誉教授。

⑦卢舍那佛：即大日如来，释迦牟尼的报身佛。

⑧千手观音菩萨和药师如来：千手观音菩萨，佛教供奉的六观音之一，千首千眼千臂。药师如来，即药师琉璃光如来，是东方净琉璃世界的教主。

⑨梵天、帝释天、四天王(俗称四大金刚)：均为佛教护法神。

⑩狮子吼菩萨：又名狮吼观音，是观音骑在一只怒吼的白狮子上的形象。

⑪葳蕤(wēiruí)：形容草木枝叶繁茂。

⑫镰仓时代：12世纪，源赖朝受封征夷大将军，在镰仓建立日本历史上第一个幕府政权。

⑬芭蕉：即松尾芭蕉(1644—1694)，江户时代著名俳句诗人，将俳句的艺术形式带到了顶峰。

⑭惣(zǒng)仓：日本寺院中的一种建筑。

⑮飞鸟时代(552—646)：原为日本美术史上的时代划分，现在一般指佛教传入日本后至大化改新时期。

⑯淡海三船：日本奈良时代的作家，编纂有《唐大和尚东征传》。

⑰井上靖(1907—1991)：日本当代著名小说家，作品多以中国西域历史为题材，《天平之甍》是他的代表作。

⑱律学：佛教律宗的学问。

作者简介

东山魁夷(1908—1999)，日本当代风景画家、散文家。1931 年毕业于东京美术学校。1934 年留学德国，在柏林大学哲学系攻读美术史。其早年绘画作品《冬日三乐章》《光昏》分别获得 1939 年第一回日本画院展一等奖和 1956 年日本艺术院奖。1969 年获文化勋章和每日艺术大奖。其风景画以西方写实的眼光捕捉日本情调之美，善于表现未经现代文明污染的纯洁的大自然。他的作品在保持平面性的同时增强空间感，在装饰性中抒情寓意，格调高雅蕴藉，充满诗情哲理，透着淡淡的伤感。作为日本的一位著名画家，东山魁夷的散文和随笔，令人陶醉，在日本非常受欢迎。以画家的视角和审美情趣用文字表现出来的艺术品格，充满了诗情画意、色彩的灵动、飘逸潇洒的美感，真正有“诗为心声、画为心境”的审美境界。

导读

这是一篇随笔。作为当代日本画坛大师，东山魁夷自 1971 年开始为奈良唐招提寺御影堂绘制隔扇壁画，1975 年完成了第一期《山云》《涛声》，1980 年完成第二期《黄山晓云》《扬州熏风》等，前后历时 11 年。这篇文章写于第一期绘画完成之后，作者将自己感触的点点滴滴融于笔尖，涓涓道来，全篇充盈着诗情画意，表达了对鉴真大师的无限崇敬之情，颂扬了这位唐代高僧历经磨难而矢志弥坚的精神品格，也表达了作者对滋养日本文化的古老中国文化的崇敬。

课文可分为三个部分：第一部分描写唐招提寺外的自然风光，映衬出寺庙的庄严肃穆和清幽；第二部分细写唐招提寺的布局和建筑以及鉴真寿像，表现了无限崇敬之情；第三部分探究鉴真大师东渡日本的原因，颂扬大师对日本文化的贡献。文章开头描写了一片郁郁葱葱的森林，这是一个远离了喧嚣和庸俗的风景优美所在，作者以他的慧眼，观照着未经现代文明污染的纯洁自然，感悟着佛教文化的精髓，对自然、宗教和人生进行思考，弥散在文章中的是平和静寂的气息。唐招提寺的魅力自何而来？作者从三个层面交错写来，优美的自然风光、庄严肃穆的寺院、历史人物的悲壮行迹三者的描写自然和谐，相互交融，作者也道出了自己心灵深处的感触，“尽管经历了一千两百余年，唐招提寺的魅力，同时也是鉴真和尚的魅力，至今犹存，其主要原因在于鉴真和尚其人的伟大”。作者也发出深深的思考：“为什么鉴真和尚具备这种举世罕见的大家气质呢?”文章将自然、人生、艺术三者巧妙地融合为一体，有对历史深沉的回忆，有对人生的感悟，有对美的热烈的呼唤。可以说，日本风景画是他的眼睛，他把最美的自然之躯完美地勾勒了出来；而散文则是他的心声，把最恬静、最诗情的心境传达了出来。因此，我们从这篇文章中看到了自然之美、古典文化之美和人类崇高精神之美。

感悟讨论

1. 文章中写道："唐朝时期的中国是具有世界性的国家，处于鼎盛时的中国文化，还有远方的希腊、波斯，或者像印度这样的古代文明的继承者诸国的文化精华，确是处在灿烂的黄金时代。大陆诸国具有开放吸收和传播外来文化的性格，日本是远东的岛国，也可以说是外来文化传播的终点。"谈谈你对这段话的感受。

2. 你认为唐招提寺的魅力源自何处？文章蕴涵了什么样的感情？

链接

《东山魁夷的世界——探索日本之美》，河北教育出版社、花山文艺出版社 2001 年版。

第四篇 戏曲小说

这是一首青春的赞歌，大好春光唤起了杜丽娘的青春觉醒，由眼前的春光易逝而倍感韶华难留，心中充满了对爱情和自由的渴望。

第一节

游　园①

◎ 汤显祖

【绕池游】（旦[2] 上）梦回莺啭[3]，乱煞年光遍[4]。人立小庭深院。（贴[5]）炷尽沉烟[6]，抛残绣线，恁今春关情[7]似去年？

【乌夜啼】（旦）晓来望断梅关[8]，宿妆残[9]。（贴）你侧着宜春髻子恰凭阑[10]。（旦）翦[11]不断，理还乱，闷无端。（贴）已分付催花莺燕借春看。（旦）春香，可曾叫人扫除花径？（贴）分付了。（旦）取镜台、衣服来。（贴取镜台衣服上）云髻罢梳还对镜，罗衣欲换更添香[12]。镜台、衣服在此。

【步步娇】（旦）袅晴丝[13]吹来闲庭院，摇漾春如线。停半晌整花钿。没揣菱花[14]，偷人半面，迤逗[15]的彩云偏。（行介[16]）步香闺怎便把全身现！

（贴）今日穿插的好。

【醉扶归】（旦）你道翠生生[17]出落的裙衫儿茜，艳晶晶花簪八宝填[18]，可知我常一生儿爱好是天然[19]。恰三春好处[20]无人见。不提防沉鱼落雁鸟惊喧，则怕的羞花闭月花愁颤。

（贴）早茶时了，请行。（行介）你看：画廊金粉半零星，池馆苍苔一片青。踏草怕泥新绣袜，惜花疼煞小金铃[21]。（旦）不到园林，怎知春色如许！

【皂罗袍】原来姹紫嫣红开遍，似这般都付与断井颓垣[22]。良辰美景奈何天，赏心乐事谁家院[23]。恁般景致，我老爷和奶奶[24]再不提起。（合）朝飞暮卷[25]，云霞翠轩；雨丝风片，烟波画船。锦屏人[26]忒看的这韶光贱！

（贴）是花都放了，那牡丹还早。

【好姐姐】（旦）遍青山啼红了杜鹃，荼蘼外烟丝醉软。春香呵，牡丹虽好，他春归怎占的先？(贴)成对儿莺燕呵。(合)闲凝眄[27]，生生燕语明如翦，呖呖莺歌溜的圆。

(旦)去罢。(贴)这园子委是[28]观之不足也。(旦)提他怎的。(行介)

【隔尾】 观之不足由他缱[29]，便赏遍了十二亭台是枉然。到不如兴尽回家闲过遣[30]。

(作到介。贴)开我西阁门，展我东阁床。瓶插映山紫，炉添沉水香。小姐，你歇息片时，俺瞧老夫人去也。(下。旦叹介)默地游春转，小试宜春面。春呵，得和你两留连，春去如何遣！咳，恁般天气，好困人也。春香那里？(作左右瞧介，又低首沉吟介)天呵，春色恼人，信有之乎！常观诗词乐府，古之女子，因春感情，遇秋成恨，诚不谬矣。吾今年已二八，未逢折桂之夫；忽慕春情，怎得蟾宫之客？昔日韩夫人得遇于郎[31]，张生偶逢崔氏，曾有《题红记》《崔徽传》[32]二书。此佳人才子，前以密约偷期，后皆得成秦晋[33]。(长叹介)吾生于宦族，长在名门，年已及笄[34]，不得早成佳配，诚为虚度青春。光阴如过隙耳，(泪介)可惜妾身颜色如花，岂料命如一叶乎！

(选自《中国古代戏曲经典丛书·牡丹亭》，周传家主编，华夏出版社2000年版)

注释

①本篇选自《牡丹亭》第十出《惊梦》。

②旦：戏曲行当之一，女性角色的统称。这里是正旦的略称，主要扮演举止端庄的中年或青年女性，多为正剧或悲剧人物。本出中指杜丽娘。

③啭：鸟婉转地鸣叫。

④乱煞年光遍：到处是撩人的春光。

⑤贴：贴旦，旦中副角，意为旦之外再贴一旦。据李斗《扬州画舫录》载："贴旦谓之风月旦，又名作旦"，"工为侍婢""无态不呈"。这里指春香。

⑥炷尽沉烟：沉香烧尽。炷：烧，燃香。沉烟：指沉水香，一种熏香。

⑦恁(nèn)今春关情：恁，为什么。关情，牵动人的情怀。

⑧梅关：在江西省大庾岭上。梅关南北遍植梅树，每至寒冬，梅花盛开，香盈雪径。

⑨宿妆残：宿妆，隔夜的残妆。残：凌乱。表现无心梳妆。

⑩宜春髻子：古代立春日，妇女把彩色织物剪成燕形，并贴上"宜春"二字，戴在髻上。阑：同"栏"，栏杆。

⑪翦：同"剪"。

⑫云髻罢梳还对镜，罗衣欲换更添香：引用唐薛逢诗《宫词》中的两句。形容认真梳洗打扮。

⑬袅晴丝：袅，缭绕的，摇曳的。晴丝，虫类所吐的、在空中飘荡的游丝。

⑭没揣菱花：没揣，没想到。菱花，借指镜子，古代铜镜背面刻有菱花纹。

⑮迤(yǐ)逗：牵惹。这句是说，害得她羞答答地把发髻也弄歪了。表现少女含情脉脉的微妙心理。

⑯介：戏曲中用于表达人物动作、表情以及舞台效果的提示。

⑰翠生生：色彩鲜艳。

⑱花簪八宝填：簪子上嵌饰着各种珍宝。

⑲爱好(hǎo)是天然：喜爱美丽是天性。

⑳三春好处：原指春天的三个月，即孟春、仲春和季春。这里比喻自己的青春美貌。

㉑惜花疼煞小金铃：小金铃，为保护花朵驱赶鸟雀而设置的铃。这是拟人手法，因为惜花而常拉小金铃，把小金铃疼死了。五代王仁裕《开元天宝遗事》："至春时，于后花园中纫红丝为绳，密缀金铃，系于花梢之上。每有鸟雀翔集，则令园吏掣铃索以惊之。盖惜花之故也。"

㉒断井颓垣：形容破败冷寂的庭院。井，井栏。颓，倒塌。垣，短墙。

㉓良辰美景奈何天，赏心乐事谁家院：虚度美好的春光，赏心快意之事又在哪儿呢？南朝宋谢灵运《拟魏太子〈邺中集〉诗》序："天下良辰、美景、赏心、乐事，四者难并。"

㉔奶奶：对已婚妇女的尊称，这里指杜丽娘的母亲。

㉕朝飞暮卷：形容楼阁壮美。唐王勃《滕王阁诗》："画栋朝飞南浦云，珠帘暮卷西山雨。"

㉖锦屏人：住在华美屋舍中的富贵之人。

㉗凝眄（miǎn）：目不转睛地看。

㉘委是：实在是。

㉙缱：缠绵，留恋。

㉚过遣：过活，打发日子。

㉛韩夫人得遇于郎：《青琐高议·流红传》记载，唐僖宗时，宫女韩氏在红叶上题诗，顺御沟水流出，被于佑捡到。于佑也在红叶上题诗，放入水沟上游传给韩氏，后来二人结为夫妻。

㉜《崔徽传》：疑是《莺莺传》的笔误。

㉝秦晋：原指春秋时秦、晋两国世通婚姻，后泛称任何两姓之联姻。

㉞及笄：女子成年。《礼记·内则》记载，女子15岁以簪束发，表示已成年，可以婚配。笄，簪。

汤显祖（1550—1616），字义仍，号海若，别署清远道人，临川（今江西抚州）人。明末戏曲剧作家、文学家。汤显祖从小聪明好学，21岁时中举。由于不肯依附权贵，虽博学多才、"名布天壤"，到34岁才中进士。后历任太常博士、詹房事主簿、礼部祠祭司主事。明朝万历十九年（1591）他目睹当时官僚腐败愤而上《论辅臣科臣疏》，弹劾大学士申时行并抨击朝政，触怒了皇帝而被贬为徐闻典史，后调任浙江遂昌县知县，一任五年，政绩斐然，却因压制豪强，触怒权贵而招致上司的非议和地方势力的反对，终于万历二十六年（1598）愤而弃官归里，潜心于戏剧及诗词创作。在中国和世界文学史上有着重要的地位，被誉为"东方的莎士比亚"。代表作《紫钗记》《南柯记》《牡丹亭》《邯郸记》合称"临川四梦"。

导读

《牡丹亭》全名《牡丹亭还魂记》。第十出《惊梦》的剧情是：杜丽娘受《诗经·关雎》的启发，在春香的鼓动下，来到后花园，大自然的美妙生机让丽娘陶醉，触景生情，不由撩起伤春情怀，于是在梦中与柳梦梅幽会。本篇是《惊梦》的前半出，文辞优美，历来为人们所喜爱。

杜丽娘游园本是因"春情难遣"。她从小爱美，为了游园精心装扮，"翠生生出落得裙衫儿茜，艳晶晶花簪八宝填，可知我常一生儿爱好是天然"。可惜芳华寂寞，又不禁发出"恰三春好处无人见"的喟叹。杜丽娘哀怜自己的好年华囿于闺阁之中，竟不知外面的世界是这样的精彩:“不到园林,怎知春色如许。”游园所见,是莺声啼遍,百花盛开,“遍青山啼红了杜鹃,荼蘼外烟丝醉软”,满目春光,一派欢喜。春天如此姹紫嫣红,而人又是这样青春年少。怎奈流年似水,杜丽娘在这满目的春光里看到了衰败与凋零:“原来姹紫嫣红开遍,似这般都付与断井颓垣”,这不仅是对春去何急的哀叹,更是对青春短暂、人生无常的觉悟。面对满园的春光,杜丽娘心里明白:她的青春美貌,终有一天也会“都付与断井颓垣”。“良辰美景”“赏心乐事”本来都是好事,但在下面加了“奈何天”“谁家院”,就使好事落了空。她咏叹着园林美景,渴望爱情,哀悼着华年锦绣,是出于心灵深处对于青春落空的无奈。她唱出“便赏遍了十二亭台是枉然”。整个游园,都是为她梦中与柳梦梅幽会作铺垫。只有爱情可以配得上这青春,所以她后来才会那般生生死死,无怨无悔。

作者对杜丽娘微妙的心理活动、复杂的思想情感的描写,是通过主人公对周围事物和景物的主观感受细腻地体现出来的。通篇重在写景,情景交融,曲词、曲白相生,语带双关,委婉含蓄,情节完整而严谨。

感悟讨论

1. 叶嘉莹曾说:“所谓‘物色之动,心亦摇焉’,而尤以春日之纤美温柔所显示着的生命之复苏的种种迹象,最足以唤起人内心中某种复苏着的若有所失的茫茫追寻的情意。”结合《游园》曲词,体会并分析杜丽娘内心中的这种“情意”。

2. 在中国传统戏曲中,诗化曲词表现出一种独特的美。你认为这种美与西方戏剧之美相比,有何独特之处?

3. 就文中的几支曲子,选一支或几支进行赏析或评论,可以是分析理解,也可以加入想象和联想。

链接

《闺塾》《寻梦》,《中国古代戏曲经典丛书·牡丹亭》,周传家主编,华夏出版社 2000 年版。

被称作“经纶济世之士”的诸葛亮，通晓天文地理，用兵如神，在人们的心目中历来是智慧的化身，“舌战群儒”是他初出茅庐时惊人才能的体现。

第二节

诸葛亮舌战群儒

◎ 罗贯中

鲁肃、孔明在舟中共话[①]。肃猛省：“孔明是个舌辩之士，去到江东，犹恐惹起刀兵。常胜则可，倘败则归罪于我！”寻思半晌，与孔明曰：“先生如见吴侯，切不可实言曹操兵多将广。若问操欲下江东否，只言不知。”孔明曰：“不须子敬叮咛，亮自有对答之语。”鲁肃连嘱数番。孔明冷笑。船已到岸，肃请孔明于驿中安歇已定。

肃来见孙权[②]。权正聚文武于堂上议事，听知鲁肃到，急召而问曰：“子敬，荆州体探事情若何？”肃曰：“未知虚实。”权曰：“所干何事？”肃曰：“别有商议。”权将曹操檄文以示肃曰：

操近承帝命，奉辞伐罪。旌麾南指，刘琮束手；荆、襄之民，望风归顺。今统大兵百万，上将千员，欲与将军猎于江夏[③]，共伐刘备，同分汉土，永结盟好。相见再期，早宜回报。

肃看毕，曰：“主公尊意若何？”权曰：“未有定论。”张昭曰[④]：“曹操虎豹也。今拥百万之众，借天子之名以征四方，拒之不顺。且将军大势可以拒操者，长江也。今操得荆州水军，艨艟斗舰[⑤]，动以千数，浮以沿江，水陆俱下，此为长江之险已与我共之矣！其势如山岳，不敢迎之。以愚之计，不如降之，以为万安之策。”众谋士皆曰：“子布之言，甚合天意。”孙权沉吟不语。张昭等又曰：“主公不必多疑。如降操，则东吴民安，江南六郡可保矣。”权起更衣，肃随于宇下。权知肃意，乃执肃手而言曰：“卿欲如何？”肃曰：“却才众人之意，专误将军，不足以图大事。众皆可降曹耳，如将军必不可也。”权曰：“何也？”肃曰：“如肃等降操，当以肃还乡党，品其名位，犹不失下为操从事，乘犊车，从吏卒，交游士林，累官政不失州郡也。将军降曹操，欲安所归乎？官不过封侯而已，车不过一乘，骑不过一匹，从不过十人，岂得南面称孤哉？众人之意，各为自己，不可用也。将军详之，早定大事。”权叹曰：“诸人议论，甚失孤望。子敬开说大计，正与吾同。此天以子敬赐我也！保全之计，其意须要已定。曹操新得袁绍[⑥]，近得荆州之兵，恐势大，难与以敌。”肃曰：“肃渡江而到当阳，已闻刘豫州军败[⑦]；次至江夏相见，特问其虚实。有一人深知前故，特引到此，主公试问之。”权曰：“是何人？”肃曰：“诸葛瑾之弟，诸葛亮也。”权曰：“莫非卧龙先生否？”肃曰：“是也，见在馆驿中安歇。”权曰：“今日天晚，来日聚文武于帐下，先教见俺江东英俊，然后升堂议事。”肃领命而去。

次日早，请孔明来见，肃又嘱曰："如见吴侯，切不可言曹操兵多。"孔明曰："亮自见机而变，不误于公。"鲁肃引孔明至幕下，视之，见张昭、顾雍等一般文武二十余人，峨冠博带[8]，整衣端坐。孔明料众谋士俱在，教肃引领，从头逐一相见，各问姓名。施礼已毕，坐于客席。张昭等见孔明飘飘然有出世之表，昂昂然有凌云之志。张昭等料孔明来下说东吴，昭先以言挑之曰："昭乃江东微末之士也。久闻先生归于隆中，躬耕陇亩，以乐天真，好为《梁父吟》，每自比管仲、乐毅[9]，此语果有之乎？"孔明暗思："这人言语挑我。"遂应答之："此亮平生小可之比也。"昭曰："近闻刘豫州三顾先生于草庐之中，而听高论，豫州'如鱼得水'，每欲席卷荆州、襄。今一旦以属曹公，未审是何主见？"孔明自思："张昭乃孙权手下一个谋士，若不先难倒他，如何说的孙权？"遂答昭曰："吾观取汉上之地，易如反掌。吾主刘豫州，躬行仁义，不忍夺同宗之基业，故力辞之。刘琮孺子，听信佞言，暗献国投降，致使曹操得其猖獗。今豫州兵屯江夏，别有良图，非等闲可知也。"昭曰："若此，先生言行相违也。圣人有云：'古者言之不出，耻躬之不逮也。'先生自比于管仲、乐毅，愚自幼酷视《春秋》，深慕二公之为人。管仲相桓公，霸诸侯，一匡天下，纠合诸侯不以兵车，管仲之力也。乐毅扶持微弱之燕，下齐七十余城。此二人者，可谓济世之才，古今之豪杰也。今曹操横行于中国，擅行征伐，动无不克，有顺其欲者，从而慰之；不顺其欲者，从而伐之。宣言曰：'吾奉天子明诏，诛反讨逆。'因此海宇振动，英雄宾服。先生在草庐之中，但笑傲风月，抱膝危坐。今既从事刘豫州，当与生灵兴利除害，此所谓'达则兼善于天下'。且玄德公未见先生之时，尚且纵横寰宇，据守城池；今见先生，人皆仰面望之，虽三尺之童蒙，亦谓彪虎生翼，将见汉室复兴，曹氏即灭矣。朝廷故旧大臣，山林隐迹之士，皆拭目而待；拂高天之云翳，仰日月之光辉，拯民于水火之中，措之于衽席之上[10]。何其先生自归豫州，曹兵一出，玄德弃甲抛戈，望风而窜，上不能报刘表以安庶民，下不能辅孤子而据汉室。先生知而使之，是不仁也；不知而使之，是不智也。近闻玄德弃新野，走樊城，败当阳，奔夏口，无容身之地，有烧眉之急。此是自得先生以来，反不如其初也。岂有管仲、乐毅万分之一哉？先生幸勿以愚直而怪之！"孔明昂然而笑曰："鹏飞万里，其志岂群鸟之识哉？古人有云：'善人为邦百季，亦可以胜残去杀矣。'且以世俗病人论之：夫病疾之极，当以糜粥以饮之，和药以服之；待其脏腑调和，形体暂回，然后用肉食以补之，猛药以治之，则病根尽拔去，人得全生也。汝若不待气脉和缓，便投之以猛药硬食，欲求安者，诚为难矣。以吾主刘豫州，向日军败于汝南，寄迹于刘表，军不满千，将惟关、张、赵云而已；新野山僻小县，人民稀少，粮食鲜薄，非险要之地，豫州借此容身：正如病势尪羸之极也[11]。夫以兵甲不完，城廓不坚，军不经练，粮不继日，守之则坐而待死，如以金玉弃沟壑耳。博望烧屯，白河用水，使夏侯惇、曹仁等辈闻吾之名，心胆皆裂，虽管仲复生，乐毅不死，安可及我哉？刘琮投降，豫州不知；亮常数言，豫州不忍乘乱夺人基业，此大义也，故不为之。当阳大败，豫州见有十数万赴义之民，扶老携幼，不忍弃之，日行十里，不思进取江陵，甘与同败，此亦大义也。兵书云：'寡不敌众。'胜负乃常事也，焉有必胜之理乎？昔楚项羽数胜高皇，垓下一战成功，此是韩信之良谋。且信久事高皇，未常累胜。国家之大计，社稷之安危，自有主谋，非比夸辩之徒，虚誉妄人耳：坐议立谈，谁人可及；临机应变，百无一能。诚为天下取笑耶？子布莫怪口直！”只这一篇词，唬得张昭并无一言。

忽于座间又一人，高言而问曰：“今曹公兵屯百万，将列千员，龙骧虎视，平吞江夏，公以何如？”孔明视之，乃是从事会稽余姚人虞仲翔虞翻也[12]。孔明应声答曰：“曹操收袁绍蚁聚之兵，劫刘表乌合之众，军无纪律，将无谋略，虽数百万，不足惧也。”虞翻大笑曰：“军败于当阳，计穷于夏口，区区求救于人，犹言不惧，此真‘掩耳偷铃’也！”孔明曰：“岂不闻兵法云：‘信兵实战。’吾主刘豫州有数千仁义之师，安能敌百万暴残之众耳？退守夏口，待其时也。今汝江东兵精粮足，又有长江之险，犹欲使其主屈膝降贼，何其太懦也！若此论之，刘豫州实不惧曹贼耳！”虞翻不能对。

座上又一人应声而问曰：“孔明效苏秦、张仪掉三寸不烂之舌[13]，游说江东也。”孔明视之，乃临淮淮阴人步子山步骘也。孔明曰：“君知苏秦、张仪乃舌辩之士，不知苏秦、张仪乃豪杰之辈也。苏秦佩六国之玺绶，张仪二次相秦，皆有匡扶社稷之机，补完天地之手，非比守株待兔、畏刀避剑之人耳。君等闻曹操虚发诈伪之词，犹豫不决，敢望于苏秦、张仪乎？”步骘不能对。

忽座上一人问曰：“孔明以曹操何如人也？”孔明视之，乃沛郡竹邑薛敬文薛综也。孔明应声曰：“曹操乃汉贼耳！”综曰：“公言差矣。子闻古人云：‘天下者，非一人之天下，乃天下人之天下也。’故尧以天下禅于舜，舜以天下禅于禹。其后成汤放桀，武王伐纣，列国相吞，汉承秦业以及乎今，天数以终于此。今曹公遂有天下三分之二，人皆归心。惟豫州不识天时而欲争之，正是以卵击石，而驱羊斗虎，安能不败乎？”孔明应声叱之曰：“汝乃无父无君之人也！夫人生于天地之间者，以忠孝为立身之本。吾汝累世食汉室之水土，思报其君，闻有奸贼蠹国害民者[14]，誓共戮之，臣之道也。曹操祖宗叨食汉禄四百余年[15]，不思报本，久有篡逆之心，天下共恶之。汝以天数归之，真无父无君之人也。不足与语！再无复言！”薛综满面羞惭，不敢对答。

座上忽一人应声问曰：“曹操虽挟天子而令诸侯，犹是曹相国曹参之后。汝刘豫州虽中山靖王苗裔，无可稽考，眼见只是织席贩屦之庸夫，何足与曹操抗衡哉！”孔明视之，乃吴郡陆公纪陆绩也。孔明笑而言曰：“公乃袁术座间怀桔之陆郎乎？请安坐，听吾论之。昔日文王三分天下有其二以服事殷，孔子云：‘周之德，其可谓至德也已矣！’此所谓不敢伐君也。其后武王伐纣。纣暴虐至甚，武王伐之，伯夷、叔齐扣马而谏曰：‘以臣弑君，可谓仁乎？’太公称为义士，孔子亦称其德。为臣不可以犯上，此万古不易之理也。曹操累世汉臣，君又无过，常有篡图之心，非逆贼而何？昔汉高祖皇帝，起身乃泗上亭长，宽洪大度，重用文武而开大汉洪基四百余季。至于吾主，纵非刘氏宗亲，仁慈忠孝，天下共知，胜如曹操万倍，岂以织席贩屦为辱乎？汝小儿之见，不足共高士言之，岂不自辱乎？”

座上一人昂然而出曰：“虽吾江东之英俊，被汝词夺却正理，汝治何经典？”孔明视之，乃彭城严曼才严畯也。孔明应声曰：“寻章摘句，世之腐儒也，何能兴邦立事？且古耕莘伊尹，钓渭子牙，张良、陈平之流，耿弇、邓禹之辈[16]，皆有斡旋天地之手，匡扶宇宙之机，未审平生治何经典。岂效书生区区为笔砚之间，论黄数黑，舞文弄笔，而玩唇舌乎？”严畯低头丧气而不能对。

忽又一人指孔明而言曰：“汝言‘文不能安邦，武不能定国’，何士立于四科之首？”孔明视之，汝南程德枢程秉也。孔明曰：“有君子之儒，有小人之儒。夫君子之儒，心存仁义，德处温良；孝于父母，尊于君王；上可仰瞻于天文，下可俯察于地理，中可流泽于万民；治天下如盘石之安，立功名于青史之内，此君子之儒也。夫小人之儒，性务吟诗，空书翰墨；青春作赋，皓首穷经；笔下虽有千言，胸中实无一物。且如汉扬雄，以文章为状元，而屈身仕莽，不免投阁而死，此乃小人之儒也；虽日赋万言，何足道哉！”

座上诸人见孔明对答如流，滔滔然如决长河之水，众皆失色。又有吴郡吴人张温、会稽乌伤人骆统二人，又欲难问。忽一人自外而入，厉声言曰：“孔明乃当世之才，汝等却以唇舌相难，非敬客之礼也。曹操引百万之众虎视江南，不思退敌之策，但以口头之昧，各负己能，政事安在？吴侯久等，请先生便入，以论安危。”众视其人，乃零陵人，姓黄，名盖，字公覆，现为东吴粮官。

（选自《三国演义》第四十三回，罗贯中著，人民文学出版1973年版，略有改动）

注释

①鲁肃：孙权的参谋，字子敬，是促成孙刘联盟的重要人物。孔明：诸葛亮字孔明，号卧龙，刘备军师，辅助刘备建立了蜀国。

②孙权：字仲谋，保有江东，建立吴国，自立为帝。

③猎：打猎。这是摆开战场的委婉说法。

④张昭：字子布，东吴第一谋士。

⑤艨艟（měngchōng）：古代战船。

⑥袁绍：字本初，发兵讨董卓，成为诸侯军的盟主。后在官渡之战中被曹操击败。

⑦刘豫州：即刘备，字玄德。曾任豫州牧，因此又称刘豫州。建立蜀国，自立为帝。

⑧峨冠博带：高帽子阔衣带。古代士大夫的装束。

⑨管仲、乐毅：诸葛亮《隆中对》云：“亮躬耕陇亩，好为《梁父吟》。身高八尺，每自比于管仲、乐毅，时人莫之许也。”管仲：春秋时期齐国相国，通货积财，富国强兵，九合诸侯，使齐桓公成为五霸之首。乐毅：战国时期燕国名将。

⑩衽席：泛指卧席，引申为住处。

⑪尪羸（wānglěi）：瘦弱。

⑫虞翻：东吴重臣，字仲翔。下文提到的步骘、薛综、陆绩、严畯、程秉、张温、骆统等人均为东吴谋臣。

⑬苏秦、张仪：两人为战国谋士。张仪相秦，为秦国策划“连横”之策，对六国各个击破；苏秦佩六国相印，策划六国“合纵”，联合对抗秦国。历史上称这两人为“纵横家”。

⑭蠹（dù）国害民：危害国家，残害人民。

⑮叨食汉禄：蒙受汉室的俸禄。叨（tāo）：承受，受到（好处）。

⑯耕莘伊尹：指商时贤人伊尹，耕于有莘（shēn，地名，今山东莘县）之野，乐尧舜之道，后成为商汤重臣。钓渭子牙：姜子牙钓于渭水。文王出猎相遇，立为太师，辅佐周文王、武王灭商建立周朝。张良、陈平：

两人为汉高祖时的谋臣。邓禹、耿弇(yǎn):两人为东汉名将,开国功臣。

作者简介

罗贯中(约1330—约1400),名本,字贯中,号湖海散人,山西太原府清徐人。元末明初著名小说家、戏曲家,开中国章回体小说先河。关于罗贯中,目前所知甚少,对他的了解,只是根据贾仲明《录鬼簿续编》、蒋大器《三国志通俗演义序》等的记载,胡应麟《少室山房笔丛》说他是施耐庵的弟子。罗贯中一生著作颇丰,除《三国演义》外,还有《隋唐两朝志传》《残唐五代史演义》《三遂平妖传》等,剧本《赵太祖龙虎风云会》。《三国演义》是我国第一部长篇章回体小说,也是历史演义小说的开山之作,它是根据历史记载创作的,但也有艺术加工的成分,渗透着作者主观的价值判断,鲜明地去褒贬人物,叙述了从黄巾起义到西晋统一的百年历史,描写了东汉末年和整个三国时代以曹操、刘备、孙权为首的魏、蜀、吴三个政治、军事集团之间的矛盾和斗争,表达了对昏君叛臣的痛恨和对明君贤臣的赞美之情。

导读

本文是《三国演义》中非常精彩的一节,刘备三顾茅庐请得诸葛亮以后,以为"如鱼得水",不想却遭到接二连三的失败,弃新野,走樊城,败当阳,奔夏口,无容身之地。面对曹操的剿杀,与江东孙权联合是最好的出路。诸葛亮主动请缨出使东吴,以促成孙刘联合,但遭到孙权手下主降的一班谋士群起发难,于是上演了一场激烈的舌战。

诸葛亮以一人之口,将"峨冠博带,整衣端坐"的一群东吴儒官,说得尽皆失色。东吴第一谋士——张昭,先指出诸葛亮以管仲、乐毅自比,被刘备重用后,反使刘备不如以前,气势咄咄逼人,诸葛亮以沉疴之疾的治疗为切入点,以刘备的仁义来说明刘备失败不抗敌的原因,层层深入,让他无可辩驳;最后不忘以"夸辩之徒,虚誉欺人"挫其锐气,终使其无言回答。面对虞翻、步骘、薛琮、陆绩、严畯、程德枢等人接二连三的发难,诸葛亮运用娴熟的论辩技巧,不仅能对答如流,而且使对方无言以对。在论辩的过程中,诸葛亮镇定自若,谦逊有礼,或怒斥,或戏谑,雄辩滔滔,无所畏惧,睿智不凡的形象跃然纸上,显示了他卓越的外交才能和雄辩的口才。

本文主要采用了语言描写,人物对话和内心独白兼有。情节安排紧凑,叙述措辞独具匠心,在讲述群儒接连发难时,分别使用了"以言挑之""高言而问""应声而问""忽座上一人问""座上忽一人应声问""昂然而出曰""忽又一人指孔明而言曰",把群儒与诸葛亮交锋时的神态描摹得各具特色,烘托渲染了现场气氛,从侧面衬托出诸葛亮的博学、机智、沉着和能言善辩。

感悟讨论

1. 诸葛亮舌战群儒中,调动了哪些知识?他能不能算作一位"通人"?

2. 你觉得诸葛亮在舌战中取得成功的关键是什么？回敬群儒诘难时运用了哪些方法？

3. 你还知道《三国演义》里哪些跟诸葛亮相关的传奇故事？

链接

《三国演义》，罗贯中著，人民文学出版1973年版。

千古知音最难觅，一曲高山流水，造就了一对至情知音。士可为知己者死，古今皆有，既然可以为之付出生命，更何况一把旷世瑶琴。

第三节

俞伯牙摔琴谢知音

◎ 冯梦龙

浪说曾分鲍叔金，谁人辨得伯牙琴！于今交道奸如鬼，湖海空悬一片心。

古来论交情至厚莫如管鲍。管是管夷吾，鲍是鲍叔牙。他两个同为商贾，得利均分。时管夷吾多取其利，叔牙不以为贪，知其贫也。后来管夷吾被囚，叔牙脱之，荐为齐相。这样朋友，才是个真正相知。这相知有几样名色：恩德相结者，谓之知己；腹心相照者，谓之知心；声气相求者，谓之知音，总来叫做相知。

今日听在下说一桩俞伯牙的故事。列位看官们，要听者，洗耳而听。不要听者，各随尊便。正是：知音说与知音听，不是知音不与谈。

话说春秋战国时，有一名公，姓俞名瑞，字伯牙，楚国郢都人氏，即今湖广荆州府之地也。那俞伯牙身虽楚人，官星却落于晋国，仕至上大夫之位。因奉晋主之命，来楚国修聘。伯牙讨这个差使，一来，是个大才，不辱君命；二来，就便省视乡里，一举两得。当时从陆路至于郢都。朝见了楚王，致了晋主之命。楚王设宴款待，十分相敬。那郢都乃是桑梓之地，少不得去看一看坟墓，会一会亲友。然虽如此，各事其主，君命在身，不敢迟留。公事已毕，拜辞楚王。楚王赠以黄金彩缎，高车驷马。伯牙离楚一十二年，思想故国江山之胜，欲得恣情观览，要打从水路大宽转[①]而回。乃假奏楚王道："臣不幸有犬马之疾，不胜车马驰骤，乞假臣舟楫，以便医药。"楚王准奏，命水师拨大船二只，一正一副。正船单坐晋国来使，副船安顿仆从行李，都是兰桡画桨，锦帐高帆，甚是齐整。群臣直送至江头而别。

只因览胜探奇，不顾山遥水远。

伯牙是个风流才子。那江山之胜，正投其怀。张一片风帆，凌千层碧浪，看不尽遥山叠翠，远水澄清。不一日，行至汉阳江口。时当八月十五日，中秋之夜。偶然风狂浪涌，大雨如注，舟楫不能前进，泊于山崖之下。不多时，风恬浪静，雨止云开，现出一轮明月。那雨后之月，其光倍常。伯牙在船舱中，独坐无聊，命童子焚香炉内，"待我抚琴一操。以遣情怀。"童子焚香罢，捧琴囊置于案间。伯牙开囊取琴，调弦转轸，弹出一曲。曲犹未终，指下"刮喇"的一声响，琴弦绝了一根。伯牙大惊，叫童子去问船头[②]："这住船所在是甚么去处？"船头答道："偶因风雨，停泊于山脚之下，虽然有些草树，并无人家。"

伯牙惊讶。想道："是荒山了。若是城郭村庄，或有聪明好学之人，盗听吾琴，所以琴声忽变，有弦断之异。这荒山下，那得有听琴之人？哦，我知道了。想是有仇家差来刺客，不然，或是贼盗伺候更深，登舟劫我财物。"叫左右："与我上崖搜检一番。不在柳阴深处，定在芦苇丛中！"左右领命，唤齐众人，正欲搭跳[③]上崖。忽听岸上有人答应道："舟中大人，不必见疑。小子并非奸盗之流，乃樵夫也。因打柴归晚，值骤雨狂风，雨具不能遮蔽，潜身岩畔。闻君雅操，少住听琴。"伯牙大笑道："山中打柴之人，也敢称听琴二字！此言未知真伪，我也不计较了。左右的，叫他去罢。"那人不去，在崖上高声说道："大人出言谬矣！岂不闻'十室之邑，必有忠信。''门内有君子，门外君子至。'大人若欺负山野中没有听琴之人，这夜静更深，荒崖下也不该有抚琴之客了。"伯牙见他出言不俗，或者真是个听琴的，亦未可知。止住左右不要啰唣[④]，走近舱门，回嗔作喜的问道："崖上那位君子，既是听琴，站立多时，可知道我适才所弹何曲？"那人道："小子若不知，却也不来听琴了。方才大人所弹，乃孔仲尼叹颜回，谱入琴声。其词云：'可惜颜回命早亡，教人思想鬓如霜。只因陋巷箪瓢乐……'——到这一句，就绝了琴弦，不曾抚出第四句来，小子也还记得：——'留得贤名万古扬。'"

伯牙闻言大喜道："先生果非俗士，隔崖窎远，难以问答。"命左右："掌跳，看扶手，请那位先生登舟细讲。"左右掌跳，此人上船，果然是个樵夫。头戴箬笠，身披蓑衣，手持尖担，腰插板斧，脚踏芒鞋。手下人那知言谈好歹，见是樵夫，下眼相看。"咄，那樵夫！下舱去，见我老爷叩头。问你甚么言语，小心答应。官尊着哩。"樵夫却是个有意思的，道："列位不须粗鲁，待我解衣相见。"除了斗笠，头上是青布包巾；脱了蓑衣，身上是蓝布衫儿；搭膊[④]拴腰，露出布裩下截。那时不慌不忙，将蓑衣、斗笠、尖担、板斧，俱安放舱门之外。脱下芒鞋，躧去泥水，重复穿上，步入舱来。官舱内公座上灯烛辉煌。樵夫长揖而不跪，道："大人，施礼了。"俞伯牙是晋国大臣，眼界中那有两接[⑤]的布衣。下来还礼，恐失了官体，既请下船，又不好叱他回去。伯牙没奈何，微微举手道："贤友免礼罢。"叫童子看坐的。童子取一张杌坐儿置于下席。伯牙全无客礼，把嘴向樵夫一努，道："你且坐了。"你我之称，怠慢可知。那樵夫亦不谦让，俨然坐下。

伯牙见他不告而坐，微有嗔怪之意。因此不问姓名，亦不呼手下人看茶。默坐多时，怪而问之："适才崖上听琴的，就是你么？"樵夫答言："不敢。"伯牙道："我且问你，既来听琴，必知琴之出处。此琴何人所造？抚他有甚好处？"正问之时，船头来禀话，风色顺了，月明如昼，可以开船。伯牙分付："且慢些！"樵夫道："承大人下问。小子若讲话絮烦，恐耽误顺风行舟。"伯牙笑道："惟恐你不知琴理。若讲得有理，就不做官，亦非大事，何况行路之迟速乎！"樵夫道："既如此，小子方敢僭谈。此琴乃伏羲氏所琢，见五星之精，飞坠梧桐，凤皇来仪。凤乃百鸟之王，非竹实不食，非梧桐不栖，非醴泉不饮。伏羲氏知梧桐乃树中之良材，夺造化之精气，堪为雅乐，令人伐之。其树高三丈三尺，按三十三天之数，截为三段，分天、地、人三才。取上一段叩之，其声太清，以其过轻而废之；取下一段叩之，其声太浊，以其过重而废之；取中一段叩之，其声清浊相济，轻重相兼。送长流水中，浸七十二日，按七十二候之数。取起阴干，选良时吉日，用高手匠人刘子奇斫成乐器。此乃瑶池之乐，故名瑶琴。长三尺六寸一分，按周天三百六十一度。前阔八寸，按八节；后阔四寸，按四时；厚二寸，按两仪。有金童头，玉女腰，仙人背，龙池，凤沼，玉轸，金徽。那徽有十二，按十二月；又有一中徽，按闰月。先是五条弦在上，外按五行金木水火土，内按五音宫商角徵羽。尧舜时操五弦琴，歌‘南风’诗，天下大治。后因周文王被囚于羑里，吊子伯邑考，添弦一根，清幽哀怨，谓之文弦。后武王伐纣，前歌后舞，添弦一根，激烈发扬，谓之武弦。先是宫商角徵羽五弦，后加二弦，称为文武七弦琴。此琴有六忌，七不弹，八绝。何为六忌？一忌大寒，二忌大暑，三忌大风，四忌大雨，五忌迅雷，六忌大雪。何为七不弹？闻丧者不弹，奏乐不弹，事冗不弹，不净身不弹，衣冠不整不弹，不焚香不弹，不遇知音者不弹。何为八绝？总之，清奇幽雅，悲壮悠长。此琴抚到尽美尽善之处，啸虎闻而不吼，哀猿听而不啼。乃雅乐之好处也。”

伯牙听见他对答如流，犹恐是记问之学。又想道：“就是记问之学，也亏他了。我再试他一试。”此时已不似在先你我之称了，又问道：“足下既知乐理，当时孔仲尼鼓琴于室中，颜回自外入。闻琴中有幽沉之声，疑有贪杀之意，怪而问之。仲尼曰：‘吾适鼓琴，见猫方捕鼠，欲其得之，又恐其失之。此贪杀之意，遂露于丝桐。’始知圣门音乐之理，入于微妙。假如下官抚琴，心中有所思念，足下能闻而知之否？”樵夫道：“《毛诗》云：‘他人有心，予忖度之。’大人试抚弄一过，小子任心猜度。若猜不着时，大人休得见罪。”伯牙将断弦重整，沉思半晌。其意在于高山，抚琴一弄。樵夫赞道：“美哉洋洋乎，大人之意，在高山也。”伯牙不答。又凝神一会，将琴再鼓。其意在于流水。樵夫又赞道：“美哉汤汤乎，志在流水！”只两句道着了伯牙的心事。伯牙大惊，推琴而起，与子期施宾主之礼。连呼：“失敬失敬！石中有美玉之藏。若以衣貌取人，岂不误了天下贤士！先生高名雅姓？”樵夫欠身而答：“小子姓钟，名徽，贱字子期。”伯牙拱手道：“是钟子期先生。”子期转问：“大人高姓？荣任何所？”伯牙道：“下官俞瑞，仕于晋朝，因修聘上国而来。”子期道：“原来是伯牙大人。”伯牙推子期坐于客位，自己主席相陪，命童子点茶，茶罢，又命童子取酒共酌。伯牙道：“借此攀话，休嫌简亵。”子期称：“不敢。”

童子取过瑶琴，二人入席饮酒。伯牙开言又问：“先生声口是楚人了，但不知尊居何处？”子期道：“离此不远，地名马安山集贤村，便是荒居。”伯牙点头道：“好个集贤村。”又问：“道艺[6]何为？”子期道：“也就是打柴为生。”伯牙微笑道：“子期先生，下官也不该僭言。似先生这等抱负，何不求取功名，立身于廊庙，垂名于竹帛，却乃赍志林泉，混迹樵牧，与草木同朽，窃为先生不取也。”子期道：“实不相瞒，舍间上有年迈二亲，下无手足相辅。采樵度日，以尽父母之余年。虽位为三公之尊，不忍易我一日之养也。”伯牙道：“如此大孝，一发难得。”二人杯酒酬酢了一会。子期宠辱无惊，伯牙愈加爱重。又问子期：“青春多少？”子期道：“虚度二十有七。”伯牙道：“下官年长一旬。子期若不见弃，结为兄弟相称，不负知音契友。”子期笑道：“大人差矣。大人乃上国名公，钟徽乃穷乡贱子，怎敢仰扳，有辱俯就。”伯牙道：“相识满天下，知心能几人？下官碌碌风尘，得与高贤结契，实乃生平之万幸。若以富贵贫贱为嫌，觑俞瑞为何等人乎？”遂命童子重添炉火，再爇名香，就船舱中与子期顶礼八拜。伯牙年长为兄，子期为弟，今后兄弟相称，生死不负。拜罢，复命取暖酒再酌。子期让伯牙上坐，伯牙从其言。换了杯箸，子期下席，兄弟相称，彼此谈心叙话。

正是：合意客来心不厌，知音人听话偏长。

谈论正浓，不觉月淡星稀，东方发白。船上水手都起身收拾篷索，整备开船。子期起身告辞，伯牙捧一杯酒递与子期，把子期之手，叹道："贤弟，我与你相见何太迟，相别何太早！"子期闻言，不觉泪珠滴于杯中。子期一饮而尽，斟酒回敬伯牙。二人各有眷恋不舍之意。伯牙道："愚兄余情不尽，意欲曲延贤弟同行数日，未知可否？"子期道："小人非不欲相从，怎奈二亲年老，'父母在，不远游'。"伯牙道："既是二位尊人在堂，回去告过二亲，到晋阳来看愚兄一看，这就是'游必有方'了。"子期道："小弟不敢轻诺而寡信，许了贤兄，就当践约。万一禀命于二亲，二亲不允，使仁兄悬望于数千里之外，小弟之罪更大矣。"伯牙道："贤弟真所谓至诚君子。也罢，明年还是我来看贤弟。"子期道："仁兄明岁何时到此？小弟好伺候尊驾。"伯牙屈指道："昨夜是中秋节，今日天明，是八月十六日了。贤弟，我来仍在仲秋中五六日奉访。若过了中旬，迟到季秋月分，就是爽信，不为君子。"叫童子："分付记室将钟贤弟所居地名及相会的日期，登写在日记簿上。"子期道："既如此，小弟来年仲秋中五六日，准在江边侍立拱候，不敢有误。天色已明，小弟告辞了。"伯牙道："贤弟且住。"命童子取黄金二笏，不用封帖，双手捧定道："贤弟，些须薄礼，权为二位尊人甘旨之费。斯文骨肉，勿得嫌轻。"子期不敢谦让，即时收下。再拜告别，含泪出舱，取尖担挑了蓑衣、斗笠，插板斧于腰间，掌跳搭扶手上崖。伯牙直送至船头，各各洒泪而别。

不题子期回家之事。再说俞伯牙点鼓开船，一路江山之胜，无心观览，心心念念，只想着知音之人。又行几日，舍舟登岸。经过之地，知是晋国上大夫，不敢轻慢，安排车马相送。直至晋阳，回复了晋主，不在话下。

光阴迅速，过了秋冬，不觉春去夏来。伯牙心怀子期，无日忘之。想着中秋节近，奏过晋主，给假还乡。晋主依允。伯牙收拾行装，仍打大宽转，从水路而行。下船之后，分付水手，但是湾泊所在，就来通报地名。事有偶然，刚刚八月十五夜，水手禀复，此去马安山不远。伯牙依稀还认得去年泊船相会子期之处，分付水手，将船湾泊，水底抛锚，崖边钉橛。其夜晴明，船舱内一线月光，射进朱帘。伯牙命童子将帘卷起，步出舱门，立于船头之上，仰观斗柄。水底天心，万顷茫然，照如白昼。思想去岁与知己相逢，雨止月明。今夜重来，又值良夜。他约定江边相候，如何全无踪影，莫非爽信？又等了一会，想道："我理会得了。江边来往船只颇多，我今日所驾的，不是去年之船了，吾弟急切如何认得？去岁我原为抚琴惊动知音，今夜仍将瑶琴抚弄一曲。吾弟闻之，必来相见。"命童子取琴桌安放船头，焚香设座。伯牙开囊，调弦转轸，才泛音律，商弦中有哀怨之声。伯牙停琴不操："呀！商弦哀声凄切，吾弟必遭忧在家。去岁曾言父母年高，若非父丧，必是母亡。他为人至孝，事有轻重，宁失信于我，不肯失信于亲，所以不来也。来日天明，我亲上崖探望。"叫童子收拾琴桌，下舱就寝。伯牙一夜不睡，真个巴明不明，盼晓不晓。看看月移帘影，日出山头。伯牙起来梳洗整衣，命童子携琴相随，又取黄金十镒[⑦]带去：

“侥[8]吾弟居丧，可为赙礼。”踹跳登崖，行于樵径，约莫十数里，出一谷口，伯牙站住。童子禀道：“老爷为何不行？”伯牙道：“山分南北，路列东西。从山谷出来，两头都是大路，都去得，知道那一路往集贤村去？等个识路之人，问明了他，方才可行。”伯牙就石上少憩，童儿退立于后。不多时，左手官路上有一老叟，髯垂玉线，发挽银丝，箬冠野服，左手举藤杖，右手携竹篮，徐步而来。伯牙起身整衣，向前施礼。那老者不慌不忙，将右手竹篮轻轻放下，双手举藤杖还礼，道：“先生有何见教？”伯牙道：“请问两头路，那一条路，往集贤村去的？”老者道：“那两头路，就是两个集贤村。左手是上集贤村，右手是下集贤村，通衢三十里官道。先生从谷出来，正当其半，东去十五里，西去也是十五里。不知先生要往那一个集贤村？”伯牙默默无言，暗想道：“吾弟是个聪明人，怎么说话这等糊涂！相会之日，你知道此间有两个集贤村，或上或下，就该说个明白了。”伯牙却才沉吟，那老者道：“先生这等吟想，一定那说路的，不曾分上下，总说了个集贤村，教先生没处抓寻了。”伯牙道：“便是。”老者道：“两个集贤村中，有一二十家庄户，大抵都是隐遁避世之辈。老夫在这山里，多住了几年，正是：‘土居三十载，无有不亲人。’这些庄户，不是舍亲，就是敝友。先生到集贤村必是访友，只说先生所访之友，姓甚名谁，老夫就知他住处了。”伯牙道：“学生要往钟家庄去。”老者闻“钟家庄”三字，一双昏花眼内，扑簌簌掉下泪来，道：“先生别家可去，若说钟家庄，不必去了。”伯牙惊问：“却是为何？”老者道：“先生到钟家庄，要访何人？”伯牙道：“要访子期。”老者闻言，放声大哭道：“子期钟徽，乃吾儿也。去年八月十五采樵归晚，遇晋国上大夫俞伯牙先生。讲论之间，意气相投。临行赠黄金二笏，吾儿买书攻读，老拙无才，不曾禁止。旦则采樵负重，暮则诵读辛勤，心力耗废，染成怯疾，数月之间，已亡故了。”伯牙闻言，五内崩裂，泪如涌泉，大叫一声，傍山崖跌倒，昏绝于地。钟公用手搀扶，回顾小童道：“此位先生是谁？”小童低低附耳道：“就是俞伯牙老爷。”钟公道：“原来是吾儿好友。”扶起伯牙苏醒。伯牙坐于地下，口吐痰涎，双手捶胸，恸哭不已，道：“贤弟呵，我昨夜泊舟，还说你爽信，岂知已为泉下之鬼！你有才无寿了！”钟公拭泪相劝。伯牙哭罢起来，重与钟公施礼。不敢呼老丈，称为老伯，以见通家兄弟之意。伯牙道：“老伯，令郎还是停柩在家，还是出瘗[9]郊外了？”钟公道：“一言难尽！亡儿临终，老夫与拙荆坐于卧榻之前。亡儿遗语嘱付道：‘修短由天，儿生前不能尽人子事亲之道，死后乞葬于马安山江边。与晋大夫俞伯牙有约，欲践前言耳。’老夫不负亡儿临终之言。适才先生来的小路之右，一丘新土，即吾儿钟徽之冢。今日是百日之忌，老夫提一陌[10]纸钱，往坟前烧化，何期与先生相遇！”伯牙道：“既如此，奉陪老伯，坟前一拜。”命小童代太公提了竹篮。

钟公策杖引路，伯牙随后，小童跟定，复进谷口。果见一丘新土，在于路左。伯牙整衣下拜：“贤弟在世为人聪明，死后为神灵应。愚兄此一拜，诚永别矣！”拜罢，放声又哭。惊动山前山后、山左山右黎民百姓，不问行的住的，远的近的，闻得朝中大臣来祭钟子期，回绕坟前，争先观看。伯牙却不曾摆得祭礼，无以为情，命童子把瑶琴取出囊来，放于祭石台上，盘膝坐于坟前，挥泪两行，抚琴一操。那些看者，闻琴韵铿锵，鼓掌大笑而散。伯牙问：“老伯，下官抚琴，吊令郎贤弟，悲不能已，众人为何而笑？”钟公道：“乡野之人，不知音律，闻琴声以为取乐之具，故此长笑。”伯牙道：“原来如此。老伯可知所奏何曲？”钟公道：“老夫幼年也颇习。如今年迈，五官半废，模糊不懂久矣。”伯牙道：“这就是下官随心应手一曲短歌，以吊令郎者，口诵于老伯听之。”钟公道：“老夫愿闻。”

伯牙诵云：“忆昔去年春，江边曾会君。今日重来访，不见知音人。但见一抔土，惨然伤我心！伤心伤心复伤心，不忍泪珠纷。来欢去何苦，江畔起愁云。子期子期兮，你我千金义，历尽天涯无足语，此曲终兮不复弹，三尺瑶琴为君死！”

伯牙于衣夹间取出解手刀，割断琴弦，双手举琴，向祭石台上，用力一摔，摔得玉轸抛残，金徽零乱。钟公大惊，问道：“先生为何摔碎此琴？”伯牙道：“摔碎瑶琴凤尾寒，子期不在对谁弹！春风满面皆朋友，欲觅知音难上难。”钟公道：“原来如此，可怜！可怜！”伯牙道：“老伯高居，端的在上集贤村，还是下集贤村？”钟公道：“荒居在上集贤村第八家就是。先生如今又问他怎的？”伯牙道：“下官伤感在心，不敢随老伯登堂了。随身带得有黄金二镒，一半代令郎甘旨之奉，一半买几亩祭田，为令郎春秋扫墓之费。待下官回本朝时，上表告归林下。那时却到上集贤村，迎接老伯与老伯母，同到寒家，以尽天年。吾即子期，子期即吾也，老伯勿以下官为外人相嫌。”说罢，命小童取出黄金，亲手递与钟公，哭拜于地。钟公答拜，盘桓半晌而别。

这回书，题作《俞伯牙摔琴谢知音》。后人有诗赞云：势利交怀势利心，斯文谁复念知音？伯牙不作钟期逝，千古令人说破琴。

（选自《警世通言》，冯梦龙编，严敦易校注，人民文学出版社1956年版）

注释

①大宽转：绕路，迂回，兜个大圈子。

②船头：船上的头目。

③跳：跳板。

④啰唣（zào）：吵闹。

⑤两接：两截，指穿的衫和裤，这是古时普通人的服装。

⑥道艺：平时的研究和喜好。

⑦镒（yì）：黄金的单位，一镒二十四两，铸成笏形，所以一镒就是一笏。

⑧傥（tǎng）：同“倘”，假如。

⑨瘗（yì）：掩埋，埋葬。

⑩陌：一陌就是一百，这里指一串或一挂。

作者简介

冯梦龙（1574—1646），字犹龙，又字子犹，别署龙子犹，号墨憨斋主人，别署顾曲散人、词奴等，长洲（今江苏苏州）人，明代通俗文学家、戏曲家。出身士大夫家庭，与兄梦桂、弟梦熊，并称“吴下三冯”。冯梦龙少博学，为人旷达，虽有志于仕途，但屡不得志，57岁才被补为贡生，充任学官，61岁时授福建寿宁知县，清军入关后，他怀着中兴希望编了

《甲申纪事》一书，宣传抗清，隆武二年即清顺治三年(1646)春忧愤而死，一说被清兵所杀。他提倡情真的文学理念，强调作品要通俗化，要具有社会教育作用，且一生都在从事通俗文学的收集、整理和研究工作，“三言”，即《喻世明言》《警世通言》《醒世恒言》是其代表作，是对话本艺术的伟大继承，其中大量描写了市民生活，表现市民情趣，是我国古代白话短篇小说中的经典之作。

导读

本篇是冯梦龙的《警世通言》的第一卷，故事源出于《吕氏春秋》，原文十分简短，如下：“伯牙鼓琴，钟子期听之。方鼓琴而志在太山。钟子期曰：‘善哉乎鼓琴！巍巍乎若太山。’少选之间，而志在流水。钟子期又曰：‘善哉乎鼓琴，汤汤乎若流水。’钟子期死，伯牙擗琴绝弦，终身不复鼓琴，以为世无足鼓琴者也。”

俞伯牙是春秋时的音乐家，既是弹琴高手，又擅长作曲，被尊为“琴仙”。《荀子·劝学》中曾讲“伯牙鼓琴而六马仰秣”，可见他弹琴技术之高超。钟子期是春秋楚国人，相传钟子期是一个头戴斗笠、身披蓑衣的樵夫。俞伯牙、钟子期的故事渐渐成为后世说书艺人的底稿，也就是现在大家说的“话本”，经过历朝历代的积累，到了明朝，冯梦龙对此加以改编和构建，整个故事没有违背原来的情节，故事性和可读性已经很强了，情节更加丰富完备，人物形象也更加饱满。尤其是对钟子期出场的重重铺垫更是丝丝入扣、引人入胜，对俞伯牙的心理刻画也是曲折生动、细致传神。语言方面，大多采用平易、通俗的白话，读起来简洁、明快；结构方面，以诗词开头，又以诗词来收束全文，中间也时时穿插一些诗词韵语，或总结上文，或引出下文，或描绘人物与景色，通俗却不失文雅，堪称话本小说的经典之作。

感悟讨论

1. 你怎样看待钟子期和俞伯牙的人物形象特点？
2. 本文有哪些细节描写，对于体现人物性格特点有什么作用？

链接

《喻世明言》《警世通言》《醒世恒言》，冯梦龙编，严敦易校注，人民文学出版社 1956 年版。

商人文若虚原本是个“倒运汉”，做生意屡屡失败，在一次出海经商之时，他时来运转，偶然暴富。面对突如其来的财富，他知足守份，诚实守信，知恩图报，最终家道殷富不绝，造就了一个商人的财富神话。

第四节

转运汉巧遇洞庭红　波斯胡指破鼍龙壳

◎ 凌濛初

词曰：

日日深杯酒满，朝朝小圃花开。自歌自舞自开怀，且喜无拘无碍。青史几番春梦，红尘多少奇才。不须计较与安排，领取而今见在。

这首词乃宋朱希真所作，词寄《西江月》。单道着人生功名富贵，总有天数，不如图一个见前快活。试看往古来今，一部十七史中，多少英雄豪杰，该富的不得富，该贵的不得贵。能文的倚马千言，用不着时，几张纸盖不完酱瓿[①]。能武的穿杨百步，用不着时，几簳[②]箭煮不熟饭锅。极至那痴呆懵董，生来的有福分的，随他文学低浅，也会发科发甲，随他武艺庸常，也会大请大受。真所谓时也，运也，命也。俗语有两句道得好：“命若穷，掘得黄金化作铜。命若富，拾着白纸变成布。”总来只听掌命司颠之倒之。所以吴彦高又有词云：“造化小儿无定据，翻来覆去，倒横直竖，眼见都如许。”僧晦庵[③]亦有词云：“谁不愿，黄金屋？谁不愿，千钟粟？算五行不是这般题目。枉使心机闲计较，儿孙自有儿孙福。”苏东坡亦有词云：“蜗角虚名，蝇头微利，算来着甚干忙？事皆前定，谁弱又谁强？”这几位名人，说来说去，都是一个意思。总不如古语云：“万事分已定，浮生空自忙。”说话的，依你说来，不须能文善武，懒惰的也只消天掉下前程；不须经商立业，败坏的也只消天挣与家缘。却不把人间向上的心都冷了？看官有所不知，假如人家出了懒惰的人，也就是命中该贱；出了败坏的人，也就是命中该穷，此是常理。却又自有转眼贫富，出人意外，把眼前事分毫算不得准的哩。

且听说一人，乃宋朝汴京人氏，姓金，双名维厚，乃是经纪行中人。少不得朝晨起早，晚夕眠迟，睡醒来，千思想，万算计，拣有便宜的才做。后来家事挣得从容了，他便思想一个久远方法：手头用来用去的，只是那散碎银子，若是上两块头好银，便存着不动。约得百两，便熔成一大锭，把一综红线结成一绦，系在锭腰，放在枕边。夜来摩弄一番，方才睡下。积了一生，整整熔成八锭，以后也就随来随去，再积不成百两，他也罢了。金老生有四子。一日，是他七十寿旦，四子置酒上寿。金老见了四子跻跻跄跄[④]，心中喜欢。便对四子说道：“我靠皇天覆庇，虽则劳碌一生，家事尽可度日。况我平日留心，有熔成八大锭银子永不动用的，在我枕边，见将绒线做对儿结着。今将拣个好日子，分与尔等，每人一对，做个镇家之宝。”四子喜谢，尽欢而散。是夜，金老带些酒意，点灯上床，醉眼模糊望去，八个大锭，白晃晃排在枕边。摸了几摸，哈哈地笑了一声，睡下去了。睡未安稳，只听得床前有人行走脚步响，心疑有贼。又细听着，恰象欲前不前相让一般。床前灯火微明，揭帐一看，只见八个大汉，身穿白衣，腰系红带，曲躬而前，曰：“某等兄弟，天数派定，宜在君家听令。今蒙我翁过爱，抬举成人，不烦役使，珍重多年，冥数将满。待翁归天后，再觅去向。今闻我翁目下将以我等分役诸郎君。我等与诸郎君辈原无前缘，故此先来告别，往某县某村王姓某者投托。后缘未尽，还可一面。”语毕，回身便走。金老不知何事，吃了一惊。翻身下床，不及穿鞋，赤脚赶去。远远见八人出了房门。金老赶得性急，绊了房槛，扑的跌倒。飒然惊醒，乃是南柯一梦。急起挑灯明亮，点照枕边，已不见了八个大锭。细思梦中所言，句句是实。叹了一口气，硬咽了一会，道：“不信我苦积一世，却没分与儿子每[5]受用，倒是别人家的。明明说有地方姓名，且慢慢跟寻下落则个。”一夜不睡。

次早起来，与儿子每说知。儿子中也有惊骇的，也有疑惑的。惊骇的道：“不该是我们手里东西，眼见得作怪。”疑惑的道：“老人家欢喜中说话，先许了我们，回想转来，一时间就不割舍得分散了，造此鬼话，也不见得。”金老见儿子们疑信不等，急急要验个实话。遂访至某县某村，果有王姓某者。叩门进去，只见堂前灯烛荧煌，三牲福物，正在那里献神。金老便开口问道：“宅上有何事如此？”家人报知，请主人出来。主人王老见金老，揖坐了，问其来因。金老道：“老汉有一疑事，特造上宅来问消息。今见上宅正在此献神，必有所谓，敢乞明示。”王老道：“老拙偶因寒荆小恙买卜，先生道移床即好。昨寒荆病中，恍惚见八个白衣大汉，腰系红束，对寒荆道：‘我等本在金家，今在彼缘尽，来投身宅上。’言毕，俱钻入床下。寒荆惊出了一身冷汗，身体爽快了。及至移床，灰尘中得银八大锭，多用红绒系腰，不知是那里来的。此皆神天福佑，故此买福物酬谢。今我丈来问，莫非晓得些来历么？”金老跌跌脚道：“此老汉一生所积，因前日也做了一梦，就不见了。梦中也道出老丈姓名居址的确，故得访寻到此。可见天数已定，老汉也无怨处，但只求取出一看，也完了老汉心事。”王老道：“容易。”笑嘻嘻地走进去，叫安童四人，托出四个盘来。每盘两锭，多是红绒系束，正是金家之物。金老看了，眼睁睁无计所奈，不觉扑簌簌吊下泪来。抚摸一番道：“老汉直如此命薄，消受不得！”王老虽然叫安童仍旧拿了进去，心里见金老如此，老大不忍。另取三两零银封了，送与金老作别。金老道：“自家的东西尚无福，何须尊惠！”再三谦让，必不肯受。王老强纳在金老袖中，金老欲待摸出还了，一时摸个不着，面儿通红。又被王老央不过，只得作揖别了。直至家中，对儿子们一一把前事说了，大家叹息了一回。因言王老好处，临行送银三两。满袖摸遍，并不见有，只说路中掉了。却元来金老推逊时，王老往袖里乱塞，落在着外面的一层袖中。袖有断线处，在王老家摸时，已自在脱线处落出在门槛边了。客去扫门，仍旧是王老拾得。可见一饮一啄，莫非前定。不该是他的东西，不要说八百两，就是三两也得不去。该是他的东西，不要说八百两，就是三两也推不出。原有的倒无了，原无的倒有了，并不由人计较。

而今说一个人，在实地上行，步步不着，极贫极苦的，却在渺渺茫茫做梦不到的去处，得了一主没头没脑的钱财，变成巨富。从来稀有，亘古新闻。有诗为证，诗曰：

分内功名匣里财，不关聪慧不关呆。果然命是财官格，海外犹能送宝来。

话说国朝成化年间，苏州府长州县阊门外，有一人，姓文名实，字若虚。生来心思慧巧，做着便能，学着便会，琴棋书画，吹弹歌舞，件件粗通。幼年间，曾有人相他有巨万之富。他亦自恃才能，不十分去营求生产，坐吃山空，将祖上遗下千金家事，看看消下来。以后晓得家业有限，看见别人经商图利的，时常获利几倍，便也思量做些生意，却又百做百不着。一日，见人说北京扇子好卖，他便合了一个伙计，置办扇子起来。上等金面精巧的，先将礼物求了名人诗画，免不得是沈石田、文衡山、祝枝山，拓了几笔，便值上两数银子。中等的，自有一样乔人，一只手学写了这几家字画，也就哄得人过，将假当真的买了，他自家也兀自做得来的。下等的，无金无字画，将就卖几十钱，也有对合利钱，是看得见的。拣个日子，装了箱儿，到了北京。岂知北京那年自交夏来，日日淋雨不晴，并无一毫暑气，发市甚迟。交秋早凉，虽不见及时，幸喜天色却晴，有妆晃子弟，要买把苏做的扇子，袖中笼着摇摆。来买时，开箱一看，只叫得苦。元来北京历沴[6]却在七八月，更加日前雨湿之气，斗着扇上胶墨之性，弄做了个合而言之，揭不开了。用力揭开，东粘一层，西缺一片，但是有字有画值价钱者，一毫无用。止剩下等没字白扇，是不坏的，能值几何？将就卖了，做盘费回家，本钱一空。频年做事，大概如此。不但自己折本，但是搭他做伴，连伙计也弄坏了。故此人起他一个混名，叫做“倒运汉”。不数年，把个家事干圆洁净了，连妻子也不曾娶得。终日间靠着些东涂西抹，东挨西撞，也济不得甚事。但只是嘴头子谄得来，会说会笑，朋友家喜欢他有趣，游耍去处，少他不得；也只好趁口[7]，不是做家的。况且他是大模大样过来的，帮闲行里又不十分入得队。有怜他的，要荐他坐馆教学，又有诚实人家嫌他是个杂板令，高不凑，低不就。打从帮闲的、处馆的两项人见了他，也就做鬼脸，把“倒运”两字笑他，不在话下。

一日，有几个走海泛货的邻近，做头的无非是张大、李二、赵甲、钱乙一班人，共四十余人，合了伙将行。他晓得了，自家思忖道：“一身落魄，生计皆无。便附了他们航海，看看海外风光，也不枉人生一世。况且他们定是不却我的，省得在家忧柴忧米的，也是快活。”正计较间，恰好张大踱将来。元来这个张大，名唤张乘运，专一做海外生意，眼里认得奇珍异宝，又且秉性爽慨，肯扶持好人，所以乡里起他一个混名，叫“张识货”。文若虚见了，便把此意一一与他说了。张大道：“好，好。我们在海船里头，不耐烦寂寞。若得兄去，在船中说说笑笑，有甚难过的日子？我们众兄弟，料想多是喜欢的。只是一件，我们多有货物将去，兄并无所有，觉得空了一番往返，也可惜了。待我们大家计较，多少凑些出来助你，将就置些东西去也好。”文若虚便道：“多谢厚情，只怕没人如兄肯周全小弟。”张大道：“且说说看。”一竟自去了。恰遇一个瞽目先生敲着“报君知”走将来，文若虚伸手顺袋里摸了一个钱，扯他一卦，问问财气看。先生道："此卦非凡，有百十分财气，不是小可。"文若虚自想道："我只要搭去海外耍耍，混过日子罢了，那里是我做得着的生意，要甚么赀助[8]。就赀助得来，能有多少，便宜恁地财爻动？这先生也是混账！"只见张大气忿忿走来，说道："说着钱，便无缘。这些人好笑，说道你去，无不喜欢。说到助银，没一个则声。今我同两个好的弟兄，拼凑得一两银子在此，也办不成甚货，凭你买些果子船里吃罢。口食之类，是在我们身上。"若虚称谢不尽，接了银子。张大先行道："快些收拾，就要开船了。"若虚道："我没甚收拾，随后就来。"手中拿了银子，看了又笑，笑了又看，道："置得甚货么！"信步走去，只见满街上筐篮内盛着卖的：

红如喷火，巨若悬星。皮未皲，尚有余酸；霜未降，不可多得。元殊苏井诸家树，亦非李氏千头奴。较广似曰难兄，比福亦云具体。

乃是太湖中有一洞庭山，地暖土肥，与闽广无异，所以广橘、福橘播名天下。洞庭有一样橘树，绝与他相似，颜色正同，香气亦同。止是初出时，味略少酢[9]，后来熟了，却也甜美。比福橘之价，十分之一，名曰"洞庭红"。若虚看见了，便思想道："我一两银子买得百斤有余，在船可以解渴，又可分送一二，答众人助我之意。"买成，装上竹篓，雇一闲的，并行李挑了下船。众人都拍手笑道："文先生宝货来也！"文若虚羞惭无地，只得吞声上船，再也不敢提起买橘的事。

开得船来，渐渐出了海口，只见：

银涛卷雪，雪浪翻银。湍转则日月似惊，浪动则星河如覆。

三五日间，随风漂去，也不觉过了多少路程。忽至一个地方，舟中望去，人烟凑聚，城郭巍峨，晓得是到了甚么国都了。舟人把船撑入藏风避浪的小港内，钉了桩橛，下了铁锚，缆好了。船中人多上岸。打一看，元来是来过的所在，名曰吉零国。元来这边中国货物，拿到那边，一倍就有三倍价。换了那边货物，带到中国，也是如此。一往一回，却不便有八九倍利息，所以人都拚死走这条路。众人多是做过交易的，各有熟识经纪、歇家[10]、通事人等，各自上岸找寻发货去了，只留文若虚在船中看船。路径不熟，也无走处。正闷坐间，猛可想起道："我那一篓红橘，自从到船中不曾开看，莫不人气蒸烂了？趁着众人不在，看看则个。"叫那水手在舱板底下翻将起来，打开了篓看时，面上多是好好的。放心不下，索性搬将出来，都摆在艎板[11]上面。也是合该发迹，时来福凑。摆得满船红焰焰的，远远望来，就是万点火光，一天星斗。岸上走的人都拢将来，问道："是甚么好东西呀？"文若虚只不答应。看见中间有个把一点头的，拣了出来，掐破就吃。岸上看的一发多了，惊笑道："元来是吃得的！"就中有个好事的，便来问价："多少一个？"文若虚不省得他们说话，船上人却晓得，就扯个谎哄他，竖起一个指头，说："要一钱一颗。"那问的人揭开长衣，露出那兜罗锦红裹肚来，一手摸出银钱一个来，道："买一个尝尝。"文若虚接了银钱,手中等等看,约有两把重。心下想道:“不知这些银子要买多少,也不见秤秤,且先把一个与他看样。”拣个大些的,红得可爱的,递一个上去。只见那个人接上手,颠了一颠道:“好东西呀!”扑的就劈开来,香气扑鼻,连旁边闻着的许多人,大家喝一声采。那买的不知好歹,看见船上吃法,也学他去了皮,却不分囊,一块塞在口里。甘水满咽喉,连核都不吐,吞下去了。哈哈大笑道:“妙哉!妙哉!”又伸手到裹肚里,摸出十个银钱来,说:“我要买十个进奉去。”文若虚喜出望外,拣十个与他去了。那看的人见那人如此买去了,也有买一个的,也有买两个三个的,都是一般银钱。买了的,都千欢万喜去了。元来彼国以银为钱,上有文采。有等龙凤文的最贵重,其次人物,又次禽兽,又次树木,最下通用的是水草:却都是银铸的,分两不异。适才买橘的都是一样水草纹的,他道是把下等钱买了好东西去了,所以欢喜。也只是要小便宜肚肠,与中国人一样。须臾之间,三停里卖了二停。有的不带钱在身边的,老大懊悔,急忙取了钱转来。文若虚已此剩不多了,拿一个班[13]道:“而今要留着自家用,不卖了。”其人情愿再增一个钱,四个钱买了二颗。口中哓哓[14]说:“悔气!来得迟了。”旁边人见他增了价,就埋怨道:“我每还要买个,如何把价钱增长了他的?”买的人道:“你不听得他方才说,兀自不卖了?”

正在议论间,只见首先买十颗的那一个人,骑了一匹青骢马,飞也似奔到船边,下了马,分开人丛,对船上大喝道:“不要零卖!不要零卖!是有的俺多要买。俺家头目要买去进克汗哩。”看的人听见这话,便远远走开,站住了看。文若虚是伶俐的人,看见来势,已瞧科在眼里,晓得是个好主顾了。连忙把篓里尽数倾出来,止剩五十余颗。数了一数,又拿起班来。说道:“适间讲过,要留着自用,不得卖了。今肯加些价钱,再让几颗去罢。适间已卖出两个钱一颗了。”其人在马背上拖下一大囊,摸出钱来,另是一样树木纹的,说道:“如此钱一个罢了。”文若虚道:“不情愿,只照前样罢了。”那人笑了一笑,又把手去摸出一个龙凤纹的来道:“这样的一个如何?”文若虚又道:“不情愿,只要前样的。”那人又笑道:“此钱一个抵百个,料也没得与你,只是与你耍。你不要俺这一个,却要那等的,是个傻子!你那东西,肯都与俺了,俺再加你一个那等的,也不打紧。”文若虚数了一数,有五十二颗,准准的要了他一百五十六个水草银钱。那人连竹篓都要了,又丢了一个钱,把篓拴在马上,笑吟吟地一鞭去了。看的人见没得卖了,一哄而散。

文若虚见人散了,到舱里把一个钱秤一秤,有八钱七分多重。秤过数个,都是一般。总数一数,共有一千个差不多。把两个赏了船家,其余收拾在包里了。笑一声道:“那盲子好灵卦也!”欢喜不尽,只等同船人来对他说笑则个。说话的,你说错了!那国里银子这样不值钱,如此做买卖,那久惯漂洋的带去多是绫罗缎匹,何不多卖了些银钱回来,一发百倍了?看官有所不知:那国里见了绫罗等物,都是以货交兑。我这里人也只是要他货物,才有利钱,若是卖他银钱时,他都把龙凤、人物的来交易,作了好价钱,分两也只得如此,反不便宜。如今是买吃口东西,他只认做把低钱交易,我却只管分两,所以得利了。说话的,你又说错了!依你说来,那航海的何不只买吃口东西,只换他低钱,岂不有利?反着重本钱置他货物怎地?看官,又不是这话。也是此人偶然有此横财,带去着了手。若是有心第二遭再带去,三五日不遇巧,等得希烂。那文若虚运未通时,卖扇子就是榜样。扇子还放得起的，尚且如此，何况果品？是这样执一论不得的。

闲话休题。且说众人领了经纪主人到船发货，文若虚把上头事说了一遍。众人都惊喜道："造化！造化！我们同来，到是你没本钱的先得了手也！"张大便拍手道："人都道他倒运，而今想是运转了！"便对文若虚道："你这些银钱，此间置货，作价不多。除是转发在伙伴中，回他几百两中国货物，上去打换些土产珍奇，带转去，有大利钱，也强如虚藏此银钱在身边，无个用处。"文若虚道："我是倒运的，将本求财，从无一遭不连本送的。今承诸公挈带，做此无本钱生意，偶然侥幸一番，真是天大造化了，如何还要生利钱，妄想甚么？万一如前再做折了，难道再有'洞庭红'这样好卖不成？"众人多道："我们用得着的是银子，有的是货物。彼此通融，大家有利，有何不可？"文若虚道："一年吃蛇咬，三年怕草索。说到货物，我就没胆气了。只是守了这些银钱回去罢。"众人齐拍手道："放着几倍利钱不取，可惜！可惜！"随同众人一齐上去，到了店家，交货明白，彼此兑换。约有半月光景，文若虚眼中看过了若干好东好西，他已自志得意满，不放在心上。众人事体完了，一齐上船，烧了神福，吃了酒开洋。

行了数日，忽然间天变起来。但见：

乌云蔽日，黑浪掀天。蛇龙戏舞起长空，鱼鳖惊惶潜水底。艨艟泛泛，只如栖不定的数点寒鸦；岛屿浮浮，便似没不煞的几只水鹅。舟中是方扬的米簸，舷外是正熟的饭锅。总因风伯太无情，以致篙师多失色。

那船上人见风起了，扯起半帆，不问东西南北，随风势漂去。隐隐望见一岛，便带住篷脚，只看着岛边使来。看看渐近，恰是一个无人的空岛。但见：

树木参天，草莱遍地。荒凉径界，无非些兔迹狐踪；坦迤土壤，料不是龙潭虎窟。混茫内，未识应归何国辖；开辟来，不知曾否有人登。

船上人把船后抛了铁锚，将桩橛泥犁上岸去，钉停当了。对舱里道："且安心坐一坐，候风势则个。"那文若虚身边有了银子，恨不得插翅飞到家里，巴不得行路，却如此守风呆坐，心里焦燥。对众人道："我且上岸，去岛上望望则个。"众人道："一个荒岛，有何好看？"文若虚道："总是闲着，何碍？"众人都被风颠得头晕，个个是呵欠连天，不肯同去。文若虚便自一个抖擞精神，跳上岸来，只因此一去，有分交：

千年败壳精灵显，一介穷神富贵来。

若是说话的同年生，并时长，有个未卜先知的法儿，便双脚走不动，也拄个拐儿随他同去一番，也不枉的。却说文若虚见众人不去，偏要发个狠，板藤附葛，直走到岛上绝顶。那岛也苦不甚高，不费甚大力，只是荒草蔓延，无好路径。到得上边，打一看时，四望漫漫，身如一叶，不觉凄然，吊下泪来。心里道："想我如此聪明，一生命蹇。家业消亡，剩得只身。直到海外，虽然侥幸，有得千来个银钱在囊中，知他命里是我的，不是我的？今在绝岛中间，未到实地，性命也还是与海龙王合着的哩！"正在感怆，只见望去远远草丛中一物突高。移步往前一看，却是床大一个败龟壳。大惊道："不信天下有如此大龟！世上人那里曾看见，说也不信的。我自到海外一番，不曾置得一件海外物事，今我带了此物去，也是一件希罕的东西，与人看看，省得空口说着，道是苏州人会调谎。又且一件，锯将开来，一盖一板，各置四足，便是两张床，却不奇怪！"遂脱下两只裹脚接了，穿在龟壳中间，打个扣儿，拖了便走。走至船边，船上人见他这等模样，都笑道："文先生那里又跎了纤来？"文若虚道："好教列位得知，这就是我海外的货了。"众人抬头一看，却便似一张无柱有底的硬脚床。吃惊道："好大龟壳！你拖来何干？"文若虚道："也是罕见的，带了他去。"众人笑道："好货不置一件，要此何用？"有的道："也有用处。有甚么天大的疑心事，灼他一卦，只没有这样大龟药。"又有的道是："医家要煎龟膏，拿去打碎了煎起来，也当得几百个小龟壳。"文若虚道："不要管有用没用，只是希罕，又不费本钱，便带了回去。"当时叫个船上水手，一抬抬下舱来。初时山下空阔，还只如此，舱中看来，一发大了。若不是海船，也着不得这样狼犺东西。众人大家笑了一回，说道："到家时有人问，只说文先生做了偌大的乌龟买卖来了！"文若虚道："不要笑，我好歹有一个用处，决不是弃物。"随他众人取笑，文若虚只是得意。取些水来，内外洗一洗净，抹干了，却把自己钱包、行李都塞在龟壳里面，两头把绳一绊，却当了一个大皮箱子。自笑道："兀的不眼前就有用起了？"众人都笑将起来，道："好算计！好算计！文先生到底是个聪明人。"当夜无词。次日风息了，开船一走。不数日，又到了一个去处，却是福建地方了。才住定了船，就有一伙惯伺侯接海客的小经纪牙人，攒将拢来。你说张家好，我说李家好，拉的拉，扯的扯，嚷个不住。海船上众人拣一个一向熟识的跟了去，其余的也就住了。众人到了一个波斯胡人店中坐定。里面主人见说海客到了，连忙先发银子，唤厨户包办酒席几十桌。分付停当，然后踱将出来。这主人是个波斯国里人，姓个古怪姓，是玛瑙的"玛"字，叫名玛宝哈，专一与海客兑换珍宝货物，不知有多少万数本钱。众人走海过的，都是熟主熟客，只有文若虚不曾认得。抬眼看时，元来波斯胡住得在中华久了，衣服言动都与中华不大分别。只是剃眉剪须，深目高鼻，有些古怪。出来见了众人，行宾主礼坐定了。两杯茶罢，站起身来，请到一个大厅上。只见酒筵多完备了，且是摆得济楚。元来旧规，海船一到，主人家先折过这一番款待，然后发货讲价的。主人家手执着一副法浪菊花盘盏，拱一拱手道："请列位货单一看，好定坐席。"

看官，你道这是何意？元来波斯胡以利为重，只看货单上有奇珍异宝值得上万者，就送在先席。余者看货轻重，挨次坐去，不论年纪，不论尊卑，一向做下的规矩。船上众人，货物贵的贱的，多的少的，你知我知，各自心照，差不多领了酒杯，各自坐了。单单剩得文若虚一个，呆呆站在那里。主人道："这位老客长不曾会面，想是新出海外的，置货不多了。"众人大家说道："这是我们好朋友，到海外耍去的。身边有银子，却不曾肯置货。今日没奈何，只得屈他在末席坐了。"文若虚满面羞惭，坐了末位。主人坐在横头。

饮酒中间，这一个说道我有猫儿眼多少，那一个说我有祖母绿多少，你夸我逞。文若虚一发默默无言。自心里也微微有些懊悔道："我前日该听他们劝，置些货物来的是。今枉有几百银子在囊中，说不得一句说话。"又自叹了口气道："我原是一些本钱没有的，今已大幸，不可不知足。"自思自忖，无心发兴吃酒。众人却猜拳行令，吃得狼藉。主人是个积年，看出文若虚不快活的意思来，不好说破，虚劝了他几杯酒。众人都起身道："酒勾了，天晚了，趁早上船去，明日发货罢。"别了主人去了。

主人撤了酒席，收拾睡了。明日起个清早，先走到海岸船边，来拜这伙客人。主人登舟，一眼瞅去，那舱里狼狼犺犺这件东西，早先看见了，吃了一惊，道："这是那一位客人的宝货？昨日席上并不曾见说起，莫不是不要卖的？"众人都笑指道："此敝友文兄的宝货。"中有一人衬道："又是滞货。"主人看了文若虚一看，满面挣得通红，带了怒色，埋怨众人道："我与诸公相处多年，如何恁地作弄我？教我得罪于新客，把一个末座屈了他，是何道理！"一把扯住文若虚，对众客道："且慢发货，容我上岸，谢过罪着。"众人不知其故。有几个与文若虚相知些的，又有几个喜事的，觉得有些古怪，共十余人，赶了上来，重到店中，看是如何。只见主人拉了文若虚，把交椅整一整，不管众人好歹，纳他头一位坐下了，道："适间得罪！得罪！且请坐一坐。"文若虚也心中镬铎[15]，忖道："不信此物是宝贝，这等造化不成？"主人走了进去，须臾出来，又拱众人到先前吃酒去处，又早摆下几桌酒，为首一桌比先更齐整。把盏向文若虚一揖，就对众人道："此公正该坐头一席。你每枉自一船的货，也还赶他不来。先前失敬！失敬！"众人看见，又好笑，又好怪，半信不信的，一带儿坐了。酒过三杯，主人就开口道："敢问客长，适间此宝可肯卖否？"文若虚是个乖人，趁口答应道："只要有好价钱，为甚不卖？"那主人听得肯卖，不觉喜从天降，笑逐颜开，起身道："果然肯卖，但凭分付价钱，不敢吝惜。"文若虚其实不知值多少，讨少了，怕不在行；讨多了，怕吃笑。忖了一忖，面红耳热，颠倒讨不出价钱来。张大便与文若虚丢个眼色，将手放在椅子背后，竖着三个指头，再把第二个指空中一撇，道："索性讨他这些。"文若虚摇头，竖一指道："这些我还讨不出口在这里。"却被主人看见道："果是多少价钱？"张大捣一个鬼道："依文先生手势，敢像要一万哩！"主人呵呵大笑道："这是不要卖，哄我而已。此等宝物，岂止此价钱！"众人见说，大家目睁口呆，都立起了身来，扯文若虚去商议。道："造化！造化！想是值得多哩。我们实实不知如何定价，文先生不如开个大口，凭他还罢。"文若虚终是碍口识羞，待说又止。众人道："不要不老气。"主人又催道："实说说何妨？"文若虚只得讨了五万两。主人还摇头道："罪过，罪过。没有此话。"扯着张大私问他道："老客长们海外往来，不是一番了。人都叫你'张识货'，岂有不知此物就里的？必是无心卖他，奚落小肆罢了。"张大道："实不瞒你说，这个是我的好朋友，同了海外玩耍的，故此不曾置货。适间此物，乃是避风海岛，偶然得来，不是出价置办的，故此不识得价钱。若果有这五万与他，勾他富贵一生，他也心满意足了。"主人道："如此说，要你做个大大保人，当有重谢，万万不可翻悔！"遂叫店小二拿出文房四宝来。主人家将一张供单绵料纸折了一折，拿笔递与张大道："有烦老客长做主，写个合同文书，好成交易。"张大指着同来一人道："此位客人褚中颖写得好。"把纸笔让与他。

褚客磨得墨浓，展好纸，提起笔来写道：

> 立合同议单张乘运等。今有苏州客人文实，海外带来大龟壳一个，投至波斯玛宝哈店，愿出银五万两买成。议定立契之后，一家交货，一家交银，各无翻悔。有翻悔者，罚契上加一。合同为照。

一样两纸，后边写了年月日，下写张乘运为头，一连把在坐客人十来个写去。褚中颖因自己执笔，写了落末。年月前边空行中间，将两纸凑着，写了骑缝一行，两边各半，乃是"合同议约"四字。下写"客人文实，主人玛宝哈"，各押了花押。单上有名，从后头写起，写到张乘运道："我们押字钱重些，这买卖才弄得成。"主人笑道："不敢轻！不敢轻！"

写毕，主人进内，先将银一箱抬出来道："我先交明白了用钱，还有说话。"众人攒将拢来。主人开箱，却是五十两一包，共总二十包，整整一千两。双手交与张乘运道："凭老客长收明，分与众位罢。"众人初然吃酒写合同，大家撺哄鸟乱，心下还有些不信的意思，如今见他拿出精晃晃白银来做用钱，方知是实。文若虚恰象梦里醉里，话都说不出来，呆呆地看。张大扯他一把，道："这用钱如何分散，也要文兄主张。"文若虚方说一句道："且完了正事慢处。"

只见主人笑嘻嘻的，对文若虚说道："有一事要与客长商议：价银现在里面阁儿上，都是向来兑过的，一毫不少，只消请客长一两位进去，将一包过一过目，兑一兑为准，其余多不消兑得。却又一说，此银数不少，搬动也不是一时功夫，况且文客官是个单身，如何好将下船去？又要泛海回还，有许多不便处。"文若虚想了一想道："见教得极是。而今却待怎么？"主人道："依着愚见，文客官目下回去未得。小弟此间有一个缎匹铺，有本三千两在内。其前后大小厅屋楼房，共百余间，也是个大所在。价值二千两，离此半里之地。愚见就把本店货物及房屋文契，作了五千两，尽行交与文客官，就留文客官在此住下了，做此生意。其银也做几遭搬了过去，不知不觉。日后文客官要回去，这里可以托心腹伙计看守，便可轻身往来。不然小店支出不难，文客官收贮却难也。愚意如此。"说了一遍，说得文若虚与张大跌足道："果然是客纲客纪，句句有理。"文若虚道："我家里元无家小，况且家业已尽了，就带了许多银子回去，没处安顿。依了此说，我就在这里立起个家缘来，有何不可？此番造化，一缘一会，都是上天作成的，只索随缘做去。便是货物房产价钱未必有五千，总是落得的。"便对主人说："适间所言，诚是万全之算，小弟无不从命。"

主人便领文若虚进去阁上看，又叫张、褚二人："一同去看看。其余列位不必了，请略坐一坐。"他四人去了。众人不进去的，个个伸头缩颈，你三我四，说道："有此异事！有此造化！早知这样，懊悔岛边泊船时节也不去走走，或者还有宝贝也不见得。"有的道："这是天大的福气，撞将来的，如何强得！"正欣羡间，文若虚已同张、褚二客出来了。众人都问："进去如何了？"张大道："里边高阁是个土库，放银两的所在，都是桶子盛着。

适间进去，看了十个大桶，每桶四千，又五个小匣，每个一千，共是四万五千。已将文兄的封皮记号封好了，只等交了货，就是文兄的了。”主人出来道：“房屋文书、缎匹帐目，俱已在此，凑足五万之数了。且到船上取货去。”一拥都到海船来。文若虚于路对众人说：“船上人多，切勿明言！小弟自有厚报。”众人也只怕船上人知道，要分了用钱去，各各心照。文若虚到了船上，先向龟壳中把自己包裹被囊取出了。手摸一摸壳，口里暗道：“侥幸！侥幸！”主人便叫店内后生二人来抬此壳，分付道：“好生抬进去，不要放在外边。”船上人见抬了此壳去，便道：“这个滞货也脱手了，不知卖了多少？”文若虚只不做声，一手提了包裹，往岸上就走。这起初同上来的几个，又赶到岸上，将龟壳从头到尾细看了一遍，又向壳内张了一张，捽了一捽，面面相觑道：“好处在那里？”

主人仍拉了这十来个一同上去。到店里，说道：“而今且同文客官看了房屋铺面来。”众人与主人一同走到一处，正是闹市中间，一所好大房子。门前正中是个铺子。旁有一弄，走进转个弯，是两扇大石板门，门内大天井，上面一所大厅，厅上有一匾，题曰“来琛堂”。堂旁有两楹侧屋，屋内三面有橱，橱内都是绫罗各色缎匹。以后内房，楼房甚多。文若虚暗道：“得此为住居，王侯之家不过如此矣。况又有缎铺营生，利息无尽，便做了这里客人罢了，还思想家里做甚！”就对主人道：“好却好，只是小弟是个孤身，毕竟还要寻几房使唤的人才住得。”主人道：“这个不难，都在小店身上。”文若虚满心欢喜，同众人走归本店来。主人讨茶来吃了，说道：“文客官今晚不消船里去，就在铺中住下了。使唤的人，铺中现有，逐渐再讨便是。”众客人多道：“交易事已成，不必说了。只是我们毕竟有些疑心，此壳有何好处，值价如此？还要主人见教一个明白。”文若虚道：“正是，正是。”主人笑道：“诸公枉了海上走了多遭，这些也不识得！列位岂不闻说龙有九子乎？内有一种是鼍龙，其皮可以幔鼓，声闻百里，所以谓之鼍鼓。鼍龙万岁，到底蜕下此壳成龙。此壳有二十四肋，按天上二十四气，每肋中间节，内有大珠一颗。若是肋未完全时节，成不得龙，蜕不得壳。也有生捉得他来，只好将皮幔鼓，其肋中也未有东西。直待二十四肋完全，节节珠满，然后蜕了此壳，变龙而去。故此是天然蜕下，气候俱到，肋节俱完的，与生擒活捉寿数未满的不同，所以有如此之大。这个东西，我们肚中虽晓得，知他几时蜕下？又在何处地方守得他着？壳不值钱，其珠皆有夜光，乃无价宝也！今天幸遇巧，得之无心耳。”众人听罢，似信不信。只见主人走将进去了一会，笑嘻嘻的走出来，袖中取出一西洋布的包来，说道：“请诸公看看。”解开来，只见一团绵裹着寸许大一颗夜明珠，光彩夺目。讨个黑漆的盘，放在暗处，其珠滚一个不定，闪闪烁烁，约有尺余亮处。众人看了，惊得目睁口呆，伸了舌头，收不进来。主人回身转来，对众客逐个致谢道：“多蒙列位作成了。只这一颗，拿到咱国中，就值方才的价钱了；其余多是尊惠。”众人个个心惊，却是说过的话，又不好翻悔得。主人见众人有些变色，收了珠子，急急走到里边，又叫抬出一个缎箱来。除了文若虚，每人送与缎子二端。说道：“烦劳了列位，做两件道袍穿穿，也见小肆中薄意。”袖中摸出细珠十数串，每送一串，道：“轻鲜，轻鲜，备归途一茶罢了。”文若虚处另是粗些的珠子四串，缎子八匹，道是权且做几件衣服。文若虚同众人欢喜作谢了。

主人就同众人送了文若虚到缎铺中，叫铺里伙计后生们都来相见，说道："今番是此位主人了。"主人自别了去，道："再到小店中去去来。"只见须臾间数十个脚夫扛了好些扛来，把先前文若虚封记的十桶五匣都发来了。文若虚搬在一个深密谨慎的卧房里头去处，出来对众人道："多承列位挈带，有此一套意外富贵，感谢不尽。"走进去，把自家包裹内所卖洞庭红的银钱倒将出来，每人送他十个，止有张大，与先前出银助他的两三个，分外又是十个，道："聊表谢意。"此时文若虚把这些银钱看得不在眼里了，众人却是快活，称谢不尽。文若虚又拿出几十个来，对张大说道："有烦老兄，将此分与船上同行的人，每位一个，聊当一茶。小弟住在此间，有了头绪，慢慢到本乡来。此时不得同行，就此为别了。"张大道："还有一千两用钱，未曾分得，却是如何？须得文兄分开，方没得说。"文若虚道："这倒忘了。"就与众人商议，将一百两散与船上众人，余九百两，照现在人数，另外添出两股，派了股数，各得一股。张大为头的，褚中颖执笔的，多分一股。众人千欢万喜，没有说话。内中一人道："只是便宜了这回回，文先生还该起个风，要他些不敷才是。"文若虚道："不要不知足，看我一个倒运汉，做着便折本的，造化到来，平空地有此一主财爻。可见人生分定，不必强求。我们若非这主人识货，也只当得废物罢了。还亏他指点晓得，如何还好昧心争论？"众人都道："文先生说得是。存心忠厚，所以该有此富贵。"大家千恩万谢，各各赍了所得东西，自到船上发货。

从此，文若虚做了闽中一个富商，就在那里取了妻小，立起家业。数年之间，才到苏州走一遭，会会旧相识，依旧去了。至今子孙繁衍，家道殷富不绝。正是：

运退黄金失色，时来顽铁生辉。莫与痴人说梦，思量海外寻龟。

（选自《初刻拍案惊奇》，（明）凌濛初著，中华书局2014年版）

注释

①瓿（bù）：瓮子。《汉书·扬雄传》载，刘歆看过西汉时扬雄所著《太玄》，说白白辛苦，现在人不重视，"吾恐后人用覆酱瓿也"。

②簳（gǎn）：箭杆。

③僧晦庵：晦庵，南宋时和尚，生平不详。今存《满江红》词一首。文中所引，文字不尽相同。

④跻跻（jī）跄跄：跻跻，人物众多貌。《诗经·公刘》有"跄跄济济"，朱熹注"群臣有威仪貌"。

⑤每：们。

⑥历沴（lì）：指入梅，潮变。沴，恶气。

⑦趁口：混口饭吃。

⑧赍（jī）助：钱财帮助。

⑨少酢（cù）：略微酸一点。

⑩歇家：指接待的商行。

⑪艎板：大舱船板。

⑫拿一个班：做样子，摆架子。

⑬哓哓（xiāo）：争辩不休。

⑭镬（huò）铎（duó）：糊涂，疑惑。

作者简介

凌濛初（1580—1644），字玄房，号初成，别号即空观主人，乌程（今浙江吴兴）人。凌家为江南刻书名家，技艺精湛，刻书重于各种体裁的文学作品，有《孟浩然诗集》《孟东野集》《西厢记》《琵琶记》《红拂记》《东坡书传》等，多达 20 余种。凌蒙初 18 岁补廪膳生，后科场一直不利。55 岁时，以优贡授上海县丞，后擢徐州通判。崇祯十七年（1644），李自成部进逼徐州，忧愤而亡。

导读

《转运汉巧遇洞庭红　波斯胡指破鼍龙壳》选自《初刻拍案惊奇》第一卷。主要讲的是小商人文若虚因家道中落，选择了经商，却“百做百不着”。受友人邀请出海做生意，因返程途中遇到大风浪，便停船于一荒岛边，文若虚在岛上偶获鼍龙壳，卖于波斯胡商人而获得巨额财富，成为闽中富商。

明代中叶以后，商品经济发展迅速，商人成为很多文学作品中的主角。文若虚陡然暴富的故事，是对当时商业发展的具体呈现，反映了作者经商与做人相统一的思想。文若虚本是一个做生意便折本的“倒运汉”，应友人之邀出海却没有本钱，用友人接济的一两银子买了百余斤“洞庭红”。原本是为了答谢众友人，买来供大家途中解渴的。没想到海外的吉零国人却分外喜爱，抢购一空，文若虚获利近千两银子。回程途中在荒岛上又很偶然地捡到鼍龙壳，内有夜明珠数颗，为无价之宝，一朝发迹，时来运转。他陡然暴富的经历，表面上看似与命运有关，“万事分已定”，但是实际上与文若虚的性格和为人是分不开的。首先，文若虚存心忠厚，知足知止，知恩图报。荒岛捡到的鼍龙壳五万两银子卖给了波斯胡，当得知鼍龙壳中有二十四颗夜明珠，其中一颗就值五万两银子之时，众人劝文若虚去找波斯胡多要些银两，但是文若虚却说：“若非这主人识货，也只当得废物罢了。”足见其仁厚知足之心。其次，文若虚聪慧伶俐，深谙经商之道。当他在吉零国发现“洞庭红”畅销之时，便借机抬高价格。吉零国银两价值是靠图案来区分的，文若虚不收最高面值的龙凤纹银子，而是将原本一个最低面值水草纹银子买一个的橘子，卖到了三个水草纹银子一个，体现出了文若虚的精明与细致。

本文故事情节曲折跌宕，人物形象刻画细致入微，从文学的角度肯定了商人的兴起，打上了时代的思想烙印。

感悟讨论

1. 文若虚是如何获取巨额财富的？

2. 通过阅读故事，谈谈你对文若虚这个人物的认识。

3. 通过文若虚的经历，探讨一下财富与命运的关系。

链接

《初刻拍案惊奇》，（明）凌濛初著，中华书局 2014 年版。

一个庶出的小姐，一个客居的千金，一个不幸的寡妇，这三个大家闺秀暂时掌管着一个即将没落的大家族，尽管改革想法很好，可惜只是杯水车薪

第五节

敏探春兴利除宿弊

◎ 曹雪芹

话说平儿陪着凤姐儿吃了饭，伏侍盥漱毕，方往探春处来。只见院中寂静，只有丫鬟婆子诸内壶近人在窗外听候。

平儿进入厅中，他姊妹三人正议论些家务，说的便是年内赖大家请吃酒，他家花园中事故[①]。见他来了，探春便命他脚踏上坐了，因说道："我想的事不为别的，因想着我们一月有二两月银外，丫头们又另有月钱。前儿又有人回，要我们一月所用的头油脂粉，每人又是二两。这又同才刚学里的八两一样，重重叠叠，事虽小，钱有限，看起来也不妥当。你奶奶怎么就没想到这个？"

平儿笑道："这有个原故：姑娘们所用的这些东西，自然是该有分例。每月买办买了，令女人们各房交与我们收管，不过预备姑娘们使用就罢了，没有一个我们天天各人拿钱找人买头油又是脂粉去的理。所以外头买办总领了去，按月使女人按房交与我们的。姑娘们的每月这二两，原不是为买这些的，原为的是一时当家的奶奶太太或不在，或不得闲，姑娘们偶然一时可巧要几个钱使，省得找人去。这原是恐怕姑娘们受委屈，可知这个钱并不是买这个才有的。如今我冷眼看着，各房里的我们的姊妹都是现拿钱买这些东西的，竟有一半。我就疑惑，不是买办脱了空，迟些日子，就是买的不是正经货，弄些使不得的东西来搪塞。"

探春李纨都笑道："你也留心看出来了。脱空是没有的，也不敢，只是迟些日子，催急了，不知那里弄些来，不过是个名儿，其实使不得，依然得现买。就用这二两银子，另叫别人的奶妈子的或是弟兄哥哥的儿子买了来才使得。若使了官中的人，依然是那一样的。不知他们是什么法子，是铺子里坏了不要的，他们都弄了来，单预备给我们？"平儿笑道："买办买的是那样的，他买了好的来，买办岂肯和他善开交，又说他使坏心要夺这买办了。所以他们也只得如此，宁可得罪了里头，不肯得罪了外头办事的人。姑娘们只能可使奶妈妈们，他们也就不敢闲话了。"

探春道："因此我心中不自在。钱费两起，东西又白丢一半，通算起来，反费了两折子，不如竟把买办的每月蠲了为是。此是一件事。第二件，年里往赖大家去，你也去的，你看他那小园子比咱们这个如何？"平儿笑道："还没有咱们这一半大，树木花草也少多了。”探春道：“我因和他家女儿说闲话儿，谁知那么个园子，除他们带的花、吃的笋菜鱼虾之外，一年还有人包了去，年终足有二百两银子剩。从那日我才知道，一个破荷叶，一根枯草根子，都是值钱的。”

宝钗笑道：“真真膏粱纨绮之谈。虽是千金小姐，原不知这事，但你们都念过书识字的，竟没看见朱夫子有一篇《不自弃文》不成[②]？”探春笑道：“虽看过，那不过是勉人自励，虚比浮词，那里都真有的？”宝钗道：“朱子都有虚比浮词？那句句都是有的。你才办了两天时事，就利欲熏心，把朱子都看虚浮了。你再出去见了那些利弊大事，越发把孔子也看虚了！”探春笑道：“你这样一个通人，竟没看见子书？当日《姬子》有云：登利禄之场，处运筹之界者，窃尧舜之词，背孔孟之道。”宝钗笑道：“底下一句呢？”探春笑道：“如今只断章取意，念出底下一句，我自己骂我自己不成？”宝钗道：“天下没有不可用的东西；既可用，便值钱。难为你是个聪敏人，这些正事大节目事竟没经历，也可惜迟了。”李纨笑道：“叫了人家来，不说正事，且你们对讲学问。”宝钗道：“学问中便是正事。此刻于小事上用学问一提，那小事越发作高一层了。不拿学问提着，便都流入市俗去了。”

三人只是取笑之谈，说了笑了一回，便仍谈正事。探春因又接说道：“咱们这园子只算比他们的多一半，加一倍算，一年就有四百银子的利息。若此时也出脱生发银子，自然小器，不是咱们这样人家的事。若派出两个一定的人来，既有许多值钱之物，一味任人作践，也似乎暴殄天物。不如在园子里所有的老妈妈中，拣出几个本分老诚能知园圃的事，派准他们收拾料理，也不必要他们交租纳税，只问他们一年可以孝敬些什么。一则园子有专定之人修理，花木自有一年好似一年的，也不用临时忙乱；二则也不至作践，白辜负了东西；三则老妈妈们也可借此小补，不枉年日在园中辛苦；四则亦可以省了这些花儿匠山子匠打扫人等的工费。将此有余，以补不足，未为不可。”

宝钗正在地下看壁上的字画，听如此说一则，便点一回头，说完，便笑道：“善哉，三年之内无饥馑矣！”李纨笑道：“好主意。这果一行，太太必喜欢。省钱事小，第一有人打扫，专司其职，又许他们去卖钱。使之以权，动之以利，再无不尽职的了。”平儿道：“这件事须得姑娘说出来。我们奶奶虽有此心，也未必好出口。此刻姑娘们在园里住着，不能多弄些玩意儿去陪衬，反叫人去监管修理，图省钱，这话断不好出口。”宝钗忙走过来，摸着他的脸笑道：“你张开嘴，我瞧瞧你的牙齿舌头是什么作的。从早起来到这会子，你说这些话，一套一个样子，也不奉承三姑娘，也没见你说奶奶才短想不到，也并没有三姑娘说一句，你就说一句是；横竖三姑娘一套话出，你就有一套话进去；总是三姑娘想的到的，你奶奶也想到了，只是必有个不可办的原故。这会子又是因姑娘住的园子，不好因省钱令人去监管。你们想想这话，若果真交与人弄钱去的，那人自然是一枝花也不许掐，一个果子也不许动了，姑娘们分中自然不敢，天天与小姑娘们就吵不清。他这远愁近虑，不亢不卑。他奶奶便不是和咱们好，听他这一番话，也必要自愧的变好了，不和也变和了。”

探春笑道：“我早起一肚子气，听他来了，忽然想他主子来，素日当家使出来的好撒野的人，我见了他便生了气。谁知他来了，避猫鼠儿似的站了半日，怪可怜的。接着又说了那么些话，不说他主子待我好，倒说‘不枉姑娘待我们奶奶素日的情意了’。这一句，不但没了气，我倒愧了，又伤起心来。我细想，我一个女孩儿家，自己还闹得没人疼没人顾的，我那里还有好处去待人。”口内说到这里，不免又流下泪来。

李纨等见他说的恳切，又想他素日赵姨娘每生诽谤，在王夫人跟前亦为赵姨娘所累，亦都不免流下泪来，都忙劝道：“趁今日清净，大家商议两件兴利剔弊的事，也不枉太太委托一场。又提这没要紧的事做什么？”平儿忙道：“我已明白了。姑娘竟说谁好，竟一派人就完了。”探春道：“虽如此说，也须得回你奶奶一声。我们这里搜剔小遗，已经不当，皆因你奶奶是个明白人，我才这样行，若是糊涂多蛊多妒的[③]，我也不肯，倒像抓他乖一般。岂可不商议了行。”平儿笑道：“既这样，我去告诉一声。”说着去了，半日方回来，笑说：“我说是白走一趟，这样好事，奶奶岂有不依的。”

探春听了，便和李纨命人将园中所有婆子的名单要来，大家参度，大概定了几个。又将他们一齐传来，李纨大概告诉与他们。众人听了，无不愿意，也有说：“那一片竹子单交给我，一年工夫，明年又是一片。除了家里吃的笋，一年还可交些钱粮。”这一个说：“那一片稻地交给我，一年这些顽的大小雀鸟的粮食不必动官中钱粮，我还可以交钱粮。”探春才要说话，人回：“大夫来了，进园瞧姑娘。”众婆子只得去接大夫。平儿忙说：“单你们，有一百个也不成个体统，难道没有两个管事的头脑带进大夫来？”回事的那人说：“有，吴大娘和单大娘他两个在西南角上聚锦门等着呢。”平儿听说，方罢了。

众婆子去后，探春问宝钗如何。宝钗笑答道：“幸于始者怠于终，缮其辞者嗜其利。[④]”探春听了点头称赞，便向册上指出几人来与他三人看。平儿忙去取笔砚来。他三人说道：“这一个老祝妈是个妥当的，况他老头子和他儿子代代都是管打扫竹子，如今竟把这所有的竹子交与他。这一个老田妈本是种庄稼的，稻香村一带凡有菜蔬稻稗之类，虽是顽意儿，不必认真大治大耕，也须得他去，再一按时加些培植，岂不更好？”

探春又笑道：“可惜，蘅芜苑和怡红院这两处大地方竟没有出利息之物。”李纨忙笑道：“蘅芜苑更利害。如今香料铺并大市大庙卖的各处香料香草儿，都不是这些东西？算起来比别的利息更大。怡红院别说别的，单只说春夏天一季玫瑰花，共下多少花？还有一带篱笆上蔷薇、月季、宝相、金银藤，单这没要紧的草花干了，卖到茶叶铺药铺去，也值几个钱。”探春笑道：“原来如此。只是弄香草的没有在行的人。”

平儿忙笑道：“跟宝姑娘的莺儿他妈就是会弄这个的，上回他还采了些晒干了辫成花篮葫芦给我顽的，姑娘倒忘了不成？”宝钗笑道：“我才赞你，你到来捉弄我了。”三人都诧异，都问这是为何。宝钗道：“断断使不得！你们这里多少得用的人，一个一个闲着没事办，这会子我又弄个人来，叫那起人连我也看小了。我倒替你们想出一个人来：怡红院有个老叶妈，他就是茗烟的娘。那是个诚实老人家，他又和我们莺儿的娘极好，不如把这事交与叶妈。他有不知的，不必咱们说，他就找莺儿的娘去商议了。那怕叶妈全不管，竟交与那一个，那是他们私情儿，有人说闲话，也就怨不到咱们身上了。如此一行，你们办的又至公，于事又甚妥。”李纨平儿都道：“是极。”探春笑道：“虽如此，只怕他们见利忘义。”平儿笑道：“不相干，前儿莺儿还认了叶妈做干娘，请吃饭吃酒，两家和厚的好的很呢。”探春听了，方罢了。又共同斟酌出几人来，俱是他四人素昔冷眼取中的，用笔圈出。

一时婆子们来回大夫已去，将药方送上去。三人看了，一面遣人送出去取药，监派调服，一面探春与李纨明示诸人：某人管某处，按四季除家中定例用多少外，余者任凭你们采取了去取利，年终算账。

探春笑道：“我又想起一件事：若年终算账归钱时，自然归到账房，仍是上头又添一层管主，还在他们手心里，又剥一层皮。这如今我们兴出这事来派了你们，已是跨过他们的头去了，心里有气，只说不出来，你们年终去归账，他还不捉弄你们等什么？再者，这一年间管什么的，主子有一全分，他们就得半分。这是家里的旧例，人所共知的，别的偷着的在外。如今这园子里是我的新创，竟别入他们手，每年归账，竟归到里头来才好。”

宝钗笑道：“依我说，里头也不用归账。这个多了那个少了，倒多了事。不如问他们谁领这一分的，他就揽一宗事去。不过是园里的人的动用。我替你们算出来了，有限的几宗事：不过是头油、胭粉、香、纸，每一位姑娘几个丫头，都是有定例的，再者，各处笤帚、撮簸、掸子并大小禽鸟、鹿、兔吃的粮食。不过这几样，都是他们包了去，不用账房去领钱。你算算，就省下多少来？”

平儿笑道：“这几宗虽小，一年通共算了，也省的下四百两银子。”宝钗笑道：“却又来，一年四百，二年八百两，取租的房子也能看得了几间，薄地也可添几亩。虽然还有敷余的，但他们既辛苦闹一年，也要叫他们剩些，粘补粘补自家。虽是兴利节用为纲，然亦不可太啬。纵再省上二三百银子，失了大体统也不像。所以如此一行，外头账房里一年少出四五百银子，也不觉得很艰啬了，他们里头却也得些小补。这些没营生的妈妈们也宽裕了，园子里花木，也可以每年滋长蕃盛，你们也得了可使之物。这庶几不失大体。若一味要省时，那里不搜寻出几个钱来。凡有些余利的，一概入了官中，那时里外怨声载道，岂不失了你们这样人家的大体？如今这园里几十个老妈妈们，若只给了这个，那剩的也必抱怨不公。我才说的，他们只供给这个几样，也未免太宽裕了。一年竟除这个之外，他每人不论有余无余，只叫他拿出若干贯钱来，大家凑齐，单散与园中这些妈妈们。他们虽不料理这些，却日夜也是在园中照看当差之人，关门闭户，起早睡晚，大雨大雪，姑娘们出入，抬轿子，撑船，拉冰床，一应粗糙活计，都是他们的差使。一年在园里辛苦到头，这园内既有出息，也是分内该沾带些的。还有一句至小的话，越发说破了：你们只管了自己宽裕，不分与他们些，他们虽不敢明怨，心里却都不服，只用假公济私的多摘你们几个果子，多掐几枝花儿，你们有冤还没处诉。他们也沾带了些利息，你们有照顾不到，他们就替你照顾了。”

众婆子听了这个议论，又去了账房受辖治，又不与凤姐儿去算账，一年不过多拿出若干贯钱来，各各欢喜异常，都齐说：“愿意。强如出去被他揉搓着，还得拿出钱来呢。”那不得管地的听了每年终又无故得分钱，也都喜欢起来，口内说：“他们辛苦收拾，是该剩些钱粘补的。我们怎么好‘稳坐吃三注’的？”

宝钗笑道："妈妈们也别推辞了，这原是分内应当的。你们只要日夜辛苦些，别躲懒纵放人吃酒赌钱就是了。不然，我也不该管这事，你们一般听见，姨娘亲口嘱托我三五回，说大奶奶如今又不得闲儿，别的姑娘又小，托我照看照看。我若不依，分明是叫姨娘操心。你们奶奶又多病多痛，家务也忙。我原是个闲人，便是个街坊邻居，也要帮着些，何况是亲姨娘托我。我免不得去小就大，讲不起众人嫌我。倘或我只顾了小分沽名钓誉，那时酒醉赌博生出事来，我怎么见姨娘？你们那时后悔也迟了，就连你们素日的老脸也都丢了。这些姑娘小姐们，这么一所大花园子，都是你们照看，皆因看得你们是三四代的老妈妈，最是循规遵矩的，原该大家齐心，顾些体统。你们反纵放别人任意吃酒赌博，姨娘听见了，教训一场犹可，倘或被那几个管家娘子听见了，他们也不用回姨娘，竟教导你们一番。你们这年老的反受了年小的教训，虽是他们是管家，管的着你们，何如自己存些体统，他们如何得来作践。所以我如今替你们想出这个额外的进益来，也为大家齐心把这园里周全的谨谨慎慎，使那些有权执事的看见这般严肃谨慎，且不用他们操心，他们心里岂不敬伏。也不枉替你们筹画进益，既能夺他们之权，生你们之利，岂不能行无为之治，分他们之忧。你们去细想想这话。"家人都欢声鼎沸说："姑娘说的很是。从此姑娘奶奶只管放心，姑娘奶奶这样疼顾我们，我们再要不体上情，天地也不容了。"

（选自《红楼梦》，曹雪芹、高鹗著，人民文学出版社 2008 年版）

注释

①赖大：荣府大总管。

②《不自弃文》：选自朱熹《朱子文集大全类编》卷二十一《庭训》，主张"有一节之可取且不为世所弃"。

③多蛊多妒：内心恶毒又善嫉妒。

④幸于始者怠于终，缮其辞者嗜其利：如果开始因为侥幸得到好处，最终会懈怠，花言巧语的人爱占人便宜。

作者简介

曹雪芹（约 1715—约 1763），名霑，字梦阮，号雪芹。先祖本是镇守辽阳的武将，后成为满洲正白旗包衣，因为曾祖曹玺的妻子是康熙的乳母，所以曹氏一门与皇室的关系十分特殊，康熙即位后，曹玺任江宁织造，这个职务后来曹寅、曹颙、曹頫祖孙三代四人都担任过，曹家在江南可以说是名门大族。曹雪芹的少年时代在南京度过，可以说是锦衣纨绔的贵族生活，但是在雍正五年时，曹頫以"织造款项亏空""行为不端"等罪名被革职抄家，曹雪芹也随父迁往北京，曾在皇家学堂做过杂差，晚年虽生活穷苦，却全心投入到《红楼梦》的创作和修订之中，乾隆二十七年，幼子夭亡，因为过度忧伤，离开人世。《红楼梦》全书 120 回，最初以 80 回的抄本形式在社会上流传，本名《石头记》，后 40 回为高鹗所续，它问世后，引起了人们对其评论和研究的兴趣，并形成一种专门的学问——红学。

导读

《敏探春兴利除宿弊》选自《红楼梦》第56回，主要说的是王熙凤病倒后，贾府上下急需一位当家管事的，这一偶然因素提供了机会，探春在李纨和薛宝钗的协助下处理贾府事务，临时掌管王熙凤把持多年的财政大权。

身为庶出之女的探春，志向远大。她曾说："我但凡是个男人，必早走了，立一番事业。"探春并没有奉到改革家政的使命，也明知不是长期行使职权，但她不甘心贾府一败涂地地走向衰落，在江河日下的消沉氛围中，探春勇敢站了出来，进行了兴利除弊的改革。改革措施分为两方面：一是节流，二是开源，与不喜欢读书的王熙凤相比，识文断字的探春不仅实行了严格的分工，还从调动下人的积极性入手，颇具头脑。相对开支庞大的贾府来说，这种改革无疑是杯水车薪。一个敢做大事、精明强干的贵族少女生不逢时，未免令人唏嘘无限。正如曹雪芹对她的判词，"才自精明志自高，生于末世运偏消。清明涕泣江边望，千里东风一梦遥"。宝钗处事圆融，设想周到，却是个"客居"的小姐，所以才会像王熙凤评价的那样，"不关己事不开口，一问摇头三不知"，明理黠慧，颇有城府。李纨虽名义上是"大奶奶"，但丈夫早亡，加上尚德不尚才的性格，所以毫无他想，一心只在抚育孩子贾兰身上，对改革也只是随声附和。平儿则是百般为王熙凤辩解，忠心护主。这些人物的个性都是通过对话展现的，故事情节也是在叙家常的过程中层层推进，人物形象也随之不断鲜明饱满。

本文故事情节展开自然，少有刻意安排的痕迹，语言朴实流畅，体现出作者刻画人物、驾驭语言的深厚功力。

感悟讨论

1. 探春理家过程中一共做了哪几件事情？
2. 结合其他章节概括探春、薛宝钗和李纨的性格特点。
3. 在探春理家过程中，平儿充当什么样的角色？谈谈你的理解。

链接

《红楼梦》，曹雪芹、高鹗著，人民文学出版社2008年版。

《老残游记》以老残的见闻为线索，描写了晚清各种社会现象，内容丰富，意蕴深邃。全书人物、景物描写都很细腻生动，语言清新流畅、富有韵味。

第六节

大明湖边听美人绝调

◎刘　鹗

老残从鹊华桥往南，缓缓向小布政司街走去，一抬头，见那墙上贴了一张黄纸，有一尺长，七八寸宽的光景。居中写着“说鼓书”三个大字[①]，旁边一行小字是“二十四日明湖居”[②]。那纸还未十分干，心知是方才贴的，只不知道这是什么事情，别处也没有见过这样招子[③]。一路走着，一路盘算，只听得耳边有两个挑担子的说道：“明儿白妞说书，我们可以不必做生意，来听书罢。”又走到街上、听铺子里柜台上有人说道：“前次白妞说书是你告假的，明儿的书，应该我告假了。”一路行来，街谈巷议，大半都是这话，心里诧异道：“白妞是何许人？说的是何等样书，为甚一纸招贴，侵举国若狂如此[④]？”信步走来，不知不觉已到高升店口。

进得店去，茶房便来回道：“客人，用什么夜膳？”老残一一说过，就顺便问道：“你们此地说鼓书是个什么玩意儿？何以惊动这么许多的人？”茶房说：“客人，你不知道。这说鼓书本是山东乡下的土调，同一面鼓，两片梨花筒[⑤]，名叫‘梨花大鼓’，演说些前人的故事，本也没甚稀奇。自从王家出了这个白妞、黑妞姊妹两个，这白妞名字叫做王小玉，此人是天生的怪物[⑥]！他十二三岁时就学会了这说书的本事。他却嫌这乡下的调儿没什么出奇，他就常到戏园里看戏，所有什么西皮、二簧、梆子腔等唱，一听就会；甚么余三胜、程长庚、张二奎等人的调子[⑦]，他一听也就会唱。仗着他的喉咙，要多高有多高；他的中气要多长有多长。他又把那南方的什么昆腔、小曲，种种的腔调，他都拿来装在这大鼓书的调儿里面。不过二三年工夫，创出这个调儿，竟至无论南北高下的人，听了他唱书，无不神魂颠倒。现在已有招子，明儿就唱。你不信，去听一听就知道了。只是要听还要早去，他虽是一点钟开唱，若到十点钟去，便没有坐位的。”老残听了，也不甚相信。

次日六点钟起，先到南门内看了舜井[⑧]。又出南门，到历山脚下，看看相传大舜昔日耕田的地方。及至回店，已有九点钟的光景，赶忙吃了饭，走到明湖居，才不过十点钟时候。那明湖居本是个大戏园子，戏台前有一百多张桌子。那知进了园门，园子里面已经坐的满满的了，只有中间七八张桌子还无人坐，桌子却都贴着“抚院定”“学院定”等类红纸条儿。老残看了半天，无处落脚，只好袖子里送了看坐儿的二百个钱，才弄了一张短板凳，在人缝里坐下。看那戏台上，只摆了一张半桌[⑨]，桌子上放了一面板鼓，鼓上放了两个铁片儿，心里知道这就是所谓梨花筒了，旁边放了一个三弦子，半桌后面放了两张椅子，并无一个人在台上。偌大的个戏台，空空洞洞，别无他物，看了不觉有些好笑。园子里面，顶着篮子卖烧饼油条的有一二十个，都是为那不吃饭来的人买了充饥的。

到了十一点钟，只见门口轿子渐渐拥挤，许多官员都着了便衣，带着家人，陆续进来。不到十二点钟，前面几张空桌俱已满了，不断还有人来，看坐儿的也只是搬张短凳，在夹缝中安插。这一群人来了，彼此招呼，有打千儿的[10]，有作揖的，大半打千儿的多。高谈阔论，说笑自如。这十几张桌子外，看来都是做生意的人；又有些像是本地读书人的样子，大家都嘁嘁喳喳的在那里说闲话。因为人太多了，所以说的什么话都听不清楚，也不去管他。

到了十二点半钟，看那台上，从后台帘子里面，出来一个男人，穿了一件蓝布长衫，长长的脸儿，一脸疙瘩，仿佛风干福橘皮似的，甚为丑陋，但觉得那人气味到还沉静。出得台来，并无一语，就往半桌后面左手一张椅子上坐下。慢慢的将三弦子取来，随便和了和弦，弹了一两个小调，人也不甚留神去听。后来弹了一枝大调，也不知道叫什么牌子。只是到后来，全用轮指[11]，那抑扬顿挫，入耳动心，恍若有几十根弦，几百个指头，在那里弹似的。这时台下叫好的声音不绝于耳，却也压不下那弦子去，这曲弹罢，就歇了手，旁边有人送上茶来。

停了数分钟时，帘子里面出来一个姑娘，约有十六七岁，长长鸭蛋脸儿，梳了一个抓髻，戴了一副银耳环，穿了一件蓝布外褂儿，一条蓝布裤子，都是黑布镶滚的。虽是粗布衣裳，倒十分洁净。来到半桌后面右手椅子上坐下。那弹弦子的便取了弦子，铮铮鏦鏦弹起[12]。这姑娘便立起身来，左手取了梨花筒，夹在指头缝里，便丁丁当当的敲，与那弦子声音相应；右手持了鼓捶子，凝神听那弦子的节奏。忽羯鼓一声[13]，歌喉遽发，字字清脆，声声宛转，如新莺出谷，乳燕归巢，每句七字，每段数十句，或缓或急，忽高忽低；其中转腔换调之处，百变不穷，觉一切歌曲腔调俱出其下，以为观止矣[14]。

旁坐有两人，其一人低声问那人道："此想必是白妞了罢？"其一人道："不是。这人叫黑妞，是白妞的妹子。他的调门儿都是白妞教的，若比白妞，还不晓得差多远呢！他的好处人说得出，白妞的好处人说不出；他的好处人学的到，白妞的好处人学不到。你想，这几年来，好玩耍的谁不学他们的调儿呢？就是窑子里的姑娘，也人人都学，只是顶多有一两句到黑妞的地步。若白妞的好处，从没有一个人能及他十分里的一分的。"说着的时候，黑妞早唱完，后面去了。这时满园子里的人，谈心的谈心，说笑的说笑。卖瓜子、落花生、山里红、核桃仁的，高声喊叫着卖，满园子里听来都是人声。

正在热闹哄哄的时节，只见那后台里，又出来了一位姑娘，年纪约十八九岁，装束与前一个毫无分别，瓜子脸儿，白净面皮，相貌不过中人以上之姿，只觉得秀而不媚，清而不寒，半低着头出来，立在半桌后面，把梨花筒丁当了几声，煞是奇怪：只是两片顽铁，到他手里，便有了五声十二律似的[15]。又将鼓捶子轻轻的点了两下，方抬起头来，向台下一盼。那双眼睛，如秋水，如寒星，如宝珠，如白水银里头养着两丸黑水银，左右一顾一看，连那坐在远远墙角子里的人，都觉得王小玉看见我了；那坐得近的，更不必说。就这一眼，满园子里便鸦雀无声，比皇帝出来还要静悄得多呢，连一根针跌在地下都听得见响！

王小玉便启朱唇，发皓齿，唱了几句书儿。声音初不甚大，只觉入耳有说不出来的妙境：五脏六腑里，像熨斗熨过，无一处不伏贴；三万六千个毛孔，像吃了人参果，无一个毛孔不畅快。唱了十数句之后，渐渐的越唱越高，忽然拔了一个尖儿，像一线钢丝抛入天际，不禁暗暗叫绝。那知他于那极高的地方，尚能回环转折。几啭之后[16]，又高一层，接连有三四叠，节节高起。恍如由傲来峰西面攀登泰山的景象：初看傲来峰削壁千仞，以为上与天通；及至翻到傲来峰顶，才见扇子崖更在傲来峰上；及至翻到扇子崖，又见南天门更在扇子崖上：愈翻愈险，愈险愈奇。

那王小玉唱到极高的三四叠后，陡然一落，又极力骋其千回百折的精神，如一条飞蛇在黄山三十六峰半中腰里盘旋穿插，顷刻之间，周匝数遍[17]。从此以后，愈唱愈低，愈低愈细，那声音渐渐的就听不见了。满园子的人都屏气凝神，不敢少动。约有两三分钟之久，仿佛有一点声音从地底下发出。这一出之后，忽又扬起，像放那东洋烟火，一个弹子上天，随化作千百道五色火光，纵横散乱。这一声飞起，即有无限声音俱来并发。那弹弦子的亦全用轮指，忽大忽小，同他那声音相和相合，有如花坞春晓[18]，好鸟乱鸣。耳朵忙不过来，不晓得听那一声的为是。正在撩乱之际，忽听霍然一声，人弦俱寂。这时台下叫好之声，轰然雷动。

停了一会，闹声稍定，只听那台下正座上，有一个少年人，不到三十岁光景，是湖南口音，说道："当年读书，见古人形容歌声的好处，有那'余音绕梁，三日不绝'的话[19]，我总不懂。空中设想，余音怎样会得绕梁呢？又怎会三日不绝呢？及至听了小玉先生说书，才知古人措辞之妙。每次听他说书之后，总有好几天耳朵里无非都是他的书，无论做什么事，总不入神，反觉得'三日不绝'，这'三日'二字下得太少，还是孔子'三月不知肉味'[20]，'三月'二字形容得透彻些！"旁边人都说道："梦湘先生论得透辟极了！'于我心有戚戚焉'[21]！"

说着，那黑妞又上来说了一段，底下便又是白妞上场。这一段，闻旁边人说，叫做"黑驴段"。听了去，不过是一个士子见一惊人，骑了一个黑驴走过去的故事。将形容那美人，先形容那黑驴怎样怎样好法，待铺叙到美人的好处，不过数语，这段书也就完了。其音节全是快板，越说越快。白香山诗云："大珠小珠落玉盘[22]。"可以尽之。其妙处，在说得极快的时候，听的人仿佛都赶不上听，他却字字清楚，无一字不送到人耳轮深处。这是他的独到，然比着前一段却未免逊了一筹了。

这时不过五点钟光景，算计王小玉应该还有一段。不知那一段又是怎样好法。

（选自《老残游记》，刘鹗著，人民文学出版社 1979 年版）

注释

①鼓书：即大鼓书。一般有一个人演唱，一人或数人伴奏，以鼓为主要乐器。

②明湖居:戏院名,原址在今济南大明湖正西门。

③招子:招贴、海报。

④举国:原指全国,这里指济南全城。

⑤梨花简:打击乐器名。

⑥怪物:奇人,极言非常罕见的出色人物。

⑦余三胜、程长庚、张二奎:均为清末著名的京剧演员。

⑧舜井:济南名胜之一,传为大舜所开凿。

⑨半桌:用于曲艺表演相当于普通桌子一半的桌子。

⑩打千:清代男子的一种礼节,其姿势为屈左膝,垂右手,上体稍向前俯。

⑪轮指:弹奏乐器的一种高超技法,一手五个指头能周而复始地轮流弹拨。

⑫铮铮鏦鏦(cōng):这里形容不同的弦声。

⑬羯鼓:乐器名,从古代羯族传来。

⑭观止:再也没有比这更完好的了。形容事物的美好。

⑮五声十二律:古代五声音阶名,宫、商、角、徵、羽总称五声。十二律:古乐中十二个从低而高的半音的一种律制。

⑯啭(zhuàn):婉转发出的美声。

⑰周匝:周围。

⑱花坞:花园深凹处。

⑲余音绕梁,三日不绝:语出自《列子·汤问》。这里引来极言演唱之美。

⑳三月不知肉味:语出自《论语·述而》,意为听过美好的音乐,兴味全被吸引,三个月还记不起肉的美味。

㉑于我心有戚戚焉:语出自《孟子·梁惠王上》,意为这些话在我心里引起了强烈的共鸣。戚戚:心动。

㉒大珠小珠落玉盘:白居易名作《琵琶行》中的诗句,形容声音错落有致,清新美好。

❀ 作者简介

刘鹗(1857—1909),清末小说家。原名孟鹏,后更名鹗,字铁云,号老残。别号“鸿都百炼生”,江苏丹徒(今镇江市)人。刘鹗出身官宦家庭,自幼好学,但不喜科场文字。他承袭家学,致力于数学、医学、水利、音乐、算学等实际学问,并纵览百家,喜欢收集书画碑帖、金石甲骨,在上海行医时,收藏大量甲骨,后辑成《铁云藏龟》一书,对甲骨文研究贡献巨大。自青年时期拜从太谷学派李光(龙川)之后,终生主张以“教养”为大纲,发展了以经济生产,富而后教,养民为本的太谷学说。他一生从事实业,投资教育,以实现太谷学派“教养天下”的目的。八国联军入侵时,为赈济京城灾民,刘鹗从占领军手中低价购粮,被诬私售仓粟罪,流放新疆,客死乌鲁木齐。《老残游记》是刘鹗的代表作,被称为清末四大谴责小说之一,流传甚广。小说以一位江湖郎中老残的游历为主线,对当时的社会现实和官吏残暴昏庸多有揭露,描写人情世态、风景名胜也十分出色,构思巧妙,刻画生动,语言精彩。

导读

本文描写当时著名的鼓书艺人白妞的出色演唱,是《老残游记》中公认的最为精彩的篇章，彰显出刘鹗深谙艺术之妙的大手笔。

作者从“老残从鹊华桥往南”一路写起，运笔从容，缓缓写来，看似平淡，却烘托渲染，层层铺垫。写一众对白妞说书的街谈巷议，人未出场，已先声夺人，吊足了读者的胃口；次写戏园盛况，听书人不但人数多，而且来得早，人声嘈杂，这一切为后面白妞说书时的鸦雀无声作了对照性的铺垫；接着写琴师出场，先抑后扬，他的相貌“甚为丑陋”，但技惊四座；再写黑妞出场，字字清脆，声声婉转，说书技艺已臻观止，这一切描写，为白妞出场做了十足的铺垫。白妞出场，先写容貌，不过中人以上之色，但是“把梨花简丁当了几声”，“将鼓捶子轻轻的点了两下”，就让人顿觉出彩。“那双眼睛，如秋水，如寒星，如宝珠，如白水银里头养着两丸黑水银”，左顾右盼，就摄去了众听书人的心魄，作者抓住了她这一极富特点的眼睛来写，一下就把白妞写活了。“满园子里便鸦雀无声，比皇帝出来还要静悄得多呢，连一根针跌在地下都听得见响！”与前面描写的人声嘈杂的场面构成鲜明的对比。白妞说书的正面描写，极有层次，“初不甚大”，“越唱越高”，“陡然一落”，“忽又扬起”，“人弦俱寂”，描写丝丝入扣，步步入胜，节节火爆，白妞的形象呼之欲出，光彩照人。白妞演唱声音的无穷变化，美妙难以言说，作者用泰山、黄山景色加以譬况，又用众多事物和前人诗文妙喻，曲尽形容之能事。

小说层层铺垫，步步设置悬疑，构思十分巧妙，显得抑扬跌宕，艺术效果十分强烈。

感悟讨论

1. 仔细阅读课文，作者有没有直接议论的文字？为什么？

2. 作者运用了哪些方法，生动地写出了白妞声音之美？

3. 作者为什么花很大的篇幅写街谈巷议和黑妞说书？从中你能悟出哪些艺术表现的道理？

链接

《老残游记》，刘鹗著，人民文学出版社 1979 年版。

熟稔传统文化，采用西方现代派心理描写，小说化用杜甫《秋兴八首》中“同学少年多不贱，五陵裘马自轻肥”之意。风雨天涯多少年，昔日同窗再度相逢，纯真情谊已然镜花水月，代替的是云泥之感。

第七节

同学少年都不贱(节选)

◎ 张爱玲

起先简直令人无法相信——犹太人姓李外的极多，取名汴杰民的更多。在季辛吉国务卿之前[①]，第一个入内阁的移民，又是从上海来的，也还是可能刚巧姓名相同。赵珏看了时代周刊上那篇特写，提到他的中国太太，又有他们的生活照，才确实知道了。

“还是我一句话撮合了他们。”她不免这样想。

当然，人总夸张自己演的角色的重要性。恩娟不跟她商量，大概也会跟他好的。那时候又没有别的男朋友，据她所知。

她记得非常清楚，那天在恩娟家里吃晚饭，上海娘姨做的有一碗本地菜芋艿肉片[②]，她别处没见过。恩娟死了母亲就是自己当家。

饭后上楼到她住的亭子间去，搬开椅子上堆的一叠衣服，坐下谈了一会，她忽然笑道：“有个同学写信来，叫我也到内地去。汴·李外——犹太人，他们家前几年刚从德国逃出来的。”

“哦。”赵珏有点模糊。无国籍的犹太人无处收容，仿佛只能到上海来。“他现在在重庆?”

“嗳，去年走的。因为洋行都搬到重庆去了，在那边找事比较容易。他在芳大也是半工半读。”

说着便走开去翻东西，找出一张衬着硬纸板的团体照，微笑递了过来，向第二排略指了指，有点羞意。

是个中等身材的黑发青年，黑框眼镜，不说也看不出来是外国人，额角很高，露齿而笑，鼻直口方，几乎可以算漂亮。

赵珏一见立即笑道：“你去。你去好。”

恩娟很不好意思的“咦”了一声，咕哝道：“怎么这样注重外表?”

赵珏知道恩娟是替她不好意思。她这么矮小瘦弱苍白，玳瑁眼镜框正好遮住眼珠，使人对面看不见眼睛，有不可测之感。像她这样如果恋爱的话，只能是纯粹心灵的结合，倒这样重视形体?

虽如此，把那张大照片搁过一边的时候，看得出恩娟作了个决定。

此后还有一次提起他。恩娟想取个英文名字。

“你叫苏西好，”赵珏说。“我最喜欢听你唱《与苏西偕行》。”

恩娟笑道：“汴要叫我凯若兰。”

“叫苏西好，苏西更像你。”

她力争，直到恩娟有点窘起来，脸色都变了，不想再说下去，她才觉得了，也讪讪的。怎么这样不自量？当然是男朋友替女朋友取名字。

她们学校同性恋的风气虽盛，她们俩倒完全是朋友，一来考进中学的时候都还小，一个又是个丑小鸭，一个也并不美。恩娟单眼皮，小塌鼻子，不过一笑一个大酒窝，一口牙齿又白又齐。有红似白的小枣核脸，反衬出下面的大胸脯，十二三岁就“发身”了，十来岁的人大都太瘦，再不然就是太胖，她属于后一类，而且一直不瘦下来，加上丰满的乳房，就是中年妇人的体型。

“走在马路上，有人说‘大奶子’。”她有一次气愤的告诉赵珏。

她死了母亲，请了假，销假回来住校的时候，短发上插一朵小白棉绒花，穿着新做的白辫子滚边灰色爱国布夹袍，因为是虔诚的教徒，腰身做得相当松肥，站在那里越觉硕大无朋，眼睛哭得红红的。赵珏也不敢说什么，什么都没问。

她写信给母亲总是称“至爱的母亲”。开恳亲会，她父母是不配称的一对，母亲高个子，长得简直像圣母像，除了一双吊梢眼太细窄了些，人也斯文。父亲年纪大得多，胖大身材，前面头发秃得额角倒插，更显得方腮大面，横眉竖眼的。穿西装，开一爿义肢拐杖店。恩娟告诉赵珏，他另外有个家，生了一大窝孩子。母亲知道了跟他闹，不是孩子多，就离婚了。

“他们从前怎么会结婚的？”

“他会骗。”

他们都是内地教会培植出来的。母亲也在外面做事，不知道是房产还是股票掮客，赵珏搞不清楚。恩娟后来告诉她有个李天声，一直从前两人感情非常好，在遗物里发现他的照片。

悠长的星期日下午，她们到校园去玩，后园就有点荒烟蔓草，有个小丘，残破的碎石阶上去，上面搭了个花架，木柱的枣红漆剥落了，也没种花，恩娟认识桑树，一人带一只漱盂摘桑椹吃，从地下拾起烂熟的，紫红的珍珠兰似的一小簇一小簇，拿到宿舍空寂无人的盥洗室，在灰色水泥长槽上放自来水冲洗，冲掉蚂蚁。

赵珏不会说上海话，听人家的“强苏白”混身起鸡皮疙瘩，再也老不起脸来学着说。国语发音不好，也不好意思撇着“话剧腔”。上海学生向来是，非国语非吴语一概称为江北话。人力车夫都是江北人。所以她在学校里一个朋友也没有，除了恩娟。

恩娟人缘非常好，入校第二年就当选级长。那年她们十二岁，赵珏爱上了劳莱哈台片中一个配角，演十八世纪的贵族，扑白粉的假发，有一场躲在门背后，走出来向女人高唱歌剧曲子。看了戏回家，心潮澎湃，晚上棕黑色玻璃窗的上角遥遥映出一个希腊石像似的面影，恍如稠人广众中涌现。男高音的歌声盈耳，第一次尝到这震荡人心魄的滋味。

“你那个但尼斯金从来没张开嘴笑过，一定是绿牙齿。”恩娟说。

从此同房间的都叫他绿牙齿。

四个人一间房，熄灯前上床后最热闹。恩娟喜欢在蚊帐里枕上举起双臂，两只胳膊扭绞个不停，柔若无骨，模仿中东艳舞，自称为“玉臂作怪”。赵珏笑得满床打滚。窗外黑暗中蛙声阁阁，没装纱窗，一阵阵进来江南绿野的气息。

……

赵珏出了大陆写信去，打听去美国的事。恩娟回信非常尽职而有距离，赵珏后来到了美国就没去找她。汴是在那大学读博士，所以当时只有恩娟一个人做事。

这次通讯后，过了十廿年赵珏才又写信给恩娟。原因之一，是刚巧住在这文化首都，又是专供讲师院士住的一座大楼，多少称得上清贵。萱望回大陆了，此地租约期满后她得要搬家。要托恩娟找事，不如趁现在有这体面的住址。——萱望大概也觉得从此地“回归”比较有面子。她不肯跟他一块回，他当然也不能一个钱都不留给她。不过他在台湾还有一大家子人靠他养活，一点积蓄都做了安家费。她目前生活虽然不成问题，不要等到山穷水尽，更没脸去找人家。她跟萱望分居那时候在华府，手里一个钱都没有，没有学位又无法找事，那时候也知道恩娟也在华府，始终也没去找她。

她信上只说想找个小事，托恩娟替她留心，不忙。没说见面的话。现在境遇悬殊，见不见面不在她。

恩娟的回信只有这一句有点刺目：“不见面总不行的。”显然以为她怕见她，妒富愧贫。

她又去信说：“我可以乘飞机到华府来，谈一两个钟头就回去。再不然你如果路过，弯到这里来也是一样。在这里过夜也方便，有两间房，床也现成。”

这几年跟着萱望东跑西跑，坐飞机倒是家常便饭了。他找事，往往乘系主任到外地开会，在芝加哥换机，就在俄海机场约谈，两便。

隔了些时，恩娟来信说月底路过，来看她，不过要带着小女儿。时代周刊上那篇特写提起过他们有四个孩子，一男三女。

赵珏当然表示欢迎，心里不免想着，是否要有个第三者在场，怕她万一哭诉？

临时又打长途电话约定时间。

那天中午，公寓门上极轻的剥啄两声。她一开门，眼前一亮，恩娟穿着件艳绿的连衫裙，翩然走进来，笑着搂了她一下。名牌服装就是这样，通体熨贴，毫不使人觉得这颜色四五十岁的人穿着是否太娇了。看看也至多三十几岁，不过像美国多数的阔人，晒成深浓的日光色，面颊像姜黄的皮制品。头发极简单的朝里卷。

赵珏还没开口，恩娟见她脸上惊艳的神气，先自笑了。

赵珏笑道：“你跟从前重庆回来的时候完全一样。”显然没有再胖过。

向她身后张了张。“小女儿呢？在车上？”末了声音一低。也许不应当问。临时决定不下车？

她也只咕噜了一声。赵珏没听清楚，就没再问，也猜着车子一定开走了。本地没有机场；以她的地位，长程决不会自己开车，而司机在此间是奢侈品，不是熟人不便提的。她来，决不会让汽车停在大门口，司机坐在车上等着，像摆阔。

“喝咖啡？”倒了两杯来。“汴好？”也只能带笑轻声一提，不是真问，她也不会真回答。

她四面看看，见是一间相当大的起坐间兼卧室，凸出的窗户有古风；因笑道：“你不是说有两间房？”

“本来有两间，最近这层楼上空出这一间房的公寓，我就搬了过来。”

恩娟不确定的“哦”了一声，那笑容依旧将信将疑。

赵珏感到困惑。倒像是骗她来过夜——为什么？还是骗她有两间房，有多余的床，结果只好一床睡觉，彻夜长谈？不过是这样？一时闹不清楚，只觉得十分暧昧，又急又气，竟没想到指出信上说过公寓门牌号码现在是五〇七，不是五〇二了。

还是恩娟换了话题，喝着咖啡笑道：“现在男人头发长了，你觉得怎么样？”

赵珏笑道：“不赞成。”

这样守旧，恩娟有点不好意思的咕哝了一声：“难道还是要后头完全推平了？”也没再说什么。

赵珏也不便解释她认为男人脑后发脚下那块地方可爱，正如日本人认为女人脖子背后性感，务必搽得雪白粉嫩在和服领口外。男人即使头发不太长，短发也盖过发脚，尤其是中国人直头发，整个是中年妇人留的“鸭屁股”。

她跟恩娟说国语。自从到北京跑单帮，国语也道地了。其实上次见面已经这样，但是恩娟忽然抱怨道：

“怎么你口音完全变了？好像完全是另外一个人。”末句声音一低，半自言自语，像个不耐烦得快要哭出来的小孩。

赵珏心里很感动，但是仍旧笑道：“我从前的话不会说了，从家里跑出来就没机会说了，连我姨妈的口音都两样。”

恩娟想了想，似乎也觉得还近情理。

“要不然我们就说上海话。”

恩娟摇摇头。

赵珏笑道：“我每次看见茱娣霍丽黛都想起你。”

恩娟在想这已故的喜剧演员的状貌——胖胖的，黄头发，歌喉也不怎么——显然不大高兴。

赵珏还是记得她从前胖的时候，因又解释道：“我是想你‘玉臂作怪’那些。”

恩娟只说了声“哦噢哟！”上海话，等于“还提那些陈壳子烂芝麻！”

“此地不用开车，可以走了去的饭馆子只有一家好的，”赵珏说，“也都是冷盆。挤得不得了，要排班等着。”让现在的恩娟排长龙！“所以我昨天晚上到那儿去买了些回来，也许你愿意马马虎虎就在家里吃饭。”

她当然表同意。

公寓有现成的家具，一张八角橡木桌倒是个古董，沉重的石瓶形独脚柱，擦得黄澄澄的，只是桌面有裂痕。赵珏不喜欢用桌布，放倒一只大圆镜子做桌面，大小正合式。正中铺一窄条印花细麻布，芥末黄地子上印了只橙红的鱼。萱望的烟灰盘子多，有一只是个简单的玻璃碟子，装了水搁在镜子上，水面浮着朵黄玫瑰。上午摆桌子的时候不禁想起镜花水月。

他们没有孩子，他当然失望。她心深处总觉得他走也是为了摆脱她。

她从冰箱里搬出装拼盆的长磁盘，搁在那条红鱼图案上。洋山芋沙拉也是那家买的，还是原来的纸盒，没装碗。免得恩娟对她的手艺没信心。又倒了两杯葡萄牙雪瑞酒，比上不足比下有余。

没有桌布，恩娟看了一眼，见镜面纤尘不染，方拿起刀叉。

一面吃，恩娟笑道：“怎么回大陆了？”

赵珏笑道：“萱望没过过共产党来了之后的日子，刚来他已经出国了。他家在台湾，也只回去过两次。我也难得跟他讲大陆的事，他从来不谈这些。”

又道：“现在美国左派时髦，学生老是问他中共的事，他为自己打算，至少要中立客观的口气。也许是‘行为论’的心理，装什么就是什么，总有一天相信了自己的话。”

她没说他有自卑感。他教中文，比教中国文学的低一级。教中文，又是一口江西国语。中共有原子弹，有自卑感的人最得意。

恩娟笑道：“你倒还好，撑得住，没神经崩溃。”

赵珏笑道：“也是因为前两年已经分居过。那时候他私生活很糟。也是现在学生的风气，不然也没有那么些机会。”

她不便多说。恩娟总有个把女儿正是进大学的年龄。

那时候在东北部一个小大学城。刚到，他第一要紧把汽车开去修理。她刚打开行李理东西，发现缺两件必需品，看手表才五点半，药房还没关门。只好步行，其实公寓离大街并不远，不过陌生的路总觉得远些。

买了东西回来，一过了大街满目荒凉，狭窄的公路两旁都是田野，天黑了也没有路灯，又没个路牌广告牌作标志，竟迷了路。车辆又稀少，半天才驰过一辆拖鞋式没后跟的卡车，也没拦截得住。

正心慌意乱，迎面来了一大群男女学生，有了救星，忙上前问路。向来美国人自己说逢到问路，他们的毛病在瞎指导，决不肯说不知道。何况大学城里，陌生人不是学生就是教职员或是家属，都不是外人。这些青年却都不作声，昏暗中也看得出脸色有保留，仿佛带三分尴尬，两分不愿招惹的神气。赵珏十分诧异，只得放慢了脚步跟着走，再去问后面的人，专拣女孩子问，也都待理不理，意意思思的。

这两年因为越战与反战，年轻人无论什么态度也都不足为奇了。她又是个东方人，也许越共之外的东方人他们都恨。她心里这样想着，也没办法，只好姑且跟着走，脚下紧一阵慢一阵，希望碰上个话多的，或者走到有人烟的地方。他们多数空着手，也有的背着邮袋式书包，里面露出热水瓶之类。奇怪的是他们自己也不交谈——还是因为她在这里？多年前收到赫素容的信，一度憧憬篝火晚会，倒在天涯海角碰上了，可真不是滋味。

前面有个树林子，黑暗中依稀只见一棵棵很高的灰白色树干。邻近加拿大，北国的新秋，天一黑就有点寒烟漠漠起来。她觉得不对，越走越远了。把心一横，终于返身往回走，不一会，已经离开了那沉默的队伍。

一个人瞎摸着，半晌，大街才又在望。

这次总算找到了回家的路。

次日坎波教授来访，萱望来这里是他经手的，房子也是他代找的。

“昨天我从药房走回来，迷了路，天又黑了，”赵珏笑着告诉他。“幸而遇见一大群学生，问路他们也不知道，我只好跟着走，快走到树林子那儿才觉得不像，又往回走。”

坎波教授陡然变色。

赵珏也就明白了，他们是去集体野合的。当然不见得是无遮大会，大概还是一对一对，在黑暗中各据一棵树下。也许她本来也就有点疑心，不过不肯相信。

“我应当去买只电筒。”她笑着说。

坎波教授笑道：“这是个好主意。”

萱望咕哝了一声：“有——干电池用光了。”

坎波随即谈起现在学生的性的革命。显然他刚才不是怕她撞破这件事，惊慌的是她险些被卷入，给强奸了闹出事故来。

“我们那时候也还不是这样。”他笑着说。他不过三十几岁，这话是说他比他们俩小，他的大学时代比较晚。其实萱望先在国内做了几年事，三十来岁才来美国找补了几年苦学生的生活。

坎波又道：“现在这些女孩子长得美的，受到的压力一定非常大。”

他只顾怜香惜玉，只知其一，不知其二。萱望瘦小漂亮，本就看不出四十多了，美国人又总是说看不出东方人的岁数。他英文发音不好，所以缄默异常。这样纤巧神秘的东方人，在小城里更有艳异之感。

女生有关于中共的问题，想学吹箫、功夫以及柔道空手道，都来找他。夫妇俩先当笑话讲。迄今他们过的都是隔离的生活，过两年从一个小大学城搬到另一个小大学城，与师生与本地人都极少接触，在赵珏看来是延长的蜜月。忽然成了红人，起初连她都很得意。选修中文，往往由于对中共抱着幻想，因此都知道《东方红》这支歌。有个高材生替老师取了个绰号叫东方红。

赵珏在汽车门上的口袋里发现一条尼龙比基尼衬裤，透明的，绣着小蓝花——毋忘我花，偏偏忘了穿上。

以后她坐上车就恶心。

“人家不当桩事，我也不当桩事，你又何必认真？”他说。言外之意是随乡入乡，有便宜可捡，不捡白不捡了。

后来就是那沁娣。

人是天生多妻主义的，人也是天生一夫一妻的。

即使她受得了，也什么都变了，与前不同了。

赵珏笑道："他回大陆大概也是赎罪。因为那阵子生活太糜烂了，想回去吃苦'建国'。"过饱之后感到幻灭是真的，连带的看不起美国，她想。

她又从冰箱里取出一盅蛋奶冻子，用碟子端了来道："我不知道你小女儿是不是什么都吃，这我想总能吃。也是那家买的。"

恩娟很尽责的替女儿吃了。她显然用不着节食减肥。

她看了看表道："我坐地道火车走。"

"我送你到车站。"

"住在两个地方就是这样，见面难。"

"也没什么，我可以乘飞机来两个钟头就走，你带我看看你们房子，一定非常好。"

恩娟淡淡的笑道："你想是吗?"这句话似乎是英文翻译过来的，用在这里不大得当，简直费解。反正不是说"你想我们的房子一定好?"而较近"你想你会特为乘飞机来这么一会?"来了就不会走了。

这是第二次不相信她的话。她已经不再惊异了。当然是司徒华"下了话"——当时她就想到华府中国人的圈子小，司徒华一定会到处去讲她多么落魄。人穷了就随便说句话都要找铺保。这还是她从小的知己朋友。

她离开萱望之后到华府去，因为听见说国务院的传译员只有中日俄法德意西班牙葡萄牙阿拉伯九种语言，此外的小国都是雇散工，可能条件宽些，上了他们的名单就好了。她从前跟崔相逸学的高丽话很流利，文字也看得懂。找到国务院语文服务科，由中文传译员司徒华接见。后来她听说有人说科长是做情报工作的，此地不过挂个名。司徒华老资格了，差不多的公事都由他代拆代行。

她在华盛顿混了些时，等候下一届传译员考试。去临时秘书介绍所领了些文件来打，司徒华又介绍一个翻译中心，试验及格后常有几页中文韩文发下来，不过报酬既少，又严禁本人送译稿去，对这些难民避之若浼[3]，她觉得有点侮辱性。

这次考传译员她考得成绩不错，登记备用。刚巧此后不久就有个宴会，招待韩国官员。女传译员要像女宾一样穿夜礼服，是个难题。东方妇女矮小的在美国本就买不到衣服，连美国女人里面算矮小的都只能穿得老实点，新妍的时装都没有她们的尺寸。赵珏只好拣男童衣服中最不花哨的。晚宴不能穿长袴，她又向不穿旗袍。定做夜礼服不但来不及，也做不起。

她去买了几尺碧纱，对折了一折，胡乱缝上一道直线——她补袜子都是利用指甲油——人钻进这圆筒，左肩上打了个结，袒露右肩。长袍从一只肩膀上斜挂下来，自然而然通身都是希腊风的衣褶。左边开叉，不然迈不开步。

又买了点大红尼龙小纺做衬裙，依照马来纱笼，袒肩扎在胸背上。乳房不够大，怕滑下来，绑得紧些就是了。朱碧掩映，成为赭色，又似有若无一层金色的雾，与她有点憔悴的脸与依然稚弱的身材也配称。

鞋倒容易买，廉价部的鞋都是特大特小的。买的高跟鞋虽然不太时式，颜色也不大对，好在长裙曳地，也看不清楚，下摆根本没缝过。

这身装束在那相当隆重的场合不但看着顺眼，还很引人注目。以后再有这种事，再买几尺青纱或是黑纱，尽可能翻行头。衬裙现成。

每次派到工作，一百元一次，虽然不会常有，加上打字，译点零件，该可以勉强够过了。这次宴会司徒华也在座，此后不久打电话来，约她出来一趟，有件事告诉她。

他开车来接她。"到什么地方去坐坐，吃点东西。"

"不用了，吃晚饭还早，不饿。"

他很像丑小鸭时代的她，不过胖些，有肚子——比蟑螂短些的甲虫。

"你这件大衣非常好看。"他夹着英文说。

她也随口说了声英文"谢谢你"，拿它当外国人例有的赞美。但是出自他的口中，她就疑心他看见过这件大衣，知道是旧衣服，自己改的。宽膊的霜毛炭灰灯笼袖大衣，她把钮子挪了挪，成为斜襟，腰身就小得多。

车开到中心区，近国会山庄，停下来等绿灯。

"找个咖啡馆坐坐，好说话。"

"不用了，就停在这儿不好吗？不是一样说话？"

安全岛旁边停满了汽车，不过都是空车。他踌躇了一下，也就开过去，挤进它们的行列。

在闹市泊车，总没什么瓜田李下的嫌疑。

华府特有的发紫的嫩蓝天，傍晚也还是一样莹洁。远景也是华府特有的，后期古典式白色建筑上，浅翠绿的铜锈圆顶。车如流水，正是最挤的时辰。黑铁电灯杆上端低垂的弧线十分柔和，高枝上点着并蒂街灯。

他告诉她科长可能外调。如果他补了缺，可以荐她当中文传译员。

"不过不知道你可预备在华盛顿待下去？有没有计划？纽汉浦夏有信来？"

萱望在纽汉浦夏州教书。

她笑了笑。"信是有。我反正只要现在这事还在，我总在华盛顿。能当上正式的职员当然更好。"

她靠后坐着，并不冷，两只手深深的插在大衣袋里。

他是结了婚的人，她觉得他也不一定是看上了她，不过是掂她的斤两。

她不禁心中冷笑，但是随即极力排除反感，免得给他觉得了，不犯着结怨，只带点微笑看街景，一念不生。

在狭小的空间内的沉默中，比较容易知道对方有没有意思。汽车又低矮，他这辆车又小。

坐了一会，他就说："好，那以后有确定的消息我再通知你。"就送她回去了。

恩娟在说："我倒想带小女儿到法国去住，在巴黎她可以学芭蕾舞。我也想学法文。"

这神气倒像是要分居。

当然现在的政界，离婚已经不是政治自杀了。合伙做生意无论怎样成功，也可能有拆伙的一天。

赵珏没说"你怎么走得开?"免得像刺探他们的私事。"法国是好，一样一个东西，就是永远比别处好一点。"

"不过他们现在一般人生活苦。"

"无论怎么苦，我想他们总有办法过得好一点。"她吃过法国菜的酒焖兔肉，像红烧鸡。兔子繁殖得最快。

恩娟要走了，她穿上外套陪她出去，笑道："你认识司徒华？他知道我认识你?"

恩娟只含糊漫应着。

赵珏笑道："你不知道，真可笑，有一次国务院招待中国韩国的代表团，做一次请，韩国的演说是我翻译。轮到中国人演讲，这位代表一口江西官话，不大好懂，英文倒听得懂，一听司徒华给他翻得太简略，有些又错了，一着急把江西话也急出来了。司徒华只好不开口，僵在那里。刚巧我听萱望跟他的同乡说话，江西话有点懂，演说又比较文，总是那几句辙儿，所以听懂了，就挤进去替他翻译。他心定了些，就又讲起国语来。司徒华已经坐下了，我就替他翻译下去，到讲完为止。那天我们那科长也去了，后来叫我去见他。司徒华在隔壁，一直站在玻璃隔子旁边理书桌上的东西。也许谈了有二十分钟，他一直就没坐下。我当然说话留神，可是后来没多少时候，科长调走了，还是好久没派我差使。阴历年三十晚上司徒华打电话来，说他们有个韩国人翻译韩国话了，触我的霉头。"

恩娟听了啧啧有声，皱眉咕哝道："怎么这样的?"

那回大年三十晚上，赵珏在电话上笑道："当然应当的——只要看那些会说中国话的外国人，会错在再也想不到的地方。"

他听了仿佛很意外。至少这一点她可以自慰。

她这里离校园与市中心广场都近在咫尺。在马路上走着，恩娟忽道："那汪嬙在纽约，还是很阔。"说着一笑。

汪嬙是上海日据时代的名交际花。这话的弦外之音是人家至少落下一大笔钱。

赵珏不大爱惜名声，甚至于因为丑小鸭时期过长，恨不得有点艳史给人家去讲。但是出自恩娟口中，这话仍旧十分刺耳。把她当什么人了？

实在想不出什么话来说，她只似笑非笑的没接口。

"姨妈没出来?"恩娟跟着她叫姨妈。

"没有。你父亲有信没有?"

恩娟黯然道："我父亲给红卫兵打死了。他都八十多岁了。"

这种事无法劝慰，赵珏只得说："至少他晚年非常得意，说恩娟现在好得不得了，讲起来那高兴的神气——”

但是这当然也就是他的死因——有几个儿女在美国，女儿又这样轰轰烈烈、飞黄腾达。死得这样惨，赵珏觉得抵补不了，说到末了声音微弱起来，缩住了口。

恩娟锐利的看了她一眼，以为她心虚。虽然这话她一出大陆写信来的时候就已经说过，还是以为是她编造出来的，借花献佛拍马屁。也许因为他们父女一向感情不好，不相信他真是把女儿的成就引以为荣。

这是第三次不信她的话。不知道为什么这次特别刺心。

在地道火车入口外拾级而下，到月台上站着，她开始担忧临别还要不要拥抱如仪。

“仪贞夫妇俩都教书。现在不知道怎么样了。我走也没跟她说。”倒联想到一个安全的话题。

恩娟道：“芷琪也没出来。”

提起来赵珏才想起来，听仪贞说过，芷琪的男人把她母亲的钱都花光了。

“嫁了她哥哥那朋友，那人不好，”恩娟喃喃的说。她扮了个恨毒的鬼脸。“都是她哥哥。”又沉着嗓子拖长了声音郑重道，“她那么聪明，真可惜了。”说着几乎泪下。

赵珏自己也不懂为什么这么震动。难道她一直不知道恩娟喜欢芷琪？芷琪不是闹同性恋爱的人——就算是同性恋，时至今日，尤其在美国，还有什么好骇异的？何况是她们从前那种天真的单恋。

她没作声。提起来芷琪，她始终默无一言，恩娟大概当她犹有余妒——当然是作为朋友来看。

火车轰隆轰隆轰隆进站了，这才知道她刚才过虑得可笑。恩娟笑着轻松的搂了她一下，笑容略带讽刺或者开玩笑的意味，上车去了。

一个多月后恩娟寄了张圣诞卡来，在空白上写道：

> 那次晤谈非常愉快。讲起我带小女儿到法国去，汴倒去了。她在此地也进了芭蕾舞校。祝近好——
>
> 恩娟

“愉快”！

不过是随手写的，受了人家款待之后例有的一句话。但是“愉快”二字就是卡住她喉咙，自己再也说不出口。她寄了张贺年片去，在空白上写道：

> 恩娟，
>
> 那天回去一切都好？我在新闻周刊上看见汴去巴黎开会的消息，恐怕来不及回来过圣诞节了？此外想必都好。家里都好？
>
> 珏

从此她们断了音讯。她在贺年片上写那两行字的时候就知道的。

不知从什么时候起，她也明白了，她为什么骇异恩娟对芷琪一往情深。战后她在兆丰公园碰见赫素容，一个人推着个婴儿的皮篷车，穿着葱白旗袍——以前最后一次见面也是穿白——戴着无边眼镜，但是还是从前那样，头发也还是很短，不过乳房更大了，也太低，使她想起芷琪说的，当时觉得粗俗不堪的一句话："给男人拉长了的。"

隔得相当远，没打招呼，但是她知道赫素容也看见了她。她完全漠然。固然那时候收到那封信已经非常反感，但是那与淡漠不同。与男子恋爱过了才冲洗得干干净净，一点痕迹都不留。

难道恩娟一辈子都没恋爱过？

是的。她不是不忠于丈夫的人。

赵珏不禁联想到听见甘迺迪总统遇刺的消息那天④。午后一时左右在无线电上听到总统中弹，两三点钟才又报道总统已死。她正在水槽上洗盘碗，脑子里听见自己的声音在说：

"甘迺迪死了。我还活着，即使不过在洗碗。"

是最原始的安慰。是一只粗糙的手的抚慰，有点隔靴搔痒，觉都不觉得。但还是到心里去，因为是真话。

但是后来有一次，她在时代周刊上看见恩娟在总统的游艇赤杉号上的照片，刚上船，微呵着腰跟镜头外的什么人招呼，依旧是小脸大酒窝，不过面颊瘦长了些，东方色彩的发型，一边一个大辫子盘成放大的丫髻——当然辫子是假发——那云泥之感还是当头一棒，够她受的。

（节选自《同学少年都不贱》，张爱玲著，天津人民出版社 2004 年版）

注释

①季辛吉：即基辛格，1923 年出生于德国一个犹太人家庭，曾任美国尼克松政府国家安全事务助理、国务卿，福特政府国务卿。1973 年，基辛格在巴黎完成了结束越南战争的谈判，并因此获得诺贝尔和平奖。

②芋艿（nǎi）：简称"芋"，俗称"芋头"。

③避之若浼（měi）：指躲避唯恐不及，生怕玷污了自身。

④甘迺迪：即肯尼迪（1917—1963），美国第三十五任总统（1961—1963）。1963 年在得克萨斯州遇刺身亡。

❀ 作者简介

张爱玲（1920—1995），现代著名女作家。本名张瑛，出生在上海，童年在天津、北京度过。张爱玲家世显赫，早年受到西方教育，喜爱文学，很早就开始文学创作。1943 年小说处女作《沉香屑》发表，此后接连发表了《倾城之恋》《金锁记》等代表作品。1955 年旅居美国，在加州大学中文研究中心从事翻译和小说考证工作，过着深居简出的生活。张爱玲一生创作大量文学作品，类型包括小说、散文、电影剧本以及文学论著，她的书信也被人们作为著作的一部分加以研究。张爱玲的作品大多取材于上海和香港，以女性细腻的笔触略带调侃地描绘人情世态，叙述故事喜欢使用倒叙的手法，总体结构独特，开头和结尾十分吸引人，融中国古典小说技法和西方现代派心理描写技巧于一体，体现了娴熟的写作技巧，形成了独特的风格。

导读

《同学少年都不贱》是张爱玲后期的作品。课文节选了小说的开头和后半部分。

这部小说袭用杜工部《秋兴八首》中“同学少年都不贱，五陵裘马自轻肥”之意，铺陈上海某所教会女中一个寝室四位女生，尤其是赵珏和恩娟两位不同的生活经历和心理成长，以此揭示人生无常的沧桑悲凉，可谓别出心裁，意味深长。风雨天涯多少年，当恩娟和赵珏异地相逢时，昔日同窗如今身份迥异，一个是进入美国内阁的高官阔太，一个是为生活奔波的临时传译员，当年一样的同学少年，如今却高低不一。岁月蒙尘，再好的情谊也悄然发生了变化，曾经无话不说的少年时代已经回不去了。如今见面后，两个人的言谈谨慎小心，女人之间隔着一层纱的对照和较量，嫉妒和焦灼混杂，欲说还休。赵珏过于敏感，恩娟过于猜疑，因为地位悬殊，彼此都感到了“刺心”，那个无忧无虑的年代依然画上了句号，过去的一切全都化作了“镜花水月”。小说的结尾写到“甘迺迪死了。我还活着，即使不过在洗碗。”苦也好，累也好，人生的辛酸和误解也好，只要是活着，便是种“最原始的安慰”，像“一只粗糙的手的抚慰”，赵珏到底想通了，可她仍然难以释然。当她看见恩娟在总统游艇上的照片，“那云泥之感还是当头一棒，够她受的。”故事到这儿戛然而止，而止不了的是读者对复杂而沧桑人生的喟叹。

渗透在小说中的是张爱玲一贯的略带调侃的笔法，细腻入微的心理描绘，简洁凝练的人物对白，大起大落的时间跨度，一贯的前后呼应的情节结构。小说中对三四十年代教会女生性心理的露骨展示，对五六十年代海外知识分子人生选择的逼真刻画，在张爱玲以前的小说中都是从未出现过的。小说无疑带有某种程度的自传色彩，小说标题对于杜诗的化用，不用“多不贱”，而改用“都不贱”，似乎把作者当时自己的那种处境的孤独凄凉描摹得更加传神。大家都有自己的一片天，小说中的赵珏似乎是其中混得比较差的，然而赵珏的种种心境的细致刻画，却又表露出，即使我差，我也有自己的活法，我也不比别人差，人生本就没有高劣之别。这部张爱玲晚期的作品，延续了作者一贯的高傲，为张爱玲才情洒然而坎坷飘零的一生画上了一个句号。

感悟讨论

1. 如何理解作者化用杜甫《秋兴八首》“同学少年多不见，五陵裘马自轻肥”之意？

2. 评论认为这部小说带有半自传性质，联系张爱玲的人生经历，找找小说中赵珏心理描写的部分，分析赵珏的性格特点。

链接

《同学少年都不贱》，张爱玲著，天津人民出版社 2004 年版。

《丑兵》是莫言众多作品中颇为精彩的一篇，他用先抑后扬的写作手法，塑造了丑兵这样一个外貌丑陋而心灵美好的悲剧英雄，揭示出"美"与"丑"的深刻主题，发人深省。

第八节

丑　兵

◎莫　言

他长得很丑，从身材到面孔，从嘴巴到眼睛，总之——他很丑。算起来我当兵也快八年了。这期间迎新送旧，连队里的战士换了一茬又一茬，其中漂亮的小伙子委实不少，和他们的感情也不能算不深，然后，等他们复员后，待个一年半载，脑子里的印象就渐渐淡漠了，以至于偶尔提起某个人来，还要好好回忆一番，才能想起他的模样。但是，这个丑兵，却永远地占领了我记忆系统中的一个位置。

这几年来，随着年龄的增长和对人生、社会的日益深刻的理解，他的形象在我心目中也日益鲜明高大起来，和他相处几年的往事，时时地浮现在我的眼前，对他，我是怀着深深的愧疚，这愧疚催我自新，催我向上，提醒我不被浅薄庸俗的无聊情趣所浸淫。

七六年冬天，排里分来了几个山东籍新战士，丑兵是其中之一。山东兵，在人们心目中似乎都是五大三粗，憨厚朴拙的。其实不然，就拿分到我排里的几个新兵来说吧，除丑兵——他叫王三社——之外，都是小巧玲珑的身材，白白净净的脸儿，一个个蛮精神。我一见就喜欢上了他们。只有这王三社，真是丑得扎眼眶子，与其他人站在一起，恰似白杨林中生出了一棵歪脖子榆树，白花花的鸡蛋堆里滚出了一个干疤土豆。

我那时刚提排长，少年得志，意气洋洋，走起路来胸脯子挺得老高，神气得像只刚扎毛的小公鸡。我最大的特点是好胜(其实是虚荣)，不但在军事技术、内务卫生方面始终想压住兄弟排几个点子，就是在风度上也想让战士们都像我一样(我是全团有名的"美男子")。可偏偏分来个丑八怪，真是大煞风景。一见面我就对他生出一种本能的嫌恶，心里直骂带兵的瞎了眼，有多少挺拔小伙不带，偏招来这么个丑货，来给当兵的现眼。为了丑兵的事，我半开玩笑半认真地找连长蘑菇①，想让连里把丑兵调走。不料连长把眼一瞪，训道:"干什么？你要选演员？我不管他是美还是丑，到时候能打能冲就是好兵！漂亮顶什么用？能当大米饭，能当手榴弹？"

吃了我们二杆子连长一个顶门闩，此事只好作罢。然而，对丑兵的嫌恶之感却像疟疾一样死死地缠着我。有时候，也意识到这种情绪不对头，但又没有办法改变。唉！可怕的印象。

丑兵偏偏缺乏自知之明，你长得丑，就老老实实的，少出点风头吧，他偏不，他对任何事情都热心得让人厌烦，特喜欢提建议，不是问东，就是问西，口齿又不太清楚，常常将我姓郭的“郭”字读成“狗”字，于是我在他嘴里就成了“狗”排长。这些，都使我对他的反感与日俱增。

不久，春节到了。省里的慰问团兴师动众来部队慰问演出。那时候，还讲究大摆宴席隆重招待这一套，团里几个公务员根本忙不过来，于是，政治处就让我们连派十个公差去当临时服务员。连里把任务分给了我们排，并让我带队去。这码子事算是对了我的胃口。坦率地说，那时候我是一个毛病成堆的货色，肚子里勾勾弯弯的东西不少。去当服务员，美差一桩，吃糖抽烟啃苹果是小意思，运气好兴许能交上个当演员的女朋友昵！

我立即挑选了九个战士，命令他们换上新军装，打扮得漂亮一点，让慰问团的姑娘们见识见识部队小伙的风度。就在我指指划划地做“战前动员”时，丑兵回来了。一进门就嚷：“‘狗’排长，要出公差吗？”他这一嚷破坏了我的兴致，便气忿忿地说：“什么狗排长，猫排长，你咋呼什么！”他的嗓门立时压低了八度，“排长，要出公差吗？我也算一个。”我不耐烦地挥挥手：“去，去，你靠边稍息去。”“要出公差也不是孬事，咋让靠边稍息呢？”丑兵不高兴地嘟哝着。我问：“你不是去炊事班帮厨了吗？”“活儿干完了，司务长让我回来歇歇。”“那你就歇歇吧，愿玩就玩，不愿玩就睡觉，怎么样？”谁料想，他一听就毛了，说：“‘狗’排长，你不要打击积极性吆！大白天让人睡觉，我不干！”我的兴致被他破坏了，心里本来就有些不快，随口揶揄[②]他说：“你瞎咕唧什么？什么事也要插一嘴。你去干什么？去让慰问团看你那副漂亮脸蛋儿？”这些话引得在一旁战士们一阵哈哈大笑。和丑兵一起入伍的小豆子也接着我的话岔说：“老卡——他们称丑兵为卡西莫多[③]——你这叫猪八戒照镜子——自找难看。你们是美男子小分队，拉出去震得那些演员也要满屁股冒青烟。你呀，还是敲钟去吧！”

战士们又是一阵大笑。这一来丑兵像是挨了两巴掌，本来就黑的脸变成了青紫色，他脑袋耷拉着，下死劲将帽子往下一拉，遮住了半个脸，慢慢地退出门去。我意识到自己刚才的话说得有些过分，不免有些后悔。

从打这件事之后，丑兵就像变了个人，整天闷着头不说话，见了我就绕着走，我心想：这个熊兵，火气还不小唻。小豆子他们几个猴兵，天天拿丑兵开心，稍有点空闲，就拉着丑兵问：“哎，老卡，艾丝米拉达没来找你吗？”丑兵既不怒，也不骂，只是用白眼珠子望着天，连眼珠也不转动一下——后来我想，他这是采用了鲁迅先生的战术——可是小豆子这班子徒有虚名的高中生们理解不了他这意思，竟将丑兵这表示极度蔑视之意的神态当作了辉煌的胜利。

丑兵对我好像抱有成见，在一段不短的时间里，他竟没跟我说一句话。在排务会上，我问他为什么，他直截了当说：“我瞧不起你！”这使我的面子受了大大的损伤。使我更增加了对他的反感，这小子，真有点邪劲，他竟然瞧不起我！

有一阵子，排里的战士们都在衣领上钉上了用白丝线勾织成的“脖圈”，红领章一衬，怪精神的。可是，连里说这是不正之风，让各排制止，我心里不以为然，只在排点名时浮皮潦草地说了几句，战士们也不在意，白脖圈照戴不误。

有一天中午，全排围着几张桌子正在吃饭，小豆子他们几个对着丑兵挤鼻子弄眼地笑，我不由地瞅了丑兵一眼。老天爷，真没想到，这位老先生竟然也戴上了脖圈！这是什么脖圈哟！黑不溜秋，皱皱巴巴，要多窝囊有多窝囊，我撇了撇嘴，转过脸来。小豆子一看到我的脸色，以为开心的机会又来了。他端着饭碗猴上去。

“哎，老卡同志，”小豆子用筷子指指丑兵的脖圈，说道：“这是艾丝米拉达小姐给你织的吧?”

好几个人把饭粒从鼻孔里喷出来。

丑兵的眼睛里仿佛要渗出血来，他把一碗豆腐粉条稳稳当当地扣在了小豆子脖子上，小豆子吱吱哟哟叫起来了。

我把饭碗一摔，对着丑兵就下了架子。

“王三社!”

他看了我一眼，不说话。

“你打算造反吗?”

他又望了我一眼，依然不说话。

“把脖圈撕下来!”

他瞪了我一眼，慢慢地解开领扣，嘴里不知嘟哝着什么。

“你也不找个镜子照照那副尊容，臭美!”我还觉着不解气，又补充上一句“马铃薯再打扮也是个土豆!”

他仔细地拆下脖圈，装进衣袋。这时，小豆子哼哼唧唧地从水龙头旁走过来，

脖子像煮熟的对虾一样。

小豆子揎拳捋袖地跳到丑兵跟前，我正要采取紧急措施制止这场即将爆发的战争，丑兵开口说话了：“脖圈是俺娘给织的，俺娘五十八了，眼睛还不好……”他抽抽搭搭地哭起来，双手捂着脸，泪水顺着指缝往下流，两个肩膀一个劲地哆嗦。多数人都把责备的目光投向小豆子，小豆子两只胳膊无力地垂下来，伸着个大红脖子，活像在受审。

这件事很快让连里知道了。指导员批评我对待丑兵的不公正态度，我心里虽有点内疚，但嘴里却不认输，东一条西一条地给丑兵摆了好多毛病。

小豆子吃了丑兵的亏，一直想寻机报复。他知道动武根本不是丑兵的对手，况且，打起来还要受处分。于是，他就千方百计地找机会，想让丑兵再出一次洋相。

五一劳动节晚上，全连集合在俱乐部开文娱晚会。老一套的节目，譬如连长像牛叫一样的独唱，指导员胡诌八扯的快书，引起了一阵阵的哄堂大笑。晚会临近尾声时，小豆子对着几个和他要好的老乡挤挤眼，忽地站起来，高声叫道：“同志们，我提议，让我们的著名歌唱家王三社同志给大家唱支歌，好不好?”“好!”紧接着是一阵夸张的鼓掌声。我先是跟着拍了几下掌，但即刻感觉到有一股别扭、很不得劲的滋味在心头荡漾开来。丑兵把脑袋夹在两腿之间，一动也不动。小豆子对着周围的人扮着鬼脸，又伸过手去捅捅丑兵：“哎，歌唱家，别羞羞答答吆。不唱，给表演一段《巴黎圣母院》怎么样?”

全场哗然，我刚咧开嘴想笑，猛抬头，正好碰到了连长恼怒的目光和指导员严峻的目光。我急忙站起来，喝道："小豆子，别闹了！"小豆子余兴未尽，悻悻地坐下去。指导员站起来正要说些什么，没及开口，丑兵却像根木桩似的立起来，大踏步地走到台前，抬起袄袖子擦了两把泪水，坚定地说："谢谢同志们的好意，我表演！"

我惊愕地半天没闭上嘴巴，这老弟真是个怪物，他竟要表演！

然而他确实是在表演了，真真切切地在表演了。看起来，他很痛苦，满脸的肌肉在抽搐。

他说："当卡西莫多遭受着鞭笞的苦刑，口渴难挨时，美丽的吉卜赛姑娘艾丝米拉达双手捧着一罐水送到他唇边。这个丑八怪饮过水之后，连声说着'美！美！美！'"丑兵模仿着电影上的动作和腔调连说了三个"美"字，"难道卡西莫多在这时所想的所说的仅仅是艾丝米拉达美丽的外貌吗？"停顿了一下，他又接着说："当艾丝米拉达即将被拉上绞架时，丑八怪卡西莫多不避生死将艾丝米拉达救出来，他一边跑一边高喊'避难！避难！'"丑兵又模仿着电影上的动作和声音连喊了二声"避难"，"难道这时候卡西莫多留给人们的印象仅仅是一副丑陋的外貌吗？"

丑兵说完了，表演完了，木然地站着。满室寂然无声，听得到窗外的杨叶在春风中哗哗地浅唱。没人笑，没人鼓掌，大家都怔怔地望着他，像注视着一尊满被绿绣红泥遮住了真面目的雕塑。我的脸上，一阵阵发烫，偷眼看了一下小豆子，只见他讪讪地涎着脸，一个劲地折叠衣角……

那次晚会之后，丑兵向连里打了一个很长的报告，要求到生产组喂猪，连里经过反复研究，同意了他的请求。

一晃三年过去了，我已提升为副连长，主管后勤，又和丑兵经常打起交道来了。要论他的工作，那真是没说的，可就是不讨人喜欢，他性格变得十分孤僻，一年中说的话加起来也不如小豆子一天说的多，而且衣冠不整，三年来没上过一次街。我找他谈了一次，让他注意点军人仪表，他不冷不热地说："副连长，我也不与外界接触，绝对保证丢不了解放军的脸，再说，马铃薯再打扮也是个土豆，何必呢？"他顶了我一个歪脖烧鸡，我索性不去管他了。

七九年初，中越边境关系紧张到白热化程度，大有一触即发之势。连队里已私下传开要抽调一批老战士上前线的消息，练兵热潮空前高涨，晚上熄灯号吹过之后，还有人在拉单杠，托砖头。丑兵却没有丝毫反应，整天闷闷不响地喂他的猪。

终于，风传着的消息变成了现实。刚开过动员大会，连队就像一锅开水般沸腾起来。决心书、请战书一摞摞地堆在连部桌子上。有的人还咬破指头写了血书。

这次抽调的名额较大，七六、七七两年的老兵差不多全要去。老兵们也心中有数，开始忙忙碌碌地收拾起行装来了。下午，我到猪圈去转了一圈，想看看这个全连唯一没写请战书的丑兵在干什么。说实话，我很恼火，你不想入团也罢，不想入党也罢，可当侵略者在我边境烧杀掳掠，人们都摩拳擦掌地等待复仇的机会而这机会终于来了的时候，你依然无动于衷，这种冷漠态度实在值得考虑。

丑兵正在给一只老母猪接生，浑身是脏东西，满脸汗珠子。看着他这样，我原谅了他。

晚上，支委会正式讨论去南边的人员名单，会开到半截，丑兵闯了进来。他浑身上下湿漉漉的，大冷的天，赤脚穿着一双沾满粪泥的胶鞋，帽子也没戴，一个领章快要掉下来，只剩下一根线挂连着。

他说话了："请问各位连首长，这次是选演员还是挑女婿？"

大家面面相觑，不知他葫芦里卖的什么药。

他又说："像我这样的丑八怪放出的枪弹能不能打死敌人，扔出的手榴弹会不会爆炸？"

指导员笑着问："王三社同志，你是想上前线哪？"

丑兵眼睛潮乎乎地说："怎么不想？我虽然长得不好看，但是，我也是个人，中国青年，中国人民解放军战士！"

他啪地一个标准的向后转，迈着齐步走了。

丑兵被批准上前线了。当我把这个消息告诉他时，他一把攥住了我的手，使劲地摇着，一边笑，一边流眼泪。我的双眼也一阵热辣辣的。

在送别会上，丑兵大大方方地走到了台前，他好像变了个人，一身崭新的军装，新理了发，刮了胡子。最使我震动的是：他的衣领上又缀上了他的现在已是六十岁的眼睛不好的母亲亲手编织的当年曾引起一场风波的那只并不精致的"脖圈"！我好像朦胧地意识到，丑兵的这一举动有深深的含义。这脖圈是对美的追求？是对慈母的怀念？不管怎么样，反正，假如有人再开当年小豆子开过的那种玩笑，我也会给他脑袋上扣一碗豆腐粉条。

他说："同志们，三年前你们欢迎我唱歌，由于某些原因，我没唱，对不住大家，今天补上。"

在如雷的掌声中，他放开喉咙唱起来：

春天里苦菜花开遍了山洼洼，
丑爹丑妈生了个丑娃娃。
大男小女全都不理他，
丑娃娃放牛羊独自在山崖。

夏天里金银花漫山遍野开，
八路军开进呀山村来。
丑娃娃当上了儿童团，
站岗放哨还把地雷埋。

秋天里山菊花开得黄澄澄，
丑娃娃抓汉奸立了一大功。

王营长刘区长齐声把他夸，
男伙伴女伙伴围着他一窝蜂。

冬季里雪花飘飘一片白，
丑娃娃当上了八路军。
从此后无人嫌他丑，
哎哟哟，我的个妈妈咪。
……

像一阵温暖的，夹带着浓郁的泥土芳香的春风吹进俱乐部里来。漫山遍野盛开的野花，雪白的羊群，金黄的牛群，蓝蓝的天，青青的山，绿绿的水……一幅幅亲切质朴而又诗意盎然、激情盎然的画图，随着丑兵如怨如慕、如泣如诉的悠扬歌声在人们脑海里闪现着。我在想：心灵的美好是怎样弥补了形体的瑕疵，英勇的壮举，急人之难，与人为善，谦虚诚实的品格是怎样千古如斯地激励着，感化着一代又一代的人。

丑兵唱完了，站在那里，羞涩地望着同志们微笑，大家仿佛都在思虑着什么，仿佛都沉浸在一种纯真无邪的感情之中。

小豆子离座扑上前去，一下子把丑兵紧紧搂起来，眼泪鼻涕一齐流了出来，嘴里嘈嘈地嚷着："老卡，老卡，你这个老卡……"

猛然，满室又一次爆发了春雷一般的掌声，大家仿佛刚从沉思中醒过来似的，齐刷刷地站起来，把丑兵包围在垓心……

开完欢送会，我思绪万千，躺在床上翻来覆去睡不着，惭愧的心情愈来愈重。我披衣下床，向丑兵住的房子走去——他单独睡在猪圈旁边一间小屋里。时间正是古历的初八九，半个月亮明灿灿地照着营区，像洒下一层碎银。小屋里还亮着灯，我推开门走进去，丑兵正在用玉米糊糊喂一头小猪患，看见我进去，他慌忙站起来，连声说："副连长，快坐。"他一边说着，一边把喂好的小猪抱进一个铺了干草的筐子里："这头小猪生下来不会吃奶，放在圈里会饿死的，我把它抱回来单养。请连里赶快派人来接班，我还有好多事要交代呢……"

"多好的同志啊！"我想，"从前我为什么要那样不公正地对待他呢？"我终于说道："小王，说起来我们也是老战友了，这些年我侮辱过你的人格，伤害过你的自尊心，我向你道歉。"他惶恐地摆着手说："副连长，看你说到那里去了，都恨我长得太次毛，给连队里抹了灰。"

我说："小王，咱们就要分手了，你有什么话就说出来吧，千万别憋在肚子里。"

他沉吟了半晌："可也是，副连长，我这次是抱着拼将一死的决心的，不打出个样子来，我不活着回来。因此，有些话对你说说也好，因为，您往后还要带兵，并且肯定还要有长得丑的战士分到连里来，为了这些未来的丑战友，我就把一个丑兵的心内话说给您听听吧。"

"副连长，难道我不愿意长得像电影演员一样漂亮吗？但是，人不是泥塑家手里的泥,想捏个什么样子就能捏出个什么样子。世界上万物各不相同,千人千模样,丑的,美的,不美不丑的,都是社会的一分子,王心刚,赵丹是个人,我也是个人……”

“每当我受到战友的奚落时,每当我受到领导的歧视时,我的心便像针儿一样痛疼。”

“我经常想,三国时诸葛亮尚能不嫌庞统掀鼻翻唇,说服刘备而委其重任;春秋时齐灵公也能任用矮小猥琐的晏婴为相。当然,我没有出众的才华,但是我是生在这样一个伟大的时代,一个真正把人当作人的时代啊!我们连长,排长,不应该比几千年前的古人有更博大的胸怀和更人道的感情吗?”

“我不敢指望人们喜欢我,也不敢指望人们不讨厌我。爱美之心,人皆有之;厌丑之心人亦皆有之。谁也不能扭转这个规律,就像我的丑也不能改变一样。但是,美,仅仅是指一张好看的面孔吗?小豆子他们叫我卡西莫多,开始我认为是受了侮辱,渐渐地我就引以为荣了。我宁愿永远做一个丑陋不堪的敲钟人,也不去做一分钟仪表堂堂的宫廷卫队长……”

“想到这些,我像在黑暗的夜空中看到了璀璨的星光。我应该坚定地走自己的路。许许多多至今还被人们牢记着的人,他们能够千古留名,绝大多数不是因为他们貌美;是他们的业绩,是他们的品德才使他们的名字永放光辉……”

“我要求来喂猪是有私念的,我看好了这间小屋,它能提供给我一个很好的学习环境。两年来,我读了不少书——是别人代我去借的,并开始写一部小说。”

他从被子下拿出厚厚一叠手稿:“这是我根据我们家乡的一位抗日英雄的事迹写成的。他长得很丑……小时天花落了一脸麻子……后来他牺牲了……我唱的歌子里就有他的影子……”

他把手稿递给我,我小心翼翼地翻看着,从那工工整整的字里行间,仿佛有一支悠扬的歌子唱起来,一个憨拙的孩子沿着红高粱烂漫的田间小径走过来……

“副连长,我就要上前线了,这部稿子就拜托您给处理吧……”

我紧紧地拉着他的手,久久地不放开:“好兄弟,谢谢你,谢谢你给我上了一场人生课……”

几个月后,正义的复仇之火在南疆熊熊燃起,电台上,报纸上不断传来激动人心的消息,我十分希望能听到或看到我的丑兄弟的名字,然而,他的名字始终未能出现。

又住了一些日子,和丑兵一块上去的战友纷纷来了信,但丑兵和小豆子却杳无音讯。我写了几封信给这些来信的战友,向他们打听丑兵和小豆子的消息。他们很快回了信,信中说,一到边疆便分开了,小豆子是和丑兵分在一起的。他们也很想知道小豆子和丑兵的消息,正在多方打听。

丑兵的小说投到一家出版社,编辑部很重视,来信邀作者前去谈谈,这无疑是一个大喜讯,可是丑兵却如石沉大海一般,这实在让人心焦。

终于,小豆子来信了。他双目受伤住了医院,刚刚拆掉纱布,左目已瞎,右目只有零点几的视力。他用核桃般大的字迹向我报告了丑兵的死讯。

丑兵死了,竟应了他临行时的誓言。我的泪水打湿了信纸,心在一阵阵痉挛,我的丑兄弟，我的好兄弟，我多么想对你表示点什么，我多么想同你一起唱那首丑娃歌，可是，这已成了永远的遗憾。

小豆子写道：……我和三社并肩搜索前进，不幸触发地雷，我眼前一黑，就倒了下去。不知过了多长时间，我感觉到被人背着慢慢向前爬行。我大声问："你是谁?"他瓮声瓮气地说："老卡。"我挣扎着要下来，他不答应。后来，他越爬越慢，终于停住了。我意识到不好，赶忙喊他，摸他。我摸到了他流出来的肠子。我拼命地呼叫："老卡！老卡！"他终于说话了，还伸出一只手让我握着："小豆子……不要记恨我……那碗豆腐……炖粉条……"

他的手无力地滑了下去……

（选自《莫言文集》，莫言著，上海文艺出版社2012年版）

注释

①蘑菇：北方方言词，指磨蹭，拖沓。

②揶(yé)揄(yú)：戏弄，侮辱，嘲笑。

③卡西莫多：法国文学家维克多·雨果创作的小说《巴黎圣母院》中人物。他被父母遗弃在巴黎圣母院门前，是巴黎圣母院敲钟人，长相奇丑无比，但有着一颗善良的心。他爱慕纯洁美丽的吉卜赛女郎艾丝米拉达却不敢表达，在她被送上绞刑架时，舍身救了艾丝米拉达。

作者简介

莫言，1955年2月生，原名管谟业，山东高密人，中国作家协会副主席，香港中文大学荣誉文学博士。2012年荣获诺贝尔文学奖，是第一个获得诺贝尔文学奖的中国籍作家。

1981年开始发表作品《春夜雨霏霏》，1984年因《透明的红萝卜》而一举成名。1986年，在《人民文学》杂志发表中篇小说《红高粱家族》引起文坛极大轰动。2011年凭借小说《蛙》获得茅盾文学奖。2012年获得诺贝尔文学奖。获奖理由是：通过幻觉现实主义将民间故事、历史与当代社会融合在一起。代表作主要有《檀香刑》《生死疲劳》《丰乳肥臀》《红高粱家族》《透明的红萝卜》《四十一炮》《白狗秋千架》《红树林》《蛙》等。莫言因一系列乡土作品充满"怀乡""怨乡"的复杂情感，被称为"寻根文学"作家。据不完全统计，莫言的作品至少已经被翻译成40种语言。

导读

本文是莫言所作著名短篇小说之一，讲述了外貌丑陋而心灵高尚的士兵王三社的感人故事，刻画了一个让人敬佩的悲剧英雄形象。

小说主要围绕郭排长、丑兵王三社还有战友"小豆子"展开。由于王三社长相丑陋，大家都有点瞧不起他，称他为"卡西莫多"，或者"老卡"，即《巴黎圣母院》中的丑陋敲钟人。省里慰问团来部队演出需派士兵去服务，郭排长因王三社长相丑陋而不让他参加，战友“小豆子”则更是经常取笑、嘲弄他。有一次“小豆子”嘲笑丑兵母亲为他织的“脖圈”，激怒了丑兵，丑兵生气地将一碗豆腐炖粉条扣在了“小豆子”脖子上，“小豆子”的脖子顿时被烫红。“小豆子”因此耿耿于怀，寻机让他出丑。在一次全连文艺晚会上起哄让丑兵唱歌，丑兵用袖子擦了两把眼泪，讲述了卡西莫多的故事，以此来控诉大家对自己的嘲弄。尽管如此，王三社也没有自暴自弃，主动要求去生产组喂猪，边喂猪边读书学习。他的善良、朴实和勤奋最终感动了郭队长和战友们。后来，对越自卫反击战开始，王三社不计前嫌，为了救“小豆子”而牺牲。

莫言用简单的笔触，先抑后扬的手法，勾勒出一个感人的故事，塑造出王三社这样一个外貌丑陋而内心美好的丑兵形象，就像《巴黎圣母院》中的卡西莫多一样。通过这篇小说，揭示出真正的美并不在人们的外表，而在人们的心灵深处。有些自以为美好的东西，反而往往是最丑陋的。用“丑”与“美”的鲜明对比，来发掘人性中真正的美。

感悟讨论

1. 结合本文，谈谈对“美”与“丑”的认识。
2. 复述丑兵的故事，分析丑兵的性格特征。

链接

《莫言文集》，莫言著，上海文艺出版社 2012 年版。

第五篇 西文汉译

在英国乃至世界十四行诗的创作中，文艺复兴时期的伟大诗人莎士比亚的十四行诗是一座高峰，词汇丰富，结构精妙，意境深邃，当得起空前绝后的美誉。

第一节

十四行诗（第 18 首）

◎［英］莎士比亚

我怎么能够把你来比作夏天？
你不独比它可爱也比它温婉；
狂风把五月宠爱的嫩蕊作践，
夏天出赁的期限又未免太短；
骄阳的眼睛有时照得太酷烈，
它那炳耀的金颜又常遭黯晦[①]；
给机缘或无常的天道所摧折，
没有芳艳不终于雕残或销毁。
但是你的长夏永远不会雕落，
或者会损失你这皎洁的红芳，
或死神夸口你在他影里漂泊，
当你在不朽的诗里与时同长。
　　只要一天有人类，或人有眼睛，
　　这诗将长在，并且赐给你生命。

（选自《外国抒情诗歌选》，邵鹏健编，梁宗岱译，江西人民出版社 1980 年版）

注释

①炳耀：光辉灿烂。

❀ 作者简介

莎士比亚(1564—1616),英国著名戏剧家和诗人,欧洲文艺复兴时期的代表人物。出生于英格兰中部斯特拉福镇的一个富裕市民家庭,曾在当地文法学校学习拉丁文和古希腊文。14 岁时家道中落辍学经商,20 岁后前往伦敦谋生,先在剧院门前为贵族顾客看马,后逐渐成为剧院的杂役、演员、剧作家和股东。1597 年在家乡购置了房产,并为他的家庭取得了世袭绅士的身份,一生的最后几年在家乡度过。莎士比亚共写有 37 部戏剧,154 首十四行诗,两首长诗和其他诗歌。重要的剧作有:喜剧《仲夏夜之梦》《威尼斯商人》;悲剧《哈姆雷特》《奥赛罗》《李尔王》《麦克白》;历史剧《亨利四世》《亨利五世》等。他的剧作利用历史传说或旧剧本改编,赋予新的生命,反映各种社会力量的冲突,表现文艺复兴时期的人文主义思想。剧本主要用无韵诗体写成,又结合了散文、有韵诗句和抒情歌谣等,语言丰富而富于形象,对欧洲戏剧发展影响重大。莎士比亚的十四行诗是欧洲文艺复兴时期十四行诗中最优秀的作品,充分表达了诗人的世界观和艺术观,通过对友情和爱情的歌颂,诠释了他所主张的最高准则:真、善、美,和这三者的结合,诗作词汇丰富,语言精练,结构巧妙,音调铿锵,有巨大的艺术感染力。

导读

这首诗是莎士比亚 154 首十四行诗中的第十八首。诗人讴歌美,讴歌文学,认为美可以依靠文学的力量而永远不朽,颂扬了创造文学的人类智慧,体现了他深邃悠远的人文主义思想。

十四行诗是源于意大利民间的一种抒情短诗,文艺复兴初期盛行于整个欧洲,其结构十分严谨,韵脚排列为:ABBA　ABBA　CDE　CDE,莎士比亚的十四行诗有所创新,结构更严谨,韵脚为:ABAB　CDCD　EFEF　GG,这样的格式后来被称为“莎士比亚式”。莎士比亚的十四行诗共有 154 首,作于 1592 年至 1598 年间,前 126 首是献给一位年轻的贵族,歌颂了这位朋友的美貌以及他们的友情;127 首到 154 首是献给一位“黑女士”的,描写爱情。诗作的结构技巧和语言技巧都很高,几乎每首诗都具有独立的审美价值。

莎士比亚十四行诗的第十八首历来备受推崇,这首诗是献给一位美貌出众、前程似锦的贵族青年的。诗作以夏天展开了想象,夏天本身是一种象征,万物复苏在春季,夏天是生命力最旺盛的季节,暗指友人充满活力和美的青春人生,而友人的这种美又把“夏天”“嫩蕊”“骄阳”比下去了,因为它们不够“温婉”“期限又未免太短”“常遭黯晦”,前六句写友人的魅力远超夏天。七、八两句慨叹:人生苦短,如同朝露,美好的人和事物都难逃死亡的宿命。九到十二句讴歌了文学的魅力,友人的美会超越时空,在诗中成为一种永恒,因为文学具有这样流芳百世的魅力。最后两句发出深挚的吟咏,只要人世间能有人鉴赏文采,只要有人尚在呼吸,眼睛还能阅读,这首诗就会流传,友人的美将永驻人间。这是生命之美,也是艺术之美。

诗作联想恣意流畅，比喻贴切鲜明，拟人生动形象，语言跌宕起伏，节奏激越铿锵，全诗既精雕细刻，更语出天成。梁宗岱的译文精准传神，将莎士比亚十四行诗毫不拘谨、自由奔放、抑扬悦耳的风格传递给中国的读者，翻译颇具匠心，文辞优美，意境深远。

感悟讨论

1. 结合欧洲文艺复兴的时代背景，体会这首诗的内涵。
2. 这首诗的汉译是否保留了原诗韵脚的结构？辨析这首诗作汉译的韵脚。
3. 阅读莎士比亚十四行诗第 105 首，体会诗人秉持的真、善、美准则。

平行阅读

十四行诗（第 105 首）

［英］莎士比亚

别把我的爱人唤作偶像崇拜，
也别把我爱人看成是一座偶像，
尽管我所有的歌和赞美都用来
献给你一个人，讲一件事情，不改样。
我爱人今天有情，明天也忠实，
在一种奇妙的优美中永不变心；
所以，我的只歌颂忠贞的诗辞，
就排除驳杂，单表达一件事情。
真，善，美，就是我全部的主题，
真，善，美，变化成不同的辞章；
我的创造力就用在这种变化里，
三题合一，产生瑰丽的景象。
　　真，善，美，过去是各不相关，
　　现在呢，三位同坐，真是空前。

（选自《外国抒情诗歌选》，邵鹏健编，屠岸译，江西人民出版社 1980 年版）

雪莱是英国文学史上最有才华的浪漫主义诗人之一，被誉为诗人中的诗人。创作的诗歌节奏明快，积极向上，热情而又富于哲理思辨，诗风自由不羁。

第二节

西风颂

◎［英］雪莱

一

哦，犷野的西风，你秋之实体[1]的气息！
由于你无形无影的出现，万木萧疏，
似鬼魅逃避驱魔巫师，蔫黄，魆黑，
苍白，潮红，疫疠摧残的落叶无数[2]，
四散飘舞；哦，你又把有翅的种籽
凌空运送到他们阴暗的越冬床圃；
仿佛是一具具僵卧在坟墓里的尸体，
他们将分别蛰伏，冷落而又凄凉，
直到阳春你蔚蓝的姐妹[3]向梦中的大地
吹响她嘹亮的号角（如同牧放群羊，
驱送香甜的花蕾到空气中觅食就饮）
给高山平原注满生命的色彩和芬芳。
不羁的精灵，你啊，你到处运行；
你破坏，你也保存，听，哦，听！

二

在你的川流上，在骚动的高空，
纷乱的乌云，那雨和电的天使，
正像大地凋零枯败的落叶无穷，
挣脱天空和海洋交错缠接的柯枝，
漂流奔泻；在你清虚的波涛表面，
似梅娜德[4]头上扬起的蓬勃青丝，

从那茫茫地平线阴暗的边缘
直到苍穹的绝顶，到处散布着
迫近的暴风雨飘摇翻腾的发卷。
你啊，垂死残年的挽歌，四合的夜幕
在你聚集的全部水汽威力的支撑下，
将构成他那庞大墓穴的拱形顶部。
从你那雄浑磅礴的氛围，将迸发
黑色的雨、火、冰雹；哦，听啊！

三

你，哦，是你把蓝色的地中海
从梦中唤醒，他在一整个夏天
都酣睡在贝伊湾一座浮石岛外[5]，
被澄澈的流水喧哗声催送入眠，
梦见了古代的楼台、塔堡和宫闱，
在澎湃汹涌的波光里不住地抖颤，
全都长满了蔚蓝色苔藓和花卉，
馨香馥郁，如醉的知觉难以描摹。
哦，为了给你让路，大西洋水
豁然开裂，而在浩森波澜深处，
海底花藻和枝叶无汁的淤泥丛林，
哦，由于把你的呼啸声辨认出，
一时都惨然变色，胆怵心惊，
战栗着自行凋落；听，哦，听！

四

我若是一朵轻捷的浮云，能随你同飞，
我若是一片落叶，能为你所提携，
我若是一重波浪，能喘息于你的神威，
分享你雄强的脉搏，自由不羁，
仅次于，哦，仅次于不可控制的你；
我若能像在少年时，作为伴侣，
随你同游天际，因为在那时节，
似乎超越你天界的神速也不为奇迹；
我也就不至于像现在这样急切，
向你苦苦祈求。哦，快把我飏起，

就像你飏起波浪、浮云、落叶！
我倾覆于人生的荆棘！我在流血！
岁月的重负压制着的这一个太像你⑥，
像你一样，骄傲，不驯，而且敏捷。

五

像你以森林演奏，请也以我为琴，
哪怕我的叶片也像森林的一样凋谢！
你那非凡和谐的慷慨激越之情，
定能从森林和我同奏出深沉的秋乐，
悲怆却又甘洌。但愿你勇猛的精灵
竟是我的魂魄，我能成为剽悍的你！
请把我枯萎的思绪播送宇宙，
就像你驱遣落叶催促新的生命，
请凭借我这韵文写就的符咒，
就像从未灭的余烬飏出炉灰和火星，
把我的话语传遍天地间万户千家，
通过我的嘴唇，向沉睡未醒的人境，
让预言的号角奏鸣！哦，风啊，
如果冬天来了，春天还会远吗？

（选自《世界抒情诗选》，江枫译，春风文艺出版社 1994 年版）

注释

①秋之实体：原文 Autumn's being，指秋的存在、秋的生命、秋的实质、秋的本体。
②魆(xū)黑：犹漆黑。魆：暗。疫疠(lì)：即瘟疫。
③蔚蓝的姐妹：指春天清新明净的春风。
④梅娜德：希腊神话中酒神狄俄尼索斯的女伴之一。
⑤贝伊湾：意大利那不勒斯附近的一处海湾。浮石：由火山熔岩形成，亦称轻石。
⑥岁月的重负：指陈旧腐朽的习惯势力。这一个：诗人自指。

作者简介

雪莱(1792—1822)，全名珀西·比西·雪莱，英国浪漫主义诗人，出生于英格兰苏塞克斯郡，其祖父是受封的男爵，父亲是议员。12 岁那年，雪莱进入伊顿公学，20 岁入牛津大学学习，因写反宗教论文被学校开除。投身社会后，又因写诗歌鼓动英国人民革命及支持爱尔兰民族民主运动，被迫于 1818 年迁居意大利。在意大利，他仍然支持意大利人民的民族解放运动。1822 年渡海时遇风暴，不幸船沉溺死，结束了个性如火的一生。1813 年，雪莱完成了第一部著名长诗《麦布女王》，1818 年至 1819 年，雪莱完成了两部重要的长诗《解放了的普罗米修斯》和《钦契一家》，以及不朽名作《西风颂》。雪莱浪漫主义理想的终极目标是创造一个人人享有自由的幸福新世界，他的作品热情奔放而富哲理思辨，诗风自由不羁，打破时空界限，往来变幻驰骋，惯用梦幻象征手法和远古神话题材，激情洋溢，气势磅礴。著有《珀西·比西·雪莱全集》(10 卷本)。

导读

《西风颂》是雪莱的代表作，是一首富于思想性、象征性和艺术性的杰作。1819 年 8 月英国国内的激进派在曼彻斯特的圣彼得广场举行八万人大会，要求政府改革国会，取消维护高昂粮价的谷物法，政府派骑兵进行镇压，当场死十一人，伤四万余人。消息传到意大利，引起雪莱强烈的反应，他奋笔疾书，写下了这首著名的《西风颂》。诗人借西风横扫落叶的威势歌唱革命力量扫荡腐朽势力，表达了诗人愿意为革命牺牲的坚强决心，洋溢着对西风的热爱与向往。

全诗共五节，由五首十四行诗组成。形式上五个小节格律完整，可以独立成篇；内容上它们又融为一体，贯穿着秋天西风的主脉。第一小节，诗人描写西风扫除林中残叶，送走生命的种子；第二小节描写了西风搅乱天上的云雾，呼唤雷电的到来；第三小节描绘西风掀起大海的凶猛海浪，摧毁树木，三小节三个意境，从树林到天空，再到大海，飞翔在现实和想象之中。诗人的想象夸张而丰富，表达出了西风能够涤荡腐朽，鼓舞新生的巨大潜能。第四小节，创作形式转变，从写西风到直接抒情；最后一节是整首诗的高潮，进一步讴歌了西风的力量。诗人要求西风把他作为琴弦，使诗人能施展自己的力量，把沉睡的人们唤醒。“哦，风啊，如果冬天来了，春天还会远吗?”诗人以强烈的感叹结束了全诗。

《西风颂》采用了象征手法，全诗从头到尾都在写秋天的西风，无论是写景也好，抒情也好，都没有脱离西风这个意象。诗人不仅是在歌唱西风，也是在歌唱革命。诗中的西风、残叶、种子、云、风、雨、雷、电、大海、树木具有深刻的含义，大自然瞬息万变的景象，正是革命和腐朽两种力量激烈碰撞的象征。诗作以浪漫主义情感和象征性的现实刻画，高超地构筑了西风的形象，比喻奇异，形象鲜明，气势磅礴，激情飞扬。诗人赞美西风的壮烈，把急于扫除旧世界、期盼美好春天到来的情感抒发得淋漓尽致。

感悟讨论

1. 本诗采用了什么表现手法？试就具体意象进行分析。

2. 雪莱笔下的西风意象和中国传统诗歌中赋予的含义不同，谈谈你的理解体会。

3. 这首《西风颂》有多个汉译本，课文的译者是江枫，下面节选了郭沫若的译作一、五两小节，试加以比较，分析两个译本的特点。

平行阅读

西风颂

[英]雪莱

一

哦，不羁的西风，你秋神之呼吸，
你虽不可见，败叶为你吹飞，
好像魍魉之群在诅咒之前逃退，
黄者，黑者，苍白者，惨红者
无数病残者之大群：哦，你，
你又催送一切的翅果速去安眠，
冷冷沉沉的去睡在他们黑暗的冬床，
好像——死尸睡在墓中一样，
直等到你阳春的青妹来时，
一片笙歌吹遍梦中的大地，
吹放叶蕾花蕊如像就草的绵羊，
在山野之中弥散着活色生香：
不羁的精灵哟，你是周流八垠；
你破坏而兼保护者，你听哟，你听！
……

五

请把我作为你的瑶琴如像树林般样：
我纵使如败叶飘飞也是无妨！
你雄浑的谐调的交流
会从两者得一深湛的秋声，虽凄切而甘芳。
严烈的精灵哟，请你化成我的精灵！
请你化成我，你个猛烈者哟！
请你把我沉闷的思想如像败叶一般，
吹越乎宇宙之外促起一番新生！
请你用我这有韵的咒文，
把我的言辞散布人间，

好像从未灭的炉头吹起热灰火烬！
请你从我的唇间吹出醒世的警号！
严冬如来时，哦，西风哟，
阳春宁尚迢遥？

（选在《外国抒情诗歌选》，邵鹏健编，郭沫若译，江西人民出版社 1980 年版）

在地球的每个角落，分别之时人们会以各种不同语言齐唱《友谊地久天长》，紧紧挽着手，歌唱永不相忘的真挚友谊。这首家喻户晓的苏格兰民歌的词作者，即是著名的苏格兰农民诗人罗伯特·彭斯。

第三节

红红的玫瑰

◎［英］彭斯

啊，我爱人像红红的玫瑰，
　　它在六月里初开；
啊，我爱人像一支乐曲，
　　美妙地演奏起来。

你是那么美，漂亮的姑娘，
　　我爱你那么深切；
我要爱你下去，亲爱的，
　　一直到四海枯竭。

一直到四海枯竭，亲爱的，
　　到太阳把岩石烧裂；
我要爱你下去，亲爱的，
　　只要是生命不绝。

再见吧——我唯一的爱人，
　　我和你小别片刻；
我要回来的，亲爱的，
　　即使是万里相隔。

（选自《彭斯诗钞》，袁可嘉译，上海译文出版社1981年版）

作者简介

罗伯特·彭斯（1759—1796），英国诗人。生于苏格兰艾尔郡一个佃农家庭，自幼家境贫寒，未受过正规教育。父亲生性耿直，笃信教义，关心子女教育，使彭斯在极贫困的境遇中仍受到了良好文化氛围的熏陶。彭斯读过荷马史诗、莎士比亚和许多著名作家的作品，靠自学获得多方面的知识。彭斯长期生活在农村，他的诗出色地抒写了苏格兰农民的生活、思想和感情，第一本诗集《苏格兰方言诗集》于 1786 年出版，受到广泛欢迎。诗集体现了诗人一反当时英国诗坛的新古典主义诗风，从地方生活和民间文学中汲取营养，为诗歌创作带来了新鲜的活力，形成了他诗歌创作的基本特色。彭斯的诗歌作品多使用苏格兰方言，并多为抒情短诗，如歌颂爱情的名篇《红红的玫瑰》和抒发爱国热情的《苏格兰人》等。他还创作了不少讽刺诗，表达了平民的思想感情，同情下层人民疾苦，同时以健康、自然的方式体现了追求快乐主义的人生哲学。彭斯的诗歌来自民间又回到民间，具有极强的人民性，淳朴深挚的感情，清新明快的语言，极富音乐性的韵律，他的诗歌作品具有极强的民族特色和独特的艺术魅力。

导读

这是一首苏格兰人家喻户晓的歌曲，它表现了热烈真挚的爱情。诗人善于继承传统的民谣，创作出新的诗篇，这首诗人的代表作便是继承和创新结合的成功范例。彭斯在英国文学史上占有特殊重要的地位，他复活并丰富了苏格兰民歌，他的诗歌富有音乐性，可以歌唱，充满了英伦的浪漫情调。

诗的开头用了一个鲜活的比喻——红红的玫瑰，一下子就将恋人的美丽写得活灵活现，同时也写出了诗人心中的感情。在诗人的心中，恋人不仅有醉人的外表，而且有着柔美灵动的心灵，像一段乐曲，婉转动人地倾诉着美丽的心灵。接着诗人表露心迹：这热烈真挚的爱要一直爱到海枯石烂。爱的火焰在诗人的心中强烈地燃烧着，诗人渴望着美好的结果。但这时的诗人知道自己并不能给恋人带来幸福，他已经预感到自己要离去。但诗的最后还是表达了自己的坚信：这样的离别只是暂别，自己一定会回来的。诗歌吸收了民歌的特点，采用口语化的句子使诗歌朗朗上口，极大地显示了民歌的特色和魅力，质朴无华的词语、热烈真挚的情感和流畅悦耳的音调打动了无数人的心。诗中使用了重复的句子和词语，大大增强了诗歌的感情力度，在短短的 16 句的诗中，涉及“爱”的词语竟有十处之多，强化了诗人对恋人爱情的强烈和情感的浓郁程度，把那种对爱人深深的依恋之情表现得淋漓尽致。袁可嘉对这首诗的翻译是众多译作中最为杰出的。

诗人的另一首代表作《旧日时光》（又译作《友谊地久天长》），更是人们耳熟能详，在全世界范围内广泛传唱。

感悟讨论

1. 彭斯善于从传统民歌中汲取养分，丰富自己的诗歌，这首诗的语言有何特点？
2. 阅读袁可嘉翻译的《旧日时光》，对照其他译本，体味彭斯诗歌的特点。

平行阅读

旧日时光

［英］彭斯

Ⅰ

难道就该把老朋友遗忘，
　不把他再挂在心上？
难道就该把老朋友遗忘，
　还有那旧日的时光？

（副歌）　为了那旧日的时光，老朋友，
　为了那旧日的时光，
让我们干一杯友谊之酒，
　为了那旧日的时光。

Ⅱ

你准会把一大杯喝尽！
　我也会把我的喝光！
让我们干一杯友谊之酒，
　为了那旧日的时光。

Ⅲ

为了采摘美丽的延命菊，
　我们俩在山坡游荡；
但我们经历了万里跋涉，
　自从那旧日的时光。

Ⅳ

从朝阳初升一直到中午，
　我们俩漫步溪上；
呼啸的重洋把我们相隔，
　自从那旧日的时光。

V

忠实的朋友，这是我的手；
　请给我你那只手掌；
我们干一杯友谊之酒，
　为了那旧日的时光。

（选自《彭斯诗钞》，袁可嘉译，上海译文出版社 1981 年版）

诗人席勒被誉为“真善美”巨人，“德国的莎士比亚”。而诗人自己眼中，他则是“不臣服于任何王侯的世界公民”。

第四节

欢乐颂①

◎［德］席勒

一

欢乐啊，美丽的神奇的火花，
　极乐世界的仙姑，
天女啊，我们如醉如狂，
　踏进你神圣的天府。
为时尚无情地分隔的一切，
　你的魔力会把它们重新连接。
只要在你温柔的羽翼之下，
　一切的人们都成为兄弟。
合唱　万民啊！拥抱在一处，
　和全世界的人接吻！
　弟兄们——在上界的天庭，
　一定有天父住在那里。

二

谁有那种极大的造化，
　能和一位友人友爱相处，
谁能获得一位温柔的女性，
　让她一同欢呼！
真的——在这世界上
　只要有一位能称为知心！
否则，让他去向隅暗泣，
　离开我们这个同盟。
合唱　居住在大集体中的众生，

请尊重这共同的感情！
她会把你们向星空率领，
领你们去到冥冥的天庭。

三

一切众生都从自然的
乳房上吮吸欢乐；
大家都尾随着她的芳踪，
不论何人，不分善恶。
欢乐赐给我们亲吻和葡萄
以及刎颈之交的知己；
连蛆虫也获得肉体的快感，
更不用说上帝面前的天使。
合唱　万民啊，你们跪倒在地？
世人啊，你们预感到造物主？
请向星空的上界寻找天父！
他一定住在星空的天庭那里。

四

欢乐就是坚强的发条，
使永恒的自然循环不息。
在世界的大钟里面，
欢乐是推动齿轮的动力。
她使蓓蕾开成鲜花，
她使太阳照耀天空，
望远镜看不到的天体，
她使它们在空间转动。
合唱　弟兄们！请你们欢欢喜喜，
在人生的旅途上前进，
像行星在天空里运行，
像英雄一样快乐地走向胜利。

五

从真理的光芒四射的镜面上，
欢乐对着探求者含笑相迎。
她给他指点殉教者的道路，
领他到美德的险峻的山顶。

在阳光闪烁的信仰的山头，
　可以看到欢乐的大旗飘动。
就是从裂开的棺材缝里，
　也见到她站在天使的合唱队中。
合唱　　万民啊！请勇敢地容忍！
　为了更好的世界容忍！
　在那边上界的天庭，
　伟大的神将会酬报我们。

六

我们无法报答神灵；
　能和神一样快乐就行。
不要计较贫穷和愁闷，
　要和快乐的人一同欢欣。
应该忘记怨恨和复仇，
　对于死敌要加以宽恕。
不要让他哭出了泪珠，
　不要让他因后悔而受苦。
合唱　　把我们的账簿全部烧光！
　和全世界的人进行和解！
　弟兄们——在星空的上界，
　神担任审判，也像我们这样。

七

欢乐从酒杯中涌了出来；
　饮了这金色的葡萄汁液，
吃人的人也变成温柔，
　失望的人也添了勇气——
弟兄们，在巡酒的时光，
　请离开你们的座位，
让酒泡向着天空飞溅：
　对善良的神灵举起酒杯！
合唱　　把这杯酒奉献给善良的神灵，
　在星空上界的神灵，
　星辰的合唱歌颂的神灵，
　天使的颂诗赞美的神灵！

八

在沉重的痛苦中要拿出勇气，
　对于流泪的无辜者要加以援手，
已经发出的誓言要永远坚守，
　要实事求是对待敌人和朋友，
在国王的驾前要保持男子的尊严——
　弟兄们，生命财产不足惜——
让有功绩的人戴上花冠，
　让欺瞒之徒趋于毁灭！

合唱　我们要巩固这神圣的团体，
　凭着这金色的美酒起誓，
　对这盟约要永守忠实，
　请对星空的审判者起誓！

（选自《外国抒情诗歌选》，邵鹏健编，钱春绮译，江西人民出版社1980年版）

注释

①此诗作于1785年，次年发表于诗人自编的期刊《塔利亚》。

作者简介

弗里德里希·席勒(1759—1805)，杰出的德国诗人、戏剧家。出生于德国符腾堡小城马尔赫尔。席勒童年时代就对诗歌、戏剧有浓厚的兴趣，1768年入拉丁语学校学习，但1773年被符腾堡公爵强制选入他所创办的军事学校学法律，后来才同意他改学医学。席勒对当时的专制统治有着深切的体会，1780年写成反抗封建暴政、充满狂飙突进精神的剧本《强盗》，公演获得巨大成功，一举成名。1783年完成悲剧《阴谋与爱情》，确立了他争取自由、唤起民族觉醒的创作道路。1804年，在诗人歌德的帮助下创作完成了剧本《威廉·退尔》。席勒的早期创作充满炽烈激情和抗争精神，是“狂飙突进”运动的杰出代表。随后席勒和歌德互相砥砺，将德国古典文学推向顶峰。席勒的诗作以思想抒情诗见长，歌颂自由、爱情、勇敢、忠诚和尊严，贯穿着昂扬的理想主义和人道主义精神。其代表诗作《欢乐颂》被贝多芬写进第九交响曲后，在全世界广为传颂，经久不衰。

导读

这是一首颂扬人间欢乐，歌唱自由、平等、博爱理想的作品。凝聚了诗人对超越时代与种族、跨越地域和疆界无私大爱的渴望，洋溢着吟咏人类高尚情感升华的欢乐。

《欢乐颂》是席勒1785年夏天在莱比锡创作的。那时他创作的戏剧《强盗》和《阴谋与爱情》获得巨大成功。《强盗》是“歌颂一个向全社会公开宣战的豪侠的青年”的剧作，《阴谋与爱情》则是“德国第一个具有政治倾向的戏剧”。然而，当时的席勒却遭受迫害，出逃在外，过着漂泊不定的生活。在席勒走投无路的时候，莱比锡4个素不相识的年轻人仰慕席勒的才华，邀请席勒到莱比锡去，席勒长途奔波来到莱比锡，受到4位陌生朋友的热情欢迎和无微不至的招待。《欢乐颂》就是在席勒感受了这种雪中送炭的温暖后，以万分感激的心情写出来的。这首诗采用了当时流行的颂歌体，这种题材源自古希腊，后被运用于德国诗人的创作中，席勒运用这种古老的诗歌体裁歌颂他受友谊感动后产生的欢乐，后又把这种欢乐人格化，使欢乐拥有了普遍意义，进而引申出追求自由、平等、博爱理想的歌唱。“只要在你温柔的羽翼下，一切的人们都成为兄弟。”一句统领全篇，将人类的高尚感情升华成一种与神为伍的欢乐，合唱部分则从不同的方面吟咏这一主题，情感炽烈，热情洋溢。

全诗十六小节，合唱部分除最后一个小节，均由四行、八行的形式组成，结构整齐；而第一小节八行和结尾第十六小节的四行，使整齐中又富于变化。虽是翻译作品，由于译者传神的翻译，我们同样可以体味到诗作崇高庄严的韵律，感受它磅礴的气势和恢宏的意境。

感悟讨论

1. 谈谈你对《欢乐颂》主题思想的理解。
2. 本篇选用的是翻译家钱春绮的译作，对比不同的翻译版本，仔细体会品味此诗。
3. 下面的《旅人》被称作席勒的精神自传，阅读作品，体味席勒的性格特征。

平行阅读

旅　人

[德]席勒

当我还是年轻健壮，
　我便去漂泊流浪，
撇下年少的轻狂，
　留给我父母家庄。

一切家业，一切财产，
　我欣然托别人照管，
有旅人的轻杖作伴，
　去呵，凭我天真烂漫。

一个强烈的憧憬，
一个模糊的使命，
督促我：“这是前程，
　去吧，路，永远上升。”

“到了一扇黄金阙，
那么，你便踏进去，
里面，人间的一切，
　像天上，不朽不灭。”

暮去朝来无尽期，
　我永远永远不憩息；
但我所求所望的东西，
　始终还是个秘密。

山岳挡住我前途，
　狂涛困住我脚步；
我拓开悬崖的路，
　我筑桥把激流渡。

终于到了大川旁，
　它滔滔流向东方；
我泰然信赖波浪，
　霍的投入它胸膛。

川上澎湃的波澜，
　把我冲入大海里面，
眼前是空阔无边，
　目的地，我不曾接近。

呵，没有道路可通联，
　呵，我头顶上的苍天
永远不会接触地面，
　“那边”呀终不成“这边”！

（选自《外国抒情诗歌选》，邵鹏健编，缪灵珠译，江西人民出版社 1980 年版）

莫泊桑的文学成就以短篇小说最为突出，一生创作了包括大家熟悉的《羊脂球》《项链》《我的叔叔于勒》在内的近300部短篇小说，被誉为“短篇小说之王”。

第五节

伞

◎［法］莫泊桑

奥莱依太太很节俭，她知道一个铜子有多么大的价值，为了增加钱财，她有一大堆清规戒律。她的女仆当然很难报虚账揩油，就是奥莱依先生也是好不容易才能得到点零用钱。其实呢，他们经济上相当宽裕，并且是无儿无女。不过，奥莱依太太看见白花花的银币从手里出去，总好像心被撕破了一块，感到一种真正的痛苦。每逢不得已而付出一笔数目稍大的款子，尽管这笔费用绝不能省，她当天晚上总是一夜睡不安稳。

奥莱依一再对妻子说：

“你应该手松一点，我们从来也没啃过我们的老本啊。”

奥莱依太太的回答是：

“谁也不知道会发生什么意外的事，钱多总比钱少好。”

她是一个四十岁的、矮小灵活的妇人，脸上已经有皱纹，身上干净利落，经常光火发脾气。

她的丈夫时时刻刻在抱怨，抱怨她害他缺这短那。有些东西缺得特别叫他难受，因为缺少这些，便伤害了他的自尊心。

他在陆军部当主任科员，他之所以还当下去，纯粹是为了服从妻子的命令，为的是增加家里从不动用的常年利息。

两年来，他一直挟着那把满身补丁的伞上办公室，老是招来同事们的讪笑。最后他实在忍不住他们的耍笑，坚决要求奥莱依太太给他买一把新伞。她花八个半法郎买了一把，是那种大铺子里招徕生意的廉价品。同事们一看这件在巴黎成千上万地投到市场上的东西，又是一番嘲弄嬉笑，奥莱依痛苦得不得了。这把伞也真不顶事，三个月的工夫就不能用了，部里大家都把它当作笑谈，并且有人还编了一首歌，从早到晚在整个大楼里从楼上到楼下都听见这首歌。

奥莱依实在气愤极了，命令妻子替他选购一把值二十法郎的好绸子的大伞，并且必须把发票带回来作证。

她花十八法郎买了一把，在交给她丈夫的时候，脸气得通红，说道：

“你至少得用五年！”

奥莱依得意洋洋，在办公室里得到了一次真正的胜利。

他傍晚回到家里，他的妻子忧形于色地朝伞看了一眼，对他说：

“你不应该老让那根松紧带紧紧箍着伞，这会把绸面箍裂的。你必须好好爱护，因为我决不会三天两头给你买新伞。”

她拿过伞来，解开箍，把那些折痕抖了抖。可是她惊得不能动了，她发现伞的正中间有个小铜子大的洞，是雪茄烧的！

她结结巴巴地说：

“它怎么了？”

她的丈夫连看也不看，从容自如地回答：

“谁怎么了？什么怎么了？你是什么意思？”

现在怒火堵住了她的嗓子，她连话也说不出来了：

“你……你……你把……你的……伞……烧了。你这……不……不是……疯了……吗？你是想让咱们倾家荡产啊！”

他觉得自己脸色都变了，急忙转过身来：

“你说什么？”

“我说你把你的伞烧了！你自己去看！……”

她好像要打他似的朝他扑过去，把那个烧破的小圆洞恶狠狠地放在他的鼻子底下。

在这个烧痕面前，他真是不知所措了，他吞吞吐吐地说道：

“这个……这个……这是怎么回事？我，我不知道！我可以发誓，我什么也没有做过，什么也没有做过。我，我不知道这把伞是怎么回事。”

她现在是高声大喊了：

“我敢打赌，你一定在办公室里拿着它耍着玩，变戏法，你一定撑开过，叫大家欣赏来着。”

他回答：

“我只撑开过一回，让他们看看它多么漂亮。事实就是如此，我敢发誓。”

但是她气得直跺脚，和他狠狠地吵了起来，这种夫妻间的争吵，对一个喜爱和平的男子来说，真比枪林弹雨的战场还要可怕。

她在颜色不一样的旧伞上剪下一块绸子，补在新伞上。第二天，奥莱依老老实实地拿了补好的雨具出门了。他把伞往柜里一塞，就跟一桩不愉快的回忆似的，不再去想它。

可是傍晚回家，刚一进门，他的妻子就从他手里把伞抢过去，打开来检查：出现在她眼前的是一桩无法弥补的灾难，她恨得喘不过气来。原来伞上密密麻麻都是小洞，显然是火烧出来的，好像有人把燃着的一斗烟灰都倒在上面了。伞是完蛋了，无药可救了。

她一言不发地看着，愤怒到了极点，嗓子里倒反而发不出声音。他呢，他也眼睛注视着破伞，呆若木鸡，又怕又懊丧。

接下来夫妇俩你看着我，我看着你；他低下了头，她把那件体无完肤的东西扔过来，打在他脸上；在一阵狂怒中她的嗓音又恢复了：

“啊！坏蛋！坏蛋！你是故意这样做的！我得叫你尝尝我的厉害！你休想再要伞……”

吵闹算是又开始了。经过了一个钟头的狂风暴雨，他才能够张嘴声辩。他赌神罚咒，说自己也弄不清怎么回事，很可能是有人恶作剧或者有意报复，除此以外实在想不出别的缘故。

一阵门铃声替他解了围，原来是一个朋友到他们家来吃晚饭。

奥莱依太太就把事情讲给他听。至于再买一把新伞，那是休想，她的丈夫从此别想再买伞了。

那位朋友回答得也很有道理：

“那么，太太，他的衣服就要遭殃了，衣服当然更值钱。”

那矮个儿的太太怒气还是很大，回答：

“那么，他可以撑厨娘用的伞，我决不再给他买绸子伞。”

一想到叫他用厨娘的伞，奥莱依十分愤慨。

“那么，我就辞职不干！我决不拿着一把厨娘的伞到部里去。”

朋友又说了：

“去把面子换一换，费不了多少钱。”

奥莱依太太火更大了，她结结巴巴地说：

“换面子，至少要八个法郎。八法郎加十八法郎，就是二十六法郎！为一把伞花二十六法郎，这简直是发疯，是丧失理智！”

那位朋友本是一个寒苦的小市民，忽然灵机一动想出了一个高明主意。

“去要求保险公司赔偿好了。烧毁的物件，只要是在你的住宅里烧毁的，保险公司是应该赔偿的。”

一听这个主意，那个矮女人立刻怒气全消，思索了一分钟之后，便对丈夫说道：

“明天，到部里去以前，你先到马台内尔公司去一趟，让他们检查一下伞的情况，然后要求他们赔偿。”

奥莱依先生吓了一跳，他说：

“要了命我也不敢呀！无非是损失十八个法郎，这又没有什么大不了的。”

第二天，他出门就拿了一根手杖。正赶上运气不错，是个晴天。

奥莱依太太独自待在家里，总也忘不了那笔十八法郎的损失。伞就放在饭厅的桌上，她一直围着它转，拿不定主意。

她时时刻刻都想到保险公司，可是她也不敢跑去领教接待她的那些先生们意带嘲笑的眼光；因为在人面前，她有点怯生，为一丁点小事就要脸红，遇到必须跟生人说话的时候，就感到为难。

可是她舍不得十八法郎，这就跟创伤一样使她痛苦。她已经不愿意再去想它了，但是这笔损失的回忆不停地、痛苦地捶打着她。该怎么办呢？时间一点钟一点钟地过去了，她还是任何主意也拿不定。后来，正如胆小的人忽然壮起胆子来一样，她突然下了决心：

“我一定去，到了那再说！”

不过她还得先把伞收拾一番，让灾情显得十分严重，以便她更容易坚持她的要求。于是她在壁炉台上拿了一根火柴，在两根伞骨之间烧了有手掌那样宽的一大块。她把那未烧毁的绸面仔细地卷好，用松紧带箍好，然后披上披肩，戴上帽子，急忙向保险公司所在地的黎沃里大街走去。

可是离着公司越近，她的脚步却越放慢。她将说些什么呢？他们又将回答她什么呢？

她看了看门牌号头，还有二十八个号头，很好！她可以再仔细考虑考虑。她越走越慢。忽然，她打了个哆嗦。到门口了，门上写着几个金字：“马台内尔火灾保险公司”。已经到了！她止步停了一秒钟，又是焦躁又是羞愧，她走过去，走回来，第二次又走过去，第二次又走回来。

最后她对自己说：

“可是，总得进去啊。早去总比晚去强。”

不过，一走进去，她发现自己的心怦怦跳个不住。

她走进一间宽阔的大厅，四面有不少窗口，每一个窗口里都可以看见一个人的头，身子被隔板挡着看不见。

来了一位捧着文件的先生。她赶紧止步，低声下气地问道：

“对不起，先生，请问东西烧毁了，要求赔偿，应该到哪儿去接洽？”

那人声音很洪亮，回答道：

“二楼，向左，损失科。”

这个名称她听了愈发心惊胆战，真想什么也不说，牺牲了她那十八个法郎，拔腿逃跑。不过一想到这个数目，又恢复了点勇气。她走上了楼梯，喘着气，迈一级停一停。

到了二楼，她发现了一个门，敲了几下，一个响亮的声音喊道：“进来！”

她走进去一看，原来是一间很大的屋子，里面有三位先生站着谈话，三个人都佩戴着勋章，仪表非凡。

其中一人向她问道：

“您接洽什么事，太太？”

要说的话，她都想不起来了，结结巴巴说道：

“我来……我来……是为的……为的一笔损失。”

那位先生彬彬有礼，指着一个座说：

“请坐一坐，我马上就跟您谈。”

然后转身去向着那两位，继续他们的谈话：

“两位先生，敝公司认为对你们应负的责任不能超过四十万法郎，你们希望我们多付十万法郎，这个要求我们实难接受。并且按照估价……”

两人中的一个打断了他的话：

“不必再说下去了，先生，将来由法院来决定吧。我们现在只有告辞了。”

他们很讲究礼节地一连几次行礼告别，然后走了出去。

啊！如果她敢跟他们一起走，她一定跟着走了；她会把一切都放弃，一走了之。但是这样办，行吗？那位先生送客回来了，鞠着躬问道：

“太太，有什么事需要我效劳？”

她很困难地说道：

“我……我是因为这个来的。”

那位主任着实惊奇地低下头，望着她递给他看的那样东西。

她哆里哆嗦地努力解着伞上的松紧带，费了不少力气才解开，她猛地一下子把那柄拖一片挂一条的伞的尸骨撑了开来。

主任用颇为同情的口气说道：

“看来损坏的情形不轻啊！”

她吞吞吐吐地说：

“我花了二十法郎买的呢。”

他吃了一惊：

“真的吗？有这么贵？”

“是的，当初是一把很好的伞。我就是要让你亲眼察看一下它现在的情况。”

“很好，我看见了。很好。不过我看不出这事与我有什么关系。”

她有点担心了。这个公司也许对小东西是不赔偿的，她于是说道：

“不过……它是被烧毁的……”

那位先生不否认这一点：

“我看得很清楚。”

她张口结舌，再也不知说什么才好；可是她忽然明白自己忘了说明来意，于是赶紧说道：

“我是奥莱依夫人，我们在马台内尔公司保了火险。我是来向你们要求赔偿这笔损失的。”

她怕遭受对方正式拒绝，赶紧又找补了一句：

“我只是要求你们换一个伞面子。”

主任感到为难，说道：

“不过……太太……我们并不是卖伞的商店。我们无法承担这种修理的工作。”

这位矮小的夫人觉得胆又壮起来了，不争是不行的，那她就争吧！她不再害怕了。她说：

“我只要求修理费，我自己会找人去修理的。”

那位先生显出抱歉的神气说道：

“实在说，太太，钱并不算多。不过，对这样无足轻重的意外事情，是从来也没有人向我们要求过赔偿的。您当然明白，像手绢、手套、笤帚、旧鞋子等等每天都可以遭火损害的微小物件，我们是无法赔偿的。"

她觉得怒气上冲，脸色红了起来，她说：

"先生，不过，去年十二月，我们的烟囱着了一次火，给我们造成了至少五百法郎的损失，奥莱依先生并没有向公司要求任何赔偿。因此今天要求公司赔偿我这把伞，是天经地义的事情。"

主任猜到这是一派谎言，笑嘻嘻地说道：

"奥莱依先生遭受了五百法郎的损失，并不要求任何赔偿，为了一把伞却跑来要求五六个法郎的修理费，太太，您也会承认这是个十分叫人奇怪的事情吧？"

她一点也不感到慌张，马上答道：

"先生，话不是这样说的，五百法郎的损失是奥莱依先生掏腰包，十八法郎的损失却要动奥莱依太太的腰包，这可不是一回事。"

他看出不答应就没法打发她走，这一天就要这样白白浪费掉，只好狠了狠心问道：

"那么，请把事情的经过给我讲一讲吧。"

她嗅出了胜利的气味，就讲述起来：

"是这样的，先生：在我的前厅里，有这么一种青铜做的东西，可以插伞和手杖。那一天，回家的时候，我就把这伞插在里面。还应该告诉您一件事：在这东西的上边，在墙上钉着一块小木板，为的是放个蜡烛、火柴什么的。我一伸手，拿起四根火柴。我擦了一根，没着，我又擦了一根，着了，马上又灭了。我擦到第三根，还是那样。"

主任打断了她的话，说了一句俏皮话：

"这么说一定是政府公卖的火柴了？"

她没明白其中的意思，接着往下讲：

"也许是的。第四根总算是着了，我点上了蜡，就进卧室睡觉去了。可是过了一刻钟，好像闻见了一股子焦煳味。我平生就是害怕着火，如果真要遭上火灾，那决不会是因为我不小心！尤其是从方才跟您提起过的那场烟囱失火以后，我一直是提心吊胆。所以我马上爬起来，走出卧室，各处寻找，像猎狗似的到处闻，最后发现是我的伞烧着了。多半是一根火柴掉在里边了。您看看它现在成了什么样子了……"

主任已经甘心赔款，就问道：

"您估计得赔多少钱？"

她先是闭口无言，不敢决定数目。后来为了表示大方气概，她说：

"您叫人去修理吧，任凭您处理就是了。"

他拒绝了，他说：

"不行，太太，我办不了。您说要多少钱吧。"

"可是……我觉得……您看，先生，我也不想勉强您……咱们这么办吧。我把伞送到一家制伞店里去，让他们给绷上能经久耐用的好绸面子，随后我把发票给您送来，这样行吧？"

“很好，太太，就这样一言为定了。这是给出纳科的一个条子，他们会把您花的钱如数付给您的。”

他随即递给奥莱依太太一张卡片，她接了过来，一边道谢一边往外走；她生怕他会反悔改变主意，所以急着要出来。

她现在是迈着轻松的步伐在大街上走着，要找一家她认为漂亮的伞店。等她找到了一家神气阔绰的店铺，她就走了进去，用坚定的口气说：

“看，这把伞要换一个绸面子，要用顶好的绸子，你有什么好绸子就用什么好绸子。价钱多少，我是不在乎的。”

（选自《羊脂球》，莫泊桑著，赵少侯等译，北京燕山出版社 1999 年版）

作者简介

莫泊桑（1850—1893），法国作家。生于法国西北部诺曼底省的一个没落贵族家庭，曾参加普法战争，战争结束后，先后在海军部和教育部任职，业余时间开始文学创作，1880 年，《羊脂球》的发表使他一举成名。创作上深受法国文学大师福楼拜的影响，一生写了近 300 部短篇小说和 6 部长篇小说。短篇小说有脍炙人口的《项链》《我的叔叔于勒》《绳子》《西蒙的爸爸》等名篇，长篇小说代表作《一生》《漂亮朋友》为世界名著。莫泊桑小说的题材极其丰富多彩，各色人物刻画栩栩如生，截取的生活层面也十分广泛，形成了逼真、自然的写作风格。小市民是莫泊桑笔下着墨较多的阶层，作家对小资产者的贪婪自私、爱慕虚荣、虚假伪善等弱点进行了无情的揭露和批判。他观察深刻，独具见解，创作上力求生动自然，以写实的手法描摹细节，烘托气氛，尤其擅长运用简洁、凝练的语言描写勾勒人物性格，有“短篇小说之王”的美誉。

导读

这篇小说以幽默和富于夸张的笔触，对一个中产阶级家庭主妇的人生理财哲学进行了辛辣的嘲讽，让人在诙谐风趣的故事中看清人性的弱点，发人深省。

小说中的奥莱依太太，一个 40 岁的小个子女人，性格活跃，但经常为攒钱而发脾气。虽然她的家庭收入不错，可以说基本过着中上层阶级的生活，用她丈夫的话来说，就是“我们的收入足够开销，你该松松手了”。但她哪里肯听，仍然不惜一切代价，只知道看紧自己家庭的钱袋，不给丈夫一个子儿的零花钱，甚至让自己的丈夫，一个国防部的高级职员，连续两年来打着补过的伞去国防部上班。在丈夫的一再要求下，奥莱依太太花 18 法郎为丈夫买了一把伞，但新伞却被丈夫的同事恶作剧用烟斗烧了个洞，于是奥莱依太太无法接受这个现实，她暴跳如雷，责骂丈夫；最后她不惜硬着头皮、冒着自尊心受到伤害的危险，编造谎言，要求火灾保险公司赔付她的伞的价值。小说最后，奥莱依太太用保险公司的钱去定制新伞面，又摆出一副满不在乎钱财的姿态，要用最好的绸面，爱慕虚荣的个性淋漓尽致地展现出来，这一细节为奥莱依太太的节俭做了最好的注脚。

小说主人公的形象塑造典型生动，她似乎活灵活现地出现在读者眼前。作者描写了她的肖像、她的发怒乃至大发雷霆，她的满足，刻画生动而具体。除了肖像描写和动作行为描写外，还采用了大量的心理描写和语言对话描写刻画人物，细腻传神。从奥莱依太太心理活动的描写中，读者会发现她的内心世界，她软弱，甚至怯懦，在到底去不去火灾保险公司要求赔偿的问题上，她有过犹豫，甚至到了保险公司的办公室门口，她几乎要打退堂鼓了，她在内心里充满了矛盾，"她听了愈发心惊胆战，真想什么也不说，牺牲了她那十八个法郎，拔腿逃跑。不过一想到这个数目，又恢复了点勇气"。担心她的赔偿要求遭到拒绝，"这位矮小的夫人觉得胆又壮起来了，不争是不行的，那她就争吧！她不再害怕了"。传神的心理描写把奥莱依太太的性格跃然纸上。作者调动多种描写，成功地塑造了一个爱慕虚荣、视财如命、性格怯懦、性情乖戾的守财奴形象。

感悟讨论

1. 奥莱依太太是一个什么样的人？作者塑造这一形象采用了哪些方法？
2. 小说的结尾有何特点，在作品中起了怎样的作用？
3. 奥莱依太太与莫泊桑小说《项链》的女主人公性格上有何异同？

链接

《羊脂球》，莫泊桑著，赵少侯等译，北京燕山出版社 1999 年版。

俄国的契诃夫和法国的莫泊桑、美国的欧·亨利为世界三大短篇小说巨匠，高尔基曾经这样评价他："这是一个独特的巨大天才，是那些在文学史上和在社会情绪中构成时代的作家中的一个。"

第六节

苦恼

◎［俄］契诃夫

——我拿我的烦恼向谁去诉说？……[①]

暮色晦暗。大片的湿雪绕着刚点亮的街灯懒洋洋地飘飞，落在房顶、马背、肩膀、帽子上，积成又软又薄的一层。车夫姚纳·波达波夫周身白色，像个幽灵。他坐在车座上一动也不动，身子往前伛着，伛到了活人的身子所能伛到的最大限度。哪怕有一大堆雪落在他身上，仿佛他也会觉得用不着抖掉似的……他的小母马也一身白，也一动不动。它那呆呆不动的姿势、它那瘦骨嶙峋的身架、它那棍子一样笔直的四条腿，使得它活像拿一个小钱就可以买到的马形蜜糖饼。它大概在想心事吧。不管是谁，只要被人从犁头上硬拉开，从熟悉的灰色景致里硬拉开，硬给丢到这个充满古怪的亮光、不断的喧哗、熙攘的行人的漩涡里，那他就不会不想心事……

姚纳和他的小马有好久没动了。还是在午饭以前，他们就走出了院子，至今还没拉到一趟生意。可是现在黄昏的暗影笼罩全城了。街灯的黯淡的光已经变得明亮生动，街上的杂乱也热闹多了。

"车夫，到维堡区去[②]！"姚纳听见有人喊车。"车夫！"

姚纳猛地哆嗦一下，从粘着雪的睫毛望出去，看见一个军人，穿一件军大衣，头戴一顶兜囊[③]。

"到维堡区去！"军人又说一遍，"你是睡着了还是怎么的？拉到维堡区去！"

为了表示同意，姚纳抖了抖缰绳；这样一来，一片片的雪就从马背上和他的肩膀上纷纷掉下来……军人坐上了雪橇。车夫撅起嘴唇，对那匹马发出啧的一响[④]，跟天鹅那样伸出脖子，在车座上微微挺起身子，与其说是由于需要还不如说是出于习惯地扬起鞭子。那小母马也伸出脖子，弯一弯像棍子一样笔直的腿，迟迟疑疑地走动了……

"你往哪儿闯啊，鬼东西？"姚纳立刻听见黑暗里有人嚷起来，一团团黑影在他眼前游过来游过去，"你到底是往哪儿走啊？靠右！"

"你不会赶车！靠右走！"军人生气地说。

一个赶四轮轿车的车夫朝他咒骂；一个行人穿过马路，肩膀刚好擦着马鼻子，就狠狠地瞪他一眼，抖掉袖子上的雪。姚纳坐在车座上局促不安，仿佛坐在针尖上似的，他向两旁撑开胳臂肘儿，眼珠乱转，就跟有鬼附了体一样，仿佛他不知道自己在哪儿，也不知道为什么在那儿似的。

“这些家伙真是混蛋！”军人打趣地说，“他们简直是极力跑来撞你，或者扑到马蹄底下去。他们这是预先商量好的。”

姚纳回头瞧着他的乘客，张开嘴唇……他分明想要说话，可是喉咙里没吐出一个字来，只是哼了一声。

“什么？”军人问。

姚纳咧开苦笑的嘴，嗓子里用一下劲，这才干哑地说出来：

“老爷，我的……嗯……我的儿子在这个星期死了。”

“哦！……他害什么病死的？”

姚纳掉转整个身子朝着乘客说：

“谁说得清呢？多半是热病吧……他在医院里躺了三天就死了……上帝的意旨哟。”

“拐弯呀，鬼东西！”黑暗里有人喊，“瞎了眼还是怎么的，老狗？用眼睛瞧着！”

“赶车吧，赶车吧……”乘客说，“照这样走下去，明天也到不了啦。快点赶车吧！”

车夫又伸出脖子，微微挺起身子，笨重而优雅地挥动他的鞭子。他有好几回转过身去看军官，可是军官闭着眼睛，分明不愿意再听了。姚纳把车赶到维堡区，让乘客下车，再把车子赶到一个饭馆的左近停下来，坐在车座上伛下腰，又不动了……湿雪又把他和他的马涂得挺白。一个钟头过去了，又一个钟头过去了……

三个青年沿着人行道走过来，两个又高又瘦，一个挺矮，驼背；他们互相谩骂，他们的雨鞋踩出一片响声。

“车夫，上巡警桥去！”驼背用破锣似的声音喊道，“我们三个人……二十个戈比！”

姚纳抖动缰绳，把嘴唇嘬得啧啧的响。二十个戈比是不公道的，可是他顾不得讲价了。现在，一个卢布也好，五个戈比也好，在他全是一样，只要有人坐车就行……青年们互相推挤着，骂着下流话，拥上雪橇，三个人想一齐坐下来。这就有了需要解决的问题：该哪两个坐着？该哪一个站着呢？经过很久的吵骂、变卦、责难，他们总算得出了结论：该驼背站着，因为他顶矮。

“好啦，赶车吧！”驼背站稳，用破锣样的声音说，他的呼吸吹着姚纳的后脑壳，“快走！你戴的这是什么帽子呀，老兄！走遍彼得堡，再也找不到比这更糟的了……”

“嘻嘻！……嘻嘻！……”姚纳笑，“这帽子本来不行啦！”

“得了，本来不行了，你啊，赶车吧！你就打算一路上都照这样子赶车吗？啊？要我给你一个脖儿拐吗？……”

“我的脑袋要炸开了……”一个高个子说，“昨天在杜科玛索夫家里，华斯卡和我两个人一共喝了四瓶白兰地。”

“我真不懂你为什么要胡说！”另一个高个子生气地说，“你跟下流人似的胡说八道。”

“要是我胡说，让上帝惩罚我！我说的是实在的情形嘛！……”

“要是这实在，跳蚤咳嗽就也实在喽。”

“嘻嘻！”姚纳笑了，“好有兴致的几位老爷！”

“呸！滚你的！……”驼背愤愤地喊叫，“你到底肯不肯快点走啊，你这老不死的？难道就这样赶车？给它一鞭子！他妈的！快走！结结实实地抽它一鞭子！”

姚纳感到了背后那驼背的扭动的身子和颤抖的声音。他听着骂他的话，看着这几个人，孤单的感觉就渐渐从他的胸中消散了。驼背一股劲儿地骂他，诌出一长串稀奇古怪的骂人话，直说得透不过气来，连连咳嗽。那两个高个子开始讲到一个名叫娜节日达·彼得罗芙娜的女人。姚纳不住地回头看他们。等到他们的谈话有了一个短短的停顿，他又回过头去，叽叽咕咕地说：

“这个星期我……嗯……我的儿子死了！”

“大家都要死的……”驼背咳了一阵，擦擦嘴唇，叹口气说，“算了，赶车吧！赶车吧！诸位先生啊，车子照这么爬，我简直受不得啦！什么时候他才会把我们拉到啊？”

“那么，你给他一点小小的鼓励也好……给他一个脖儿拐！”

“你听见没有，你这老不死的？我要给你一个脖儿拐啦！要是跟你们这班人讲客气，那还不如索性走路的好！……听见没有，你这条老龙[5]，莫非我们说的话你不在心上吗？”

于是姚纳，与其说是觉得，不如说是听见脖子后面啪的一响。

“嘻嘻！……”他笑，“好有兴致的几位老爷……求上帝保佑你们！”

“赶车的，你结过婚没有？”一个高个子问。

“我？嘻嘻！……好有兴致的老爷！现在我那个老婆成了烂泥地……嘻嘻嘻！……那就是，在坟里头啦！这会儿，我儿子也死了，我却活着……真是怪事，死神认错了门啦……它没来找我，却去找了我的儿子……”

姚纳回转身去，想说一说他儿子是怎么死的，可是这当儿驼背轻松地吁一口气，说是谢天谢地，他们总算到了。姚纳收下二十个戈比，对着那几个玩乐的客人的后影瞧了好半天，他们走进一个漆黑的门口，不见了。他又孤单了，寂静又向他侵袭过来……苦恼，刚淡忘了不久，现在又回来了，更为有力地撕扯他的胸膛。姚纳的眼睛焦灼而痛苦地打量大街两边川流不息的人群：难道在那成千上万的人当中，连一个愿意听他讲话的人都找不到吗？人群匆匆地来去，没人理会他和他的苦恼……那苦恼是浩大的，无边无际。要是姚纳的胸裂开，苦恼滚滚地流出来的话，那苦恼仿佛会淹没全世界似的，可是话虽如此，那苦恼偏偏没人看见。那份苦恼竟包藏在这么一个渺小的躯壳里，哪怕在大白天举着火把去找也找不到……

姚纳看见一个看门人提着一个袋子，就下决心跟他攀谈一下。

“现在什么时候啦，朋友？”他问。

“快到十点了……你停在这儿做什么？把车子赶开！”

姚纳把雪橇赶到几步以外，伛下腰，任凭苦恼来折磨他……他觉得向别人诉说也没有用了。可是还没过上五分钟，他就挺起腰板，摇着头，仿佛感到一阵剧烈的疼痛似的；他拉了拉缰绳……他受不住了。

“回院子里去！”他想，“回院子里去！”

他那小母马仿佛领会了他的想头似的，踩着小快步跑起来。过了一个半钟头，姚纳已经坐在一个又大又脏的火炉旁边了。炉台上、地板上、凳子上，全睡得有人，正在打鼾。空气又臭又闷……姚纳看一看那些睡熟的人，搔一搔自己的身子，后悔回来得太早了……

“其实我连买燕麦的钱还没挣到呢，”他想，“这就是为什么我会这么苦恼的缘故了。一个人，要是会料理自己的事……让自己吃得饱饱的，自己的马也吃得饱饱的，那他就会永远心平气和……”

墙角上，有一个年轻的车夫爬起来，睡意蒙眬地嗽了嗽喉咙，走到水桶那儿去。

“想喝水啦？”姚纳问他。

“是啊，想喝水！”

“那就喝吧。……喝点水，身体好……可是，老弟，我的儿子死啦……听见没有？这个星期在医院里死的……真是怪事！”

姚纳看一看他的话生了什么影响，可是什么影响也没看见。那年轻小伙子已经盖上被子蒙着头，睡着了。老头儿叹口气，搔搔自己的身子……如同那青年想喝水似的，他想说话。他儿子去世快满一个星期了，他却至今还没跟别人好好地谈过这件事……应当有条有理、有声有色地讲一讲……应当讲一讲他儿子怎样得的病，怎样受苦，临死以前说过些什么话，怎样去世的……他要描摹一下儿子怎样下葬，后来他怎样上医院里去取死人的衣服。他还有个女儿阿尼霞住在乡下……他也想谈一谈她……他现在可以讲的话还会少吗？听讲的人应该哀伤，叹息，惋惜……倒还是跟娘们儿谈一谈的好。她们虽是些蠢东西，不过听不上两句话就会呜呜地哭起来。

“出去看看马吧，”姚纳想，“有的是工夫睡觉……总归睡得够的，不用担心……”

他穿上大衣，走进马棚，他的马在那儿站着。他想到燕麦，想到干草，想到天气……他孤单单一个人的时候，不敢想儿子……对别人谈一谈儿子倒还可以，至于想他，描出他的模样，那是会可怕得叫人受不了的……

“你在嚼草吗？”姚纳问他的马，看见它亮晶晶的眼睛，“好的，嚼吧，嚼吧……我们挣的钱既然不够吃燕麦，那就吃干草吧……对了……我呢，岁数大了，赶车不行啦……应当由我儿子来赶车才对，不该由我来赶了……他可是个地道的马车夫……要是他活着才好……”

姚纳沉默一会儿，接着说：

“是这么回事，小母马……库司玛·姚尼奇下世了……他跟我说了再会……他一下子就无缘无故死了……哪，打个比方，你生了个小崽子，你就是那小崽子的亲妈了……突然间，比方说，那小崽子跟你告别，死了……你不是要伤心吗？……”

小母马嚼着干草，听着，闻闻主人的手……

姚纳讲得有了劲，就把心里的话统统讲给它听了……

（选自《契诃夫短篇小说选》，契诃夫著，汝龙译，人民文学出版社 2002 年版）

注释

①我拿我的烦恼句：出自《旧约全书》，作者以这句话为题记，并作为小说情节的线索。

②维堡区：彼得堡的一个区。

③兜囊：一种与大衣连在一起，可以折叠用作御寒的帽子。

④啧的一响：这是叫马往前走的表示。

⑤老龙：原文是“高里尼奇龙”，神话传说中一条怪龙，这里用作骂人。

作者简介

安东·巴甫洛维奇·契诃夫（1860—1904），俄国小说家、戏剧家、19 世纪末期俄国批判现实主义作家、短篇小说艺术大师。1860 年生于一个破产商人家庭，1879 年进莫斯科大学医药系，1884 年毕业后到各地行医，广泛接触平民和了解生活，这对他的文学创作产生了深远影响。他一生创作了七八百篇短篇小说，还写了一些中篇小说和剧本。作品大多数取材于中等阶层的“小人物”的平凡生活，揭露了社会的黑暗，针砭时弊，抨击了沙皇的专制制度，代表作有短篇小说《变色龙》《凡卡》《装在套子里的人》《公务员之死》等。他的小说简练冷峻、情趣隽永、文笔犀利、风格独特。高尔基曾经说过：“这是一个独特的巨大天才，是那些在文学史上和在社会情绪中构成时代的作家中的一个。”列夫·托尔斯泰也给契诃夫极高的评价，称他是“无与伦比的艺术家”，而且还说：“我撇开一切虚伪的客套肯定地说，从技巧上讲，他，契诃夫，远比我为高明！”契诃夫和法国的莫泊桑、美国的欧·亨利被誉为“世界三大短篇小说巨匠”。

导读

这篇小说讲述了一个刚刚丧子的贫穷的老车夫姚纳在冰天雪地的彼得堡街头拉客，一心想向别人倾诉心中的痛苦，然而偌大的城市竟然找不到一个肯听他说话的人，老车夫最后只得对着自己的小母马诉说“苦恼”。作者以冷峻的笔触，揭示出社会底层小人物悲惨无援的苍凉境地和孤寂苦恼的悲凉心态，通过姚纳的遭遇，反映出俄罗斯底层民众的悲惨命运，控诉了沙皇专制下人与人之间的冷漠无情，揭示了下层劳动者由于贫穷造成精神上的苦恼更胜物质贫乏的悲哀与无奈。

小说的中心线索紧紧围绕着老车夫想向他人倾诉丧子之痛的心愿展开，情节依时间顺序展开，铺陈过程中，精心将“人与人”的关系和“人与马”的关系进行了对比。小说安排了四次诉说“苦恼”的机会，诉说对象有军人、青年、看门人和年轻的车夫，但这些人对老车夫的诉说漠不关心，老车夫的苦恼哀痛，不仅是贫穷丧子的事件本身，更是丧子后的孤独无诉的悲哀。四次向人诉说无成，揭露了老车夫姚纳的悲剧命运。而后写老车夫向小母马诉说苦恼，小母马不仅听着他的倾诉，而且还“闻闻主人的手”，马有情而人无情两者形成了一个鲜明的对比，世态炎凉令人触目惊心。小说运用了大量精练的对白，反映出特定环境中人物的性格特征和心理活动，与军人的对话揭示了他的麻木不仁、冷酷无情；与青年的对话则反映了他们自私自利、玩世不恭，而且这些对话也反映出老车夫内心的苦恼已经到了极限。

作品情节简单，结构紧凑，故事平凡，但读后发人深省，善于在简单的情节中反映重大的社会问题，体现了契诃夫短篇小说的独特风格。特别值得一提的是，小说语言简洁凝练、朴实无华，细节描写逼真传神，尤其是开头一段漫天风雪中静态的肖像刻画，为整个作品定了基调，读后撼人心扉。

感悟讨论

1. 小说开头一段静态肖像描写有什么作用？

2. 作者将老车夫姚纳向人诉说丧子之事和向小马诉说做了对比，这样处理有什么作用？

3. 举例说明小说中的对话描写对表现人物心理活动所起的作用。

链接

《契诃夫短篇小说选》，契诃夫著，汝龙译，人民文学出版社 2002 年版。

欧·亨利有“曼哈顿的桂冠诗人”之称，他的作品以描写纽约的市井百态著称，被誉为“美国生活的幽默百科全书”。

第七节

财神与爱神

◎［美］欧·亨利

退休的洛氏尤列加肥皂制造商和专利人，老安东尼·洛克沃尔，在五马路私邸的书房里望着窗外，咧开嘴笑了一笑。他右邻的贵族兼俱乐部会员，乔·范·舒莱特·萨福克—琼斯，正从家里出来，朝等在门口的小轿车走去；萨福克—琼斯跟往常一样，向这座肥皂大厦正面的文艺复兴式的雕塑轻蔑而傲慢地扇了扇鼻翅儿。

“倔老头，看你的架子端得了多久！”前任肥皂大王说，“你这个僵老的纳斯尔罗德[①]，如果不留神，你得光着身子，打赤脚滚蛋呢。今年夏天，我要把这座房子漆得五光十色，看你那荷兰鼻子还能翘多高。”

召唤佣人时一向不喜欢摇铃的安东尼·洛克沃尔走到房门口，喊了声“迈克！”他那嗓子一度震破过堪萨斯大草原的天空，如今声势仍不减当年。

“关照少爷一声，”安东尼吩咐进来侍候的佣人说，“叫他出去之前到我这儿来一次。”

小洛克沃尔走进书房时，老头儿撂开报纸，打量着他，那张光滑红润的大脸上透出了又慈爱又严肃的神情。他一只手把自己的白头发揉得乱蓬蓬的，另一只手在口袋里把钥匙弄得咔哒咔哒直响。

“理查德，”安东尼·洛克沃尔说，“你用的肥皂是花多少钱买的？”

理查德离开学校后，在家里只待了六个月，听了这话稍微有些吃惊。他还没有摸透他老子的脾气，那老头儿活像一个初次交际的姑娘，总是提出一些叫人意想不到的问题。

“大概是六块钱一打的，爸。”

“那么你的衣服呢？”

“一般在六十块钱上下。”

“你是个上流人物。”安东尼斩钉截铁地说，“我听说，现今这些年轻的公子哥儿都用二十四块钱一打的肥皂，做一套衣服往往超过一百元大关。你有的是钱，尽可以像他们那样胡花乱用，但是你仍旧规规矩矩，很有分寸。我自己也用老牌尤列加肥皂——不仅是出于感情关系，还因为它是市面上最纯粹的肥皂。你买一块肥皂，实际上只得到一毛钱的货色，其余的无非是蹩脚香料和商标装潢罢了。像你这种年纪、地位和身份的年轻人，用五毛钱一块的肥皂已经够好了。我刚才说过，你是个上流人物。有人说，三代才能造就一个上流人物。他们的话不对头。有了钱就好办，并且办得跟肥皂油脂一般滑溜。它在你身上已经见效啦。天哪！它几乎使我也成了上流人物。我差不多同我左邻右舍的那两个荷兰老爷一样言语无味、面目可憎。他们晚上睡不着觉，只因为我在他们的住宅中间置下了房产。"

"某些事情哪怕有了钱也办不到。"小洛克沃尔有点忧郁地说。

"慢着，别那么说。"老安东尼错愕地说道，"我始终认为钱能通神。我已经把百科全书翻到了Y字，还没有发现金钱所办不到的东西；下星期我打算翻翻补遗。我是彻头彻尾拥护金钱的。你倒说说，世界上有什么是金钱买不到的。"

"举个例子吧，"理查德有点不服气地答道，"花了钱也挤不进最高等的上流社会呀。"

"啊哈！是吗？"这个拥护万恶之根的人暴喊道[②]。"你说给我听听，假如阿斯特的老祖宗没有钱买统舱船票到美国来[③]，你所谓的上流社会又打哪儿来呢？"

理查德叹了一口气。

"我要谈的正是那件事。"老头儿说，声音低了一点。"我把你找来就为了那个缘故。你最近有点不对劲，孩子。我注意了有两个星期啦。讲出来吧。我想我在二十四小时以内可以调度一千一百万元现款，房地产还不算在内。如果你的肝气毛病又犯了，'逍遥号'就停泊在海湾里，上足了煤，两天之内就可以开到巴哈马群岛[④]。"

"猜得不坏，爸；相差不远啦。"

"啊，"安东尼热切地说，"她叫什么名字呀？"

理查德开始在书房里踱来踱去。这位粗鲁的老爸爸这般关心同情，不由他不说真心话。

"你干吗不向她求婚呢？"老安东尼追问道，"她一定会忙不迭地扑进你怀里。你有钱，相貌漂亮，又是个正派的小伙子。你一身清清白白，没有沾上尤列加肥皂。你固然进过大学，但是那一点她不至于挑眼的。"

"我始终没有机会。"理查德说。

"造机会呀。"安东尼说，"带她去公园散步，或者带她去野餐，再不然做了礼拜后陪她回家。机会！啐！"

"你不了解社交界的情况，爸。她是推动社交界的头面人物之一。她的每一小时、每一分钟，早在几天之前就安排好了。我非得到那个姑娘不可，爸，否则这个城市简直成了一片腐臭的沼泽，使我抱恨终身。我又不能写信表白——我不能那么做。"

"呲！"老头儿说，"难道你想对我说，拿我的全部财产做后盾，你还不能让一个姑娘陪你一两个小时吗？"

"我发动得太迟了。后天中午，她就要乘船去欧洲，在那儿待两年。明天傍晚，我可以单独同她待上几分钟。眼前她在拉奇蒙特她姨妈家。我不能到那儿去，但是她答应我明天傍晚乘马车到中央火车站去接她，她搭八点三十分那班火车来。我们一起乘马车赶到百老汇路的沃拉克剧院，她母亲和别的亲友在剧院休息室等着我们，一起看戏。你认为在那种情况下，只有六分钟或者八分钟的时间，她会听我表白心意吗？不会的。在剧院里或者散戏之后，我还能有什么机会呢？绝对没有。不，爸爸，这就是你的金钱所不能解决的难题。金钱连一分钟的时间都买不到；如果能买到，有钱人的寿命就可以长些啦。在兰特里小姐启程之前，要同她好好谈一谈是没有希望的了。”

“好吧，理查德，我的孩子，”老安东尼快活地说，“你现在可以到你的俱乐部去啦。我很高兴，你并没有犯肝气病。可是你别忘了时常去庙里烧烧香，敬敬伟大的财神。你说金钱买不到时间吗？唔，你当然不能出一个价钱，叫人把‘永恒’包扎得好好的，送货上门；但是我看到时间老人走过金矿的时候，脚踝给磕得满是伤痕。”

那晚，正当安东尼在看晚报时，那位温柔善感，满脸皱纹，给财富压得郁郁不乐，老是长吁短叹的埃伦姑妈来看她的弟弟了。他们开始拿情人的烦恼当做话题。

“他已经完全告诉我啦。”安东尼说着打了一个呵欠，“我对他说，我的银行存款全部听他支配。他却开始诋毁金钱。说是有了钱也不中用。又说十个百万富翁凑在一起也不能把社会规律拖动一步。”

“哦，安东尼，”埃伦姑妈叹息说，“我希望你别把金钱看得太了不起。牵涉到真实感情的时候，财富就不管用了。爱情才是万能的。他如果早一点开口就好啦！那个姑娘不可能拒绝我们的理查德。但是我怕现在已经太迟了。他没有向她求爱的机会。你的全部金钱并不能替你的儿子带来幸福。”

第二天晚上八点钟，埃伦姑妈从一个蛀痕斑驳的盒子里取出一枚古雅的金戒指，把它交给理查德。

“孩子，今晚戴上它吧。”姑妈央求道，“这枚戒指是你母亲托付给我的。她说它能替情人带来幸福。她嘱咐我等你找到了意中人时，就把它交给你。”

小洛克沃尔郑重其事地接过戒指，套在小手指上试试。戒指滑到第二个指节就停住了。他把它勒下来，照男人的习惯，往坎肩口袋里一塞。接着，他打电话叫马车。

八点三十二分，他在火车站嘈杂的人群中接到了兰特里小姐。

“我们别让妈妈和别人久等。”她说。

“去沃拉克剧院，越快越好！”理查德唯命是从地吩咐马车夫说。

他们飞快地向百老汇路驶去，先取道第四十二号街，然后沿着一条街灯像璀璨星光的小道，从宁谧的西区奔向高楼耸立的东区。

到了第四十三号街的时候，小理查德迅速推开车窗，吩咐马车夫停住。

“我掉了一枚戒指。”他一面道歉似的解释说，一面跨出车门。“那是我母亲的遗物，我不愿意把它弄丢。我耽误不了一分钟——我看到了它掉在什么地方。”

不出一分钟，他找到了戒指，重新坐上马车。

可是就在那一分钟里，一辆市区汽车在马路的正前方停住了。马车夫想往左拐，然而一辆笨重的快运货车挡住了他的去路。他向右面试试，又不得不退回来，避让一辆莫名其妙地出现在那儿的装载家具的马车。他企图倒退，但也不成，便只好扔下缰绳，聊尽本分地咒骂起来。他给封锁在一批纠缠不清的车辆和马匹中间了。

交通阻塞了。在大城市里，有时会相当突然地发生这种情况，断绝交通往来。

"为什么不赶路呀？"兰特里小姐不耐烦地问道。"我们要迟啦。"

理查德在车子里站起身，朝四周扫了一眼。他看到百老汇路、六马路和第三十号街广阔的交叉路口给各式各样的货车、卡车、马车、搬运车和街车挤得水泄不通，正像一个腰围二十六英寸的姑娘硬要束二十二英寸的腰带那样。所有交叉的街道上，还有车辆在飞快地、咔哒咔哒地朝着这个混乱的中心赶来，投入这一批难解难分、轮毂交错的车辆和马匹中[5]，在原有的喧嚣声中又加上了它们的车夫的诅咒声。曼哈顿所有的车辆似乎都充塞在它们周围。挤在人行道上看热闹的纽约人成千上万，他们中间连资格最老的都记不清哪一次交通阻塞的规模可以同这一次的相比。

"真对不起，"理查德坐下来说，"看情形我们给卡住了。在一个小时之内，这场混乱不可能松动。这要怪我不好。假如我没有掉落那枚戒指，我们——"

"给我瞧瞧那枚戒指吧。"兰特里小姐说。"现在既然已无法挽救，我也无所谓了。说起来，我一向认为看戏是顶无聊的事。"

当天夜里十一点钟，有人轻轻叩安东尼·洛克沃尔的房门。

"进来。"安东尼喊道，他穿着一件红色的袍子，正在看一本海盗冒险小说。

进来的是埃伦姑妈，她的模样活像是一个头发灰白，错留在人间的天使。

"他们订婚啦，安东尼。"她温柔地说。"她答应跟我们的理查德结婚。他们在去剧院的路上碰到了一次交通阻塞，他们的马车过了两个小时才脱身出来。"

"哦，安东尼弟弟，你别再替金钱的力量吹嘘啦。一件表示真实爱情的小小信物——一枚象征海枯石烂永不变，金钱买不到的爱情的小戒指——是我们的理查德获得幸福的根由。他半路上掉落了那个戒指，下车去捡。他们重新上路之前，街道给堵住了。马车给卡在中间的时候，他向心上人表明了态度，赢得了她。同真实的爱情比较起来，金钱简直成了粪土，安东尼。"

"好吧，"老安东尼说，"我很高兴，那孩子总算实现了他的愿望。我早对他说过，在这件事上，我不惜付出任何代价，只要——"

"可是，安东尼弟弟，在这件事上，你的金钱起了什么作用？"

"姊姊，"安东尼·洛克沃尔说，"我的海盗正处于万分危急的关头。他的船刚给凿穿，他有钱，重视金钱的价值，绝不会让自己给淹死的。我希望你别来打扰，让我看完这一章吧。"

故事原该在这儿收场了。我跟各位一样，也热切地希望如此。但是为了弄清事实真相，我们非刨根问底不可。

第二天，一个双手通红，系着蓝点子领带，自称是凯利的人来找安东尼·洛克沃尔，立刻给让进了书房。

"唔，"安东尼一面伸手去拿支票簿，一面说道，"这一锅肥皂熬得不坏。我们瞧瞧——你已经支了五千元现钞。"

"我自己还垫了三百块。"凯利说,"预算不得不超过一些。快运货车和马车大多付了五块;可是卡车和两匹马拉的车子多半要我付十块。汽车夫要十块,几辆满载的车子要二十块。警察敲得我最凶——其中有两个,我每人给了五十,其余有的二十,有的二十五。不过表演得真精彩,可不是吗,洛克沃尔先生?幸好威廉·阿·布雷迪没有看到那场小小的车辆外景⑥。我不希望威廉妒忌得伤心。并且我们根本没有经过排练!伙计们都准时赶到,一秒钟也不差。足足两小时,堵得水泄不通,格里利的塑像底下连一条蛇都钻不过去⑦。"

"一千三百元——喏,凯利。"安东尼撕下一张支票,递给凯利说,"一千元是酬劳你的,三百元是还你垫付的钱。你不至于瞧不起金钱吧,凯利?"

"我吗?"凯利说。"我真想揍那个发明贫穷的人呐。"

凯利走到门口时,安东尼又叫住了他。

"你有没有注意到,"他说,"在那交通断绝的地点,有一个一丝不挂,拿着弓箭乱射的胖娃儿⑧?"

"啊,没有呀。"凯利给弄得莫名其妙,"我没有见到。即使他像你所说的也到过那儿,警察在我至场之前早该把他抓走啦。"

"我原想那个小流氓是不会在场的。"安东尼咯咯笑道。"再见,凯利。"

(选自《麦琪的礼物》,欧·亨利著,王仲年译,北京燕山出版社2000年版)

注释

①纳斯尔罗德(1780—1862):德籍俄罗斯政治家,安东尼借用来讽刺外籍移民萨福克—琼斯。

②万恶之根:典出《新约·提摩太前书》六章十节:"贪财是万恶之根。"

③阿斯特:美国富商及金融家约翰·阿斯特(1763—1848),出生于德国海德堡附近的沃尔道夫村,于1783年移居美国。纽约的豪华旅馆"沃尔道夫·阿斯托里亚"就是他创办的。

④巴哈马群岛:加勒比海上的岛屿,是旅游胜地,1783年沦为英国殖民地,1973年7月10日正式独立。

⑤轮毂(gǔ):轮圈。

⑥威廉·阿·布雷迪(1863—1950):美国著名的剧院经理,纽约康奈岛游乐场的倡办人。

⑦格里利(1811—1872):美国新闻记者、作家、政治家,纽约《论坛报》的创办人。他是纽约州选出的众议员,1872年竞选总统失败。纽约市有一个以他命名的广场。

⑧有一个一丝不挂句:指罗马神话中的爱神丘比特,他的形象通常被描绘成裸体,有双翅,手持弓箭,蒙住眼睛的小男孩儿。

❀ 作者简介

欧·亨利(1862—1910),原名威廉·西德尼·波特,美国著名的短篇小说家,曾被评论界誉为"曼哈顿桂冠诗人"和美国现代短篇小说之父。他出生于美国北卡罗来纳州格林斯波罗镇一个医师家庭,当过药房学徒、牧牛人、会计员、土地局办事员、新闻记者、银行出纳员。当银行出纳员时，因银行短缺了一笔现金，为避免审讯，离家流亡中美的洪都拉斯。后因回家探视病危的妻子被捕入狱。他创作第一部作品的起因是为了给女儿买圣诞礼物，但基于犯人的身份不敢使用真名，乃用笔名发表了《口哨迪克的礼物》。1901年提前获释后，迁居纽约，专门从事写作。欧·亨利善于描写美国社会尤其是纽约百姓的生活。他的作品构思新颖，语言诙谐，结局总使人“感到在情理之中，又在意料之外”；又因描写了众多的人物，富于生活情趣，被誉为“美国生活的幽默百科全书”。代表作有小说集《白菜与国王》《四百万》《命运之路》等。其中一些名篇如《爱的牺牲》《警察与赞美诗》《麦琪的礼物》《带家具出租的房间》《最后一片常春藤叶》等使他获得了世界声誉。

导读

这篇小说通过肥皂大王老安东尼·洛克沃尔花钱制造交通堵塞，为儿子向意中人表白爱情赢得时间的故事，对金钱至上的社会进行了深刻的揭露，辛辣嘲讽了金钱万能的异化观念。

小说的构思非常巧妙。纽约肥皂大王老安东尼·洛克沃尔的儿子理查德爱上了一位美丽的姑娘——社交界的头面人物，却一直没有机会向她表白。当心仪的姑娘要离开美国前往欧洲居住的当天，理查德才获得了一个陪她去剧院的机会。理查德告诉父亲，仅在去剧院途中六分多钟的时间里有向姑娘表白的机会，这么短的时间根本不会有什么结果。在理查德从火车站接姑娘向剧院驶去的途中，他们的马车在一个路口遇到了严重的交通堵塞，各种车辆和闲杂人员交织在一起，水泄不通，而且一堵就是两个小时。当晚，埃伦姑妈兴高采烈地告诉肥皂大王弟弟：就在堵车的时候，他向她表白了爱情，最后赢得了她。比起真正的爱情来，金钱成了粪土，故事在这里可以结束了。然而，接下来就是“欧·亨利式的结尾”，第二天，老安东尼·洛克沃尔的一个手下来到他的书房，向他汇报说，制造这次交通堵塞一共花去了5300美元，原来，那场关乎理查德终生幸福的交通堵塞，是老安东尼花钱雇人制造出来的。小说线索明暗交替，详略有度，老安东尼和儿子谈论心中苦恼，儿子理查德送姑娘去剧院遇到交通堵塞，埃伦姑妈带来理查德求婚成功的好消息，这些情节明写。而至于小伙子是怎么向姑娘表白，姑娘怎么答应小伙子的，老安东尼又是如何雇人去制造交通堵塞的，小说并没有正面描写，这些情节都是事后通过对话表现出来的。结构非常紧凑，出人意料的结尾，成为小说的点睛之笔。

小说出场的人物不多，但可以分为两派，一是“财神”派，主人公肥皂大王老安东尼是代表，他是“金钱万能”思想的化身，作者以较多的笔墨描写了他的心理活动，还有一个是着笔不多的手下凯利；一是“爱神”派，埃伦姑妈，儿子理查德和姑娘，代表爱神的埃伦姑妈相信人间有真爱，儿子理查德和姑娘的爱作者虽然没有正面描写，但毋庸置疑这种爱是真诚的。小说结局，表面上看是代表“金钱万能”的财神胜利了，老安东尼花钱制造了交通堵塞，为儿子赢得了时间；仔细分析，老安东尼的举动是在儿子理查德和姑娘不知情的情况下进行的，只不过在他们不知情的情况下给“爱神”帮了个忙，胜利的还是真挚的爱情。小说结尾既令人忍俊不禁，又意味深长，老安东尼在嘲讽“爱神”，其实，此时他是不是应该这样想，两个年轻人如果没有爱，结果会怎么样呢？小说通过大量的对话推进故事情节，表现人物性格，语言干净简洁，诙谐幽默，充满了喜剧讽刺效果。

感悟思考

1. 对于《财神与爱神》这篇小说的主题有不同的看法，有人认为宣扬了“金钱万能”的思想，有人认为嘲讽了“金钱至上”的社会，你怎么看？

2. 分析老安东尼的人物形象。

3. 体会小说通过对话推进故事情节、刻画人物性格的特点。

链接

《麦琪的礼物》，欧·亨利著，王仲年译，北京燕山出版社 2000 年版。

“一个人并不是生来就要被打败的”，“人尽可以被毁灭，但却不能被打败”。这就是《老人与海》想揭示的哲理。人生道路漫长、艰难，充满坎坷，但只要勇敢顽强地以一颗自信的心去迎接挑战，他将永远是一个真正的强者。

第八节

老人与海(节选)

◎［美］海明威

直到快日落的时候，鲨鱼才再来袭击它。

老人看见两片褐色的鳍正顺着那鱼必然在水里留下的很宽的臭迹游来。它们竟然不用到处来回搜索这臭迹。它们笔直地并肩朝小船游来。

他刹住了舵把，系紧帆脚索，伸手到船艄下去拿棍子。它原是个桨把，是从一支断桨上锯下的，大约两英尺半长。因为它上面有个把手，他只能用一只手有效地使用，于是他就用右手好好儿攥住了它，弯着手按在上面，一面望着鲨鱼在过来。两条都是加拉诺鲨。

我必须让第一条鲨鱼好好咬住了才打它的鼻尖，或者直朝它头顶正中打去，他想。

两条鲨鱼一起紧逼过来，他一看到离他较近的那条张开嘴直咬进那鱼的银色胁腹，就高高举起棍子，重重地打下去，砰的一声打在鲨鱼宽阔的头顶上。棍子落下去，他觉得好像打在坚韧的橡胶上。但他也感觉到坚硬的骨头，他就趁鲨鱼从那鱼身上朝下溜的当儿，再重重地朝它鼻尖上打了一下。

另一条鲨鱼刚才窜来后就走了，这时又张大了嘴扑上来。它直撞在鱼身上，闭上两颚，老人看见一块块白色的鱼肉从它嘴角漏出来。他抡起棍子朝它打去，只打中了头部，鲨鱼朝他看看，把咬在嘴里的肉一口撕下了。老人趁它溜开去把肉咽下时，又抡起棍子朝它打下去，只打中了那厚实而坚韧的橡胶般的地方。

“来吧，加拉诺鲨，”老人说。“再过来吧。”

鲨鱼冲上前来，老人趁它合上两颚时给了它一下。他结结实实地打中了它，是把棍子举得尽量高才打下去的。这一回他感到打中了脑子后部的骨头，于是朝同一部位又是一下，鲨鱼呆滞地撕下嘴里咬着的鱼肉，从鱼身边溜下去了。

老人守望着，等它再来，可是两条鲨鱼都没有露面。接着他看见其中的一条在海面上绕着圈儿游着。他没有看见另外一条的鳍。

我没法指望打死它们了，他想。我年轻力壮时能行。不过我已经把它们俩都打得受了重伤，它们中哪一条都不会觉得好过。要是我能用双手抡起一根棒球棒，我准能把第一条打死。即使现在也能行，他想。

他不愿朝那条鱼看。他知道它的半个身子已经被咬烂了。他刚才跟鲨鱼搏斗的时候，太阳已经落下去了。

它们也许还会再来袭击我。不过，一个人在黑夜里，没有武器，怎样能对付它们呢？

他这时身子僵硬、疼痛，在夜晚的寒气里，他的伤口和身上所有用力过度的地方都在发痛。我希望不必再斗了，他想。我真希望不必再斗了。

但是到了午夜，他又搏斗了，而这一回他明白搏斗也是徒劳。它们是成群袭来的，朝那鱼直扑，他只看见它们的鳍在水面上划出的一道道线，还有它们的磷光。他朝它们的头打去，听到上下颚啪地咬住的声音，还有它们在船底下咬住了鱼使船摇晃的声音。他看不清目标，只能感觉到，听到，就不顾死活地挥棍打去，他感到什么东西攫住了棍子，它就此丢了。

他把舵把从舵上猛地扭下，用它又打又砍，双手攥住了一次次朝下戳去。可是它们此刻都在前面船头边，一条接一条地蹿上来，成群地一起来，咬下一块块鱼肉，当它们转身再来时，这些鱼肉在水面下发亮。

最后，有条鲨鱼朝鱼头游来，他知道这下子可完了。他把舵把朝鲨鱼的脑袋抡去，打在它咬住厚实的鱼头的两颚上，那儿的肉咬不下来。他抡了一次，两次，又一次。他听见舵把啪的断了，就把断下的把手向鲨鱼扎去。他感到它扎了进去，知道它很尖利，就再把它扎进去。鲨鱼松了嘴，一翻身就走了。这是前来的这群鲨鱼中最末的一条。它们再也没有什么可吃的了。

老人这时简直喘不过气来，觉得嘴里有股怪味儿。这味儿带着铜腥气，甜滋滋的，他一时害怕起来。但是这味儿并不太浓。

他朝海里啐了一口说："把它吃了，加拉诺鲨。做个梦吧，梦见你杀了一个人。"

他明白他如今终于给打败了，没法补救了，就回到船艄，发现舵把那锯齿形的断头还可以安在舵的狭槽里，让他用来掌舵。他把麻袋在肩头围好，使小船顺着航线驶去。航行得很轻松，他什么念头都没有，什么感觉也没有。他此刻超脱了这一切，只顾尽可能出色而明智地把小船驶回他家乡的港口。夜里有些鲨鱼来咬这死鱼的残骸，就像人从饭桌上捡面包屑吃一样。老人不去理睬它们，除了掌舵以外他什么都不理睬。他只留意到船舷边没有什么沉重的东西，小船这时驶来多么轻松，多么出色。

船还是好好的，他想。它是完好的。没受一点儿损伤，除了那个舵把。那是容易更换的。

他感觉到已经在湾流中行驶，看得见沿岸那些海滨住宅区的灯光了，他知道此刻到了什么地方，回家是不在话下了。

不管怎么样，风总是我们的朋友，他想。然后他加上一句：有时候是。还有大海，海里有我们的朋友，也有我们的敌人。还有床，他想。床是我的朋友，光是床，他想。床将是样了不起的东西，给打垮了，倒感到舒坦了，他想。我从来不知道竟会这么舒坦，那么是什么把你打垮的，他想。

"什么也没有，"他说出声来。"只怪我出海太远了。"

等他驶进小港，露台饭店的灯光全熄灭了，他知道人们都上床了。海风一步步加强，此刻刮得很猛了。然而港湾里静悄悄的，他直驶到岩石下一小片卵石滩前。没人来帮他的忙，他只好尽自己的力量把船划得紧靠岸边。然后他跨出船来，把它系在一块岩石上。

他拔下桅杆，把帆卷起，系住。然后他扛起桅杆往岸上爬。这时候他才明白自己疲乏到什么程度。他停了一会儿，回头一望，在街灯的反光中，看见那鱼的大尾巴直竖在小船船艄后边。看清它赤裸的脊骨像一条白线，看清那带着突出的长嘴的黑糊糊的脑袋，而在这头尾之间却什么也没有。

他再往上爬，到了顶上，摔倒在地，躺了一会儿，桅杆还是横在肩上。他想法爬起身来。可是太困难了，他就扛着桅杆坐在那儿，望着大路。一只猫从路对面走过，去干它自己的事，老人注视着它，然后他只顾望着大路。

临了，他放下桅杆，站起身来。他举起桅杆，扛在肩上，顺着大路走去。他不得不坐下歇了五次，才走到他的窝棚。

（选自《老人与海》，海明威著，吴劳译，上海译文出版社1999年版）

❀ 作者简介

欧内斯特·米勒尔·海明威(1899—1961)，美国小说家。1899年出生在美国伊利诺伊州芝加哥郊外橡树园镇一个医生的家庭。他的父亲酷爱打猎、钓鱼等户外活动，他的母亲喜爱文学，这一切都对海明威日后的生活和创作产生了影响。海明威曾在《星报》做过实习记者，受到过良好的职业训练。第一次世界大战爆发后，海明威加入美国红十字会战场服务队，投身意大利战场。1927年，海明威的长篇小说《太阳照样升起》和《永别了，武器》发表，这两部小说是"迷惘的一代"文学的代表作。第二次世界大战爆发，他以战地记者的身份奔波于西班牙内战前线。1940年，海明威发表了以西班牙内战为背景的反法西斯主义的长篇小说《丧钟为谁而鸣》。1952年，海明威发表了中篇小说《老人与海》，由于小说中体现了人在"充满暴力与死亡的现实世界中"表现出来的勇气而获得1954年的诺贝尔文学奖。颁奖词这样写道："因为他精通于叙事艺术，突出地表现在他的近著《老人与海》中，同时也由于他在当代风格中所发挥的影响。"海明威简约有力的文体和多种现代派手法的出色运用，在美国文学界曾引起一场革命，影响了欧美很多作家。

导读

《老人与海》发表于1952年，小说成功地塑造了一个经典的硬汉形象，作者海明威也因此获得了1954年诺贝尔文学奖。

书中讲的是古巴一个名叫桑地亚哥的老渔夫，独自一个人出海打鱼，在一无所获的84天之后终于钓到了一条巨大的马林鱼。这是老人从来没见过也没听说过的鱼，比他的船还长两英尺。大鱼很难捕获，拖着小船漂流了整整两天两夜，老人在这两天两夜中经历了从未经受的生死艰难考验，终于把大鱼刺死，拴在船头。然而这时却遇上了鲨

鱼，老人与鲨鱼进行了殊死搏斗，结果大马林鱼还是被鲨鱼吃光了，老人最后拖回家的是一副只剩头和尾的光秃秃的鱼骨架。这是一场人与自然搏斗的惊心动魄的颂歌，老人每取得一点胜利都付出了惨重的代价，最后遭到无可挽救的失败。但是，从另外一种意义上来说，他又是一个胜利者。因为，他不屈服于命运，无论在多么艰苦卓绝的环境里，他都凭着自己的勇气、毅力和智慧进行了奋勇的抗争。最后捕到一条完整的马林鱼还是一副空骨架，这都已经不重要了，因为生命价值已在追捕马林鱼的过程中充分地体现了。老人捍卫了"人的灵魂的尊严"，显示了"一个人的能耐可以到达什么程度"。小说中的大海和鲨鱼象征着与人作对的社会与自然力量，而老人在与之进行的殊死搏斗中，表现了无与伦比的力量和勇气，不失人的尊严，虽败犹荣，精神上并没有被打败。人类本身有自己的限度，但正是因为有了老渔夫这样的人一次又一次地向限度挑战，超越它们，这个限度才一次次扩大，一次次把更大的挑战摆在了人类面前。在这个意义上，老渔夫桑地亚哥这样的英雄，不管他挑战限度是成功还是失败，都是值得我们永远敬重的，因为他带给我们的是人类最为高贵的自信。

海明威的作品结构紧凑集中，语言清澈流畅，文风朴实无华，电报式的对话，简洁的心理独白，凝练的动作和景物描写，形成了他特有的"冰山风格"。本文节选自这篇小说的结尾部分，写老渔夫和鲨鱼的最后搏斗。仔细品味，看似简洁自然的语言，其实包含了作者的精心揣摩和润色加工，"老人看见两片褐色的鳍正顺着那鱼必然在水里留下的很宽的臭迹游来。它们竟然不用到处来回搜索这臭迹。它们笔直地并肩朝小船游来"。小说描述细节真实具体，大量的事实被运用于人物的心理活动之中，而不是由作者来叙述，"我没法指望打死它们了，他想。我年轻力壮时能行。不过我已经把它们俩都打得受了重伤，它们中哪一条都不会觉得好过。要是我能用双手抡起一根棒球棒，我准能把第一条打死。即使现在也能行，他想"。叙述描写精准客观，语言凝练，"他把舵把朝鲨鱼的脑袋抡去，打在它咬住厚实的鱼头的两颚上，那儿的肉咬不下来。他抡了一次，两次，又一次。他听见舵把啪的断了，就把断下的把手向鲨鱼扎去。他感到它扎了进去，知道它很尖利，就再把它扎进去。鲨鱼松了嘴，一翻身就走了"，这一切都体现了海明威独特的"新闻报道式"的语言风格。

感悟讨论

1. 分析老人桑地亚哥的"硬汉"性格。

2. 这部小说讴歌了什么样的精神品质？

3. 海明威在谈创作时说过"冰山在大洋里移动很庄严宏伟，这是因为它只有八分之一露在水面上"。你怎么理解这句话？

链接

《老人与海》，海明威著，吴劳译，上海译文出版社 1999 年版。

马克·吐温的作品用大家喜闻乐见的幽默形式表现出来，亦庄亦谐的艺术风格拉近了他与广大读者之间的距离，深刻的社会洞察力和丰富的艺术表现力又使他的作品进入严肃文学的领域。

第九节

给青年的忠告

◎［美］马克·吐温

听说期望我来谈谈，我便询问应该发表什么样的谈话。他们说应当宜于青年的话题——

教诲性的、启发性的话题，或者实质上是良言忠告之类的话题。好吧。关于开导青年人，我心里倒是有几件事时常想说的；因为正是在人幼小时，这些事最适合扎根，而且最持久、最有价值。那么，首先呢，我要对你们、我的年轻朋友们说的是——我恳切地、迫切地要说的是——

永远服从你们的父母，只要他们在堂的时候。长远看来这是上策，因为你们要是不服从的话，他们也非要你们服从。大多数家长认为比你们懂得多，一般说来你们迁就那种迷信的话，比起你们根据自以为是的判断行事，你们会建树大些。

对待上司要尊重，要是你们有了上司；对待陌生人，有时还有别人，也要尊重。如果有人得罪了你们，你们要犹豫一番，看看是存心的还是无意的，不要采取极端的做法；只要看好机会用砖块打他一下，那就足够了。如果你们发现他并非故意冒犯，那就坦然走出来，承认自己打他不对；像个男子汉认个错，说声不是故意的。况且，永远要避免动武；处于这个仁慈和睦的时代，此类举动的年代已经过去了。“炸药”留给卑下而无教养的人吧。

早睡早起——这是聪明的。有的权威讲，跟着太阳起床；还有的讲，跟着这样东西起床，又有的讲，跟着那样东西起床。其实跟着云雀起床才是再好不过的。这样你就落个好名声，人人都知道你跟着云雀起床；如果弄到一只那种适当的云雀，在它身上花些功夫，你就很容易把它调教到九点半起来，每次都是——这可绝不是欺人之谈。

接着来谈说谎的问题。你们可要非常谨慎地对待说谎；否则十有八九会被揭穿。一旦揭穿，在善良和纯洁的眼光看来，你就再也不可能是过去的你了。多少年轻人，因为一次拙劣难圆的谎言，那是由于不完整的教育而导致的轻率的结果，使得自己永远蒙受损害。有些权威认为，年轻人根本不该说谎。当然，这种说法言之过甚，其实未必如此；不过，虽然我可不能把话讲得太过分，我却认定而且相信自己看法正确，那就是，在实践和经验使人获得信心、文雅、严谨之前，年轻人运用这门了不起的艺术时要有分寸，只有这三点才能使得说谎的本领无伤大雅，带来好处。耐性、勤奋、细致入微——这些是必要素质；这些素质日久天长便会使学生变得完善起来；凭借这些，只有凭借这些，他才可能为将来的出类拔萃打下稳固的基础。试想一下，要付出多么漫长的岁月，通过学习、思考、实践、经验，那位盖世无双的前辈大师才具有如此的素养，他迫使全世界接受了"真理是强大的而且终将取胜"这句崇高而掷地有声的格言——这是关于事实的复杂层面道出的最豪迈的话，迄今任何出自娘胎的人都未获得。因为我们人类的历史，还有每个个人的经验，都深深地埋下了这样的证据：一个真理不难扼杀，一个说得巧妙的谎言则历久不衰。波士顿有座发现麻醉法的人的纪念碑；许多人到后来才明白，那个人根本没有发现麻醉法，而是剽窃了另一个人的发现。这个真理强大吗？它终将取胜吗？唉，错哉，听众们，纪念碑是用坚硬材料建造的，而它所晓示的谎言却将比它持久百万年。一个笨拙脆弱而有破绽的谎言是你们应该不断学会避免的东西；诸如此类的谎言比起一个普通事实来，决不具有更加真实的永恒性。嗨，你们倒不如既讲真话又和真理打交道。一个脆弱愚蠢而又荒谬的谎言持续不了两年——除非是对什么人物的诽谤。当然，那种谎言是牢不可破的，不过那可不是你们的光彩。最后说一句：早些开始实践这门优雅美妙的艺术——从现在做起。要是我早些做起，我就能学会门道了。

切莫随便摆弄枪支。年轻人无知而又冒失地摆弄枪支，造成了多少悲伤痛苦。就在四天前，就在我度夏的农庄住家的隔壁人家，一位祖母，年老花发一团和气，当地最可爱的一个人物，坐着在干活，这时她的小孙儿悄悄进屋，取下一把破烂生锈的旧枪，多年无人碰过，以为没装子弹，把枪对准了她，哈哈笑了吓唬着要开枪。她惊骇得边跑边叫边求饶，朝屋子对面的门口过去；可是经过身边的时候，小孙儿几乎把枪贴在她的胸口上，扣动了扳机！他以为枪里没有子弹。他猜对了——没装子弹。所以没有造成什么伤害。这是我听到的同类情况中绝无仅有的。因此呢，同样的，你们可不要乱动没装子弹的旧枪支；它们是人所创造的最致命的每发必中的家伙。你们不必在这些东西上花什么功夫；你们不必搞个枪架，你们不必在枪上装什么准星，你们连瞄准都没有必要。算了，你们就挑个相似的东西，砰砰打个几枪，你肯定能打中。三刻钟内用加特林机枪在三十码处不能击中一个教堂的年轻人，却可以站在百码开外，举起一把空膛的旧火枪，趟趟把祖母当靶子击倒。再试想一下，倘若有一支旧火枪武装起来的童子军，大概没有装上子弹，而另一支部队是由他们的女亲戚组成的，那么滑铁卢战役会是什么结局。只要一想到此，就会令人不寒而栗。

图书有许多种类；但好书才是年轻人该读的一类。记住这一点。好书是一种伟大、无价、无言的完善自我的工具。因此，要小心选择，年轻的朋友们：罗伯逊的《布道书》[①]，巴克斯特的《圣者的安息》[②]，《去国外的傻瓜》[③]，以及这一类的作品，你们应该只读这些书。

我可是说得不少了。我希望大家会铭记我给你们的言教，让它成为你们脚下的指南和悟性的明灯。用心刻苦地根据这些规矩培养自己的品格，天长日久，培养好了品格，你们将会惊喜地看到，这种品格多么准确而鲜明地类似其他每个人的品格。

（选自《美国文化读本》，杨自伍译，华东师范大学出版社 1996 年版）

注释

①弗雷德里克·威廉·罗伯逊（1816—1853）：英国传教士，被称为“传道人中的传道人”。

②理查德·巴克斯特（1615—1691）：英国基德敏斯特长老会牧师，被誉为“清教徒之父”。

③《去国外的傻瓜》：马克·吐温写的旅欧报道，以诙谐、滑稽的笔触描写一群天真无知、自以为是的美国人欧洲旅行的故事。又译作《傻子出国记》。

作者简介

马克·吐温（1835—1910），原名萨缪尔·兰亨·克莱门斯，美国的幽默大师、小说家、作家、著名演说家，19 世纪后期美国现实主义文学的杰出代表。出生于密苏里州佛罗里达，父亲是个地方法官，12 岁时，父亲去世，马克·吐温外出谋生做过排字工、领航员、记者，体验过各种各样的生活，接触过各种各样的人物，对密西西比河流域的民间传说非常熟悉，这是他以后创作的基础。1867 年第一部短篇小说集《加利维拉县的跳蛙及其他》问世，从此以马克·吐温为笔名步入文坛。他的作品熔幽默与讽刺于一体，既富于独特的个人机智与妙语，又不乏深刻的社会洞察与剖析。代表作《汤姆·索亚历险记》《百万英镑》《竞选州长》。

导读

这篇演讲名为忠告，实则反话正说，体现了马克·吐温招牌式的幽默风格。演讲既讽刺了社会的丑陋现象，也警戒青年，要洞察世事真相，保持自己的主见，走自己的路，无须听那些所谓青年道士的忠告，因为那些忠告往往置社会丑恶现象于不顾，虚伪至极。

作者开篇说他这篇演讲已经被邀请者规定好了题目：对青年进行教诲，要有启发意义，最好是良言忠告之类。于是，他“恳切地、迫切地”说出了他的“忠告”，一共六条。名为“忠告”，实乃说反话，淋漓尽致地体现了作者幽默、讥刺风格，即将那些批评性的、讽刺性的反向话语、意思，用一种一本正经、堂而皇之的方式说出来。“永远服从父母”，实际是批评那些武断、自以为是的父母；劝诫青年尊重上司、陌生人，足见其并非本意提倡温良恭俭让，是在讥讽这个“仁慈和睦的时代”；“早睡早起”则嘲弄了那些自欺欺人的可笑做法；六条忠告中，说得最多是说谎的问题，在这里幽默淡化了，这倒是给青年的忠告，是社会对年轻人的不宽容使得情有可原的小错成为弥天大错，说谎是成人世界的一门艺术，讽刺何其尖锐；讲到“切莫随便摆弄枪支”，作者变得严肃起来，一改调侃的口吻，痛心地指出枪支泛滥的社会问题；讲到读书，作者又恢复了开头的幽默风格。最后，作者仍以反语的方式收结全文，真正的智者绝不会对涉世未深的年轻人，进行空洞的说教，讲那些不可言说的事物，真诚是一种有责任感的态度。如果青年人真的铭记那些所谓的"忠告"并实行之，结果则会是千人一腔，千人一面，作者是决不愿抹杀青年的个性的。

反话正说是本文最大的写作特点。幽默谐谑而富于哲理，讽刺嘲弄而不失分寸，亦庄亦谐，体现了作者丰厚的生活阅历和幽默洒脱的个性。

感悟讨论

1. 你怎么看这篇演讲给青年的六点忠告？
2. 仔细体会这篇演讲的写作特点。
3. 你还读过马克·吐温的哪些作品？印象最深的是什么？

链接

《汤姆·索亚历险记》，马克·吐温著，张友松译，人民文学出版社1978年版。

第六篇
实用写作

第一节

党政公文

一、党政公文的概念和特点

（一）概念

党政机关公文是党政机关实施领导、履行职能、处理公务的具有特定效力和规范体式的文书，是传达贯彻党和国家的方针政策，公布法规和规章，指导、布置和商洽工作，请示和答复问题，报告、通报和交流情况等的重要工具。

（二）特点

1. 政策性和权威性

公文自古至今都是国家进行管理的手段和工具。我国现行党政公文负有贯彻党和国家的方针、政策，处理公务的重要职能，体现出了鲜明的政策性。与政策性相连，党政公文还具有特定的权威性。党政公文作为管理国家政务的工具，一经发布，就在发布者的权限范围内产生了法定的权威，对受文者或传递对象有较强的行政约束力。权威性体现在以下两方面：一是党政公文的内容和效力具有法定的权威性；二是党政公文的作者具有法定的权威性。

2. 规范化和格式化

为保证党政公文的合法性、完整性和准确性，党政公文有其特定的格式，以方便处理，有效使用。因此，规范化和格式化成为行政公文的重要特点之一。2012 年 7 月 1 日起施行的《党政机关公文处理工作条例》对行政公文的格式做了严格规定。

3. 实用性和时效性

党政公文的时效性和实用性是紧密相连的，党政公文解决实际问题，反映现实，指导现实，具有较强的针对性。实效性体现在办理公文的急缓程度和文件内容的现实意义上，两者相结合才能完成其使命。

4. 准确性和简练性

党政公文的准确性和简练性是对于行政公文的语体特征而言。它要求语言平实，数据准确，用词造句简洁，文风严谨庄重。做到内容集中，力戒空话套话；词语精练，概括力强；开门见山，直叙其事，一目了然。

二、党政公文体式

为了保证党政公文的合法性、完整性和准确性，节省行政公文的拟稿和传递时间，并为党政公文的处理工作提供方便，党政公文有其特定的格式，称之为党政公文体式。公文体式一般由份号、密级和保密期限、紧急程度、发文机关标志、发文字号、签发人、标题、主送机关、正文、附件说明、发文机关署名、成文日期、印章、附注、附件、抄送机关、印发机关和印发日期、页码等组成。

(一)份号。公文印制份数的顺序号。涉密公文应当标注份号。

(二)密级和保密期限。公文的秘密等级和保密的期限。涉密公文应当根据涉密程度分别标注“绝密”“机密”“秘密”和保密期限。

(三)紧急程度。公文送达和办理的时限要求。根据紧急程度，紧急公文应当分别标注“特急”“加急”，电报应当分别标注“特提”“特急”“加急”“平急”。

(四)发文机关标志。由发文机关全称或者规范化简称加“文件”二字组成，也可以使用发文机关全称或者规范化简称。联合行文时，发文机关标志可以并用联合发文机关名称，也可以单独用主办机关名称。

(五)发文字号。由发文机关代字、年份、发文顺序号组成。联合行文时，使用主办机关的发文字号。

(六)签发人。上行文应当标注签发人姓名。

(七)标题。由发文机关名称、事由和文种组成。

(八)主送机关。公文的主要受理机关，应当使用机关全称、规范化简称或者同类型机关统称。

(九)正文。公文的主体，用来表述公文的内容。

(十)附件说明。公文附件的顺序号和名称。

(十一)发文机关署名。署发文机关全称或者规范化简称。

(十二)成文日期。署会议通过或者发文机关负责人签发的日期。联合行文时，署最后签发机关负责人签发的日期。

(十三)印章。公文中有发文机关署名的，应当加盖发文机关印章，并与署名机关相符。有特定发文机关标志的普发性公文和电报可以不加盖印章。

（十四）附注。公文印发传达范围等需要说明的事项。

（十五）附件。公文正文的说明、补充或者参考资料。

（十六）抄送机关。除主送机关外需要执行或者知晓公文内容的其他机关，应当使用机关全称、规范化简称或者同类型机关统称。

（十七）印发机关和印发日期。公文的送印机关和送印日期。

（十八）页码。公文页数顺序号。

三、党政公文文种

（一）决议。适用于会议讨论通过的重大决策事项。

（二）决定。适用于对重要事项作出决策和部署、奖惩有关单位和人员、变更或者撤销下级机关不适当的决定事项。

（三）命令（令）。适用于公布行政法规和规章、宣布施行重大强制性措施、批准授予和晋升衔级、嘉奖有关单位和人员。

（四）公报。适用于公布重要决定或者重大事项。

（五）公告。适用于向国内外宣布重要事项或者法定事项。

（六）通告。适用于在一定范围内公布应当遵守或者周知的事项。

（七）意见。适用于对重要问题提出见解和处理办法。

（八）通知。适用于发布、传达要求下级机关执行和有关单位周知或者执行的事项，批转、转发公文。

（九）通报。适用于表彰先进、批评错误、传达重要精神和告知重要情况。

（十）报告。适用于向上级机关汇报工作、反映情况，回复上级机关的询问。

（十一）请示。适用于向上级机关请求指示、批准。

（十二）批复。适用于答复下级机关请示事项。

（十三）议案。适用于各级人民政府按照法律程序向同级人民代表大会或者人民代表大会常务委员会提请审议事项。

（十四）函。适用于不相隶属机关之间商洽工作、询问和答复问题、请求批准和答复审批事项。

（十五）纪要。适用于记载会议主要情况和议定事项。

上述文种按来源划分，有收文、发文两种；按行文关系划分，可分为上行公文、下行公文、平行公文；按保密要求分，可分保密公文、普通公文；按时限要求分，有特急公文、紧急公文和普通公文；按性质作用划分，有指挥性公文、报请性公文、知照性公文和记录性公文。

四、党政公文写作注意事项

（一）符合党的理论路线方针政策和国家法律法规，完整准确体现发文机关意图，并同现行有关公文相衔接。

（二）一切从实际出发，分析问题实事求是，所提政策措施和办法切实可行。

（三）内容简洁，主题突出，观点鲜明，结构严谨，表述准确，文字精练。

（四）文种正确，格式规范。

（五）深入调查研究，充分进行论证，广泛听取意见。

（六）公文涉及其他地区或者部门职权范围内的事项，起草单位必须征求相关地区或者部门意见，力求达成一致。

（七）机关负责人应当主持、指导重要公文起草工作。

五、几种常用党政公文的写法

（一）请示

请示必须向同一组织系统中有隶属关系的直接上级递交。一般在以下几种情况下使用：

一是在工作中涉及重大方针、政策问题需要作出处理；二是工作中遇到新问题、新情况难于把握而又无章可循；三是超出本单位职权范围。

请示可分为批准性请示、批转性请示两种。

写作要点：

标题可以是完全性标题和非完全性标题。

主送机关只能是一个。

正文由请示事由、请示事项和请示结语三部分构成，请示事由是重点，应该将理由讲充分，以便得到上级的肯定和认可。

写作要求：

1. 主送机关只有一个，避免多头主送。
2. 不得越级请示，必须越级时，应当抄报越过的机关。
3. 一文一事。
4. 语言要肯定、谦恭，切勿使用要挟性言辞。

（二）报告

按时间划分，定期报告、临时报告；按性质划分，综合报告、专题报告；按写作意图分，呈转性报告、呈报性报告；按内容划分，情况报告、答复报告。

写作要点：

正文由报告依据、报告事项、报告结语三部分组成，其中事项部分是重点，应该分条列项，条理清楚地展开，学会运用数字说明问题。

请示与报告的区别：

1. 性质不同，请示是请求性公文，报告是陈述性公文。
2. 目的不同，请示是请求批准，报告是沟通联系，让上级了解情况。
3. 行文时间不同，请示必须事前行文，报告在事前、事中、事后均可行文。
4. 文稿含量不同，请示一文一事，篇幅简短，报告可以一文数事，篇幅较长。
5. 结果不同，请示上级必须给予批复，报告不一定给予答复。

写作要求：

1. 内容要真实可靠，材料、数字运用要准确。
2. 中心要突出，处理好点与面、事与理、详与略的关系。
3. 叙述清楚，要将原委、性质、过程、结果等交代明白。

（三）批复

批复与请示相对应，具有针对性、现实指导性和行文简明性等三个特点。按内容划分，肯定性批复、否定性批复；按目的划分，批准性批复、批转性批复。

写作要点：

标题和主送机关应该与请示的标题、主送机关相对应。

正文由批复依据和批复意见两部分组成。依据部分应该引叙请示的日期、文号、标题以及收文情况。批复意见是针对请示事项所做的答复，态度要明确，同意还是不同意，或者部分同意，应该一目了然，若不同意，可稍做解释。

写作要求：

1. 注意其时效性，及时回复，避免久拖不复。
2. 做到观点鲜明，切忌模棱两可。
3. 注意针对性，语言缜密，干脆利索，语气坚决。

（四）通知

1. 规章性通知

各级国家行政机关在各自的职权范围或经授权，发布行政法规和规章。

2. 布置通知

向下级机关布置工作，带有指导性，没有命令性。正文开头要分析形势，介绍背景，提出问题，阐明发通知的依据和目的，事项部分要分条列项，每一条的开头使用主题句，提纲挈领，接着要把该条的具体内容写明，做什么，怎么做，什么时间做，执行要求，检查措施也应明确写上。

3. 批转性通知

批转下级机关来文，转发上级机关、同级机关和不相隶属机关的公文。这种通知有正件和附件两部分组成，针对被批转、转发的文件发布的通知视为正件，原文视为附件。

这类通知要写清楚对被转发公文的态度、意见和执行要求。

4. 知照性通知

告知需要周知的有关事项，主要用于沟通情况，交流信息，公布有关事项，要直陈其事，简明扼要。

5. 会议通知

召开重要会议需以公文形式下发的通知。此类通知开头要写明召开会议的原因、目的、会议名称、主要内容。事项部分要写明与会人员、会议时间、地点以及报到时间、地点、需要准备的材料。应该尽可能清楚、明白、周到地写清有关内容，以免误事。

（五）函

函可以分为公函和便函，公函涉及的内容为正式的公务活动，便函内容涉及的为事务性的具体事项。按照行文方向也可分为来函和复函两类。来函也叫去函，内容是主动商洽工作，询问问题，告知情况；复函是对来函所提事项的答复。

来函要写明发函的目的和原因，把询问的问题、请求的事项、联系的业务等写清楚，以便得到对方的理解和支持。复函应首先写复函的依据，然后针对来函所提事项明确答复。

写作要求：

1. 一函一事，内容专一，中心突出。
2. 语气要平和，礼貌，言辞讲究分寸。
3. 恰当使用敬语，与对方“贵”“我”相称。

六、实训题

1. 对照行政公文写作要求，从体式方面分析以下这篇通知。

国务院办公厅关于2011年部分节假日安排的通知

国办发明电〔2010〕40号

各省、自治区、直辖市人民政府，国务院各部委、各直属机构：

根据国务院《关于修改〈全国年节及纪念日放假办法〉的决定》，为便于各地区、各部门及早合理安排节假日旅游、交通运输、生产经营等有关工作，经国务院批准，现将2011年元旦、春节、清明节、劳动节、端午节、中秋节和国庆节放假调休日期的具体安排通知如下。

一、元旦：1月1日至3日放假公休，共3天。

二、春节：2月2日（农历除夕）至8日放假调休，共7天。1月30日（星期日）、2月12日（星期六）上班。

三、清明节：4 月 3 日至 5 日放假调休，共 3 天。4 月 2 日（星期六）上班。

四、劳动节：4 月 30 日至 5 月 2 日放假公休，共 3 天。

五、端午节：6 月 4 日至 6 日放假公休，共 3 天。

六、中秋节：9 月 10 日至 12 日放假公休，共 3 天。

七、国庆节：10 月 1 日至 7 日放假调休，共 7 天。10 月 8 日（星期六）、10 月 9 日（星期日）上班。

节假日期间，各地区、各部门要妥善安排好值班和安全、保卫等工作，遇有重大突发事件发生，要按规定及时报告并妥善处置，确保人民群众祥和平安度过节日假期。

国务院办公厅（章）

2010 年 12 月 9 日

2. 这篇复函标题有什么特点？

国务院办公厅关于同意
在国家版图意识教育宣传画上使用国旗、国徽图案的复函

国办函〔2005〕76 号

国土资源部：

你部《关于在国家版图意识教育宣传画上使用国徽、国旗图案的请示》（国土资发〔2005〕142 号）收悉。经国务院领导同志同意，现函复如下：

同意在国家版图意识教育宣传画上使用国旗和国徽图案。宣传画张贴场所、范围等事项，请严格按照《城市市容和环境卫生管理条例》相关规定执行。

国务院办公厅（章）

2005 年 8 月 5 日

3. 这篇行政公文带有附件，附件有何效力？

关于中国公民自费出国旅游管理暂行办法的请示

国务院：

随着对外改革开放的不断扩大，人民生活水平不断提高，近年来，中国公民自费出国旅游不断增加，为适应改革开放形势，加强中国公民自费出国旅游的管理，特制定了《中国公民自费出国旅游管理暂行办法》。

以上暂行办法如无不妥，请批转发布执行。

附：《中国公民自费出国旅游管理暂行办法》

国家旅游局（盖章）

公安部（盖章）

1997 年 2 月 28 日

4. 根据下面材料试写一篇行政公文。

2009 年 4 月，经天津市政府报请国务院批准(国发〔2009〕×号)决定，将“天津新技术产业园区”更名为“天津滨海高新技术产业开发区”(简称“高新区”)，并纳入滨海新区范围。现天津新技术产业园区劳动人事局给各区县劳动人事局发文，告知单位名称变更为“天津滨海高新技术产业开发区劳动人事局”(简称“高新区劳动人事局”)，挂靠在其下的“天津新技术产业园区劳动争议仲裁委员会”相应更名为“天津滨海高新技术产业开发区劳动争议仲裁委员会”。

第二节

书　信

一、书信的概念和特点

（一）概念

书信是人们传情达意、交流思想，沟通信息、交际联系所使用的一种文体。

上古时书信是分开的，书指写出来的文字材料，“书者，舒也，舒布其言，陈之简牍”（《文心雕龙·书记》）。信则指传书的使者。魏晋时，出现了“书信”一词，《晋书·陆机传》有记载。以信名书，始于近现代。古代由于书写材料的不同和出于谦敬等原因，书信有不同的别称：简、帖、牍、札、笺、刀笔、钧谕、鱼雁等。

在实际生活中，每个人都经常使用到一系列的应用文，如传统的书信、名片、请柬、启事、题字题词等，现代的如电报、传真、特快专递、电子邮件等。这些应用文包含着丰富的礼仪内容，具有中华民族浓厚的传统文化色彩，而书信则是其中的代表。

（二）特点

1. 特定的交流对象

书信的阅读对象是特定的。写信是出于某种需要，写给特定的单位或个人。写什么，怎么写，应该根据双方的实际情况以及写信人和收信人的关系确定，把握分寸。

2. 谦敬典雅

谦敬典雅是书信语言的一大特点，也是传统文化在书信中的集中体现。写信给别人，可能是因为有求于人，或有情感要诉诸人，或是为达到一定公关目的，或是让人觉得保持联系的价值和意义，或是具体办理某个事宜，书面交流就要讲究方法，因此谦敬典雅的书面语言成为书信的显著特征。

3. 叙事有序

书信虽然是一种最自由的文体，但也应讲究叙述的次序，否则就显得杂乱无章，难免疏漏。因此，重要的事先写，对方最关心的事先写，然后，再写其他的，分清轻重缓急。

4. 语言得体

既要避免繁词冗语，又要防止简慢草率，用词应该妥帖恰当。书信由于简短，对语言的要求也就更高，语言运用是否得体对一封书信来讲至关重要。

（三）书信的作用

1. 联络感情，沟通交流。

2. 展现人格魅力，树立企业形象。

3. 传递信息，解决问题的工具。

（四）书信的种类

书信的种类很多，主要有家书类书信、问候类书信、请托类书信、规劝类书信、邀约类书信、情书类书信、吊慰类书信、借贷类书信、庆贺类书信、致谢致歉类书信等。

二、书信常用词汇与格式

（一）常用词汇

1. 鉴　审查之义。如：台鉴、大鉴、惠鉴、雅鉴、钧鉴。
2. 台　书信中的敬辞。如：兄台、台鉴、台安。
3. 尊　地位或辈分高。
4. 贤　有才能、德行好。如：贤弟。
5. 谨　恭敬、拜的意思。如：谨启、谨祝、谨颂。
6. 颂　祝颂的意思。如：敬颂、顺颂、即颂。
7. 祺　吉祥的意思。如：秋祺、商祺。
8. 安　安适之义。如：教安、编安、财安、春安。
9. 绥　安好的意思。如：台绥、近绥。
10. 祉　幸福的意思。如：近祉、时祉。
11. 兹　现在的意思。如：兹定于、兹悉。
12. 承蒙……不胜。
13. 特此。

（二）书信的格式

书信历史悠久，格式也几经改变。当今的书信写法，主要由称呼、问候、正文、信尾祝词、署名日期和附言六部分组成。

1. 称呼也称“起首语”，是对收信人的称呼。称呼要在信纸第一行顶格写起，后加“：”，冒号后不再写字。称呼和署名要对应，明确自己和收信人的关系。有的在称呼前可加上限定、修饰词，比如“亲爱的”“敬爱的”等。

2. 问候语如写“你好”“近来身体是否安康”等。独立成段，不可直接接下文。否则，就会违反构段意义单一的要求。

3. 正文自由灵活，可以先说明写信的原因，接着写要对方办理的事情或对方关心的事情，叙事有序，条理清楚，感情真挚。

4. 信尾祝词以“此致、敬礼”为例，正确的写法是“此致”在正文之下另起一行空两格书写，“敬礼”写在“此致”的下一行，顶格书写。

5. 署名和日期在书信最后一行，署上写信人的姓名。酌情可加上“恭呈”“谨上”等词，以示尊敬。日期一项，写在署名下边。有时写信人还加上自己所在的地点，尤其是在旅途中写的信，更应如此。

6. 附言如果忘了写某事，则可以在日期下空一行、空两格写上“又附”，再另起行书写未尽事宜。

注意选用得体的信封、信纸，书写中注意台行的应用。

实训

1. 给家里写一封信，汇报一下你在学校的学习、生活情况。
2. 阅读谢觉哉家书，分析这封家书的特点。

谢觉哉致子女的信

飘飘：

九月二十日信收到了。

你立志读书并有计划地读书，能动脑子想问题，都是值得赞许的。但“骄傲”的帽子，一定戴不得。要牢记毛主席“虚心使人进步，骄傲使人落后”的话。

切不可以认为自己正确就可以骄傲，或者人家说我骄傲也不要紧。要知道正确不正确，在没有经过实践证明以前，谁也不能作最后结论。就是你的见地比别人高明一点，但总还有不足之处，应该向人请教——对高于自己的人请教，也要对不如自己的人请教。这叫做“集思广益”。即令自己真的是对，那你就要说服人，说服人要“和风细雨”，要表示谦虚，否则人家是不会相信你的。

你可能那一点上比别人强，在另一点又比别人弱。弱要谦虚，强也要谦虚。要注意你的态度，可能言语生硬，样子难看，于是，结果不是使人家对你信服，而是说你骄傲。

你必须克服这一弱点。

你四五岁，我写过一首打油诗：

“忽然嬉笑忽号啕，绝顶顽皮绝顶娇；

顽则要嫌娇要惜，最难对付是飘飘。”

是否还有点幼时气态、还没有“老练”。要对此注意！

父

九月二十七日（一九六二年）

（选自《现代应用文写作》，李凯源主编，中国商业出版社 1995 年版）

第三节

申　论

“申论”一词，语出《论语》“申而论之”。“申”有“说明”“申述”之意。“申论”除了“说明”“申述”，还要进行“论说”“论述”“论证”。我国在2000年中央、国家机关考试时首次出现《申论》考试。经过多年的实践以及专家学者们的改进与完善，申论现已成为国家公务员录用考试的一门重要科目，日益受到考生的重视。

一、申论的定义、特点和性质

人事部发布的《考试大纲》对申论的规定为：申论主要通过应试者对给定的材料分析、概括、提炼、加工，测查应试者解决实际问题的能力和文字表达能力。

申论资料通常涉及某一个或某几个特定的社会问题和社会现象，要求应试者能够准确理解材料所反映的主要内容，全面分析问题所涉及的各个方面，并能在把握材料主旨和精神的基础上，形成并提出自己的观点、思路或解决方案，准确流畅地用文字形式表达出来。可见申论考试是针对某个问题阐述观点、论述理由，合理地推论材料与材料、观点与材料的逻辑关系，提出自己的观点和解决方案。

（一）申论和作文的区别

1. 目的不同

申论考试主要侧重考查考生对相关具体问题的认识、理解、分析、判断、决策等能力，考核实际解决问题的能力。作文是让考生根据给定题目，凭自己的主观好恶写一篇文章，主要考查考生的文字表达、语言组合、词汇运用等能力。因而，传统的作文考试无法全面体现考生的综合素质，尤其是实际解决问题的能力。

2. 背景不同

申论是一种情景模拟考试。设定考生已是行政管理部门的工作人员，对出现的现实问题提出可行性的解决方法。作文以想象力为主，尽情张扬自己的个性，充分展示自己的才华。

3. 限制条件不同

申论考试限制条件较多，最主要的是要针对背景资料写作，申论材料是关于同一事物的一组材料，视角不同，观点各异，资料来源于多种渠道，首先必须理清资料的逻辑关系。作文写作即使有一定的写作要求，也多是字数的规定，只要考生紧扣题目要求写作即可。

4. 写作文体不同

申论考试是选拔公务员的考试，因此从实际出发，试卷的考核更倾向于分析问题、解决问题的应用性文体。作文写作试卷的考查倾向于体裁不限的自由发挥写作。

5. 语言表述方式不同

申论考试主要是考查考生在一定资料的基础上，分析问题、解决问题的能力，因此，语言表述重点突出实用性，不能过分运用华丽的词语，但使用的语言尽可能形象生动。

（二）申论的特点

1. 直击社会热点问题

申论考试的素材始终关注生活中重大现实问题和对经济社会发展具有全局性影响的问题。

2. 内容广泛，形式灵活

因为公共生活产生的问题极其广泛，因此行政管理对象也极其广泛，申论给定的材料涵盖了政治、经济、法律、教育等诸多方面问题，涉及范围极广。申论测试的答卷一般为三个部分：概括部分、方案部分、议论部分，在概括问题——分析问题——解决问题——论述问题的流程中，包含了记叙文、说明文、议论文、应用文等多种文体，甚至是其中部分文体或者全部文体的综合。

3. 没有唯一标准答案

申论考试是主观题，所给资料涉及社会热点问题，有的已有定论，有的尚未有定论，完全要考生自己来解决，因此不会有一个确切、固定、唯一的标准答案，写作中只要有针对性和可行性即可。

（三）申论的性质

1. 模拟公务员日常工作的能力测试

公务员工作要求从业者熟悉国家的方针政策，具有调查研究，收集信息，独立研究的能力和较强的文字能力，所以侧重考查考生的阅读理解、综合分析、概括提炼能力，相关理论、法律、行政管理等理论知识的运用和解决实际问题的能力。

2. 检测考生行政素质

因为申论考试没有标准答案，要求考生结合自己的思想水平、政策把控能力，自己解决问题，比较真实地反映一个考生的公务员素质。

3. 没有明显的专业性

申论考试中任何题材虽然在内容上属于某一具体的现实领域或专业领域，但是在题材的可理解性、可把握性和可应对性方面则不需要有该领域的专业知识和理论，只需要有基本的阅读理解能力、思维能力、写作能力和行政管理潜能，就可以应对自如。

二、申论给定材料的类型及考试题型

申论考试一般要给定材料，其类型主要为：

1. 案例型材料

集中反映社会生活中发生的、有一定影响面而又亟待解决的具体问题，以客观陈述为主。这类问题涉及的对象往往是双边的、具有“案例”的某些因素，但并不是一个完整的案例。

2. 资料汇编型材料

围绕某一社会“热点”问题摘录、组装而成的。它可能是影响范围很大的突发事件，也可能是积久未解的社会“难题”，与“新闻综述”有些形似，但绝非是成型的新闻综述。上一则材料和下一则材料没有因果关系。

申论考试的题型主要有概括性、对策性题型和论证性题型：

1. 概括性题型

即要求应试者在认真阅读的基础上，对整个材料进行简要的概括。这种概括是一种高度的浓缩，字数一般在150字和300字之间。概括有几种不同的表述方式，如主要内容、主要问题、主要后果等。

2. 提出对策题型即对策有效题型

针对材料中的问题，提出解决方案，是对考生实际解决问题能力的考查。力争做到合理、合情、合法，提出具有可操作性的解决对策。切忌提出一些理想化、抽象化、空洞化、超越现实的对策。近几年，考试已不仅要求考生自己提出解决问题的对策，而且要求考生对试题中提出的几项对策进行判断对错，并说明理由。

3. 论证表述题型

分为议论文和公文式论文。议论文分为命题议论文和自拟题目议论文。

三、申论的答题技巧

归纳为阅读资料、概括要点、提出对策、进行论证四个主要环节。

（一）阅读资料

阅读材料的含义：就是根据题目的意思和要求，对给定材料进行阅读、审视、分析、理解、把握，以确定材料反映的主要内容、主要观点、主要问题，从而为下一步回答问题做好准备。

在阅读过程中，用敏锐的眼光和独到的观察找出反映问题的主要材料或者关键的句子;通过主要材料和关键句子抓住反映本质的材料。申论给定的材料一般是社会热点问题,这个问题必然涉及许多方面,这就需要应试者能够理清材料之间的关系,把握给定材料本质,理清材料关系。

(二)概括要点

从给定材料中提炼观点,往往需要多种方法综合、灵活的运用。运用得成功与否,则取决于应试者的认识水平、知识结构和分析概括能力或思维能力,其中的关键是平日的素养。从材料中提炼或确立观点,要力求做到以下几个方面:

1. 准确

要善于进行发散思考和同类比较,即不但对材料本身做多侧面、多角度、多方位、多层次的思考和权衡,而且将类似的材料拿来进行斟酌比较,从而找到对材料来说最为恰当、中肯的理性概括。

2. 精练

在概括时要注意语言的精练。通常概括要点时会根据材料的不同情况有字数限制,因此应惜墨如金,简明扼要地表现出题目的要求。

3. 深刻

参加公务员考试的考生,都具有相当高的文化水平,与此相应的是其文字水平也都比较高。所以,在概括材料时,不能只是泛泛而谈,而是要透过现象看到事物的本质,这样才能体现出我们较高的解决问题的能力,否则,如果只是看到常人也能看到的,就不能体现出自己的水平。

4. 新颖

这要求调动创造性思维能力,善于多角度思考和逆向思考。从材料中取其一端,加以生发,甚至与材料本来的观点唱唱反调,只要言之成理,往往能写出新意,给人启迪,也能提高文章的品位。

给定材料的内容可能是多方面的,包含的意思可能是多层次的,反映的观点可能是差别甚大的,这就需要考生抓住主要矛盾,有所侧重、有所选择,仅仅根据给定材料包含的特殊环境、特定条件进行理解、分析、综合是不够的。要充分考虑材料包含的两极,避免片面性、绝对化。给定材料反映的论点可能带有明显的侧重性,在分析时不仅要注意到这个侧重面,还要考虑到与之相反、相对的另一侧重面,以免走极端。

概括要点的文字表述方式通常可以是:总括句+分述句+道理句。其中总括句为“这是一篇关于主语+事件1+事件2+事件3的文体”。分述句将材料中涉及的内容分条列项地表达出来。最后用道理句作结,道理句的基本句型结构可以是“它告诉(或揭示,反映)了……道理(或规律、性质)”。

(三)提出对策

提出对策是为了考查考生解决问题的能力,即拟订方案的能力。实际上,也就是对给定材料加工和处理的能力。对材料反映的问题进行处理,要求全面、准确地加工和处理给定的材料,以求得解决问题的方案。

首先,要强化身份感。在回答问题时,必须进入材料给定的角色,以“政府官员”或所给的其他角色的身份进行思考,提出决策方案。其次,对策具体可行,方案力求最优。要善于发现问题。所谓问题就是矛盾,所有的决策都是从问题的发现开始的。明确了问题,进行决策才能有针对性,以避免无的放矢。而解决问题的方法不止一个,因而,解决方案应该进行优化,力求最佳。最后,要明确目标、措施和步骤。制定方案要说明制定依据和目的,提出对策时,应先简要提出问题和分析原因,即作答该试题时,开头要简单说明材料所反映问题的危害性并解释原因,然后过渡到对策的措施上。制定方案,措施是关键,必须对完成任务提出具体的落实要求。

(四)进行论证

要求以议论为主写一篇1200字左右的文章,紧扣给定材料所反映的主要问题,观点鲜明,论据有力,论证合乎逻辑。考生在通读材料,抓住主要问题后,从国家机关工作人员的角度,考虑国家、社会的利益,提炼中心论点,进行写作。

标题可以采用公文式,让人一看便知论述的内容或主题,也可采用设问式,让人产生悬念,引发读者思考。主体部分可以采用三段式的结构方式,即提出问题——分析问题——解决问题。开头借助所给材料,开门见山提出需要解决的问题以及自己解决问题的观点。然后对该问题形成的原因进行分析,运用论据证明自己的观点的合理性、可行性。结尾部分呼应论点,得出结论,并上升到政策和理论的高度。

四、真题范例

题目要求:以“不学礼,无以立”这句话为中心议题、联系社会现实,自拟题目,写一篇文章。

不学礼,无以立

西周初年,周公制礼,为社会运转订立了严密的人伦制度和行为规范。“礼制”由此传扬千年,成就了我国“礼仪之邦”的美名。孔子云:“不学礼,无以立。”将“礼”的学习视为做人的“必修课程”,以此强调礼制学习的重要。如今我国经济发展脚步虽快,但精神文化却未曾跟上,我国正应学习“礼制”,夯实发展的精神基础。

不学礼,自身不立。对于个人来说,最重要的“礼”,应该是我们日常生活中待人接物的“礼貌”。“礼貌”是人际交往中约定俗成的文明规范,它展现着一个人的思想道德、文化素质。在社会生活中,我们并非独立存在,而是生活在社交网络之中,在工作中,你需要同事配合,在生活中,你需要与他人相处,若是忽略“礼貌”,无异于违背了社会交往的法则,关死了交际的通道。俗话说“一个篱笆三个桩,一个好汉三个帮”,“礼貌”是你获得他人帮助的必需。东汉末年，刘备出身不高，却鼎足三分，正在于他礼贤下士"甚得众心"，获得众人支持。可见，对于个人来说，代表"礼"的礼貌是成就个人事业的重要组成。

不学礼，政府不立。对于政府来说，最重要的"礼"，应该是我国传承多年借助仪式展现"规矩"的"礼仪"。西汉开国，刘邦废除烦琐秦礼，但由于君臣礼节不严，由叔孙通召集儒生共订礼制，从此亲贵功臣谨守礼仪，显示出规整的景象。这里的"礼仪"，就是指礼节仪式，其重点在于通过规整的仪式教导群臣严守规矩。封建制度虽然在我国早已成为历史，但"守规矩"却依然是政府开展工作的底线。孟子曰："不以规矩，不能成方圆。"我国部分地区官员存在"四风"弊病，甚至堕落腐化，正是忽视规矩的体现。对于政府来讲，应该重新学习"礼制"中蕴含的守规矩思想，依据法律法规开展工作，才能真正获得长治久安。

不学礼，国家不立。对于国家来说，最重要的"礼"，应该是在与国外沟通交往中塑造形象的"礼节"。"礼节"是展现礼貌的形式，各国"礼节"各异，只有遵守他国礼节，才能彰显我方礼貌。我国虽然被誉为"礼仪之邦"，但近年来部分游客在出国旅行中，却是罔顾"礼节"：不是在庄严肃穆的教堂中大声喧哗，就是在自助餐厅中浪费食物。这种种行为都是对我国"礼仪之邦"形象的抹黑。对于国家来说，讲求"礼节"无比重要，它是我国开展国际交往的关键元素，国人若是不能改变自己忽视他国礼节的行为，我国游客出行必然受到他国排斥、拒绝，长此以往，我国的国际地位甚至也会因此一落千丈。

《左传》有云："礼，经国家，定社稷，序民人，利后嗣。"无论是对个人、政府，还是国家来说，它都极为重要。"不学礼，无以立。"是孔子教育其子孔鲤的名言，这句话不仅告诉了我们"学礼"的重要性，更提醒我们，作为最好的老师，父母应该从自身做起，对子女起到教育作用，唤起社会对"礼"的重视，营造社会"学礼"的氛围。相信通过这份努力，我国的精神基础必然夯实，一个复兴的大国必然由此屹立。

五、实训题

1. 阅读近期《半月谈》中的一篇文章，用不超过300字的篇幅对内容进行概括。

2. 概括本书课文《中国海尔的威力》中海尔集团发展初期面临的困难有哪些，海尔人采取了哪些措施和对策。你对这些对策有什么看法？

第四节

演讲稿

一、演讲稿的概念和特征

（一）概念

演讲稿也叫演说稿、演讲词，是指演讲者借助有声语言、行为语言、主体形象在公共场合或机会上，向听众就某一问题宣传自己的主张，表达自己的感情或是阐述某个事理，发表演讲而写作的专用文稿。

演讲这一大众传播形式，在社会生活中地位相当重要，在我国历史上源远流长，早在先秦时期就十分盛行。春秋时代更是百家争鸣，游说之风大作，演讲成了各类社会活动家宣传自己政治主张和思想见解的重要手段。春秋末年，随着社会的急剧变动，"士"的阶层兴起、壮大，成为活跃的社会力量。他们针对当时的社会现实，提出了各种不同的政治主张，展开论辩，形成了思想上百家争鸣的局面，于是产生了如《孟子》这样充满论辩色彩的诸子散文。

（二）演讲稿的特点

演讲不同于表演和作文。作文是作者通过文章向读者单方面的输出信息，演讲则是演讲者在现场与听众双向交流信息，是作为具有一定社会角色的演讲者通过有声语言，行为语言，主体形象，面对一定场合的听众，直接发表自己的见解与听众交流的一种活动。演讲者不能以传达自己的思想和情感、情绪为满足，他必须能控制住自己与听众、听众与听众情绪的应和与交流。所以，为演讲准备的稿子就具有以下四个特点：

1. 有声性

演讲的"讲"就是通过声音口头的传情达意，以声音作为思想感情的载体，让躺在纸上的字活起来，直接诉诸听众的听觉器官。

2. 演示性

演讲不仅诉诸听觉，而且诉诸视觉，演讲者通过姿态、动作、手势、表情，辅助声音，运载着思想感情，声情并茂，绘声绘色。

3. 应变性

根据听众心理、现场情况、时间效应的综合氛围，随时调整，具备临场应变的特点。

4. 互动性

演讲作为社会宣传活动，有一种调动听众情绪、引起共鸣的特性。因此，特别应注重和听众的互动。

（三）演讲稿的作用

1. 梳理思路

演讲稿的写作过程也就是梳理思路的过程。讲什么问题，怎么讲，从哪几个方面论述，运用什么材料，列举什么例证，要梳理得条理井然。

2. 提示内容

演讲者如果在演讲中，遗忘了某些内容，或不能准确地引用某些警句或数字可以看看稿子，使得演讲可以连贯而准确地进行下去，避免长时间冷场。

3. 调控时间

有些演讲者语速过快，连珠炮似的草草讲完，也有的演讲者喜欢临场发挥，滔滔不绝，没完没了。拟制演讲稿可以调控时间，控制语速，增强演讲的效果。

二、演讲稿的文面形式及特点

演讲按照形式划分为命题演讲和即兴演讲。按照内容划分则为政治性演讲、社会生活演讲、职业演讲、学术演讲和宗教演讲等。按文面形式可分为腹稿、提纲、备讲稿、礼仪性讲词。在此主要介绍演讲稿的文面形式及特点。

（一）腹稿

腹稿出自唐代文章家王勃。腹稿是文章运思酝酿成熟的思维形态，是一种敏捷的思维能力，对临时发言，即席讲话，即兴演讲和随机辩论帮助很大。陆机在《文赋》中说："思风发于胸臆，言泉流于唇齿。"应用要点是及时、切题、练达。

（二）提纲

在时间稍微充裕的情况下，将腹稿的思维框架整理成内容提要。提纲的作用在于明晰层次，提示例证材料和稳定心理情绪。应用要点：

1. 理清思绪，明确中心。
2. 理清层次，明确材料与观点的关系。
3. 准备一些精彩的语言，放在结尾处，烛照全篇。
4. 文理简而明。

（三）备讲稿

为特定环境而准备的文稿。目标即定，已明确演讲范围和听众对象，还要根据现场情况和听众情绪，作增删调整，即兴发挥。应用要点：

1. 主题鲜明，强化中心，避免随意性。
2. 现实事例，贴近听众，避免高远性。
3. 阐发哲理，升华境界，避免平庸性。
4. 跌宕起伏，张弛有致，避免平淡性。

（四）礼仪性讲词

在庄严隆重的礼仪庆典场合精心准备的语体郑重、辞章典雅的文稿。应用要点：

1. 礼仪色彩浓重。
2. 格式严格。
3. 讲究辞章艺术。
4. 篇幅简短，文字精练。

三、演讲稿的写作要点

（一）开场白

开场白要力求抓住听众，具有较强的吸引力。因此开场首先要称呼听众，注意周全性。用几句诚恳的语言同听众建立起良好的关系，获得听众的好感及信任。开场白的方式多种多样，主要有：直入式，即开门见山地提出演讲目的，提出中心论题。背景式，即介绍情况，说明演讲的理由，可以拉近演讲者与听众的距离。提问式，即通过提问，制造悬念，激发听众去积极思考，引起兴趣。引用式，即引用名人名言、故事、警示名言、成语、诗词等语言素材作为演讲的开头，直接把听众引入沉思，具有精辟凝练的特点。抒情式，直抒情感，达到“贵在真，重在情”的境界，营造融和的氛围。故事式，将一个立意与演讲论题密切相关的故事作为开头，吸引听众的注意力。此外，还有幽默式、双关式、警策式等。

（二）主体

主体是演讲稿的主要内容，要求围绕主题，说明问题，推理严密，层次清晰，有情有理，有张有弛。演讲稿主体部分难于其他部分的写作，因此在写作上要合理布局，层层递进，一步步推向高潮。在写作时应该注意以下四点：

1. 层次

有并列、递进、对比、总分等几种安排方法。无论采取何种方式，需注意层次不宜繁复。

2. 详略

详略搭配协调。重点详说,次重点略说,非重点一带而过。

3. 高潮

重头部分不宜放在开头,这部分感情浓烈,哲理深刻,令人回味咀嚼,一般放在演讲接近结尾处。

4. 衔接

运用过渡句或过渡段,构成有机整体。

5. 节奏

有张有弛,有急有缓,富于变化。

(三)结尾

演讲稿的结尾同样具有鼓动性。从心理学的角度讲,听众在听一次演讲时,注意力最集中的时候就是演讲的开头和结尾,而结尾更能发挥鼓动作用,也更容易被听众记住。结尾如撞钟,撞得好,可以给人警醒,又回味无穷。结尾的方式有以下几种:总结式,画龙点睛,说明要旨;综合要点,深化主旨。使听众对整个演讲留有清晰、明确的印象。号召式,发出号召、展示未来、提出希望等,使听众能够产生一种蓬勃向上的力量。高潮式,即为在演讲的最后再次制造一个高潮,使主体思想升华。最后一次拨动听众的心弦,引出最后的波澜迭起。格言式,用名人名言、权威格言作为结尾,能够使听众受到深刻的启迪和教育,也能增强演讲的说服力。此外,结尾还有突收式、余韵式、抒情式、祝贺式等。结尾切忌草率收兵,画蛇添足,陈词滥调等。

四、实训题

1. 分析《在美国度圣诞节的即兴演讲》这篇演讲稿。

在美国度圣诞节的即兴演讲

丘吉尔

(1944 年 12 月 24 日)

各位为自由而奋斗的劳动者和将士:

我的朋友,伟大而卓越的罗斯福总统,刚才已经发表过圣诞前夕的演说,已经向全美国的家庭致友爱的献词。我现在能追随骥尾讲几句话,内心感到无限的荣幸。

我今天虽然远离家庭和祖国,在这里过节,但我一点也没有异乡的感觉。我不知道,这是由于本人母亲的血统和你们相同,抑或是由于本人多年来在此地所得的友谊,抑或是由于这两个文字相同、信仰相同、理想相同的国家,在共同奋斗中所产生出来的同志感情，抑或是由于上述三种关系的综合。总之，我在美国的政治中心地——华盛顿过节，完全不会感到自己是一个异乡之客。我和各位之间，本来就有手足之情，再加上各位欢迎的盛意，我觉得很应该和各位共坐炉边，同享这圣诞之乐。

但今年的圣诞前夕，却是一个奇异的圣诞前夕。因为整个世界都卷入了一种生死搏斗之中，使用着科学所能设计的恐怖武器来互相屠杀。假若我们不是深信自己对别国领土和财富没有贪图的恶意，没有攫取物资的野心，没有卑鄙的念头，那么我们今年的圣诞节，一定很难过。

战争的狂潮虽然在各地奔腾，使我们心惊肉跳，但在今天，每一个家庭都在宁静的、肃穆的气氛里过节。今天晚上，我们可以暂且把恐惧和忧虑抛开、忘记，而为那些可怜的孩子们布置一个快乐的晚会。全世界说英语的家庭，今晚都应该变成光明的和平的小天地，使孩子们尽量享受这个良宵，使他们因为得到父母的恩物而高兴，同时使我们自己也能享受这种无牵无挂的乐趣，然后我们担起明年艰苦的任务，以各种的代价，使我们孩子所应继承的产业，不致被人剥夺；使他们在文明世界中所应有的自由生活，不致被人破坏。因此，在上帝庇佑之下，我谨祝各位圣诞快乐！

2. 阅读演讲单元的课文，比较这些演讲的开场白，你觉得哪篇最有特色，谈谈你的见解。

第五节

调查报告

一、调查报告的概念和种类

（一）概念

调查报告是为了一定的目的，深入实际，调查、了解掌握所需材料，经过分析、研究，得出揭示事物本质和客观规律的文书。

调查报告，顾名思义，一是调查研究，二才是报告。调查就是为了了解和掌握客观存在的真实情况，收集和占据事实材料。研究则是对调查所获取的客观情况和事实材料经过分析后，从中找出事物的内部联系和固有规律，引出科学结论。调查是研究的基础，研究是调查的发展和深化，报告则是将调查研究的成果写成书面报告。因此，调查研究是调查报告写作的基础，调查报告则是调查研究结果的书面形式。

（二）特点

1. 针对性。调查报告所反映和解答的应是社会上的热点和工作中的难点，目的性强，针对性强。调查问题就是为了解决问题，调查研究是认识客观事物的手段，解决实际问题的基础，也是进行决策的依据。

2. 真实性。调查报告必须坚持实事求是，一切从实际出发，用事实说话，具体问题具体分析。从这个意义上说，真实性是调查报告的生命。在材料真实的基础上，得出的结论也应该反映出事物的核心本质。

3. 典型性。调查报告所反映的事实必须具有典型意义，如果不具有普遍性和代表性，仅是个别现象，无助实际问题的解决。因此，必须在大量材料中选择具有代表性和普遍意义的典型材料。

4. 剖析性。深入剖析是调查报告的又一显著特征。要深入分析、研究、发掘、阐明事物所蕴涵的意义，叙述为主，辅以议论，剖析事理，阐明观点。

（三）种类

调查报告使用范围十分广泛，表现形式、涉及内容多种多样，因此，根据划分标准的不同，调查报告的种类也不同。根据内容、性质划分为：

1. 典型经验的调查报告：这种调查报告要把成功的典型经验全面总结介绍出来，供学习借鉴，促进全局工作的开展。其特点是反映具有普遍意义的规律性经验，阐明现实意义。

2. 澄清事实的调查报告：针对暴露出来的问题，调查问题产生的原因，分析问题的实质，指出问题的危害。其特点是在分析问题实质的基础上，提出今后避免类似问题发生的意见。

3. 研究问题的调查报告：根据特定的需要，为了对某些问题作详细的了解和研究，从而总结经验，找出规律作为决策的依据。其特点是在综合分析研究的基础上，提出对今后实际工作的指导性意见。

二、调查研究的方法

调查报告要写好，首先要将调查研究搞好，因此，掌握科学的调查方法，将有助于调查工作的顺利进行，使得调查报告写得更好。

常见的调查方法有：

（一）文献调查法

即对有关文字、声像、实物进行收集、阅读、审视，从而获得有关资料。

（二）填表法

统一项目，制作表格，交被调查人填写后汇总，从而获得相关资料。

（三）问卷法

将有关调查项目设计成一份调查表，发给被调查者填写，然后整理，设计原则是由易到难、由简单到复杂、由小到大提出问题，问题可以设计成封闭型和开放型两种。

（四）访谈法

找当事人和知情人访谈，了解相关情况，收集资料。

（五）座谈法

召开座谈会进行调查。应该事先准备，注意以下问题：明确调查目的，确定座谈重点；选择好人选，确定人数；事先发提纲，让与会者做好充分的准备；善于诱导，围绕中心，逐步深入；善于发现新问题，抓住新线索；注意不要随意表态，多听多记；会后迅速整理。

（六）实地观察法

深入现场，实地考察。可以与访谈法相结合。

（七）抽样调查法

从所要研究的总体中，根据每一单位都有同等机会被抽选的原则，抽取一定数量的部分单位为样本进行调查，并以其结果推断出研究总体的一般情况。这种方法可以以较少的人力、物力，在较短的时间内完成规模较大的调查。

三、材料的种类

（一）直接材料和间接材料

直接材料是调查者眼看、耳听，亲自观察体验到的第一手材料。第一手材料真实可靠，具体生动，能帮助我们深刻地认识事物和生动地表现事物。间接材料是指现成的书面材料，这种材料系统性强，能反映事物的全貌。这两种材料互为补充，可以使我们手中的材料既新鲜又丰富。

（二）现实材料和历史材料

现实材料是指反映事物现状的材料，这种材料是收集和占有的主要材料，是研究问题的依据。历史材料指反映事物历史状况的材料，这种材料可以作为背景，了解事物的历史状况，可以更深刻地理解事物的现状。这两种材料互补，使人知其然，更知其所以然，摸清事物发展的轨迹。

（三）全面材料和典型材料

全面材料指反映事物全局的概括性材料，这类材料使我们视野开阔，对事物有一个总体的把握。典型材料指反映事物细节的材料，这类材料具体生动，有助事理的剖析。这两类材料互补，使我们看问题有深度而不就事论事，看问题有高度而不至于空泛。

（四）正面材料和反面材料

正面材料指反映事物成功点的材料，反面材料指反映事物弊端的负面材料。“兼听则明，偏听则暗”，这两种材料互补，可以使我们立体地、辩证地看问题。

通过调查，我们掌握了大量材料，接下来就是研究材料，通过分析、判断、综合，对材料进行科学的鉴别。正如毛泽东《实践论》所言：“要完全地反映整个事物，反映事物的本质，反映事物的内部规律性，就必须经过思考作用，将丰富的感觉材料加以去粗取精、去伪存真、由此及彼、由表及里的改造制作工夫，造成概念和理论的系统，就必须从感性认识跃进到理性认识。”

四、写作要点

调查报告一般由标题、正文、署名三部分构成。

（一）标题

调查报告的标题和总结相近，有两种形式。

一类是单项实题。其形式的写法较为灵活，可以是公文式，如《关于中学生上网的调查报告》；可以是设问，《核泄漏给人们带来了什么？》；也可以只写调查地点和范围，如《兴国调查》。

另一类是主副标题，主标题说明性质、意义、特点，副标题说明调查内容和文种，如《莫把温饱当小康——来自黑龙江农村的调查报告》，副标题写在正标题下一行，前面打上破折号。

（二）正文

1. 导语

这部分以简洁的语言对整篇调查报告的内容作一提示，交代调查目的、起因、时间、背景，采用的调查方法，调查的范围，概括调查结果。

2. 主体

这是调查报告的主干部分，以叙述为主要方式，辅以适当的议论，采用夹叙夹议的表述方式，围绕导语的提示，展开叙述，有横式结构和纵式结构两种。横式结构按问题的性质和事物的方面，概括出小标题，重点在先，并列排序。纵式结构按调查的过程安排文章的顺序，这种方法可以清楚地表述事物的起因以及来龙去脉，有助于事物内在联系及因果关系的剖析。

3. 结语

与导语呼应，总括调查结果；引发思考，升华认识；针对调查的问题提出建议和措施；在调查成果的基础上，提出新的或尚待解决的问题。

（三）署名和日期

调查报告的署名就是写上作者的名字。如果是调查小组，要写明调查组的具体属性，以及单位名称；如果是个人，要写上姓名。署名的位置放在标题下一行居中的位置，个人署名可在标题下右下方，也可以在正文末尾下一行右侧。

日期指调查报告的成文时间，以示时效。

五、写作要求

(一)尊重事实,突出重点

事实是调查报告的写作基础。在调查过程中,什么情况都要了解,要做到客观,不带有个人成见。调查的材料要全面丰富,只有这样才能做到心中有底。对大量的事实材料进行科学分析研究,揭示事实的真相和本质,得出正确的结论。因此,调查报告一定要突出重点。

(二)学会运用数字说明问题

调查报告要求所写的内容必须是真实的。最能反映内容的真实性就在于调查中经过核实、换算好的各种数字。通过具体的数字说明问题,揭示规律,是调查报告的鲜明特征。

(三)合理布局,点面结合,概括小标题

调查报告多以大众媒体作为载体,因此,在写作时要求语言通俗易懂,结构分明,内容清晰。调查报告要善于用典型材料、对比材料和数字说明观点,合理布局,点面结合,做到层次清晰、条理清楚、观点准确、论据有力。

(四)叙述与议论相结合,摆事实,讲道理

调查报告可以较为灵活的运用叙述、议论、说明等方式进行写作。叙述是叙述情况、事实;议论是提出问题、分析问题和解决问题;说明可以交代相关背景,说明问题提出的原因,介绍调查的情况,点明报告的目的所在等。

实训

1. 写作调查报告材料很重要,仔细体会材料的种类和相互之间的关系。
2. 阅读《老北京过年还是那个味儿》,结合文体知识对这篇调查报告进行综合评析。

老北京过年还是那个味儿

——北京市社情民意调查中心与北京日报的联合调查

“小孩儿小孩儿你别馋,过了腊八就是年。腊八粥过几天,哩哩啦啦二十三,二十三糖瓜粘,二十四扫房子,二十五炸豆腐,二十六炖羊肉,二十七杀公鸡,二十八把面发,二十九蒸馒头,三十儿晚上熬一宿。”

在北京胡同儿里长大的孩子都会哼唱这么一首儿歌，说的就是老北京过年的准备过程。为一个节日，全家总动员，准备这么长时间，说明在众多节日中，春节是独一无二的。

时光荏苒，岁月如梭，当越来越多的老北京从大杂院儿搬进钢铁森林般的新小区，当人们的日常饭菜从白菜豆腐变成了大鱼大肉，当双职工家庭再没了按老理儿准备年货的时间和精力，春节对北京人来说，究竟意味着什么，北京人对春节又有怎样的一份依恋呢？

本报独家与北京市社情民意调查中心联合对十八区县 1350 户居民家庭进行的调查发现，尽管时代不同了，但老北京过年还是那个味儿。

过好年阖家团圆是第一，91.3%在家团圆

昨天，已经在北京安家落户的小陶拿着她千辛万苦从网友那里淘来的火车票，登上了回家的火车。“车票真不好买，差点真没法儿回家过年了。”想到回家就能见到父母，小陶连语气中都透着欢乐。中学老师的工作让她可以赶在春运最高峰之前先行一步，羡煞旁人。

爆竹声中迎来的春节，是最受国人重视的一个传统节日，也是所有长辈们心心念念的团圆节。在北京，像小陶这样赶着回老家的人成千上万。对家乡、父母的思念汇成一股涌动的春运潮。

对生在北京长在北京的人们来说也是如此。调查发现，在接受调查的 1350 户北京居民家庭中，91.3%的被访者明确表示春节期间“在家休息”；作为娱乐项目，传统的逛庙会仍然是北京人闲暇时第一个想到的乐子。

在这段不算长的假期中，平时忙忙碌碌的人们回归家庭，老人可以充分享受儿孙满堂的天伦之乐。这也是小朋友们最喜欢的节日，对他们来说，春节带来的是单纯的快乐，就是拿压岁钱，穿新衣裳，在鞭炮声中过大年。

如今，年夜饭是否丰盛不再是人们关注的重心，但还要吃。大年三十的晚上，全家围坐，餐桌上还要摆上具有象征意味的鱼（年年有余）、丸子（团团圆圆）、萝卜白菜（清清白白）等，要给不能回家的亲人留下座位，让他们在精神上与家人团聚。家族的亲情与伦理在春节中体现得尤其明显。

娱乐活动也多以居家为主。调查发现，春节期间的主要支出都围绕家庭展开，17.7%被调查者有读书充电的准备，60.3%的被调查者为串亲访友列了专项支出，22.9%为出席亲友结婚酒席做好了准备。

拿红包“一老一小”受关照，过半人要“孝敬”父母

在家族的亲情和伦理中，老年人具有重要的地位。作为家里的“夹心层”“顶梁柱”，上有老下有小的中年人在春节期间尤其要照顾好这“一老一小”。对父母，要给钱贴补家用；对孩子，要多少给点压岁钱。在调查中，有一半以上（53.4%）的家庭把给父母贴补家用的钱、给孩子的压岁钱清楚地列入了自己过春节的支出计划，是他们最乐意支出的项目。

但是，钱数的多少怎样拿捏，才能让老人高兴、孩子满意，又不会给他们带来太大的压力？在所有被调查者中，给父母钱在千元以内的占了74.6%；大多数(89.6%)家庭把孩子的压岁钱也严格控制在千元以内。

除了长一辈的父母和小一辈的孩子，走亲戚、串门子也是春节期间少不了的一件大事。值得注意的是，把钱花在自家人身上，没问题，但要走亲访友时给别人凑份子，不少人觉得不情不愿。当被问到"春节期间最不乐意花费的项目是什么"时，选"亲友之间送礼"的占了19.5%，选"亲友结婚要送礼"的占10.6%，都名列前茅。但即使心里再怎么不愿意，串门还是少不了，没人会把不愿意说出口。

今年开始，"五一"黄金周将被取消，让不少出国游需求提前到春节期间爆发，各大旅行社的出国游项目也进行得红红火火。但对于大多数北京人来说，春节假期旅游背离了"团圆"的本意，丢下父母去旅行，绝对不是一个好的选择。在市民春节预算中，只有5.9%的被调查者把"外出旅游"列入了支出计划。

调查发现，对大多数北京人来说，"外出旅游"是春节期间最不招人待见的选择。当他们被问到"在春节期间可能出现的各种花销中，最不乐意支出项目是什么"时，30.7%的被调查者选择了外出旅游。中老年人想在家里团圆是人之常情，活跃的年轻人是不是会有不同的选择？记者查阅的年龄分组数据却显示，年轻人也遵循着这一古老的信条，一般情况下春节不离家，几乎成为所有年龄层的共识。

春节消费最喜年货和新衣，新一年从身上开始

从短缺到过剩，物质生活极大丰富了，使如今的寻常百姓家也鸡鸭鱼肉天天吃，山珍海味常有。以往只有春节才能吃上的东西，平时已经吃腻，为了满足口腹之欲而盼春节几乎不可能。再说穿新衣。现在不少家庭里已经"衣满为患"，春节穿新衣的欢喜劲儿也难免冲淡不少。

当短缺被过剩取代，按说吃穿的需求也会适当降低。但事实并非如此，丰盛的年货和新衣服鞋帽仍是北京人不变的追求。正如有人说"女人衣柜里永远少一件衣服"，这种说法也适用于现在爱美、追求时尚的北京人。

调查发现，与电脑、随身听等数码产品相比，传统的过年食品和年货、衣服鞋帽等日用品仍是最受欢迎的新年礼物。如果在众多消费可能性中只选择一样，60.1%的被调查者选择年货，35.8%选择衣服鞋帽。而投资理财年里风行一时的理财产品，此时此刻只有0.9%的人感兴趣，彻底给春节让位。

随着年龄的增长，北京人对传统年货和服装鞋帽的需求与日俱增：不满15岁的孩子更喜欢数码产品等新奇的玩意儿当礼物，66.7%最想要电脑、随身听等数码产品；15～19岁的被调查者78.3%对衣服鞋帽最感兴趣；20～24岁选年货和选衣服鞋帽的比例相当。对25岁以上的人来说，随着年龄的增长，过年的年货是否丰盛逐渐成首选。70

岁以上的老人对年货关注的集中度更是达到83.3%。

节日消费的"新"变化也不少。这几年，到饭店订年夜饭，似乎成了北京人过年的新风俗。尽管年夜饭的开销动辄成百上千，尽管预订到称心的年夜饭得提前十天半个月，但对于这种一年才一次的放纵，北京人还是相当乐意掏腰包的。

拿出一个月收入过节，57.8%家庭过节预算2000元内

过节费、年终奖、第13个月工资……不少单位都以非常人性化的方式向忙碌了一年的员工表达节日的问候。根据智联招聘日前进行的调查，单位发的年终奖主要被用作过春节的开销。其实，不管单位是不是给了各种各样的补助，北京人过年的开销也是芝麻开花节节高。

这项针对北京人过年消费进行的调查发现，今年春节，北京人预备给春节的开销比往年高了不少：57.8%被调查家庭准备拿出2000元以内解决问题，5000元以上的占9.1%。

按照北京人的收入水平，2000元过个年算不算多呢？我们不妨算一笔账：按统计部门公布的数据，2007年北京城镇居民的人均可支配收入是21989元，比2006年增长了13.9%。但是如果平摊到每个月，每人的收入还不到2000元。过个节拿出一人一个月的收入，怎么也算是不小的一笔开销。

北京人不只过节肯花钱，节日预算的增幅也不低。在接受调查的1350个北京家庭中，50.2%，也就是678个家庭过节的开销增加。其中，增幅在10%以内的占13.9%；10%～20%的占28.6%；20%～40%的占26.7%；40%～60%的有16.4%……

过节开销增加，除了近期出现的粮食、肉类价格上涨增加了人们过节的成本之外，北京人收入水平的提高，消费能力的增强也功不可没。而这些开销中的绝大部分，花在了购买年货或其他物品上了。

在各类消费中，1000元是个"坎儿"。以购买年货为例，计划支出1000元以内的被调查家庭，占了绝大多数，是72.4%；而那些独在异乡为异客，或准备拖家带口回家的人们，87.2%的路费也在千元以内；亲友结婚随份子是笔大开销，78.6%数额不会超过1000元，其中的大部分500元以下。

（选自2008年2月1日《北京日报》）

第六节

新 闻

一、新闻的含义和种类

(一)含义

新闻有广义和狭义之分,广义的新闻包括消息、通讯、特写、调查报告,狭义的新闻指消息,我们一般说新闻就是狭义上的理解。

新闻是新近发生的事实的报道,迅速及时地反映社会生活中新近发生的、富有社会意义的重要事实。

(二)种类

新闻的种类较多,常见的主要有动态新闻、综合新闻、经验新闻、评述新闻等。

1. 动态新闻

迅速报道国内外发生的重大事件和社会生活中出现的新情况、新动向、新成就。一事一报,篇幅短小,具有快、短、新的特点。它在新闻报道中占有的数量是最多的,还包括"简讯""一句话新闻""标题新闻"。

2. 综合新闻

对新闻事实进行概括性的报道,反映带有全局性的情况、动向、成就。把不同时间、不同地点的事实概括起来告诉受众,反映的面广、声势大。

3. 经验新闻

也叫典型报道,集中报道工作经验,具有带动全局、指导一般的作用。在叙述事实的基础上,通过分析综合,从中总结出带有规律性的经验,以指导面上的工作。

4. 新闻述评

也叫时事述评,以述评结合、夹叙夹议的手法报道社会生活中出现的新情况,点明本质,指出方向。有事无评是动态消息,有评无事不是消息。新闻述评的特点是有事有评。

（三）新闻的特点

1. 内容真实

事实是新闻的本原，事实是第一性的，新闻是第二性的。真实性是新闻的生命，用事实说话，对新闻中的时间、地点、人物、事件、原因、结果都必须核实，一一交代清楚，所引用的数字、引语要认真核对，做到准确无误。

2. 全面、客观、公正

新闻报道不是有闻必录，不是纯客观的流水账，新闻报道有舆论导向的作用。因此，必须做到全面、客观、公正，充分考虑到发表后的社会效果。

3. 迅速、及时

新闻贵在新，贵在迅速及时。报道旧闻如果没有新的角度，无任何价值而言。因此，“抢新闻”“捉活鱼”成了新闻界的共识和体现新闻价值的重要标准。

4. 短小精悍

消息必须写得短而精，这是媒体环境的现实要求，各家电视台、广播机构、报社、通讯社都在迅速传播新闻，报纸的版面有限，广播和电视的时间有限，因此要求在有限的版面和时间内，向人们提供尽可能多的信息。

5. 具备可读性

记者和编辑是不能强迫读者的视线的，读者有充分的选择权，这就要求消息必须写得生动、新颖，有吸引力。西方流行的“艮宁公式”从造句形式、人情味、用词的迷雾系数来研究新闻的可读性。

二、经济新闻的结构和内容

（一）结构

新闻的六要素是五个 W 加一个 H，when、where、who、what、why 和 how，一篇消息是否六个要素都要具备，这些要素放在什么位置，要根据写作的目的和消息的主题来确定。消息有两种结构方式：“金字塔结构”和“倒金字塔结构”。

1. 倒金字塔结构

其内容和要素组合方式最突出的特点是头重脚轻，即将最重要的内容放在前面，次要的内容放在后面，按照内容的重要性依次递减的顺序来安排结构，呈倒金字塔形状。

2. 金字塔结构

它是最早出现的消息模式，内容要素与倒金字塔的形式不同，是按照内容要素重要性递增的次序和事件发生、发展的先后顺序来安排结构。次要内容和先发生的情况在前，重要内容和后发生的情况在后，呈金字塔状，因此称为金字塔结构，这种结构较为自然。

（二）内容

一条消息的结构要素包括标题、电头、导语、背景、主体和结尾六部分组成。新闻和其他新闻消息一样同样具有这六个部分。

1. 标题

标题是新闻的眼睛，具有传情达意的作用，是读者首先接触的部分。因此运用多种手段设计出精彩的标题，以吸引读者的注意。标题有单行标题、正副标题、多行标题等形式。

2. 电头

有“讯”“电”两种，是首次发布的媒体、发稿时间和地点的情况说明。

3. 导语

导语是新闻的第一个自然段或第一句话，它要求用简洁的语言把最重要、最新鲜、最吸引人的事实放在前面，其功能是引导读者阅读消息，是消息中最重要的部分。导语要精心提炼，突出特点，强调重点，具体化，生动化，简单化。

导语常采用的方式有：

（1）叙述式

用简洁明快的语言把新闻的主要内容叙述出来，动态消息多采用这种形式。

（2）描写式

对新闻现场、环境、人物做简洁的描绘，通过导语的现场感、生动感、情趣感渲染气氛，引出报道内容，吸引读者阅读，但描写应对事实的叙述紧密切合，以精简的描写达到传神的效果。

（3）提问式

将主要事实先以一个问题的形式提出，制造悬念，渲染气氛，吸引读者。

（4）引语式

引用文件或消息中人物的语言，以及警句格言，来展示新闻消息的中心思想，以给人留下强烈的印象，引起强烈的新闻效果。

（5）结论式

也称评论式，把事实的结果或事情的结论或者是对新闻事件的评论放在开头，然后再用具体的事实进行阐述。

4. 背景材料

指新闻事实的历史发展和存在的环境条件。背景材料起烘托和深化主题的作用，往往能提供出比消息本身更深刻的东西。因此，被称为新闻背后的新闻。常见的背景材料有三种：

（1）对比性材料

运用有关历史资料来纵向比较，借以烘托新闻主题。

（2）说明性材料

包括地理环境、物质条件、社会环境，用以说明新闻产生的原因、环境和条件。

(3)注释性材料

包括人物出身、性格特征、产品的性能质量、使用方法以及专用术语和疑难概念的解释等。

背景材料不是独立部分，也不是必要的组成部分。它可以穿插在新闻消息中，一般穿插在主体中，也有的写在导语中。而且要明确背景材料是事实不是议论，是新闻事实的从属部分而不是新闻的本体，因此应注意运用得当，避免喧宾夺主。

5. 主体

消息的详细内容部分。它在导语之后，要求用具体生动的材料印证导语中的提示，回答导语中的问题。具体来讲，一是导语的展开和深化，向读者提供更多的细节，二是补充导语没有涉及的新闻事实。把消息所报道的新闻事实交代清楚，使消息提供的信息更加完备，给读者更多的信息。

主体部分对材料的安排，可以按时空循序渐进，也可按逻辑逐层展开。

6. 结尾

结尾即消息的结束语。指作者对整个新闻报道内容的总结、概况、说明或者补充，是消息的最后一句或是一段话。主要的形式有小结式、希望式和评论式。也有的消息没有结尾，主要事实叙述完了，即收住，避免画蛇添足。消息有无结尾或是如何结尾，可依据内容和要求来酌情确定。

三、写作过程和技巧

(一)从事实中发掘新闻

1. 看事实的重要性

“捉活鱼”是新闻采写中的一句行话，意思是要获取新鲜的、有报道价值的新闻事实，新闻一定是事实，但事实不等于新闻，从事实中发掘新闻最重要的方法是根据新闻的特性，从事实中找出有报道价值的要素。对社会生活具有重要意义的事实是读者所关心的事实。

2. 看事实的接近性

事实与读者在关系上、时间上、地理上接近，对读者就有新闻价值。同样是亚运会，在中国举行和在他国举行，中国人关注的程度就不同。

3. 看事实的罕见性

有些事实极为罕见，能引起读者的兴趣，因此就具有报道价值。反之，司空见惯的事情，很难引起读者的兴趣。

4. 看事实的显著性

事实中涉及的人物和事物知名度高，就蕴涵着新闻价值。一个普通顾客在商场买到劣质鞋，没有什么新闻价值，而商务部长买到劣质鞋就会成为一条新闻。

5. 看事实的时效性

事实必须是最新的或没有过时的。对读者来说，必须是新闻，而不是旧闻。“不久前”“最近”等模糊词语不能作为消息的时间要素。

（二）优化新闻要素组合方式

新闻要素的不同组合方式对消息的意义、主题、价值会产生明显的影响。要素如何组合是由写作目的决定的，这就要求消息的作者明确自己的写作目的，知道这条消息最重要、最有价值的要素是什么，同时还要明白这条消息对读者来说最重要、最有价值的要素是什么。例如：

1. 省物价局今天宣布，全省国有企业将从 7 月 1 日起免去 17 项行政事业性收费。（突出消息的来源，表明消息的权威性和可靠性）

2. 今天，省物价局宣布，全省国有企业将从 7 月 1 日起免去 17 项行政事业性收费。（突出消息发布的时间）

3. 全省国有企业将从 7 月 1 日起面去 17 项行政事业性收费，这是省物价局今天宣布的。（突出免去收费的对象）

4. 从 7 月 1 日起，全省国有企业将免去 17 项行政事业性收费，这是省物价局今天宣布的。（突出免去收费的起始时间）

5. 17 项行政事业性收费将自 7 月 1 日起从全省国有企业免去，这是省物价局今天宣布的。（突出免去有关收费的范围和项目数）

新闻要素的组合优化，还有赖于作者对消息主题的优化。例如国际象棋大师卡斯帕罗夫与美国 IBM 公司机器人“深蓝”进行的比赛，一般的新闻往往将注意力放在过程和结果上，写成体育消息或科技消息，而塔斯社的新闻揭示了一个更深的主题，赢家既不是世界象棋冠军，也不是计算机“深蓝”，真正的赢家是借此机会发了横财的美国 IBM 公司。

（三）写作注意事项

撰写经济新闻，主要应该注意以下几点：

第一，事实要准确。

第二，导向要正确。

第三，内容要新颖。

第四，报道要及时。

四、实训题

1. 什么样的信息才能构成新闻？

2. 根据以下报道内容，概括出三个小标题。

《电子商务法》为何经过四审才出台？一文带你看懂

(1)8 月 31 日，第十三届全国人民代表大会常务委员会第五次会议通过了三部重磅法律：《电子商务法》《土壤污染防治法》，以及修改的《个人所得税法》。

可能是个税“风头”太劲，在当天的新闻发布会上，媒体记者的提问主要集中在新《个税法》上了。实际上，此次《电子商务法》出台，是经过了三次公开征求意见和四次审议，前后加起来一共是五年的时间，实属不易。

根据《立法法》，我们国家的法律一般是经过三审，但是《电子商务法》为什么经过了四审才出台？

“和其他法律相比，《电子商务法》很复杂，它的涉及面广、规模大，而且电子商务又是个新生事物，发展日新月异，很多事情一时看不准。在这种情况下，《电子商务法》的制定过程是比较慎重的。”《电子商务法》起草组副组长、全国人大财政经济委员会副主任委员尹中卿说。

尹中卿介绍，这部法律还有一个特点，就是由全国人大财经委员会牵头，国务院 12 个部门参与组成了起草组。因为电子商务哪个部门都管，哪个部门也都不是主管，在国务院没有主管部门。“在起草过程中，我们广泛吸收了行业协会、专家学者以及地方的电子商务示范城市的意见建议，充分听取了社会方方面面的意见，尤其是广大消费者的意见。”

如今的电子商务，已经渗透到百姓消费的各个领域。不过，在电子商务蓬勃发展的同时，一些侵害消费者合法权益的情况时有发生，有些甚至造成了严重的人身危害。《电子商务法》明年 1 月 1 日起实施，它将在哪些方面为消费者撑起保护伞？线上与线下经营者的责任利益如何平衡？

(2)《电子商务法》首先明确：国家鼓励发展电子商务新业态，创新商业模式，促进电子商务技术研发和推广应用，推进电子商务诚信体系建设，营造有利于电子商务创新发展的市场环境。

但电子商务，说到底还是市场交易行为，就应该遵守市场规则，不能搞特殊化。因此《电子商务法》规定：“国家平等对待线上线下商务活动，促进线上线下融合发展，各级人民政府和有关部门不得采取歧视性的政策措施，不得滥用行政权力排除、限制市场竞争。”

对线上线下商务活动平等对待的定性非常重要。这个大前提定了，一些曾经有过的争议就可迎刃而解。

比如，电商要不要工商登记、缴税的问题，前几年争论得不可开交。现在《电子商务法》明确规定，电子商务经营者应当依法办理市场主体登记，应当依法履行纳税义务，并依法享受税收优惠。依法需要取得相关行政许可的，应当依法取得行政许可。

不过，个人销售自产农副产品、家庭手工业产品，个人利用自己的技能从事依法无须取得许可的便民劳务活动和零星小额交易活动，以及依照法律、行政法规不需要进行登记的除外。

此外，电子商务经营者销售商品或者提供服务，应当依法出具纸质发票或者电子发票等购货凭证或者服务单据；应当符合保障人身、财产安全的要求和环境保护要求。不得销售或者提供法律、行政法规禁止交易的商品或者服务；电子商务经营者向消费者发送广告的，应当遵守《中华人民共和国广告法》的有关规定。

同时，电子商务经营者应全面、真实、准确、及时地披露商品或者服务信息，保障消费者的知情权和选择权。电子商务经营者不得以虚构交易、编造用户评价等方式进行虚假或者引人误解的商业宣传，欺骗、误导消费者。

前一阵儿“拼多多”的不少商品和广告，“傍名牌”似是而非，打的都是擦边球，对此法律早有明确规定不允许，电商也不例外。

(3)《电子商务法》还特别针对电商自身的新特点，对保护消费者合法权益做出了具体规定。

比如，电子商务经营者根据消费者的兴趣爱好、消费习惯等特征向其提供商品或者服务的搜索结果的，应当同时向该消费者提供不针对其个人特征的选项，尊重和平等保护消费者合法权益。

电子商务经营者搭售商品或者服务，应当以显著方式提请消费者注意，不得将搭售商品或者服务作为默认同意的选项。电子商务经营者收集、使用其用户的个人信息，应当遵守法律、行政法规有关个人信息保护的规定。

“首先我想强调的是，任何经营者从事任何经营活动，消费者的人身安全都应当是第一位的，我们国家的每一项立法都是如此。”全国人大常委会法工委经济法室副主任杨合庆表示，我们必须坚持以人民为中心的思想，将人民的安全放在第一位。刚刚通过的《电子商务法》也坚持了这一思想，对保障人民人身安全做了非常具体的规定。

在保护消费者合法权益方面，电商平台与电商的责任如何划分，备受社会关注。比如，对于关系消费者生命安全的商品或者服务，如果造成消费者损失的，电商平台经营者到底应该承担什么样的责任？原来《电子商务法》写的是承担连带责任，这次提交的草案又改为了“相应的补充责任”。最后出台的“定稿”，是依法承担相应的责任。

“怎么能叫‘相应的补充责任’呢？我作为常委会委员，我都不赞成。”尹中卿表示，最后还是把它改为了“相应的责任”，把“补充”去掉了。别看就是两个字，但是从连带责任到相应的补充责任，再到相应责任，这中间就体现了博弈。

“对于这个问题，在常委会这次的审议过程中，常委会组成人员也非常关注。”杨合庆介绍，宪法和法律委员会经过研究，也向常委会提出了修改建议，最后改为“依法承担相应的责任”。如果电子商务经营者提供的商品或者服务，不符合保障人身财产安全的要求，就应当依照《电子商务法》《侵权责任法》《消费者权益保护法》的规定来承担相应的民事责任。

“在这里需要说明的是，如果平台未尽到上述义务，应当按照《侵权责任法》等法律，构成共同侵权的，应与平台内经营者承担连带责任。另外，除了上述的民事责任以外，电子商务法还规定，如果平台有相关的违法行为，还要依法承担行政责任和刑事责任。”杨合庆强调。

（本文刊发于《中国经济周刊》2018 年第 36 期）

3. 阅读《人机大战谁是真正的赢家》，点评一下这篇经济新闻。

电脑战胜人脑　“深蓝”击败棋王

人机大战谁是真正的赢家

俄通社-塔斯社纽约 5 月 12 日电　举世瞩目的电脑与人脑的国际象棋争霸赛 5 月 11 日决出胜负。美国 IBM 公司研制的超级电脑“深蓝”击败了来自俄罗斯的国际象棋世界冠军卡斯帕罗夫。但看来，真正获胜的既不是象棋理论，也不是电脑科学，而是 IBM 公司，因为整个过程更像这家公司精心创意的广告的胜利。

据初步统计，IBM 公司花了近 500 万美元，包括广告费、奖金以及编制电脑超级程序的费用。然而由于传媒在有关人机大战的众多报道中，必然常常提到公司的名字，这样，该公司可节约大约 1 亿美元的广告费，几乎没花钱就使自己的形象增加了新的光彩。

IBM 公司发言人谨慎地说，很难断言“深蓝”名声大噪对增加销售额有什么影响。不管怎样，围绕比赛所做的广告和“深蓝”的胜利已为 IBM 公司带来了初步的物质成果：今天，也就是比赛结束的第二天，纽约证券交易所 IBM 公司的股票价格上升了 3.6 个百分点，每股达到 173.5 美元。只差一点就达到该公司早在 1987 年 8 月创下的 174.75 美元的记录。

这次比赛是卡斯帕罗夫第二次与“深蓝”较量。他们的首次交锋是在 1996 年 3 月，当时卡斯帕罗夫取胜。

“深蓝”RS/6000SP 超级计算机重 1.4 吨，装在两只黑色铁柜中。这台每秒能分析 2 亿～3 亿步棋的电脑采用了最先进的人工智能技术。

（据俄通社-塔斯社电讯稿改写）

（选自《经济写作》，余国瑞主编，高等教育出版社 1998 年版）

第七节

商业广告

一、广告的概念和特点

广告是为了某种特定的需要，通过一定形式的媒体，公开而广泛地向公众传递信息的宣传手段。

广告有狭义和广义之分，广义广告包括非经济广告和经济广告。非经济广告指不以营利为目的的广告，即公益广告。狭义广告仅指经济广告，也称商业广告，是指以盈利为目的的广告，商品经营者或服务提供者承担费用，通过一定的媒介和形式直接或间接地介绍所推销的商品或提供的服务的广告。我们通常所说的广告指的就是商业广告。

商业广告具备以下特点：

1. 传播性

广告是通过各种大众传媒传播企业、商品、服务信息的，通过这种传播，扩大企业知名度，开拓市场，提高经济效益。经济信息脱离了大众传媒，就达不到"广而告之"的目的，也就丧失了存在的意义，因此，传播性是商业广告最基本、最重要的特征。

2. 针对性

任何商品和服务都有其特定的对象，针对性越强，效果越好。广告必须根据目标市场确定广告对象，广告并非传播范围越广越好，时间越长越好，必须选择适当的范围，恰当的时间，把握目标市场的特点和心理特征，有针对性地进行宣传。

3. 真实性

真实性是广告的生命，商业广告只有传播真实的信息，才能赢得消费者的信赖，从而达到销售商品和服务，提高经济效益的目的。反之，欺骗消费者的虚假广告，只能损害企业形象，影响商品和服务的销售，达不到提高经济效益的目的。讲究诚信在现代商业活动中愈发显得重要。

4. 营利性

广告是一种投入，因此，它具备了一切经营活动中所具有的投入产出特点。它所传递的经济信息,向社会发布,可以产生社会效益并为企业带来经济效益。广告产生的效益有些是直接的,有些是积累效应,也就是说,广告带来的回报可以分短期和长期两种。

5. 艺术性

广告创意是广告艺术性的体现。一则广告能否成功,广告创意是极为关键的一环。这就要求调动一切艺术手段,使广告新颖动人,给人留下难忘的印象。广告要以独特的艺术魅力,吸引人的注意力,使人在美的享受中,激起消费的欲望。

二、广告的作用

对企业而言,广告是促销的一种重要手段。产品在引入期、成长期、饱和期都需要广告的支持。融合现代化的传播技术以及多媒体技术的广告可以快速地传播商业信息,将企业的历史、品牌、产品等信息向消费者广泛传播,消费者可以根据自己的需要进行选择,对于企业来讲具有生产指向作用。

对消费者而言,广告是获取商品和服务信息的一个重要来源,为消费者提供方便的同时,对消费同时具有指导和引导作用。

出色的广告本身还是优秀的艺术品,不仅可以美化生活,还可以给消费者美的享受,健康的广告有利于精神文明建设,树立正确的消费观念,引导理性的消费行为。

三、广告媒体分析

广告媒体运用是一门值得研究的学问。传统意义上报纸、杂志、广播、电视称为四大媒体,其影响力最大。分析每种媒体的优势和局限,是媒体合理运用的前提。

1. 报纸。报纸发行速度快,传播信息及时,传播范围广,阅读率高,费用相对较低。报纸广告以视觉信息为主,版面位置和大小对广告效果有影响。多数情况下,读者只是浏览,不会仔细阅读,保存周期短。因此,标题的拟制在报纸广告中是十分重要的。

2. 杂志。发行量比报纸小,主要集中于城市。杂志的读者群是相对固定的,受众明确,认同集中。杂志的阅读率是四大媒体中最高的,传阅性也是最强的,比报纸内容更具有收藏性。保存周期长,反复阅读率高,注意率高,容易被读者记忆和接受。但杂志出版周期长,传播频率低,影响面窄。杂志广告的制作是有形有色,图文并茂的。

3. 广播。广播是诉诸听觉,时效性强,传播迅速,地域性强。语音信号使听众感到亲切,音乐信号则易感染听众,强化对广告的印象。广播也具有移动性和伴随性的优势,另外,制作费用和发布费用也比较低。广播由于是电波传送,具有弥散的特点,不易保存,而且接受被动,注意力比较低。制作广播广告注意通俗口语化,对话形式受欢迎,将语音和音乐结合,渲染效果强。

4. 电视。集视听于一体,动态演示,冲击力强,到达率高,在四大媒体中影响最大。它的形象性、吸引力和观赏性容易形成无意记忆,产生积累效应,诱发购买动机,其潜在诱发性是其他媒体无法相比的。电视广告也是瞬间效应,同样具有弥散性的特点,而且制作费用和发布费用都比较高。利用电视媒体要充分利用媒体视听结合和运动的特点,以运动形象表达,用情感形象诱导,强调、突出广告标语。

除上述四大媒体之外,还有辅助性的配合媒体,如POP广告、户外广告、直邮广告、车船广告、IT广告、礼品广告,可作为四大媒体之外的补充,互相配合,造成一种立体的整体宣传攻势。

四、广告词的艺术表现手法

(一)四字对句

根据汉语的特点,以四个字为一句,对称书写。如“与书为友,天长地久”。

(二)旧体诗词

对旧诗词略加改动,赋予新义。如“唯有牡丹真国色,花开时节动京城”。

(三)俗谚歌谣

以俗语、谚语、歌谣、歇后语等形式拟制的广告语。如“车到山前必有路,有路必有丰田车”“不打不相识——打字机”“一举成功——起重机”等。

(四)成语仿拟

改动成语中的某个字,造成出奇的效果。如“‘盒’情‘盒’‘礼’”改自“合情合理”。

(五)对联偶句

汉语中独具特色的形式。如“五月黄梅天,三星白兰地”。

(六)双关

一语双关,引人注目。如“提倡新生活,必须揩油——必须揩虎标万金油”。

(七)比喻

生动自然,引人联想。如“像母亲手一样柔软的婴儿鞋——××婴儿鞋”。

(八)回环

两个句子或词组,次序不同,回环往复,有时与顶真套用。如“客上天然居,居然天上客”。

(九)衬托

用甲事物衬托乙事物,突出主体。如“上有天堂美景,下有悦园圣境”。

(十)设问

吸引注意,自问自答。如“想防止衰老吗?——请……”

五、商业广告文稿的基本写法

(一)标题

广告的标题是广告的主题和内容的体现,是整条广告的灵魂。因此要给他人印下深刻的印象,广告的标题必须突出广告的内容,简明扼要,鲜明醒目,新颖别致,具有较强的吸引力和感染力。

广告的标题分为:

1. 直接性标题。直接用商品的名称、品牌、企业名称或服务内容作为广告的标题。如“固特异轮胎”“容声牌电冰箱”“出租电动工具”。这种标题简洁明了,一目了然。

2. 间接性标题。通过一种暗示、诱导性的文字来表现广告主题,达到既概括广告主旨,又含蓄蕴藉,充满提醒与诱惑的效果。如“为了每一个男人都风度翩翩”。

3. 复合性标题。直接标题和间接标题相结合,既清楚明白,一目了然,又新颖别致,具有吸引力和诱惑力。如“女人好辛苦——爱心来滋补”。

(二)正文

正文是广告文稿的核心,是提供商品信息的细节部分,是标题的具体化。其作用是进一步阐明广告主题,更深入地表现内容。一般正文应具体地写明商品的名称、用途、特点、规格、产地、性能等,内容可以灵活运用,适当增减。为了使商业广告收到良好的效果,可以采取以下形式:简介式,证书式,拟人式,问答式,目录式,新闻式,论说式,幽默式,诗歌式,布告式等。

(三)结尾

结尾包括标语和随文两部分。

1. 标语又叫广告口号。其作用是提醒人们记住企业或商标的名称,敦促消费者采取行动。广告口号要简短,有节奏和韵律,易于记忆流传,有强烈的鼓动色彩。如“金利来领带,男人的世界”。企业的广告标语一定时期内,固定不变。

2. 随文广告的必要说明。包括商标、品牌、企业名称、地址、邮编、电话、电报、电传、账号、网址、联系人等。

（四）注意问题

广告文稿的制作应配合广告整体战略和阶段性战术的要求，合商品、服务所属“类”的特点。主题突出，创意求新，语言精妙。

实训

1. 利用本课所学的广告写作知识，为某 CBD 地区楼盘拟一则广告词。

2. 阅读台湾地区星辰表（西铁城表）母亲节广告词《妈妈以时间换取了我的成长》，试作一评析。

妈妈以时间换取了我的成长

推动摇篮的手就是统治世界的手，也是最舍不得享受的手。

四分之一的妈妈没有表，只是因为她们认为自己忙于家务，没有必要戴表。

四分之二的妈妈还戴着旧手表，她们舍不得享受，即使是旧的，她们也认为是蛮好的。

四分之三的妈妈还应该戴手表，她们要外出购物、访友、娱乐身心时，还是需要一只手表的。

向伟大的母亲致敬，别再让母亲辛劳的手空着。母亲节，星辰表，送给母亲一份意外的惊喜！

（选自《现代应用文写作》，李凯源主编，中国商业出版社 1995 年版）

第二版后记

大学语文是全国高等院校非中文类专业一门重要的基础课。教育部《大学语文教学大纲》规定:“充分发挥语文学科的人文性和基础性的特点,适应当代人文学科与自然学科日益交叉、渗透的发展趋势,为我国的社会主义现代化建设培养具有全面素质的高质量人才。”伴随着中国经济的迅猛发展,具有文化自信、实践与创新能力的高素质复合型人才成为经济类高等院校人才培养的重要目标。

作为一门公共基础课,大学语文不但具有基础性和工具性,同时在维系文化认同、传承民族精神、塑造文化品格方面的作用也无可替代。多年来,经过不懈的努力和探索,全国大学语文的教学和研究都取得了一定的成绩,新形势人才培养的框架体系,逐步明确了定位,日益完善。但同时我们也应该看到,长期以来,国内各类高校开设大学语文课程的情况不尽平衡,高等院校学生母语水平无法适应社会发展、经济发展需求的问题日益凸显,这些现象引起学界的广泛关注和思考。国家教育部门强调,“高等学校要创造条件,面向全体大学生开设中国语文课”,在深感责任重大的同时,我们觉得大学语文必须适应新形势,进行深化改革,教材的改革和建设也就变得极为必要和迫切。

将大学语文的教学落实到增强文化自信、提升人文素质和提高学生书面、口头表达能力上,并力求在两者之间找到一个平衡的契合点,是我们多年来始终为之努力的目标,也是编写这本教材的指导思想。大学语文应兼具两种功能,增强文化自信、提升人文素质与提高学生的口头和书面表达能力,这两条基本思想应得到贯彻。在教材的编写上,针对经济类院校的特点,我们的理念是文本本位,以优秀范文引领学生学习,不刻意追求语文知识的系统性。选文原则既注重传承经典,又兼顾经济领域文本,调动学习兴趣,支撑专业学习,语文和人文兼顾,提高母语修养与人文素质养成并重,培养学生汉语阅读、理解、评价、赏鉴、写作能力,同时使学生受到人类优秀文化传统的熏陶,开阔视野,提升文化自信。

本书为全日制经济类高等院校的大学语文课编写,本次修订在第一版的基础上,保留经典篇目,调整部分篇目,增加新的篇目,意图使大学语文的教学和提升人文素质、支撑专业学习更加紧密结合,本次修订由姜恩庆、张朝丽、孔庆庆共同完成。本书在编写修订过程中,参阅并恭引、借鉴了相关专著和书刊,恕不一一注出,谨向原作者致以诚挚的谢意。特别要感谢厦门大学出版社和各位领导、专家、学者的指导与支持。由于编者水平所限,书中难免不当、疏漏之处,敬请方家不吝指正。

《大学语文》编写组

2020 年 5 月